U0590242

da zhong wen hua tong lun

媒体创意专业核心课程系列教材

宫承波 主编

大众文化通论（第二版）

刘自雄
闫玉刚 编著

中国广播影视出版社

代总序

拥抱创意时代

在传媒业界，所谓“媒体创意”现象早已是司空见惯的客观现实，但若要问什么是媒体创意，人们却大多说不清楚。作为一种新生事物，人们对其语焉不详，甚至有些疑惑，都是正常现象。由于我们创办了一个媒体创意专业，所以也就时常有人向我询问，作为该专业的负责人，当然是回避不了的。

从逻辑学的角度说，一个事物的概念可以分为内涵性的概念和外延性的概念，内涵性的概念是对所指事物的特征和本质属性的概括，外延性的概念则是对所指事物的集合的概括。关于媒体创意，我们不妨把两者结合起来做一个界定：即创新性、创造性思维在传媒领域的运用，其要旨在于因势而变、不断推陈出新，它是市场化时代媒介生存与发展的必要手段，是传媒发展的第一生产力；其基本内涵，指现代传媒面向市场需求和变化，在信息建构与传播和媒介经营与管理的各个领域、各个层面、各个环节所采取的具有创新性或创造性的策略和构思——其视野开阔，内涵丰富，涉及传媒运作的方方面面，对此，可简要地概括为创意传播、创意经营和创意管理三大领域和范畴。

为什么要进行媒体创意呢？有人说是媒介竞争的产物，这当然没有错，但仅仅认识至此还是粗浅的。其更为深层的原因，是随着经济发展和物质生活水平的提高，广大受众的精神文化需求提高了,这当然也包括对大众传媒的需求——正是广大受众这种不断增长的精神文化需求引发了媒介竞争,由媒介竞争进而催生了媒体创意。事实上,这是媒体创意热兴的根本原因,也是近年来媒体创意产业以至整个文化创意产业迅速崛起的根本原因。

创意产业的发展呼唤创意产业人才,呼唤创意产业教育。笔者认为,文化创意产业的发展大体上可以说需要三方面的人才,即创意方面的人才、创意经营方面的人才和创意管理方面的人才,这也就决定了创意产业教育的三大领域,即创意教育、创意经营教育和创意管理教育。媒体创意专业正是应媒体创意产业发展需求,由中国传媒大学创办的一个面向传媒领域的属于创意教育方面的专业,可以说是回应业界需求、拥抱创意时代的产物。本专业自2003年起开始招生,经过几年来的努力和探索,如今专业定位已经明确,办学模式已基本成型,专业培养方案和教学计划已基本稳定。

我们的媒体创意专业是如何定位的呢?

笔者认为,所谓媒体创意教育,从整体上说,其终极目标应当是培养面向传媒市场需求和变化,能够为大众传媒的信息建构与传播和媒介经营与管理等不断地提供创新性、创造性策略和构思的专业的职业化的媒体"创意人",也即人们常说的所谓"媒介军师"。从人才规格上说,这是一种以创新性、创造性思维为核心,集人文艺术素养、传播智慧以及媒介经营策略、管理策略等于一体,面向现代传媒整体运营的素质高、能力强的现代复合型人才。这是我们媒体创意专业的教育理想。然而,教育是循序渐进的、是分层次的,作为本科层次的媒体创意专业,其教育目标的设定还应当实事求是、从实际出发,目标过高、过大,不仅不能够顺利实现,而且实施起来容易失去重点和方位感,容易在办学上流于宽泛。

正是因此,我们采取了适当收拢、收缩培养口径,同时与一定的职业岗位相结合的思路。根据业界需求和本校、本专业优势,目前我们将媒体创意专业教育的重点定位在"创意传播"领域。所谓创意传播,根据笔者的理解和界定,它既包括信息传播与媒介运用的策略和智慧,也应当包括媒介信息建构的技能、技巧,即我手达我心,想到了就能做到——比如,为了强化视觉冲击力,利用现代电子技术、数字技术创造新潮的视觉语言,进行超现实、跨媒体的艺术表现、特技表现,等等。这样的专业定位,意在与当前传媒业界兴起的所谓创意策划职业相结合,同时兼顾到多数本科生毕业后要从操作层面的具体工作做起的现实。这样的专业定位,无疑也蕴含了抓创意产业教育"牛鼻子"的意图。根据上文所述创意产业教育的三大范畴,所谓创意传播,无疑属于创意教育范畴——创意教育是以培养创意人才为目标的,应当说是整个文化创意产业教育的基础和核心。因为,如果没有创意人才、没有创意,那么所谓创意经营、创意管理也就成了一句空话。

总之，媒体创意专业是一个以培养专业的媒体“创意人”为目标的专业，是一个创意智慧与创意的技术、技能相融合、相交叉的专业，其培养目标可以做这样的简要概括和表述：培养现代大众传媒创新发展所需要的传播“创意人”（也可以称作初级媒体“创意人”）。从人才规格上说，这是一种以创造性、创新性思维为核心，集人文艺术素养、传播策略和智慧以及现代传播的技能、技巧于一体的面向现代传媒传播业务的现代复合型人才。

从上述培养目标出发，本专业秉持中国传媒大学新闻传播学科多年来积淀而成的“宽口径、厚基础、高素质、强能力”的教育理念，同时结合本专业的内在要求，在办学模式上也就自然地体现出以下几方面的特色：

其一是综合性、交叉性。

智慧源于心胸，心胸源于眼界。创意不是从天上掉下来的，靠所谓天分，靠小聪明、小火花或许能竞一时之秀，但却不能长久。没有开阔的知识视野和理论视野，智慧往往就会陷于黔驴技穷的困境，创意就会成为无源之水、无本之木。只有在丰富的信息交流与碰撞中，在多学科知识、多维理论的交叉与融合中，智慧之树才能常青，创意活水才会“汩汩”而来。

为贯彻上述思想，我们认为，必须倡导学生广开视野、广取思维、广泛接触社会人生，即“读万卷书，行万里路”。在培养方式上，我们一直强调和重视基础知识与基本理论教学：一方面，以创新、创意能力的培养为核心、为旨归，打破现有的专业壁垒，强调多学科知识、多学科理论的交叉与融合；另一方面，则引导学生对大众传媒的信息建构与传播以及媒介经营与管理等现代传媒运作的主体领域及其前沿动态进行全面、深入的了解，对现代传媒运营有一个整体性、综合性把握。总之，我们要求学生应具有相对开阔的知识视野，较为扎实的理论功底，对现代传媒及其运营的全面了解和把握，并掌握创新思维原理，这是从事创意传播的必要前提。只有具备这样的前提和基础，才能进一步将创新思维原理成功地应用到现代传媒领域，形成相关领域的创意策划能力。

其二是艺术性。

我们知道，大众传媒的一个重要功能是消遣、娱乐，文艺、艺术传播是其中的重要组成部分，不懂艺术何谈创意？著名美学家王朝闻先生就曾经指出：“不通一艺莫谈艺。”更为重要的是，想象力是创意之母，而艺术与美学教育则是培养想象力的重要手段。大家都知道英国是发展创意产业的先驱，在那里，作为创意教育的手段，文学艺术教育受到高度重视。1998 年英国国会的一个报告就曾指出：“想象力主要源于文学熏陶。文艺可以使数学、科学与技术更加多彩……”

因此我们认为,艺术与美学教育是媒体创意教育不可或缺的重要组成部分,并坚持从以下两个方面予以保证:其一,在生源选拔方面按艺术类招生,从选才上把好艺术素养关;其二,从培养措施上对艺术素养和美学教育予以着重加强,设置一大批文学、艺术和美学类课程,从而使学生通晓文学艺术以及大众文化领域的基础知识、基本观念,并掌握有关必要的技能、技巧。

其三是实践性。

不言而喻,媒体创意专业是一个实践性较强的专业,加强实践教学本是专业教学的题中应有之意。所以,本专业教育的一个重点,就是要面向传媒业界实践,开展强有力的职业化的模拟训练,强调高素质教育和强职业技能教育的互补与互助,从而有效地促进学生由知识向能力的转化。尤其对于本科生,将来一般都要从具体工作做起,为了有利于就业,操作层面的技能、技巧教育就更是必不可少的。

因此,我们充分发扬中国传媒大学的传统优势,重视媒介信息建构与传播的具体操作能力的培养,重视案例教学,通过一系列实践教学和职业化的模拟训练,努力使学生具备较强的传媒文本读解能力,熟练掌握对色彩、声音、画面、图形、文字等传播符号的操控技术,并能够在创造性、创新性思维指导下灵活运用媒介信息建构与传播的技能、技巧。另一方面,我们还通过"请进来"、"送出去"等措施,密切跟踪业界前沿,同时与业界展开必要的互动。几年来,我们曾聘请大量业界专家、校友走进校园授课或举办讲座,带来业界前沿的动态信息;同时,还借助于多年来中国传媒大学与传媒业界所结成的良好的业务联系,利用每年暑假时间成建制地安排学生到业界实习。经过几年来的实践,学生们普遍反映,摸一摸真刀真枪,感觉就是不一样!

其四是个性化。

所谓个性化,也即教育"产品"多向出口。现代传媒运营是一个庞大的系统,面对这样一个庞大、复杂的系统,作为本科教育,笔者认为,其教育目标还应当实事求是,有放有收。因此,在广播、电视、网络、报刊等多种媒体中,在信息建构与传播的多个领域,我们提倡学生既有专业共性,又有个性专长,倡导学生根据个人兴趣,自主选择主攻方向,发展创新思维,努力形成个人的业务专长和优势。

为支持和促进学生的个性化成长与发展,本专业在一、二年级主要学习公共基础课和有关现代传媒教育的平台性课程,从三年级开始则多向开设选修课,并全面实行导师制。几年来的实践证明,这些做法都是务实的、有效的,受到学生、家长的欢迎,得到传媒业界的肯定。

上述这些认识,已经成为我们建设媒体创意专业的指导思想。2005 年上半年以来,在学校支持下,我们承担了校级教改立项"媒体创意专业建设研究"项目。在该项目推动下,笔者与同事们一道,在研究、探索基础上,经过群策群力,已连续推出三个不断完善的培养方案版本以及相应的教学计划。

但是,我们也应当看到,对于一个新专业建设来说,有了成型的培养方案,还只能说是迈出了第一步,是起码的一步。如果说培养方案相当于一个人的躯干,那么它还需要两条强健的腿,才能成为一个健全的人,才能立起来、走起来,以至跑起来——这"两条腿",笔者认为,也即当前贯彻实施该专业培养方案、确保培养目标实现的两大当务之急:其一是教材建设;其二是实践教学机制建设。

关于教材建设。

自成体系的知识构架和核心课程是一个新专业得以确立和运行的基本支撑,因此,要想使该专业真正得以确立,就必须构建一个具有本专业特点的核心课程体系,同时还必须编撰一套相应的适应本专业教学需要的教材。

由于媒体创意专业具有交叉性、综合性特点,所以该专业教材编写的重点,也是难点在于,要以创意传播能力的培养为核心、为旨归,解决好多学科知识、多学科理论的交叉与融合问题。在深入研讨的基础上,我们通过组织、整合有关师资力量,关于"媒体创意专业核心课程系列教材"的出版已经启动。根据我们的计划,两年内将至少推出 15 部具有本专业特点的核心课程教材。但目前面临的困难还相当大、相当多,最为核心和关键的是人的问题,也即师资问题。

关于实践教学机制建设。

如上所述,媒体创意专业是一个实践性较强的专业,所以实践教学必须置于重要地位,贯穿教学工作的全过程。这不仅仅是几种措施的简单相加,还应当是一整套的有机体系。为了使实践教学切实有效,就必须保证这一体系的科学化和规范化。所以,对这一体系的构成及其运行机制作出全面探索,将本专业实践教学科学化并进一步制度化,是本专业教学基本建设中重要的一维。目前,虽然已经建立了几个实践教学基地,但还远远满足不了本专业全面开展实践教学工作的需要。

以上两个方面既是当前我们贯彻实施媒体创意专业培养方案、确保培养目标实现的两大当务之急,也可以说是媒体创意专业建设的"两条腿"。笔者认为,只有这"两条腿"强健起来了,该专业建设才能够获得实质性、突破性进展。

综上所述,媒体创意专业是适应创意时代需要而创办的一个崭新的专业,是一个新型、特色的专业,我们的办学模式和教学建设的方方面面都是既具探索性,又具示范性的。正是基于这样的认识和责任感,我们一直坚持既小心翼翼、深入研究,又实事求是、大胆实践、大胆探索,坚持在实践中探索、在探索中创新、在创新中发展的原则。在校方的领导和支持下,经过几年来的群策群力,目前该专业已基本创立成型。可以这样说,媒体创意专业抓住了创意时代大众传媒的本质,适应了市场经济条件下传媒竞争与发展的需要,是一个有时代感、有活力的专业,它有效地利用、整合了中国传媒大学的资源优势——如良好的传媒教育基础和丰厚的业界资源等,体现了中国传媒大学的办学特色。

当然也应当看到,我们的探索还是初步的,同任何新生事物一样,目前该专业还是幼小的、稚嫩的,它目前需要的是理解和呵护。我们殷切地希望学界、业界同仁们能够从事业大局出发,都来浇水施肥,遮风挡雨。我们相信,在传媒事业发展和文化创意产业大潮的双重促动下,这样一个新型、特色专业一定会尽快成长起来,我们也一定能够探索出一套既适应传媒市场需要,又符合教育规律且切合我校实际的专业办学模式,从而使它成为我校教学改革的一个亮点,成为中国传媒大学的一个品牌,成为我国传媒教育的一道新的风景,同时,也为专业扩张提供规范和标杆。

宫承波

2006 年 9 月 30 日初稿

2007 年 5 月 10 日修订

于中国传媒大学

目　　录

第一部分

总论篇

DAZHONGWENHUATONGLUN

绪 论

现代人文学术研究发生了"文化转向",将目光聚焦到原本被视为野蛮领域的大众文化,将其开辟成自己的殖民地培育起来。但是很有可能仅仅将它当做一个压榨和剥削的对象,而非认真地倾听它自在发出的声音。

——艾德加·莫兰①

随着中国当代大众文化发展进入繁荣期,大众文化的影响力愈发强大,各种批评之声迭起,引发了社会各界人士的普遍焦虑。从社会关怀视角来看,如何教育大众文化的主要消费群体青少年去认识大众媒体与大众文化,培养正确的媒体观、文化观,免受不良信息的误导,成为教育工作者们和家长们普遍关心的问题。目前,媒体素养教育正在全球发达国家和地区迅速普及,国外及港台的大学、中学和小学里大多都已经开设了相关课程。在这种形势下,中国的部分高校也开始开设大众文化的"通识"课程。但是当高校准备开设课程的时候,教师必须面对的首要问题就是需要一本合适好用的教材,目前国内已经出版了一批教材性质的编著和个人研究专著,但质量良莠不齐,使用情况不尽如人意。正是为了满足教学的需要,我们决定自己编写一本教材。

90 年代以来,文化研究热潮席卷中国学界,来自各个学科的研究者们纷纷涉足这片领地,迅速地完成跑马圈地,将其纳为新的学术殖民地。在学术研究与国际接轨的大环境下,由于此前文化研究方面译著相当稀少,导致近十年来有关文化研究的西方理论名著成为出版热点,国内先后翻译出版了上百本相关理论书籍。随着这批书籍的译介,愈发迅速炒热了文化研究的话题,一批国内学者(以从事文学、哲学、美学、艺术研究的为主)开始撰述出版相关的研究论文和专著,速度之快、产量之高、数量之大,也颇为可观。但是综观这类著述,真正做到系统、严谨、原创的研究著作还比较少,批判学派的理论先见根深蒂固地左右着几乎所有作者的立场和论述风格。即便文化研究中的"民粹主义"倾向也开始得到不少研究者的认同,但当自己开展研究时,往往也难免落入西人论述的窠臼。当我们大肆声讨大众文化的同质化时,可能忽略了的一个残酷的事实是:学术的同质化同样触目惊心:同样的理论来源,同样的话语方式,甚至同样的立场。

在这样一个学术语境下,当我们考虑如何编写这本教材时,始终面着临难以克服的双重诱惑和恐惧。所谓诱惑,就是指从西方译介过来的大量理论著述和研究成果对我们产生的诱惑,假如按照既有的成规,用自己的语言再把西方那些理论简单介绍演绎一番,再补充点中国本土的例证和注脚,这样的编写工作将显得比较简单。但恐惧随之诞生,这样岂不完全

① 艾德加·莫兰:《社会学思考》,上海人民出版社 2001 年版,第 377 页。

掉进西学理论的漩涡里而不能自拔吗？是不是陷入了“理论先行，例证尾随”的陷阱？这样的侧重西方理论介绍的教材，除了让人一知半解、似懂非懂，或者培养一点文化保守主义或精英主义的学究气质之外，对于青年学子到底有何助益？而所谓“恐惧”，则是指对本土大众文化实践往往不甚了了的恐慌。大众文化本身就是一个包罗万象的领域，从文学、音乐、电视、电影、报刊、互联网，到绘画、雕塑、游戏……根本就无法罗列其涵盖的广泛领地。更何况诸如文学、音乐、电视、电影等每个领域又是异彩纷呈，要全面认识也会有相当大的难度。但假如不去面对这个恐惧，并克服它，又如何能让论述显得合理和有的放矢呢？如何让论述不陷入似是而非、空洞无物呢？这种恐惧，恐怕也是所有从事文化研究的学者无法回避的事实。

本科教育的大众化，使得大学课堂教学必须重新定位。作为一门给本科生开设的有关大众文化的导论性课程，假如偏重理论介绍，生硬地讲述精英主义的深奥理论体系，肯定不是学生能够接受的。在文史哲阅读水平弱化的时代，学生们对视听文化和流行时尚更敏锐，实际上他们的大众文化实践经验远较教师们丰富。这样就导致一个难题，假如不去描述对象，空洞地搬演理论，觉得晦涩难懂；假如去描述实践，对于年纪不小的教师来说，似乎又天生隔膜、并不在行，毕竟学生对大众文化的前沿资讯了解得更多。即便教师要立志去比较全面地了解这个领域的所有对象，恐怕既不实际，何况也不符合今日学术生产的规律。仅仅就网络游戏来说，若要教师全面去了解它的存在类型及其生产、传播和消费中的细节，难度之大可想而知。事实上，任何关于大众文化的著述都根本无力去解决这些问题！正因为如此，我们也非常理解当前国内文化研究存在的种种问题。

作为导论性教材，本书的旨趣重在介绍、描述和分析，尽量减少生硬的价值判断，更有意弱化批判学派式的批判。我们也尽力保持对大众文化的冷静立场。为了尽量避免论述上的浮光掠影，我们在编写教材时收窄了关注的焦点，主要围绕流行文学、流行音乐、电视和电影等四个主要领域来展开介绍和论述。为了避免学生在阅读时蹙紧眉头，我们也淡化了写作的理论色彩，并尽力冷静地去介绍一些基本概念，描述各个领域所存在的主要类型，梳理它们的历史发展脉络，并就一些典型现象展开比较通俗易懂的分析。为了使论述不至于过于抽象，我们在章节结构方面也打破了一般著作的做法，尽量避免用那种放之四海而皆准的套话去归纳概括，如我们没有把大众文化的特征单列为一个章节，而是把我们的观点融入具体论述每种大众文化类型的章节里去。

本书的直接目的是为中国传媒大学媒体创意专业学生编写的一本教材。在“创意工业”的大旗被横跨产、官、学三个领域的精英们挥舞得猎猎作响的时代，这个时髦的专业到底该如何去发展，既是中国传媒大学一批中青年学者们一直在积极思考的问题，也是我们所有青年学子该一起积极面对、思考和大胆探索的问题！并希望在探索中走出我们的成功之路。

全书由绪论和十一个独立章节组成。其中，绪论和第一至六章由刘自雄编写，第七至十章由闫玉刚编写。

文章千古事，得失寸心知！面对大众文化研究这个新兴领域，写作过程中，力不从心之感始终伴随。鉴于时间紧张和涉猎有限，文中纰漏在所难免，敬请读者批评指正！

CHAPTER 1

第一章

大众文化概说

【**本章重点**】随着大众文化进入鼎盛时期,全球文化研究热潮也经久不衰,“文化”、“文明”、“高雅文化”、“通俗文化”、“民间文化”、“主导文化”、“精英文化”、“大众文化”和“亚文化”等概念的使用频率越来越高,辨明这些术语的内涵、外延及其产生语境,有助于我们理性地认识和评价大众文化,形成基本的文化价值观。本章认真梳理了文化与文明、大众与公众以及主导文化、精英文化与大众文化的概念体系,帮助读者建立起基本的理论框架,来认识和解释多元文化现象,并简要介绍了文化类型体系,分析了各类文化形态之间的相互关系。

第一节　文明与文化

一、文化是什么

英国学者马克·J·史密斯认为:文化是当今社会科学中最具挑战性的概念之一,尽管学者们做出了各式各样的定义,但是谁都没有指出文化的真正含义。① “文明”(civilization)与“文化”(culture)这两个常用术语并不是一个有着恒定内涵的透明概念,奥地利哲学家维特根斯坦提出:“意义即用法”,语词的意义是在它的具体使用中被呈现出来,要弄清楚任何语词的含义,与其下一个断言式的定义,不如详细地考察一下它们被人们所赋予的不同的含义。

在英文里,“文化”(culture)是一个拥有相当复杂含义的词汇。15 世纪初,这个概念才出现,主要意指对某种农作物或动物的培养或照料。16 世纪之后,它开始被用来指称人类发展的历程。也就是说,文化最初是被用来指称动植物的培养过程,然后才被比喻性地用于精神的培养过程和状态。随后,在不同的历史和社会语境中,“文化”被赋予各种不同的含义,大

① 马克·J·史密斯:《文化:再造社会科学》,吉林人民出版社 2005 年版,第 2 页。

致可以归为四类：

(1)与文明同义，用来指称人类社会告别野蛮、未开化状态的一般过程或状态；

(2)人类学意义的文化概念，用来表示一种特殊的生活方式；

(3)美学意义上的文化概念，用来描述有关知性的作品和活动，尤其是艺术方面，如文学、音乐、绘画、雕塑、戏剧、电影等；

(4)政治学意义上的文化，用来指称对资本主义文明进行反思、批判的智识活动，主要指精致、高雅的艺术。①

在中文里，"文化"一词始见于战国末期的《易传·系辞下》，"观乎天文，以察时变；观乎人文，以化成天下。"此处，"天文"是指宇宙星象以及所昭示的政治寓意，"人文"则是指社会现象；整句话的大意是：统治者通过了解天象与社会现象来治理天下。到了西汉，刘向在其所著《说苑·指武篇》中始将"文"与"化"组合成"文化"一词。文是文饰、文采，引申为人文、文治之义；化是化成、教化之义。可见，中国的"文化"从开始即专注于精神领域，作为国家"文治教化"的缩略语。②

综上所述，"文化"这个概念存在着多义的定义谱系，在不同历史时期、不同社会背景和具体论述语境中，概念所指称的具体含义并非一致，我们只能依照论述语境来对其内涵进行具体化。因此，基于该概念的语义史探讨，并结合文化这个概念在中国本土语境中经常被赋予的内涵，我们可以给文化分别下一个广义和狭义的定义：

广义的文化就是指某个特定时代、特定地域、特定群体所共享的一种生活方式。

狭义的文化是指与人的思想、情感与审美有关的生产和再生产活动。

二、文化与文明

从构词法的角度来看，这两个概念是参照不同的二元对立——文明/野蛮，文化/自然——而建构起来的。文明的对立面是野蛮(barbarism)、未开化(savagery)，主要指的是已经确立的社会秩序或生活方式；而文化的对立面是自然(nature)、非人工，是指经过人工化改造的过程或状态。从这种造词的结构关系中我们可以直观地察觉其差异。③

从"文明"这个概念的使用情况来看，它通常被赋予两种内涵：(1)描述性的意涵，中立性地标示出一种生活形态，如"华夏文明"、"印加文明"、"西方文明"、"基督教文明"等；(2)规范性的意涵，暗示性地赞颂一种生活形态的人性、启蒙和净化，形容词性质的"文明的"即为这种含义④；表达"有教养的"、"文雅的"、"懂礼貌的"等意思。启蒙思想家认为，人类历史发展是一个从野蛮逐步走向文明的过程，近代科学技术和理论知识的巨大成果是人类理性进步的结果。⑤

---

① 参考雷蒙·威廉斯：《关键词》，生活·读书·新知上海三联书店2005年版。

② 张岱年、方克立主编：《中国文化概论》，北京师范大学出版社1994年版。

③ 雷蒙德·威廉斯：《关键词》，生活·读书·新知上海三联书店2005年版，第50页。

④ 特瑞·伊格尔顿：《文化的观念》，南京大学出版社2003年版，第10页。

⑤ 曹卫东、张广海编：《文化与文明》，广西师范大学出版社2005年版，第6页。

“文明”与“文化”这两个概念的相互关系并不稳定,而是随着历史发展而不断变化。在18世纪末期的德国,“文化”是“文明”的同义词,包括两种意涵:(1)变得有礼貌和有教养的普遍过程;(2)启蒙历史学家所确立的内涵:描述人类发展的世俗化过程。①

赫尔德

德国历史学家赫尔德(1744－1803)确立了新的文化观念后,这两个概念之间的关系发生了变化。赫尔德批评了理性主义的文明观(以法国资产阶级启蒙思想家为代表),即站在欧洲中心主义的立场认为:文明是对野蛮的超越,是欧洲得以区别于世界上其他野蛮、未开化的民族的标志性成就。赫尔德站在德国民族主义的立场,批判了法国的“文明”论述,并赋予“文化”以迥然不同的含义。他认为,各民族、各时代的文化都形成于特定的地理、历史环境之中,体现了不同的民族精神和时代精神;应当用多样化的眼光看待各民族、各时代的文化,不能用理性的同一性标准来衡量。欧洲的文明观与帝国主义行径有着精神性的联系,欧洲的殖民行径被美化为文明对野蛮的征服,成为合法化欧洲殖民行动的意识形态,赫尔德认为欧洲人应该放弃这种理性主义的文明观,看到各民族文化的多样性。通过对“文化”观念的强调,赫尔德对现代化的弊端进行了反思,开启了文化论述的一个新的路径。②

此后,“文化”的内涵开始走向了“文明”的反面,被赋予了“文明”批判的含义,即文化作为崇高的精神活动是对资本主义文明的批判。在英国维多利亚时代著名的文化批评家马修·阿诺德(1857－1867)的眼中,文化是拯救堕落的现代资本主义文明的解毒剂。作为资本主义文明的产物,中产阶级对财富的追逐和崇拜使得整个社会变得庸俗不堪,社会陷入精神匮乏和文化真空状态;阿诺德认为文化应该是对“完美的追寻”,希望通过文化来消除英国中产阶级(“菲力士人”)的物质主义和工具理性崇拜,消除整个社会的无政府状态。显然,他将“文化”看做是对既有“文明”的批判与救赎。

三、文化、亚文化与反文化

英国当代文化研究学者雷蒙德·威廉斯(Raymond Williams,1921－1988)将亚文化(sub－culture,台湾译为“次文化”)界定为:“一种可以辨识的小型团体之文化。”③另一位文化研究学者约翰·菲斯克(John Fiske,1939－　)则认为:“亚文化是总体文化内种种富于意味而别具一格的类型。它们同身处社会与历史大结构中的某些社会群体所遭际的特殊地位、暧昧状态与具体矛盾相应。”并且指出,这个术语及其支撑理论几乎仅在有关青年的研究与揭示领域获得发展,其中尤其突出的是针对异端行为的研究。亚文化研究因此主要关注

---

① 雷蒙·威廉斯:《关键词》,生活·读书·新知上海三联书店2005年版,第104页。
② 曹卫东、张广海:《文化与文明》,广西师范大学出版社2005年版,第1－32页。
③ 雷蒙·威廉斯:《关键词》,生活·读书·新知上海三联书店2005年版,第109页。

的是西方阶级社会中，年轻人如何在权力与财富分配不均的环境下，发展他们自己特殊的、具有象征意味的文化。在英国，亚文化研究学者较多集中在针对“二战”后英国不同青年群体的外貌、行为及其想要表达的意义进行理论化的解释方面，尤其是工人阶级青年亚文化群体，通过研究他们“惊世骇俗”的外貌（穿着打扮）和行为（往往被多数人视为具有异端性和威胁性的），把他们的这种亚文化认同和礼仪看做是年轻人对主流文化的反应与抵制。①

菲斯克的界定只是指出了亚文化的一个领域，即青年亚文化。实际上，亚文化这个概念的诞生是建立在对文化的主次之分、高低之分基础上的。表达社会主导价值观（国家意志、利益和意识形态）的文化，即所谓主流文化；它推崇公德、法制、秩序和社会责任感，其价值观在社会中居于主导地位，是多数人的共识和行为准则。而亚文化的价值观和道德观则在若干方面与主流文化有着明显的差异，可以从四个角度来予以解释。

首先，把亚文化看做是整体文化的一个分支，它是由各种自然和社会因素造成的各地区、各群体的特殊性文化。如因阶级、阶层、民族、宗教以及生存环境的不同，在统一的民族文化之下，形成的具有自身特征的群体性或区域性文化。这种意义上的亚文化有各种分类方法，罗伯逊将亚文化分为人种的亚文化、年龄的亚文化、生态学的亚文化等。如年龄亚文化可分为青年文化、老年文化；生态学的亚文化可分为城市文化、郊区文化和乡村文化等。

其次，相对于社会主流文化而言，亚文化是指那些非主流的、属于特定小团体的文化现象。即在主文化背景下，属于某一区域或某个群体所特有的观念和生活方式，他们拥有不同于主流社会多数成员的价值观。如“黑帮文化”，作为一种犯罪亚文化，他们的一些价值观是与主文化相通的，但也有独特的团伙价值观，如讲义气、不出卖朋友、严格遵守内部等级，它能赋予成员以一种可辨识的身份和属于某一群体或集体的特殊精神气质。这种亚文化一经形成，便是一个相对独立的功能单位，对所属的全体成员都有约束力。

美国嬉皮士

再次，亚文化也可以是指一种地下性的、甚至带有某种秘密性的文化，它在特定的群体内活跃，不被圈外人所了解和理解。如一些青年亚文化群体，基于相同爱好和价值观，经常聚在一起，开展活动，可能是偏僻的街头巷尾，也可能是废旧仓库，他们一起欣赏震耳欲聋的摇滚乐，钻研舞蹈。他们或抗拒成年人的那些过时的消闲娱乐，或躲避家长们的监管，在自己的领地里寻找自己的乐趣和精神寄托②。

① 约翰·菲斯克：《关键概念》，新华出版社 2004 年版，第 281－282 页。
② 默克罗比：《后现代主义与大众文化》，中央编译出版社 2001 年版。

最后,亚文化意味着对主流文化的一种抵制和抗拒,对主流价值观保持一种拒斥和批判的态度。在青年亚文化中,奇装异服、衣冠不整、行为异常,都不过是他们借以逃离主流生活秩序和价值观的一种符号化表现。

在这四个层面的理解基础上,我们才能较全面地理解"青年亚文化"、"嬉皮士"(Hippie)文化、"朋克(Punk)文化"、雅皮士(Yuppies)文化、"犯罪亚文化"、"同性恋亚文化"、"虐恋亚文化"等概念。根据上述分析,我们认为"亚文化"包含两个相互关联的含义:(1)社会中某一族群所特有的文化观念和行为方式;(2)"在社会、经济和伦理等方面具有独特特征的族群"。

"反文化"(counter - culture)可被理解为一个特殊术语,指的是20世纪60年代至70年代初美国发生的那场政治化的、基本属于中产阶级的、另类的、革命的青年亚文化运动。在这场运动中,美国中产阶级青年表达了反主流文化价值观和生活方式的立场。年轻的嬉皮士们佩戴鲜花,反对越战,反对种族歧视与性别歧视,宣扬"爱情与和平"。他们主张个性的自我张扬,强调精神世界的存在,看重直觉而不是理性,反对机械化的现代文明。他们蓄起长发和胡子,用牛仔裤和T恤衫代替了宽松裤、夹克衫和领带,向往脱离世俗、自由奔放、回归简单的生活。1970年,几万青少年参加了在康涅狄格州米德尔菲尔德市的粉末岭举办的摇滚音乐节,在这块300英亩的滑雪场地搭起帐篷,他们放浪形骸,随心所欲地喧闹,贩卖麻醉剂和吸食毒品。他们认为自己正在组建一个"新国家",把革命者当做榜样,沉溺于鲍勃·迪兰、甲壳虫乐队的摇滚乐中,以此表达对社会现状的背叛与诅咒。

嬉皮士文化

反文化也可以被理解为一种亚文化浪潮,《韦伯斯特词典》(1994年版)将"反文化"界定为:一种价值观、道德观与现实社会背道而驰的文化。当某一种亚文化体现的观念、行为方式和规范同它所属的那个主流文化发生冲突时,我们可称之为"反文化"。它表达了特殊群体对主流价值观和行为模式的抗争,并身体力行。

从广义角度来看,"亚文化"与"反文化"都是文化中的特殊类型。换一个角度来看,亚文化又是一种区别于主流文化的形态,标志着在某个特殊时期不为主流社会的大多数人所接受、所理解的价值信念和行为方式。随着时代与社会环境的变迁,亚文化(尤其是青年亚文化)很可能会逐渐被主流社会接纳与收编,从而成为主流文化。如牛仔裤、喇叭裤、染发等时尚,最初都是在亚文化群体当中出现的,借以表征他们的独特品位,但后来逐渐被社会大众接受,成了主流文化。英国当代社会学家迪克·赫布迪格(Dick Hebdige,1951 -)在那本著名的青少年研究著作《亚文化:风格的意义》(*Subculture: The Meaning of Style*)中信心十足地说道:"青年文化生活方式开始的时候,可能只提出象征性的挑战,但是他们最终不可避免的以建立新的一套惯例准则告终,以创造新的商品、新的工业或者复活旧的告终。"①

第二节　公众与大众

一、什么是公众

"公众"(The Public)是古典民主主义理论建构起来的一个理想性的主体形象;作为现代资产阶级的人格典范,"公众"是对"奴隶"、"农奴"、"仆役"、"农民"等历史上曾经存在的被奴役、缺乏独立自主性人格的否定。根据古典民主主义理论的构想,公众是一个理性的政治主体,他们能够理性地表达自身诉求,形成意见压力,并通过自由辩论,平衡利益、协调立场,最终根据多数派意志形成公共决策。公众是资产阶级民主国家——公众共同体——的法理主体,国家权力的合法性建立在"公意"的基础上,行政官员只不过是公众的代理人,政府是按照民意准则和法律程序管理国家及社会事务的机构。

按照古典民主主义理论,"公众"是资产阶级的理想人格类型,具有几个主要特征:(1)他们是理性的专家,能够理性判断自身的利益;(2)他们能够畅通地表达个人意见,并借助大众媒体为他人所知晓;(3)公众共同体通过充分的意见沟通形成决定;(4)作为代理人的政府部门及代理人将根据公众的意见决策并采取行动。在这种情况下,资本主义民主政体获得了合法性的根基。

德国哲学家尤根·哈贝马斯在《公共领域的结构转型》一书中阐述了资产阶级"公众"的特征及其交往形态,在他看来,资产阶级的理性主体"公众"曾经存在于咖啡馆、沙龙、宴会等场所,是资产阶级的"公共领域"(Public Sphere),具有批判精神的资产阶级公众通过理性协商来酝酿公众舆论,并以公众舆论为媒介,对国家(公)与社会(私)的矛盾需求加以调节。②正是建立在"政治公共领域"的批判理性的基础上,民主国家具备了法理上的合理性与合法性。

资产阶级理论家们建构的"公众"原型只是他们自身——知识精英的镜像,甚至可以扩大范围到指称教养良好的中产阶级,这种观念是一种形而上学的建构,但却不是经验现实中的任何真实个体。正因为如此,我们认为"公众"只是古典民主主义的一个虚构的、神话般的理想人格类型(ideal - type)。古典民主主义理论具有浓烈的乐观主义和理想主义色彩,知识精英们过于乐观地认为,通过教育,可以将资本主义社会的底层民众也塑造成典型的"公众"。但是,资本主义国家的历史实践旋即摧毁了古典民主主义者的乐观想象;到了19世纪,资产阶级知识精英们开始清醒地认识到,理论与现实间有着无法跨越的巨大鸿沟,"公众民主"是资产阶级根本无法兑现的革命诺言,教育并不能解决全民的启蒙问题,"人皆尧舜"

---

① 胡疆峰、陆道夫:《抵抗·风格·收编——英国伯明翰学派亚文化理论关键词解读》,《南京社会科学》2006年(4)。

② 尤根·哈贝马斯:《公共领域的结构转型》,学林出版社1999年版,第35页。

的想法过于天真了,根本无法使广大普罗大众成为理性主义的"公众"。在19世纪中后期,托克维尔、勒庞、尼采、叔本华、弗洛伊德等宣告了"公众"的隐退和"大众"的出场。

"民主",即"人民主权",这是现代社会居于主导地位的政治理想。"民"最初被资产阶级启蒙思想家乐观地建构为以"公众"为名的理想人格典范,继而又被19世纪的社会学家们悲观地冠以"大众"的污名,成为一种消极性的人格类型;因此,从经验的角度来看,民主面临的问题不是体制设计的问题,而是主体性的问题。

二、什么是大众

"大众"(The Mass)概念诞生于19世纪,是资产阶级启蒙知识分子对社会主体的重新认识和命名。资产阶级取得了革命成功,建立了现代民主国家,并将民主政治付诸实践。在经历了一段时期的国家建设实践后,理论家们耳闻目睹了民主国家运行的现实经验,无法回避的现实是:(1)个体意识并非由理性主导,民意也并非全然理性的;(2)阶层之间的利益冲突并非可以凭借公共利益而协调,阶级斗争的残酷现实反而证实阶层利益是不可调和的;(3)在底层民众和以民主的名义进行决策的人之间存在着巨大的鸿沟,民意表达、采纳的渠道并非畅通。[①] 也就是说,理论家们发现,古典民主主义理论暴露了它的空想性。

进入19世纪中期后,社会学家们发现,个人主义被政治经济生活的集体主义形式所取代;公共利益的和谐被阶级之间组织起来的压力集团之间的不和谐所取代;复杂问题的理性辩论受到专家的削弱,受到对厉害偏见的重视的削弱;受到对公民非理性欲求有效发现的削弱;公众的决定权与国家权力的运作分离开来[②]。资本主义社会的重重现实矛盾暴露了"公众"概念的虚构性,资产阶级知识分子开始转变立场,1859年,约翰·斯图亚特·米尔(John Stuart Mill)发现了"多数人的暴政",即群众的非理性盲动的现实图景;弗洛伊德发现了大街上行人的非理性;法国政论家托克维尔(Charles Alexis de Tocqueville)发现了"美国民主"中的"盲目的本能",进而怀疑"我们将要建立的是民主的自由还是民主的暴政"[③]。伯克哈特、加塞特、尼采和勒庞等知识分子踏上"大众"社会批判之路。

在诸多有关"大众"人格的论述中,德国哲学家尼采的观点不但刺耳,而且名声不佳,他将社会主体划分为"超人"(精英)和"庸众"(即"大众"),他对"庸众"的攻击理由除了愚昧之外,还在于他们易于被引诱而受骗,易于盲从,既可能被动员起来压制天才,被故意煽动的舆论甚至会成为非理性暴动的源泉。他认为,民主政治的制度设计,使得人们不是追求真理,而是屈服于"民意",真理往往会被民意所取代,从而偏离了真相。[④]

19世纪末,法国著名社会心理学家古斯塔夫·勒庞(Gustave Le Bon,1841-1931)对作为"乌合之众"的"大众"进行了毫不留情的批判。他认为,在资产阶级民主政体下,"民众就是至上的权力",群体的无意识行为取代了个人的有意识行为,是时代的主要特征之一。他认

---

① 查尔斯·赖特·米尔斯:《权力精英》,南京大学出版社2004年版,第383页。

② 同上书,第384页。

③ 托克维尔:《论美国的民主》,商务印书馆1988年版。

④ 参考尼采:《权力意志》,漓江出版社2000年版。

为,群体精神极端低劣,群体中累加起来的只有愚蠢,而不是天生的智慧,可见的社会现象可能是某种巨大的无意识机制的结果。群众的特点在于:(1)群体是个无名氏,因此不必承担责任;(2)易传染;(3)易于接受暗示;(4)有意识人格的消失、无意识人格的得势。[①] 由于群众拥有庞大的势力,因此只要一种意见赢得了足够的声望,使自己得到普遍接受,那么它很快就拥有强大的专制权力,使一切事情全要屈服于它,自由讨论的时代便会长久地消失了[②]。在他看来,文明是少数智力超常的人的产物,他们构成了一个金字塔的顶点。随着这个金字塔各个层次的加宽,智力相应地也越来越少,他们就是一个民族中的群众。[③] 他因此得出异常悲观的结论:"当一种文明让群众占了上风时,它便几乎没有多少机会在延续下去了。"[④]

古斯塔夫・勒庞

颂扬"公众",攻击"大众",这是理论偏见的两个极端。现实中的民众既非全然理性的自律主体,也非全然被非理性冲动所引诱的他律主体。作为一个复数概念,民众绝非千人一面的理性主体,而是集合了"公众"和"大众"双重属性的群体。因此,我们认为"公众"和"大众"这两个概念都是建构出来的,并非一个价值中立的描述性概念;思想家们用这两个概念指涉现实,并强加了不同的价值判断,但它们并不能被还原为经验中的实际存在。

英国文化研究学者雷蒙・威廉斯指出:"实际上没有大众,有的只是把人看成大众的那种看法。有的只是把人类(他的同类)的多数人转变为'大众',并且从而把他们变成可恨或可怕之物的政治公式。""把人视为大众的观念,并不是因为没有能力了解他们,而是因为依照一个公式来解释他们。"我们应该"把'大众'一词的意义再现于经验",大众就是"普通人",它是一个"集体意象",依赖于特定的语境。[⑤] 因此,当我们使用这些通用概念时,必须警惕它们本身含混的语义史,它们的所指对象是相同的——社会中的特定群体,但价值判断有着天壤之别。因此,如果中立地、描述性地来界定这个群体的话,我们不妨将它们视为民主国家里的普通民众。

如果把"大众"视为历史中出现的一个新的社会主体类型,它到底是指劳工阶级,还是中产阶级?"大众"到底是一个具体的阶层,还是一个虚拟的集群形象?它到底是一个同质的群体,还是充满异质性的群体?大众到底是一个消极、被动的群体,还是它本身也体现出充分积极的、主动的素质?这些问题的追问将颠覆我们曾经赋予大众的一些"刻板印象",冷却文化批判学派的激情,而去追寻经验中的真实的大众群体。

① 古斯塔夫・勒庞:《乌合之众——大众心理研究》,中央编译出版社 2004 年版,第 20 页。
② 同上书,第 128 页。
③ 同上书,第 158 页。
④ 同上书,第 129 页。
⑤ 雷蒙・威廉斯著,吴松江、张文定译:《文化与社会》,北京大学出版社 1991 年版,第 379 页。

第三节　什么是大众文化

一、文化类型说

理论家解释文化现象,需要建构理论框架来分门别类地界定和探讨,文化类型划分是一个基本理论问题。关于文化的分类,很多解释都体现了二元对立的思维模式,出现了宫廷文化与民间文化、宗教文化与世俗文化、贵族文化与平民文化、高雅文化与通俗文化(简称雅文化与俗文化)、主文化与次文化、主流文化与边缘文化、精英文化与大众文化、统治阶级文化与被统治阶级文化以及上层阶级文化、中产阶级文化与下层阶级文化等概念范畴,以此来描述各个历史时期特定民族文化的内部构成,并建立起文化解释体系。这些学说,大体上可归纳为三种分类标准:

(一)根据社会阶层来分类。这种分类法建立在统治阶级与被统治阶级的二元划分基础上,如宫廷文化与民间文化、庙堂文化与江湖文化的二分法适用于中国封建王朝时代,将官文化和民文化划分开来,两个阶级各自享有不同的意识形态、价值观、道德观、社交礼仪和生活方式。在中世纪欧洲,教会神权与世俗王权交叉交替控制世俗社会,两股势力有着不同的意识形态体系,因此形成了宫廷文化、教会文化与民间文化的三分法。到了资本主义时代,社会阶层划分出现了新特点,除了作为上层阶级的政治经济精英之外,还出现了一个庞大的具有一定的财产和社会地位的阶层,即中产阶级,所以文化图谱由一分为二变成了三分天下:即上层阶级文化、中产阶级文化与下层阶级文化。

(二)根据文化品质来划分。从文化的思想品格与审美品质来界定,如高雅文化与通俗文化(简称雅文化与俗文化):雅文化是高品位的文化,具有较严肃的道德旨趣、浓厚的人文关怀以及较高审美水准,它对文化创作和欣赏都提出了较高要求,作者和接受者在较高层次上进行精神和情感的交流。精英文化和大众文化这对概念则建立在现代社会学的基础上,即将人群划分为“精英”与“大众”,精英文化就是那些受过良好教育的人创作与消费的高级文化,属于“阳春白雪”的文化;而大众文化则是社会中低阶层参与消费的文化,是“下里巴人”的文化。

(三)根据文化的社会地位来划分。主文化是指在特定社会的文化谱系中处于主导地位,是社群中的大多数人所认同的价值观、道德观以及建立其基础上的生活方式;而次文化则是指少数派的、特殊小群体的文化。主流文化与边缘文化这对范畴是更加直接的一种表述。

在中国当下的特殊语境中,文化类型划分必须立足于国情和社会发展的特殊性,我们可将其划分为五种基本类型:传统文化、主导文化、精英文化、大众文化与民间文化。①

(1)传统文化。民族共同体在漫长历史发展过程中传承下来的古代文化典籍、艺术样式、精神信仰和风俗习惯等。它是当代文化赖以产生的背景和土壤,也常常成为它们取之不

---

① 参考金民卿:《大众文化论:当代中国大众文化分析》,中共中央党校出版社2002年版,第157页。

尽、用之不竭的素材库和灵感源泉。它仍然对当下文化发挥着不可忽视的影响，已经渗透到现当代各种文化的血液里。

(2)主导文化。是指根据国家主导意识形态构建起来的文化，反映了官方的历史价值观、政治价值观与审美价值观，主题是围绕历史、现实的家国叙事，旨在巩固政权合法性和凝聚社会共识。也可指称那种顺应国家意识形态，具备一定政治经济权利，并且左右着国家和社会发展趋向的阶层所主导的文化。

(3)精英文化。一般是指高级知识分子阶层的文化，他们融合了中西知识精英对现代民主政治、经济社会发展和个体自由权利的认识和理解，具有一定的忧国忧民的人文终极关怀气度，并且拥有较高的话语权，通过著书立说，确立了他们对国家和社会的干预能力。他们对高雅文化传统和高雅艺术有着专业的鉴赏能力和消费能力，且将文化艺术看做是对现实的批判与救赎。

(4)民间文化。是从古代传承至今的文化遗产，尤其是在尚未现代化的国度里，民间文化还有一定的地位和影响。尽管政权体制已经现代化了，但由于社会发展不平衡，前工业文明时代的经济生产方式、传统的生活方式仍然在边缘区域以及社会底层存在着，如我国中西部一些偏远农村还处在传统社会状态，现代传媒对其文化生态还没有造成根本的影响，传统的地域性民间文化还发挥着较大的影响力。

大众文化是除开上述四种文化形态之外的一种现代文化，这是下文将要重点探讨和界定的核心概念。

二、大众文化的定义

英文术语 Mass culture 与 Popular culture 通常都被译为"大众文化"，也有人将后者译为"通俗文化"、"流行文化"和"普及文化"(香港译法)。在西方，mass 与 Mass culture 的使用往往与大众社会理论联系在一起，包含着对群众("群氓"、"乌合之众")及其文化的贬损。正是基于这一原因，雷蒙·威廉斯为了表明自己与大众社会理论家们的立场差异，拒绝使用 Mass culture，而选择使用更中性的 Popular culture 来指涉普罗大众的文化。[①]

美国传播学者威尔逊(Wilson)认为，通俗文化(popular culture)是"某个社会中所有人的文化"，在人类历史上，每个社会都拥有它自己的通俗文化。[②] 由于今天的通俗文化是大众化生产的、并且是借助于大众媒介而大批量地传播的，因此诞生了另外一个词汇，即大众文化(mass culture)。在他看来，大众文化就是指"文化中的那些大众化生产的、并且/或者通过大众媒介共享的一切东西"[③]。由于现代通俗文化都是经由大规模生产或由大众媒介推动的，因此他认为大众文化与通俗文化这两个概念是几乎可以互换的。并且认为通俗文化是美国的主流文化，包括人们司空见惯的所有的物质、风俗、时尚与活动。也就是说，这两个概念的

---

① 斯威伍德，冯建三译：《大众文化的神话》，三联书店 2003 年版，"导论"。

② Wilson, Stan Le Roy. 1992. Mass Media/Mass Culture: An Introduction. New York: McGraw - Hill. p4。

③ Wilson, 1992:5。

所指对象完全一致,它们的差别在于使用者所持的价值立场不同①。

大众文化的定义可谓不胜枚举,其语义史包含了从精英主义到极端民粹主义的复杂谱系。19 世纪,欧洲贵族知识分子认为大众文化就是"低能的人(morons)为低能的人所写的东西"②。20 世纪 30 年代,法兰克福学派主将霍克海默与阿多诺也持精英主义的立场,在谈及大众文化时,他们常用"文化工业"(Cultural Industry)这一概念来替代,认为大众文化作为文化工业的产品和结果,是自上而下地强加于大众的文化,具有标准化、平均化、伪个性化等特点③。20 世纪后半期,英国伯明翰学派的约翰·哈特利(John Hartley)则站在民粹主义立场上,以美国总统林肯提出的"民有、民治、民享"理论来解释大众文化,将其界定为:"为普通民众所拥有;为普通民众所享用;为普通民众所钟爱的文化。"④

"大众"这个概念是西方现代化的产物,也是欧洲知识分子在建构大众社会理论时提出的一个新概念。我国历史上虽有"大众"一词,却并没有西方学者加诸"大众"的特定内涵,例如 1930 年成立的左翼作家联盟在共产党的领导下开展了文艺大众化运动;又如毛泽东所讲的新民主主义文化是"大众的文化","大众"特指文化水平低的贫苦劳动人民。中国历史上也有"通俗"这一概念,明代还出现过戏曲艺术家沈璟和汤显祖之间的"雅俗之争","通俗"应该指的是沟通高雅文化与民俗文化(folk culture)而形成的一种文化品质;即,中国传统意义上的通俗文化应该是一种居于雅俗之间的文化;而民俗文化则指的是民间自发形成的文化。也就是说,在我国,通俗文化与民俗文化指的都是一种前工业社会中的文化形态。所以当我们把"大众文化"与"通俗文化"等同起来,同时用来指称一种工业化社会中的文化形态时,这两个概念的内涵已经完全西方化了。从这种意义上来说,当今学界通行的"大众"与"大众文化"两个概念应该说是西方的舶来品。

台湾学者杭之将大众文化界定为:"一种都市工业社会或大众消费社会的特殊产物,是大众消费社会中通过印刷媒介和电子媒介等大众传播媒介所承载、传递的文化产品,其明显的特征是它主要是为大众消费而制作出来的,因而它具有标准化和拟个性化的特色。"⑤北大教授陈刚认为:"大众文化是在工业社会中产生,以都市大众为其消费对象,通过大众传播媒介传播的无深度的、模式化的、易复制的、按照市场规律批量生产的文化产品。"⑥他们的界定可以说在很大程度上代表了学界的主流声音,对大众文化有着较强烈的价值判断;这种界定实际上深受法兰克福学派的"文化工业论"影响⑦。

20 世纪末,随着英国文化研究学派的学术影响力日增,国内也有不少学者开始部分认同民粹主义的见解,如首都师大教授陶东风指出,大家在定义中为大众文化列举的症状(文本贫乏、与权力同谋或合谋、商业主义、被动接受)失之偏颇,他认为大众文化存在着两面性,是

---

① 陆扬、王毅:《大众文化与传媒》,生活·读书·新知上海三联书店 2000 年版,第 10 页。
② 雷蒙·威廉斯著,吴松江、张文定译:《文化与社会》,北京大学出版社 1991 年版,第 384 页。
③ 阿多诺、霍克海默著,渠敬东、曹卫东译:《启蒙辩证法》,上海人民出版社 2003 年版。
④ 约翰·菲斯克等编,李彬译:《关键概念:传播与文化研究辞典》,新华出版社 2004 年版,第 212 页。
⑤ 杭之:《一苇集》,生活·读书·新知上海三联书店 1991 年版,第 141 页。
⑥ 陈刚:《大众文化与当代乌托邦》,作家出版社 1996 年版,第 22 – 23 页。
⑦ 祖朝志:《对大众文化批判的批判》,《社会科学》1998 年第 4 期。

与公众联系密切的"日常生活的文化",公众并非完全被动的消费者,他们也有能力积极地参与,解读出自己的意义和快感①。应该说陶东风的评价是比较理性的。

大众文化作为一种民主文化,存在着两面性。从历时的角度来看,被理论家们命名为"大众"的城市居民无论是从政治权力(例如选举权)来看,还是从自身的素质(例如受教育程度)来看,都超越了历史上任何时期的民众;从这种意义说,大众文化绝对是一种进步文化。雷蒙·威廉斯曾经为此对诸多理论家们表示了不满:"实际上没有'大众',有的只是把人看成'大众'的那种看法。"有的只是"把人类(他的同类)的多数人转变为'大众',并且从而把他们变成可恨或可怕之物的政治公式"。② 威廉斯接着指出:"把人视为大众的观念,并不是因为没有能力了解他们,而是因为依照一个公式来解释他们。"③他认为,理论家们之所以会犯错误,是因为他们往往把注意力集中在低劣的东西上,而忽略了好的东西,或者只把注意力集中在与观察者的习惯巧合的那些习惯上,而这是不足以判断一种文化的。④

雷蒙·威廉斯的分析可谓切中肯綮。不过,批判理论家们的旨趣主要是从共时的角度来解读大众文化的,就像一枚硬币一样,大众文化也确实存在着庸俗、肤浅、非理性的另一面。在资本主义国家中,尽管中世纪的黑暗统治已经结束,但商品市场和现代宣传机器很快接管了部分权力,希特勒式的政治投机家也确实在20世纪上演了托克维尔们早已担忧过的一幕恐怖政治戏剧;因此,我们不能否认大众社会批判理论家们留下的理论遗产。⑤

基于上述分析,我们更趋向于从比较中性的角度,吸纳精英主义和民粹主义两个流派各自所具备的合理性,描述性地界定大众文化:

大众文化是指民主化、工业化、市场化社会中为普通民众生产、并为普通民众所参与和消费的一切物质、符号、观念和活动。或者简化为一句话,大众文化就是现代社会中普通民众的生活方式。

在人文社科领域,概念界定比比皆是,但很难被普遍认同,也绝无可能达到那种自然科学般的精确,所以西方出现了一个"反定义"的理论流派,他们以一种后现代主义的立场,反对用一大堆其他术语来界定某个术语,认为这只不过是陷入了一种"解释学循环",因为用来界定概念的那些术语同样也不是透明的,它们也需要界定,这样的话,定义就会陷入一场永无休止的语言游戏当中。所以定义行为本身就是一个见仁见智的问题,我们对大众文化这个概念也只能给出一个价值有限的定义。当然,这种定义也具有它的价值,用一种生活方式的宽泛地界定,增大了文化研究相关论述的有效性,避免了分析者总是把目光聚焦在自己感兴趣的某个狭窄领域。

即便进行了界定,这个概念仍然显得异常抽象,因为我们在探讨文化问题时,总是面对的具体对象,那么到底哪些文化现象属于大众文化,而哪些又不属于呢? 这个定义为大众文

---

① 陶东风:《大众文化:何时从被告席回到研究室》,载《阐释中国的焦虑:转型期时代的文化解读》,中国国际广播出版社1999年版,第110-114页。

② 雷蒙·威廉斯著,吴松江、张文定译:《文化与社会》,北京大学出版社1991年版,第379页。

③ 同上:第382页。

④ 同上:第386-387页。

⑤ 赵勇:《法西斯主义与大众文化——论阿多诺大众文化观中的一个主题》,《文艺理论研究》2003年第5期。

化划定的边界又在哪里呢?

文化的外延,无非指向三个领域:物质、话语和社会实践。但我们要开列物质、话语与社会实践三个领域里所有的大众文化形态的清单,似乎根本就不可能,仅就音乐领域来看,大众音乐就是流行歌曲、摇滚乐、爵士乐、布鲁斯、乡村音乐、朋克音乐、嘻哈音乐吗?在社会实践领域,大众文化就是运动、旅游、健身、塑身、购物、服饰、舞蹈吗?

这个清单很难继续开列下去,原因主要有二:(1)不同民族国家对精英文化与大众文化的认定并非一致,如歌剧在意大利肯定是一种大众文化,但在中国抑或其他亚洲国家,只能归类为精英文化。(2)不同时代,大众文化亦会有不同的样式,如在话语领域,每个时代都会有独特的流行话语体系,世代更替,不断翻新。

此外,大众文化是依照与精英文化的二元对立模式来建构的,但我们也很难划定其边界:

首先,我们很难按照文化消费主体的身份来界定。大家公认的精英实际上也经常参与到大众文化中去,例如卡拉OK这种音乐消费文化群体就超越了精英与大众的分野,成为从政府官员、大学教授,到青年学生、普通市民,大家共同参与的一种大众文化类型。

其次,我们也很难依照文化产品来界定。以武侠小说为例,作为精英的高级知识分子也会非常喜欢阅读金庸的武侠小说,北大中文系文学教授严家炎、孔庆东就给予了金庸的小说颇多溢美之词,孔庆东甚至毫不隐瞒自己是"金庸迷"。

再次,我们也很难依照传播媒介来界定。如电影到底是否属于大众文化呢?很多论者都会把它简单地视为大众文化,但是当我们考察电影本身的类型时,会发现这个领域本身也很复杂,电影虽然都是借助于视听媒体来表现,但其传递的思想意涵和艺术追求则千差万别。无疑,好莱坞的商业大片是属于大众文化,但一些非主流的艺术片、纪录片是否算呢?比如法国著名导演罗伯特·布列松拍摄的《巴尔塔扎尔的遭遇》①。又如我国第六代导演贾樟柯拍摄的一些未公映的"地下电影",如《小武》、《站台》、《小山回家》、《公共场所》、《狗的状况》等。

此外,各种文化类型间总是存在一个模糊地带,难以明确划分,如摇滚乐,在西方是绝对的大众文化样式;但在中国,其流行程度、接受程度都不可同日而语,更多地被看做是青年先锋文化。

第四节　大众文化的形态

一、大众文化的类型

当我们将广义的大众文化界定为一种现代社会普通民众的生活方式时,大众文化内涵

① 影片的主角是一头驴子,名叫巴尔塔扎尔。童年时,它幸福地生活在儿童的圈子里,成年后成为背挑重担的受剥削者。影片用驴子的生活与为它命名的女孩的生活相比照,当女孩遭到有虐待癖的男友侮辱时,巴尔塔扎尔也受到主人的鞭笞。最后当一位老人把驴子当做圣人投胎时,驴子也找到了最终的归宿。

了太多、太复杂的东西，它看似无所不包。为了认识、分析和解释大众文化这个领域，理论家不得不诉诸类型理论，建构分类体系，通过分门别类把混沌一片的大众文化领地切割成比较明晰的部分，来加以深入细致的研究。

由于概念界定的困难，它实际上昭示了文化领域问题的复杂性，要对大众文化进行科学的类型划分也困难重重。考察目前的大众文化著述，研究者往往根据特定视角来关注某些比较熟悉的日常经验领域，并以之来展开论述，如法国著名哲学家罗兰·巴特的著作《流行体系——符号学与服饰符码》针对以巴黎为代表的全球性服饰时尚现象，从结构主义视角阐释了流行服饰话语体系[①]；美国学者珍妮弗·克雷克的著作《时装的面貌——时装的文化研究》，揭示了大众文化中"衣"这个领域里的生产、传播和消费的过程[②]。英国学者克里斯·罗杰克的著作《名流：关于名人现象的文化研究》[③]则抓住大众文化领域的一个重要现象——名人崇拜，从心理学、社会学的角度对各种社会现象予以理论化的解释。美国学者劳拉·斯·蒙福德的著作《午后的爱情与意识形态——肥皂剧、女性及电视剧种》抓住美国电视肥皂剧这种大众文化类型，从女性主义视角来理解肥皂剧的生产和消费机制，揭示其意识形态意涵，[④]显然，大众文化论著很难做到面面俱到、无所不包。因此，我们在探讨大众文化类型时，往往只是关注其中的某些核心领域，并围绕它们来揭示其肌理。

在考察大众文化的类型之前，不妨设定一个虚拟的大众文化消费主体，然后依照其生活方式来界定大众文化的存在形态，描述个体参与的一切大众文化活动。从这个角度来说，生活方式可以分为衣、食、住、行、用等五个范畴；在此基础上，根据媒介使用的可能性，大众文化消费方式包括看、听、读、说、唱。下面将简单介绍这种分类模式。

二、日常生活与大众文化

（1）衣文化。作为物质的服装，具有基本的保暖以及避免裸露伤害的功能。但作为一种文化现象，衣着已经成为一个重要象征体系，被赋予了丰富的文化内涵，往往与心理、情感、思想紧密联系，被赋予了阶层、品位、个性等意义。因此作为生活方式的一个重要领域，关于服饰的生产、传播和消费的整个体系，也成了一个大众文化的重要领域；在服饰形态、思想情感和穿着实践三个领域，灌注了大众文化的重要流行机制。大小都市里，时装店林立，服饰文化陈列在霓虹灯照射下的精品服装专柜里，展示在时尚青年的身体上，相应的思想情感活动也反应在关于服饰的所有私人言谈中，时装界以及大众传媒是流行品味的制造商，它无孔不入地渗透到文化空间里，并集中沉淀在以《精品购物指南》、《上海星期三》、《时尚·伊人》、《时尚·先生》、《瑞丽服饰美容》为代表的流行话语里，由此构成了流行服饰文化体系。

（2）食文化。人类文明已经超越了"衣不蔽体、食不果腹"的阶段，而进入物质丰盛的时代，当食超越了"果腹"功利性目的之后，人们对待食物的态度和进餐方式就被赋予了更浓郁

① 罗兰·巴特：《流行体系——符号学与服饰符码》，上海人民出版社2000年版。
② 珍妮弗·克雷克：《时装的面貌——时装的文化研究》，中央编译出版社2000年版。
③ 克里斯·罗杰克：《名流——关于名人现象的文化研究》，新世界出版社2002年版。
④ 劳拉·斯·蒙福德：《午后的爱情与意识形态——肥皂剧、女性及电视剧种》，中央编译出版社2004年版。

的文化内涵。吃什么、怎么吃、关于吃的言谈以及由吃而带来的情感满足，形成了大众食文化的体系。在中国任何一个中心城市，大众食谱里汇聚了中西名词，可口可乐、麦当劳、肯德基、汉堡王、冰激凌、哈根达斯、鸡尾酒、咖啡、韩国料理、水果沙拉、通心粉、生猛海鲜、必胜客比萨、快客……食材、食的场所以及消费方式、言谈方式、满足方式，构成了大众食文化的知识谱系。围绕食的理念以及食与身体功能的关系，又衍生出素食文化、减肥文化、滋补养生文化、食疗文化，等等。

(3)住文化。居住已经超越了简单的生活空间和休息空间的性质，而日益被赋予了文化的意蕴，既包括居住空间的外部地理、所归宿的文化社区，在城市的中心，还是在郊区；也包括居住空间的内部结构和装饰，空间布局的美学，装潢装饰的风格，古玩字画所昭示的文化品位；甚至还包括居住空间的生物构成，花鸟虫鱼所昭示的情感寄托，如饲养宠物。此外，对居住空间的使用方式，日常居住和临时性居住；还包括逃逸性的居住方式，即逃离日常生活和工作空间、体验异质空间的度假中心、宾馆、汽车旅馆以及由居住而引发大量时尚话语，如“异性合租”等。关于居住的空间美学和文化追寻，催生了居住文化的时尚话语体系，如《时尚·家居》、《家装指南》、《好主妇》；也支撑起了整个居住时尚工业体系，如宜家家居、集美家居、蓝景丽家、美联天地、百安居和古玩城，等等。

(4)旅行文化。围绕出行的目的，交通工具、出行方式以及经由出行而衍生出来的话语和实践，形成了大众的行文化。从行的性质来看，除了高度功利性的工作行程之外（考虑便捷、高效、节俭），还有休闲的行（为了行而行）。就出行工具来看，出现了多样性选择以及自由组合的可能性，步行、自行车、摩托车、汽车、火车、轮船、飞机，怎样选择、组合，不是为了直达目的的廉价和便捷，而是意味着对旅行目的的界定和与自然神合交融的方式，与异域文化相遇的方式。由于旅行的工具选择，出现了强劲的汽车文化，包括以《车友》、《探索》、《旅游频道》为代表的流行话语体系和围绕汽车而形成的汽车展览会、一级方程式赛车、“香车美女”等文化现象。根据出游的目的，休闲性的旅游成为大众文化的重要支脉，郊游、自驾游、自助游、一日游、新马泰游、地中海七日游、欧洲游、跨地区组团游、野营、越野、探险、夏令营、汽车旅馆、汽车影院，等等。

(5)用文化。马克思把制造和使用工具当做人猿区别的根本所在。在现代，使用器物，已经不仅仅是使用工具来实现功能，在工具选择和如何使用上，铭刻了文化的意涵，用什么样的笔（派克、英雄、万宝龙、公爵、毕加索、威迪文、鳄鱼、凯格露），戴什么样的表（百达翡丽、欧米茄、江诗丹顿、劳力士、浪琴、积家、帝陀、伯爵、卡地亚），用什么样的化妆品（夏奈尔、雅诗兰黛、兰蔻、伊丽莎白·雅顿、克里斯汀·迪奥、倩碧、娇兰、碧欧泉、娇韵诗、资生堂），用什么香水（被称之为“液体钻石”，毕扬、欢乐、第凡内、狄娃、鸦片、小马车、艾佩芝、香奈尔5号、夏尔美、象牙），都意味着身份与品位。人们不再考虑物品的功能，而在乎的是器物品牌传达出来的文化品位，器物符号所昭示的消费主体的价值观和审美观，器物使用俨然成了文化认同、身份确认和情感满足的重要实现途径。

从上文的简述中我们可以得知，马克思界定的将衣、食、住、行、用等物质需求与精神满足分开的理论体系已经显得过时，他单纯地把前者看做物质性的满足，而不是看做一个交织着物质、思想情感、行为实践的不可分割的文化领域。在超越温饱的现代社会，物质不再是纯粹的物质,更是一个被主体化的象征符号,沉淀了丰富的思想、情感、审美、道德等文化含义。

上述文化类型说是一种分类方式,它涵盖了文化的三个层面:物质、思想和实践三个领域,透过分析,我们可以了解大众文化作为一种现代生活方式如何无孔不入地楔入到个体生活领域。但是更普遍的分类模式是按照主体对媒介以及文化象征体系的消费方式来划分的,即前面所提到的第二种划分模式,包括看、听、读、说、唱五个范畴。这种界定侧重于狭义的文化定义,强调的是大众文化符号体系。

三、大众传媒与大众文化

大众媒体作为文化传播工具,既是主导文化、精英文化的载体,也是民间文化、大众文化的载体,如电影就能承载不同类型的文化,既可以表现哲学主题的电影、也可以表现高雅艺术的电影,即便电影通常被视为"大众产业"、"造梦工厂"。此外,以中央电视台的15个中文频道来看,其播出内容涵盖了各类文化形态,因此将大众媒体等同于大众文化是犯了常识性错误。

大众媒体确实是大众文化的集散地,是大众文化符号体系的承载媒介,包括书籍、报刊、电影、广播、电视、互联网以及新媒体等。一种文化要大众化,必须借助于大众媒体来吸引广大的受众,因此大众媒体是大众文化的必要条件。我们将在后面章节中选择被关注相对较多的电影、电视、音乐和文学等四个领域来具体阐述大众文化的特征与规律。

第五节 大众文化与主导文化、精英文化的关系

英国学者史密斯在谈到文化分类时,用戏谑的口吻说:"当我们看到各种文化的概念时,我们是在文化分类等级体系中玩这个游戏,以'大众化'的标签界定一个知识领域或一套实践,通过这种方式我们玩了一次分类游戏。"①史密斯的话传达出学者们的一种共识:关于文化的任何分类都只是一种认识和解释世界的权宜之计,实际上很难泾渭分明地确定各种文化间的疆界。所以我们有必要在设定的认识论框架下,探讨一下分类的依据及其困难。通过梳理多个概念及其指称之间的相互关系,我们方可全面地把握文化现象描述的合理性。

一、主导文化与精英文化的关系

上文已经指出,主导文化就是根据当下国家意识形态而建构起来的话语体系,即在马克思主义、毛泽东思想、邓小平理论、"三个代表"重要理论以及构建和谐社会理论等党和国家意识形态的指导下,为了巩固政权的合法性、凝聚全民的国家认同以及应对国际文化竞争,建构起来的系统文化体系。党和国家提出了建构中国特色社会主义文化的目标,并且要求执政党能够代表"中国先进的发展方向"。它以党的宣传部门为主要的话语生产主体,以党

---

① 史密斯:《文化:再造社会科学》,吉林人民出版社2005年版,第17页。

报、党刊这一类媒体为主要的话语建构平台,确立了国家的叙事话语体系,它旨在展示成就、指导工作、弘扬主旋律,描画未来、提出和解决问题,以此来引导国家的现代化发展。如为了弘扬社会主义的道德观、价值观,胡锦涛总书记提出了"八荣八耻"的命题。

精英文化主要是指专业知识分子群体主导生产和消费的文化。作为知识精英,他们对若干专业领域有着很深入的了解,并且对中西各种可供选择的理论学说有着独立的判断,并在此基础上,形成了他们对政治、经济、文化、社会等问题的立场和观点,并运用理论检验实践,提出问题、分析问题,力图为主政阶层提供决策参考,对普通民众进行启蒙,为他们指引方向、伸张权利。这个阶层的独特身份,使他们保持了与主流意识形态相对的独立性,与主政阶层关注建构不同,他们关注的主要是社会问题,继承了传统知识分子批判现状的使命,借助他们的媒体话语权,主要以专业学术刊物与大众媒体为话语平台,表达自己的主张和意见。

从上文对两种文化的阐释中,我们已经可以大略区分这两种文化之间的模糊边界。当然,要厘清它们之间的关系,我们必须把它们在同一个语境里,来考察其互动关系。在中国当下的语境里,主导文化和精英文化之间并没有不可逾越的鸿沟,它们的价值观在国家现代化、民主化、市场化等领域都共享相同的观念,只不过对于实现目标的路径以及前进过程中出现的问题如何解决方面,有着不一样的看法。

两者之间的关系主要包括下述几个方面:

(1)精英文化接受主导文化的规范。国家主流意识形态的宏大叙事为精英文化提供了话语的合法性依据,知识精英在这个指针的规范下展开自己的论述。

(2)主导文化积极吸纳精英文化。国家会主动征用知识精英来广泛参与了国家主导意识形态的建构过程,如主导阶层提出的一些命题,往往交给知识分子精英去论证。国家也会给予精英文化的发展以政治经济的保障,鼓励精英文化的发展。

(3)精英文化影响、推动主导文化的建构。精英阶层的悲天悯人和世俗关怀,使他们主动去接触底层,发现问题,为民众代言,发挥"意见领袖"和"下情上达"的功能;如关于"三农"问题的社会学研究,引起了主政阶层的关注,并进而形成政府政策的调整。

(4)精英文化与主导文化保持适度的距离。这是一种必要的"批判的距离";知识分子精英拥有一种对现实的永远不知满足的心理,他们会把眼光不断地盯在社会问题上,并以批判的声音,来引起关注。总而言之,当主导文化与精英文化互动良好的时候,两者可以彼此促进;但在少数时候,当两者互动不够、无法对话时,则往往两败俱伤。

二、精英文化与大众文化之间的关系

这对概念是相互依存的。如果大众文化是一种"业余"文化,精英文化可以被理解为"专业"文化,尤其是指批判知识分子群体所生产和共享的那部分文化。精英是古典民主主义理论所指涉的那种具有理想人格类型的人,"透过现象看本质"是他们的人格特质;精英文化是一种讲究理性、反思和批判的文化,他们拥有比较深厚的学养,具备独立思考的个性,一般来说比较抗拒商业化,具有终极关怀的气度,并带有较浓厚的理想主义气质。他们人数不多,但却有着相当大的话语权。而大众文化并无确切的主体,他们是"无名的大多数",具有多元而复杂的面貌。作为个别来说，似乎无迹可寻；作为整体来说，他们又无处不在。

考察精英文化与大众文化的关系，主要存在下述几个方面：

(1)精英文化具有较强的排他性，而大众文化则有很强的普适性。也就是说，精英文化的参与主体往往被限定在具有共同旨趣的知识分子小团体内部，而大众文化则可以接纳所有社会阶层的参与，由此导致“精英”与“大众”的身份区隔出现了一定程度的混乱，出现了交叉身份和双重身份。

(2)大众文化从精英驱动的民主化进程中成长与成熟。精英可以说是大众的“启蒙”导师，在现代化进程中，精英伸张的天赋人权、自由、民主等权利，为社会中下阶层实现思想启蒙和获取政治经济权利作出了贡献。但“大众”也可以说是启蒙未果的产物，因为精英文化倡导的理性、反思和批判，在大众那儿大打折扣。

(3)精英文化为大众文化提供了符号资源和创新元素。精英文化通过向下的渗透，施加对大众文化的广泛影响。例如在电影和电视连续剧制作领域，导演和编剧们大量征用了文学经典名著和历史名著，加以改编和视觉化，使之称为易读、易听、亦看的文化快餐。

(4)精英文化尽力保持与大众文化的距离，并通过批判来约束大众文化的发展。文化精英阶层具有较浓厚的文化保守主义色彩，扮演着“文化保姆”的角色，时刻关注大众文化领域的风吹草动，并给予干预。如2005年关于《超级女声》的全国性大论争，在一定程度上影响了类似综艺节目的内容制作。

(5)大众文化对精英文化的解构与反叛。精英文化着力建构了带有浓厚理想主义情结的乌托邦叙事，大众文化则可能以一种轻佻的姿态来亵渎精英文化所内含的那种神圣旨趣，用一种嘲讽、调侃的姿态来解构经典的叙事。如被广称为具有后现代主义意涵的“搞笑”喜剧电影《大话西游》(周星驰主演)，它解构了精英阶层长期以来关于古典名著《西游记》的严肃阐释模式。

三、主导文化与大众文化之间的关系

主导文化是以国家意识形态为内核的文化形式，其主要功能在于伸张政权的合法性，凝聚国民的共识，并为国家发展提供意识形态动力。因此，主导文化具有明显的“大叙事”的特征，它在很大程度上是借助官方的文化体制来组织生产和传播的，而不是按照市场规律来运行的，往往具有权威、严肃和浓厚的政治意涵，如歌曲《走进新时代》，歌颂了改革开放的历史举措和美好未来。而大众文化是在市民社会领域中形成和广泛传播的通俗的、具有日常生活关怀的文化，它按照商业化市场规则来运作，直接诉求于大众的思想和情感现实，具有多元的“小叙事”的特点。综观两种文化形态在同一个民族国家语境中的关系，我们可以从如下几个方面来理解：

(1)主导文化规范大众文化。国家意识形态处于支配地位，它通过意识形态机器来宣传自身的价值观和审美观，对普通民众施加影响；它制定文化方面的政策，引导大众文化的发展；它通过行政和经济手段，直接干预大众文化的生产和消费；它利用手中的话语权，对大众文化进行品评和规约。在大众文化生产方面，目前我国实行审批制，无论电影、电视剧的拍摄制作都需要接受审批和备案，通过这种机制来确保大众文化叙事在国家意识形态的包容范围之内。

(2)主导文化征用大众文化。主导文化借用大众文化的形式,利用大众文化的影响,来推动政治认同、经济发展与社会整合。正是在这种意义上,大众文化与主导文化出现了难以区隔的模糊地带。如以"香港回归十周年庆典晚会"为例,在晚会上,主导文化叙事征用了现代大众媒体和流行文化运作机制,通过集中内地和香港两地来自主导、精英、大众以及民间等阶层精英,合奏国家叙事的交响乐。晚会由代表国家主导文化的中央电视台主持人和香港本地主持人一起主持,在节目单上,我们既可以看到代表香港文化精神的流行歌星和代表大陆流行文化精神的大众明星,也可以看到官方主流意识形态叙事、演唱国家民族认同颂歌的艺术家,还有民间艺术的代表——京剧、口技、手影戏等,通过多元并呈,象征着多元文化的融合、和谐,象征着国家的繁荣昌盛。

主导文化可以征用大众文化来巩固文化认同,大众文化中的家国叙事、情感叙事同样因袭了主导文化的价值观,无论是电视连续剧《上海滩》,还是其主题歌,都蕴含了民族历史记忆和家国叙事的内涵,可实现民族文化认同的涵化作用。此外,文化市场已经成为经济增长的重要构成部分,而且消费主义意识形态还是经济增长的重要推动力;"文化搭台、经济唱戏"、"拉动内需"已经成为主导阶层来刺激消费、拉动经济的重要手段。

(3)大众文化对主导文化有着重要影响。随着大众文化在社会领域的大规模蔓延,文化产业、创意产业在国民经济中的地位日益凸显,大众文化也在逐渐改变着主导文化的面貌,影响着社会主导阶层的价值观。主导阶层从最初的难以容忍,逐渐到习惯,再到主动吸纳接受其规则,大众文化的地位日益在主导阶层中获得提升,不再把大众文化看做是一个充满风险的行业,而是一个必须正确引导、大力推进的产业。主导文化也开始学会大量使用大众文化的运作机制来推广自身,借助现代大众媒体和文化工业体系,来展示自身的魅力。

(4)大众文化对主导文化的消解。尽管大众文化与主导文化已经在若干方面表现出和谐共存的局面,但大众文化的生产和消费机制毕竟有所不同,因此,在被征用的同时,它也在有意无意地抗拒被全盘征用的诱惑,保证了一定程度的独立性和野性。在文化工业体制之下,大众文化形成了自身的逻辑,既包括流行偶像崇拜、消费主义意识形态,也包括对主导文化和精英文化的质疑、戏谑、反讽和消解。如20世纪80-90年代以王朔为代表的文学浪潮,开启了戏拟、反讽和消解国家主流意识形态话语的先河,用"一点正经也没有"的姿态,调侃主流意识形态叙事。米家山导演、改编自王朔小说的电影《顽主》,以一种戏谑的方式,嘲弄着市场经济对正统文学的冲击。进入21世纪后,网络文化大行其道,其解构主流的能量日益凸显,广州白领女青年木子美以其直言不讳、大胆出位的网络性爱日记,挑战着主流的性道德价值观。

四、主导文化、精英文化与大众文化之间的三维关系

在一个共时语境里,主导文化、精英文化与大众文化既相互有着模糊的界限,但又不可避免地直接并置、杂糅、对话和竞争,这就是使得考察它们之间的三维关系显得颇有必要。例如以典型的中央电视台《春节联欢晚会》为例,它可以说是一台汇聚了主导文化、精英文化、大众文化和民间文化的文化大杂烩,它既负载了主导意识形态弘扬主旋律、凝聚国家认

同的使命，又负载了取悦于普通大众的大众文化欣赏需求，还必须为保护民间文化的发展而赋予其舞台，这种多元化的使命，使得晚会导演往往不堪重负，引发众口难调的批评。实际上，春节晚会成了一台典型的杂糅文化活动，哪一种文化品位都想照顾好，每个阶层的欣赏偏好都要兼顾到，但最终的结果是谁也没有彻底服务好。

在音乐领域，从歌曲演唱技巧来看，可以划分为美声唱法、民族唱法和通俗唱法三种类型，主导文化及培养主导文化的精英教育机构，在演唱技巧方面更加注重学院式的美声和民族唱法的训练，强调发声、音色、音域等专业技法的训练。而大众文化则直接诉诸商业化的明星生产体制，通过选秀活动、歌曲大赛、演艺培训班等模式来选择和打造流行音乐明星。再从歌曲及演唱者的评价体系来看，主导音乐和精英音乐的优秀人物往往被命名为音乐家、艺术家，而大众音乐的优秀人物则具有浓厚的市场化、商业化气息，被命名为歌星、明星。在很大程度上，在主导和精英的审美世界里，流行音乐被排除在正统的艺术范畴之外，至少也是音乐艺术的末流而已。这种区隔实际上暗示了我们，在主导文化、精英文化与大众文化之间存在的忽隐忽现的一道界限。

总而言之，这三种文化形态之间既相互依存、相互借用、相互影响，又相互保持独立、相互竞争。

五、大众文化的全球化与本土化

随着大众传媒无远弗届的渗透力，文化生产、传播和消费已经逾越了民族国家的疆界，文化的全球共享成为无可逆转的事实。好莱坞电影、NBA 篮球、MTV 音乐频道、欧洲五大足球联赛、巴黎时尚界资讯、西班牙斗牛比赛、拉美流行音乐、韩国电视连续剧……中国人已经生活在一个高度全球化的媒体环境之下，似乎大众文化已经成为举世通行的货币，可以超越语言和文化的障碍。但是，仔细思考，我们会发现，大众文化在某些领域实现了全球化，但大众文化又有着不可忽视的本土差异和特色，本土化同样成为了一个不可回避的现实。我们认为在目前的语境下，全球化和本土化是两条并行不悖地的文化发展规律，其理由有三：

首先，大众文化植根于民族国家的文化传统。在任何民族国家，因为文化共同体的生存环境、生存经验不同，必然会产生不同价值观体系以及建立在其基础上的文化符号和表意体系，如中国的京剧文化，就是独特的、迥异于外民族的文化，这种民族文化一经形成，便融入了民族共同体的血液之中，成为民族认同的重要精神支撑，无论外来文化如何有强大的影响，也不可能取代和驱逐本土文化的存在。大众文化的一个重要组成部分是对民族文化传统进行现代化改造，经过审美再加工和大众传媒的传播，成为新的流行文化样式，因此各个民族国家的大众文化必然带有浓厚的本土色彩；如"二人转"这种东北地域文化和民间文化，借由现代传媒的手段，迅速地大众化；但这种文化在西方显然还无法大众化传播，虽然赵本山的《刘老根大舞台》已经登上美国纽约的文化舞台，但它终究只是满足了美国华侨的文化寻根、文化认同的精神需要，满足了美国观众对异国情调的好奇。又如融合汉语美学特点和中国式幽默内涵的相声和小品，在中国已经成为了家喻户晓的大众文化，但它却很难跨越语言和文化的障碍，得到异文化背景下外国人的认同和欣赏。

其次，大众文化的发展建立在特定社会阶层分布的基础上。社会阶层是主体借以获取政治资本、经济资本和文化资本的背景,不同的政治地位、经济地位和文化地位,决定了主体的文化生产、接受和消费能力,必然影响民族共同体内大众文化的形态。在当下的全球视野下,民族国家的现代化水准还有着明显的落差,在欧美发达国家与第三世界国家之间,因为宗教、政治、经济等复杂的原因,呈现出较大的差异,因此各国大众文化也必然千差万别。在欧美等发达国家,社会阶层呈现出"两头小、中间大"的格局,中产阶级规模庞大,占据了人口总数的80%左右,因此,在这些国度里,大众文化又被直接命名为中产阶层文化,是大多数人的文化。而在中国,中产阶级则还很弱小,占人口总比例的比重还相当低,我们也很难说大众文化就是一种中产阶层文化。这种阶层的分布,决定了中国的大众文化与欧美各国的大众文化的内涵当然会有所不同。

再次,抵抗文化霸权的"文化主权"意识觉醒。民族国家都把本民族文化作为民族生存之根,国家意识形态叙事需要民族历史记忆、文化价值观的世代传承。随着全球化浪潮的冲击,外来文化对各个民族国家原本自足的文化体系产生了强大的影响,他国文化产品如潮水般的涌入,冲击了本土文化市场,威胁了民族国家的意识形态体系,引发了本地政府的文化恐惧症。在伊朗等国家,政府就强制性地禁止西方流行文化产品的流通;由此也引发一批知识分子关于"文化殖民主义"和"文化霸权"的惊呼。全球化浪潮引发了双重的恐惧,一是"文化主权"丧失的政治恐惧,接受国认为外来文化冲击、腐蚀和摧毁了原本自足的民族文化,使得统治的合法性根基被动摇了。二是文化产业阶层的经济恐慌,在具有强大文化生产力和传播力的美国主导下,连法国、英国、德国、加拿大等发达国家都感受到自身文化市场被吞噬,文化产业的大量利润被跨国公司鲸吞。因此,本土化成了各国政府发展文化的重要政策之一;通过设置文化贸易壁垒,加强本土化的文化生产力,不仅意味着捍卫了文化主权,也意味着国家文化"软实力"的提升。同时通过文化的对外推广,提升国家形象和文化感召力,还可以实现文化产业的利润最大化。

综上所述,大众文化并非铁板一块,它不是同质化的文化通货,也并非无所不在、无所不能,而是在民族国家之间存在明显差异的一种多元化的文化形态,既有交集,又有着醒目的差异。因此,全球化和本土化是大众文化领域的两大并行不悖的规则。

【关键词】文化　大众　公众　大众文化　精英文化

【推荐阅读】

托克维尔:《论美国的民主》,商务印书馆1988年版。
马克·J·史密斯:《文化:再造社会科学》,吉林人民出版社2005年版。
雷蒙·威廉斯:《关键词》,生活·读书·新知三联书店2005年版。
约翰·菲斯克:《关键概念》,新华出版社2004年版。
雷蒙·威廉斯:《文化与社会》,北京大学出版社1991年版。
特瑞·伊格尔顿:《文化的观念》,南京大学出版社2003年版。
古斯塔夫·勒庞:《乌合之众——大众心理研究》,中央编译出版社2004年版。
默克罗比:《后现代主义与大众文化》,中央编译出版社2001年版。

张岱年、方克立主编:《中国文化概论》,北京师范大学出版社 1994 年版。

陈刚:《大众文化与当代乌托邦》,作家出版社 1996 年版。

【思考题】

1. 文化概念是怎样产生的?
2. “大众”概念是怎样产生的?
3. 什么是亚文化?它与主文化有什么样的关系?
4. 什么是大众文化?
5. 怎样理解大众文化与主导文化、精英文化的关系。
6. 怎样理解大众文化的全球化与本土化发展趋势?

CHAPTER 2

第二章

大众文化简史

【**本章重点**】大众文化是一种现代文化形态,它与古代通俗文化有着千丝万缕的联系,但是也有着明显的差异。大众文化产生和发展于现代社会历史条件下,是政治民主化、经济市场化、社会开放化、文化民主化的后果,且与现代大众传媒的诞生密不可分。西方大众文化从现代早期开始酝酿,经过了一个漫长的发展过程,文化生产机制于此间发生了根本的转型,逐步走向成熟,出现了几个发展浪潮。中国大众文化的产生具有特殊性,在外来文化的影响下,本土大众文化经历了四个主要发展阶段,古代通俗文化发生了现代转型,而现代都市文明也催生了新的文化潮流,最终形成今日多元大众文化格局。

第一节　大众文化产生的社会历史条件

一、民间文化、通俗文化与大众文化

有人类社群存在的地方,必然形成特定的生活方式,产生社群文化。从社会分层角度来看,无论是在古代农业社群散居的乡野之间,还是在市民聚居的市井之间,抑或是国家精英聚集的庙堂之上,因为生存环境、文化资本的不同,会形成独特的文化形态。尽管从文化精英主义的角度来看,下层阶级是野蛮社群,其文化在官方文化典籍之外,是未被认可的存在。但从人类学的角度来看,下层阶级毕竟是有文化的,只不过他们的文化与见诸典籍的国家精英文化有所不同,这就是古代的民间文化、民俗文化,它们是社会下层的生活方式。从民间文化(folk culture)的存在地域来看,可将其划分为乡野文化和市井文化。

乡野文化是从事农业、畜牧业、渔业等生产活动的农牧民中孕育的文化形态。鲁迅在谈及中国古代诗歌的起源时,提出"杭育杭育派"观点;他认为古代劳动者孕育了最初的文学作品,例如诗歌的起源,有可能就是伐木匠人在工作时协调劳动节奏,喊出的劳动号子,久而久之,就演化为既能协调劳动、又能抒发情感的诗歌。总之,"饥者歌其食,劳者歌其事。"下层

农牧业老百姓基于生存需要，发展出了独特的文化体系，包括宗教信仰、诗歌、民间艺术、绘画、雕刻、手工创作等文化形态。先秦诗歌总集《诗经》中的若干篇章，就是来自乡野之民的声音，《硕鼠》是底层百姓发出的对贪官污吏的诅咒之声；《无衣》、《君子于役》则诉说了民妇对应征入伍、在外服兵役的丈夫的思念之情。这些民间诗歌后来被朝廷所派遣的"采诗官"收集，方进入典籍，俨然成了正统文化的一部分。

市井文化是指古代城镇里普通市民间流传的文化，人们在城镇里从事手工业、商业、服务业，属于"引车卖浆者之流"，在特定地域环境下，共享政治经济生活，形成了一个文化共同体。由于城镇是政治经济活动的集散地，出现了大量的人群，信息流通也比较快，因此其文化也往往具有较大的规模。在集市贸易的中心地带，在繁荣的商业街道里，除了各种商铺和个人的叫卖吆喝声之外，还活跃着一些民间杂耍艺人、讲故事的人、斗鸡耍猴的人、当街临摹画像的人，他们招揽来往人群的注意，经营着自己的文化生意。各种奇谈怪论、警世之言、家长里短，都是市民日常生活的重要组成部分。例如，古代关于鬼神传说的文化传统，从汉代东方朔《神异经》，到魏晋时期干宝的《搜神记》，再到清朝《聊斋志异》的书生和鬼怪故事。在各种节庆活动之日，市民们从谋生的困境中解脱出来，走街串巷，四处游荡，参与各种典礼、仪式、活动，这便是古代市井俗文化传统。

从历史角度来看，古代俗文化集中记载于野史文化里。我们常说的各个时代的主要文学体裁，除了主流的散文、诗歌、辞赋之外，源于民间的俗文化有如下一些代表流派：汉代志怪小说，记录了当时的一些奇怪的短小故事。唐代传奇，属于市井文人服务于市民、讲述各种历史故事和现实故事的体裁，民间艺人在酒馆、茶馆、集市等场所演绎，后被文人形诸笔墨，记载下来。宋元戏曲是在曾经辉煌一时的宋朝首都的"勾栏、瓦肆"里，市井职业说书人为百姓们准备的一份文化快餐。到了明清，作为王朝正统文学的散文和诗歌已经日渐没落，小说作为一种通俗文学开始大行其道，它用通俗语言来讲述各种真实或虚构的故事。但这种文化形态在那个时代始终是卑微的，其消费群体是社会的中下层阶级。①

民间文化产生于社会中下层，并在民间普遍传播和消费。由于古代传播媒介欠发达，民间文化具有很强的地域性特色，而且被排除在典籍传播体系之外，主要依赖口头传播、人际传播，与今天相比，其传播范围、消费群体、社会影响显然小得多；只有在京城、大型工商业城市里，这种文化可以较大规模地传播，甚至流行。

古代民间文化与国家"正统文化"有着清晰区隔，国家精英阶层有着自己的正统文化，也可称之为"庙堂文化"或"典籍文化"，它是由官僚集团及上层知识分子创造、传播和消费的文化体系。在我国封建社会，主流文学体裁是诗歌、散文（政论）、辞赋，它们是官方认定的主导文化，并且载诸史册，千古传承。而其他样式的文学都不过是"雕虫小技"，是不能登大雅之堂的文学。统治阶层通过科举制度，赋予正统文学以主导地位，贬抑其他文学样式；所以，在科举体制下，唯有擅长写诗作论的人，方可被接纳入统治阶层，而戏曲、小说类文学是下里巴人的低劣文学，为人鄙夷不屑。因此，中国古代文人所著的通俗文学作品，要么不敢、不愿意署名，要么不愿意署真名。由此导致中国出现了一个奇怪的文化现象，考据派学者经常殚精

① 参考郑振铎：《中国俗文学史》，上海人民出版社2006年版。

竭虑地去考证古代文学作品的真实作者,无论是《三国演义》、《红楼梦》,还是像《金瓶梅》这样的市井小说,流传的文本都无确切的署名。

中国古代文化形成了泾渭分明的"雅文化"(High culture)和"俗文化"(Vulgar culture)传统。"雅文化"是社会上层的"阳春白雪"文化,而"俗文化"则是社会中下层的"下里巴人"文化。这种文化分野,不止发生在中国,也发生在其他国度。1930 年,美国人类学家雷德菲尔德提出,在某些社会的内部并存着两种文化传统:"大传统"文化与"小传统"文化。所谓"大传统",是指受过教育的少数人文化,也就是形诸典籍记载的社会上层阶级的文化,它们被很好地记录和传播下来;而"小传统"则是指其余人的文化,即存在于民间,被排除在典籍文化之外的那部分"剩余的文化",只能通过非正统典籍的字里行间的历史记载来复原。①

大众文化作为一个现代概念,显然有别于上文所谈到的民间文化、俗文化。但它也继承了俗文化的一些特征。首先,其消费群体主要是社会的中下层。其次,其内容与中下层民众的精神需求、审美需求和消费能力相适应的,其符号体系、象征体系吻合了社会中下层的审美偏好和接受能力。

大众文化与俗文化之间也有着明显差异。首先,它们产生的社会历史条件不同,民间文化产生自乡野或市井,是民间自发生产消费的文化;而大众文化是在现代生产条件下诞生的,为普通大众生产和传播的文化,精英阶层控制着文化的生产,大众并不是文化生产的主体,而是消费者。其次,民间文化有很强的地域性,传播和消费的范围很窄;而大众文化则借助现代传播媒介,无远弗届,可以实现全球的共享。

二、大众文化产生的历史语境

大众文化是现代的产物,它是现代政治、经济、社会、教育、传媒等全方位发展的后果,它的产生必须具备下述几个条件:

(1)政治的民主化。在前现代社会,无论神权控制政府,还是世俗王权掌握国家权力,社会等级森严。国家的体制内文化艺术生产服务于上流社会,动用稀缺的媒介来生产、传承、传播上层文化。艺术家生活在艺术资助制度之下,宫廷、教会和达官显贵为艺术家提供资金,艺术家为上流社会提供文化服务。现代化也就是世俗化、民主化的过程。资产阶级知识分子提出的天赋人权、自由、平等、博爱等观念,启蒙了底层民众的权利意识,逐渐被民众内化为主体意识。普通公众逐步获得了自由人身权、政治参与权(选举权)、言论出版自由权,在这个民主化进程中,社会学家命名的"大众"阶层兴起,其社会地位提升,为知识分子和艺术家们提供了新的市场支持,为大众而生产的文化才繁盛起来。

(2)经济的市场化。18 世纪末期以来,工业革命开启了资本主义经济时代,封建社会的小农经济破产了,取而代之的是自由市场和自由贸易。与此同时,资本主义经济的勃兴意味着贵族阶层的没落,贵族已经无力供养艺术家群体,艺术家与贵族之间的联姻关系难以为继,原来的艺术赞助体制走向崩溃。随着生产力快速提高,普通民众走出物质匮乏时代。首先,中产阶层手中掌握了可供自由支配的财富;随后,中下阶层也掌握了满足衣食住行之外

① 彼得·伯克,杨豫等译:《欧洲近代早期的大众文化》,上海人民出版社,第 29 页。

的剩余货币，他们的精神需求和文艺消费有了财富的支撑。作为个人，大众的消费能力相当弱小；但作为群体，其消费能力却不可小觑，于是大众艺术市场产生。艺术家发现自己面对的是现代文艺市场，艺术主顾成了新兴资产阶级、中产阶级和社会大众，必须面向无名的市场来创作，出现了“为市场的艺术”，艺术开始大规模复制，降低其生产成本，从而又扩大其影响范围。

（3）生存空间的城市化。工业革命的直接效应是推动了城市化进程，农民离开土地进入都市成为产业工人，造成了大规模现代都会的出现。1800 年，欧洲超过 10 万人口的城市已经有 23 个，其中伦敦的人口已经超过了一百万；而到了 1900 年，仅德国就已经有了 41 座城市的人口超过了 10 万。以现代化进程较快的美国为例，到 1900 年前后，其城市化水平达到 50%。于是在城市里产生了一个庞大的背井离乡的、无名的、有着多元精神需求的群体，既造成了文化大融合，又形成了庞大的文化需求与消费市场，为文化的大规模生产和消费创造了条件，于是剧院、歌舞厅、图书馆等公共文化设施出现了。19 世纪中期，欧洲主要大城市里开始出现百货商店，人潮涌动，大量的商品供应，支撑了消费浪潮的勃兴。

（4）教育的大众化。工业革命后，教会、统治阶级垄断教育的局面已经终结。一方面，普通城市民众需要适应城市生活，他们需要求职，需要挣钱养家糊口，迫切需要通过教育来提高自己的能力；新兴工商业阶层则需要雇员能够识字，有能力胜任文字工作，懂得基本技术知识，会操作机器设备，能够维修维护工业设备。在上下阶层的双重需要之下，英国、德国、法国、意大利和美国，都产生了一波大众教育的浪潮，市民识字率迅速提升。到 19 世纪末 20 世纪初，一个粗通文墨的市民阶层已然兴起，他们能阅读大众报刊与通俗书籍，获取生存所必需的实用信息，也能及时了解流行文化潮流。

（5）市民阶层的兴起。随着现代世俗社会的形成，中心城市里出现了庞大的市民阶层，他们忙于生计、家庭生活、休闲娱乐等活动。从市民阶层中还诞生了一批渴望向社会上层流动的、受过较高教育的知识分子，他们是信息灵通者，有独立意志和判断能力，从普通市民家庭成长，具有草根意识，他们为市民阶层鼓与呼，向统治阶层施压，在咖啡馆、酒吧、茶馆等公共空间里，议论国家大政方针，关注民生疾苦和社会正义，形成了意见压力群体，他们扮演着市民阶层的代言人角色。市民阶层及其代言知识分子群体的出现改变了城市的文化地理格局，作为个体来说，他们弱小无力；但作为“无名的群体”，他们权势煊赫。市民阶层的兴起，意味着都会文化生活的主导力量已经形成，成为流行文化的肥沃土壤，都市公共文化生活的趣味将转移到新兴市民阶层的品位文化中，规模化生产，大范围传播与消费。

（6）大众媒介的出现。在封建时代，传媒是一种稀缺资源，统治阶级严格控制信息的传播，且消极对待传播科技的推广应用，刻意压制底层的文化教养。传媒的滞后，使得信息在社会底层流通不畅，确保民众处于蒙昧状态，便于王朝的专制统治。在中国，从东汉发明造纸术、到宋代毕昇发明活字印刷术，都比西方早，但因为政体的落后，技术的推广应用反而非常缓慢，无法惠及普通民众。统治阶层有意识地压制中低阶层的信息自由和传播自由，打压民间的传播媒体，以“反启蒙”的心态来捍卫自己的文化特权。在欧洲，印刷术的发明很晚，但由于中世纪神权政治危机已经出现，资产阶级精英将古腾堡技术用作摧毁封建政权的利器，在握有经济实权之后，新兴资产阶级利用大众传媒摧毁了教会垄断文化教育的格局。当

《圣经》可以借助印刷技术大量复制后,教会的思想控制机制失效了,德国的宗教改革运动终结了教会的垄断解释权,这一"去魅化"过程,是借助于大众传媒的思想启蒙。

在上述社会历史转型背景下,"大众"社会出现了,大规模人口聚集在大中城市,大众传媒兴风作浪,信息流通加速,大众的精神需求被敏锐的文化商人们捉住,流行趣味借助现代复制技术得以大规模传播,大众文化开始萌芽、成长和成熟。

三、文化的嬗变律

文化史向来是上层阶级和知识精英的专门史,今日正统文化史编撰还仍然以精英文化为主,因此梳理大众文化历史非常困难。在古代,底层文化在部分经典中会有所反映,流传下来的野史笔记、通俗作品(小说、戏剧等)等文本也有零散的记载,加上现代社会学、民俗学、人类学力图复原古代社会生活历史画卷,使得我们有可能追溯大众文化的起源与发展进程。20世纪中期,随着文化观念的转变,英国人开始以平和心态来描述大众文化——工人阶级的生活世界,记录中低阶层的社会生活史,以理查德·霍加特著《文化的用途》、汤普森著《英国工人阶级的形成》和雷蒙·威廉斯著《文化与社会》等为代表,开始关注社会底层的生活经验。

现代民族国家是一个文化共同体,从社会学视角来看,社会建立在阶层分化基础上,文化总是具有较为明显的阶级性,社会地位差异必然导致政治经济权利和"文化资本"的差异,文化也必然有阶层差异。因此,我们有必要搞清楚共时的各阶层文化之间关系。法国社会心理学家塔尔德(Jean Gabriel Tarde,1843-1904)提出文化的"模仿律",一切社会过程无非是个人之间的互动,每一种人的行动都在重复某种东西,是一种模仿。模仿是最基本的社会关系,社会就是由互相模仿的个人组成的群体。他提出模仿的定律有:上升律、下降律、算术级数律、几何级数律、先内后外律、先外后内律。[①] 根据塔尔德定律,我们认为流行文化的产生、发展与衰退有如下几个规律:

(1)下降律。奢侈文化总是先出现在上流社会,随后逐渐下移,为中间阶层和社会底层所接受。在精英看来,古代文化主要是指宫廷文化和士大夫文化,文化的本意就是"文治教化",即社会上层教化野蛮下层的过程;因此,古代的文化传播是自上而下的,形成了一条普遍的文化规律:

精英阶层文化→中间阶层文化→底层文化

19世纪法国著名社会学家勒庞发现,作为上流社会名片的珠宝、钻石、红木家具、古董、服饰、发型和化妆品等,虽说中下阶层无力去获取,但他们却通过复制的赝品来替代性地满足。[②] 上流社会的服饰潮流往往也成为中下层纷纷效仿的对象,如巴黎作为时尚之都,其影响力可以逐步渗透到全球的每个角落。另一常见现象是,大众文化借用精英文化来自我表达,以此昭示一种前卫文化品味,如后现代理论是一种精英主义的哲学理论,但却可以被大众文化工业当做符号资源借用,表达一种青年文化时髦,如香港一家唱片公司推出了一张流

① 塔尔德著:《模仿律》,中国人民大学出版社2008年版。
② 勒庞:《乌合之众:大众心理研究》,中央编译出版社2004年版。

行音乐合辑就叫做《后现代主义》。

(2)上升律。上流社会及其文化创造力总是有限的,它需要从民间汲取营养,来创造新的文化消费时尚。以20世纪美国流行文化为例,无论是爵士乐、布鲁斯,还是摇滚乐、乡村音乐,其源头来自非洲、拉丁美洲或者是美国社会底层的非洲黑人移民,经过城市化的改造,最终进入主流社会,成了主流文化。我们从中可发现另一条文化发展规律:

下层文化、边缘文化→社会中上阶层文化、主流文化

巨石十周年纪念专辑《后现代主义》

20世纪20年代,在美国登峰造极的爵士乐(Jazz)最初是黑人音乐,是一种被压迫的美国下层黑人民众的音乐,后来却被广大社会阶层所接受,诞生了阿姆斯特朗和埃林顿等家喻户晓的爵士乐明星,这种音乐甚至还成为美国政府借以在欧洲及其他地区推广美国价值观和生活方式的有效文化武器。在20世纪20－30年代流行的布鲁斯(Blues),原本是美国南方的一种黑人音乐,在棉花种植场劳作的黑人们用充满情感的歌曲来倾诉他们所受的奴役之苦和内心的烦恼,并以此来减轻他们的痛苦。后来在北迁移民都市的过程中,这种音乐进入了主流社会,受到黑人和白人青年的欢迎,逐步流行开来,并进而传播到全世界。

(3)扩张律。塔尔德认为,模仿一旦开始,就会呈几何级速度增长。一种当代文化产品一旦在小群体受到欢迎,借助于大众传媒的铺天盖地营销,它的流行速度就会呈现出几何级增长的态势。当一种流行文化渗透到最大化人群时,就意味着它将步入同样迅速的衰退过程。原因在于:首先,大众心理总是喜新厌旧,为了伸张个性,当一个文化潮流失去了其赖以标榜自我个性的价值时,它便必然会被新样式和新潮流所取代。其次,在时尚工业的竞争压力下,唯有通过不断地推陈出新,不断地制造新的消费欲望,才能推动大众消费,也才能实现产业利润。巴黎时尚界可以说是制造消费欲望的一架高速运转的机器,它不断用话语体系来埋葬当下,目的就是为了不断推动时尚工业勇往直前,煽动永不停步的消费浪潮。在文化版图上,文化的扩散传播遵循着这样一个规律:

少数人的先锋文化→多数人的流行文化→过时的怀旧文化

90年代初期,健美裤①在中国的流行轨迹就是一个生动的例证。这种女裤用具有良好弹性的、松软的化学纤维制成,有一个封闭的裤脚,穿着时用脚踩住下端,确保弹性质料紧贴身体,既可以彰显女性的修长大腿,又可以展现腿部的运动感。它原本是舞台表演时为了展示女性形体美的艺术服饰。90年代初期,少数前卫大胆的都市女性将这一舞台服饰引入日常生活,因其俏丽、大胆,引起更多时尚女青年的模仿,迅速地大众化;90年代中期,一度形成了遍布大街小巷、老少咸宜的风潮。在"人手一裤"的时候,这种服饰风格也就走到了流行的尽头,进入90年代中后期,它便销声匿迹了。

① 民间也称之为"一枝花"。

(4)复古律。变化的元素、创新的能力总是有限的,当某种文化潮流在沉寂了多年之后,它有可能因为特殊机缘,重新崛起为一种时尚的浪潮。

前卫文化→时尚文化→退潮文化→复古时尚文化

以服饰时尚领域的复古潮流来看,可以从时装类报刊中发现大量类似的话语,如 2005 年日本时尚界提出"回到维多利亚时代"的口号,他们征用 19 世纪英国维多利亚时代流行服饰的元素,古为今用。

回到维多利亚时代　今冬时装呈现经典风格

随着日本女性希望获得古典女性的外表,装饰有花边、褶边的维多利亚风格的时装成为了这个秋冬季的流行趋势。将不同材质的黑色元素融合在一起的搭配尤其受欢迎。另外,紫色用于突出黑加黑配搭,并作为饰品和化妆品的颜色也得到广泛使用。如"优雅的褶边"就被视为具有古典美内涵的服饰元素。这个秋冬季推出的时装很多都用花边、褶边和丝带来装饰。受 19 世纪末植根于维多利亚女王时期英国的独特时装的影响,新的维多利亚风格也以紧腰式腰线、带有华丽装饰袖的高领褶边女衬衫和蓬松长裙为特征。[①] (2005 年 11 月 9 日)

关于精英文化与大众文化之间的关系,英国作家斯威夫特曾经提出:就时装来看,它总是从高雅下降到低档,再下降到粗俗,最终被抛弃,直至消失。德国作家赫尔德和格林兄弟则认为,创造性来自下层,来自民众;20 世纪初的德国民俗学家继续强调下层阶级的文化是对上层阶级的文化的滞后模仿。从上述的分析中我们可以得知:上层阶级的"大传统文化"和中下阶层的"小传统文化"之间存在着双向的互动。[②]

文化史考察有助于我们超越空洞论述的偏见。各种文化之间并没有泾渭分明的界限,它们既相互区隔,又相互依赖,相互借用、相互渗透。所以大众文化是一个没有明确边界的领地。"大众"并非赫伯特·马尔库塞(Herbert Marcuse,1898 - 1979)所说的"单面人",大众文化也并非同质化、平面化的文化,如果审慎地考察大众文化在各个历史时期的具体表现形态,我们不难从中发现惊人的多元性,无论是文化形态,还是文化品质;无论是量的特征,还是质的品性。

第二节　西方大众文化的起源与发展

一、大众文化在西方的起源

关于大众文化起源于何时,学者们有着不一样的看法。坎托(N. Cantor)和沃思曼(Werthman)于 1968 年编撰出版的《大众文化史》一书提出:大众文化的源头可以一直上溯到

---

① 参见 Web Japan 中文网站,http://web - jpn. org/trends/cn/fashion/fas051109. html。

② 彼得·伯克著,杨豫等译:《欧洲近代早期的大众文化》,上海人民出版社 2005 年版,第 70 页。

古希腊的体育竞技和戏剧，罗马的血腥角斗以及泡澡堂的悠闲从容，都被视为典型的大众文化形式。不过，古希腊的市民文化只是前现代阶段的一种通俗文化，并非本书所界定的现代文化形态。

文化研究学者路易斯·赖特(Louis B. Wright)认为："追溯现代美国大众文化的起源，可能会发现，其意识形态含义大部分都来自伊丽莎白时代英国中产阶级的思想。美国文化的历史学家必须回顾文艺复兴，还要广泛阅读被遗忘的商人文学。"①文中所说的"伊丽莎白时代"是指1558年至1603年伊丽莎白女王统治英国的那段历史时期，也被称为"黄金时代"。英格兰文化在此期间达到了一个顶峰，文学(尤其是诗歌和话剧)进入了繁荣的黄金时期，涌现出了以莎士比亚和培根为代表的文化巨擘。

据历史记载，在伊丽莎白女王统治之前，英国有严格的书籍和戏剧审查制度。1538年颁布了书籍审查法，任何作品(包括剧本)都必须经过审查才能出版。1549年又颁布了戏剧审查法，演出的戏剧都必须经过审查才能演出；违背法令者最严重的可以处以绞死、挖出内脏和分屍等酷刑。伊丽莎白女王相当开明，实际上并没有严格执行这些法律，历史书籍中基本没有留下这类重刑记录。她还表现出对文学艺术、特别是戏剧积极扶持的态度，如她不顾伦敦地方当局反对，支持莎士比亚剧院。莎士比亚戏剧具有强烈的颠覆性，他的大多数历史剧和悲剧都在揭露宫廷的黑幕，涉及种种罪恶、阴谋和叛乱，许多君王都是反面人物，观众很容易把他们同现实以至同女王本人联系起来。伊丽莎白对此并非不知情，但她却宽容待之。相较于伊丽莎白女王的宽容，后来的统治者就相形见绌了，如她的继任人詹姆斯二世就攻击戏剧在舞台上蔑视君王，是"叛变和混乱之母"。英国内战中，克伦威尔掌权后所发布的第一道命令就是关闭伦敦的一切剧场。

正是在伊丽莎白的宽容之下，英国文化得以进入黄金时期，并且给戏剧表演这种娱乐文化提供了绝佳的生存土壤。根据有关记载，莎士比亚(1564－1616)戏剧主要在伦敦环球剧院上演，该剧场是由宫内大臣供奉剧团(后来的国王供奉剧团)经营的公共剧场，也是当时的主要剧场。除清教徒之外，几乎所有的市民阶层都前往剧场观看下午的演出。当然，演员也会被传唤进宫，为国王和贵族们演出。夏季时，剧团还会到外地做巡回演出，有时还在伦敦的几个律师学院(学法律的大学生协会)、大学以及豪宅中演出。剧团的声望相当之高，以至于上演的剧目根本无法满足观众的要求。

从上述的历史叙述中我们可以发现，路易斯·赖特的说法是有道理的。在16世纪后半期的英国伦敦，剧团既为宫廷和贵族构成的上流社会服务，也通过公共剧场的演出为一般市民阶层服务。说明当时戏剧演出已经成为都会市民的一种重要娱乐和消遣方式。实际上，无论是莎士比亚的历史剧、悲剧，还是喜剧，都具有典型的取悦于观众的特征。当然，在那样的年代，书籍和戏剧审查制度决定了市民文化不可能挣脱上流社会为他们准备的枷锁。

从上文提及的两种大众文化起源观来看，要梳理大众文化的漫长历史发展脉络，确实需要非常严谨的历史研究，才能详细地了解这种文化形式到底是如何逐步孕育和发展起来的，

① 转引自洛文塔尔：《大众文化的定义》，载《文化研究》第5期。

在各个不同历史时期具体表现如何,在发展过程中又经历了怎样的波折。下面将根据相关文献,简单介绍其基本历程。一般认为,西方大众文化经历了下述四个发展阶段。

(一)萌芽阶段

自文艺复兴(14－16世纪)以来,西方掀起了一波世俗化浪潮。教会神权和封建政权是新兴资产阶级的绊脚石,他们展开了一场针对教会神学和封建君权的意识形态斗争,用以人为本的人文主义思想对抗神学思想和经院哲学。思想解放浪潮催生了一大批资产阶级思想家和艺术家,他们称颂世俗,标榜理性,唤醒人的尊严。该时期的市民文化样式包括合唱、戏剧、舞蹈、寓言、诗歌和笑话等,都呈现出新的思想倾向,欲摆脱封建神学的加锁。

16世纪后,宗教改革运动继续强化了对封建神学的挑战,德国牧师马丁·路德(Martin Luther,1483－1546)提出,必须改变只有教皇才有权解释《圣经》的状况,信徒可以直接阅读《圣经》,信仰自己从《圣经》中所理解的微言大义。17世纪,英国人霍布斯(Thomas Hobbes,1588－1679)和洛克(John Locke,1632－1704)提出系统的资产阶级民主理论和经验主义思想,很快传遍欧洲大陆,法国人掀起了启蒙运动,进一步动摇了神学和封建意识形态的统治地位。

随着封建神学影响力式微和贵族政权衰落,印刷术发明与推广应用,近代报刊出现了,文学开始逐渐向社会中下层位移。17世纪,法国出版了一套著名的小故事丛书——蓝色丛书,书商们把它拿到全国各地销售,销量很大。鉴于17世纪末法国已经有29%的男性能识字,至少有部分农民和工匠也读过此书,这类书籍已经具有较为明显的现代大众文化的特征。[①] 18世纪,德国著名作家歌德(Goethe,1749－1832)的小说《少年维特之烦恼》畅销欧洲,影响了一代青年人,并诱发很多青年人都模仿维特服饰,仿照他的痛苦,乃至自杀。18世纪,欧洲已经出现较多的大众出版物、宽幅书籍和小故事书,形成了市民阶层的阅读文化。这一时期也开始出现一批大众艺人,即为工匠和农民表演的艺人,包括四处流浪的歌手和演员,为百姓提供娱乐,在城市和乡村的旅馆、酒馆、啤酒店、地下啤酒馆和城市广场,出现了广泛的大众艺术活动:诗歌、戏剧、音乐和舞蹈等。

经过文艺复兴和启蒙运动的洗礼,该时期的政治、宗教、艺术、文化和科学技术等领域都接受了新思潮的涤荡,欧洲文化发生了重大转折。这些新思想首先在资产阶级知识分子之间流行,由于纸张和印刷术的发明为文化思想传播打开了方便之门,随后逐渐被社会中下层所接纳,下层民众文化逐渐在文化图谱中占据重要位置。16世纪,英国资本主义工商业已经具备相当高的水平,为文学和文化的发展创造了很好的条件,涌现出莎士比亚等杰出人物,这些小说开启了19世纪后大众文学和大众艺术的先河。莎士比亚本身在伦敦就有自己的剧场,是当时著名的剧作家和演员,而他的戏剧也在市民大众中获得了热烈的欢迎。在17世纪的意大利,也出现了公共剧场,受到中下层民众的欢迎。这些文学的叙事内容愈来愈现实主义,逐渐远离了宗教体裁,展现出世俗化的趋势。它们取悦于中下阶层的特点异常明显,以至于引发了精英阶层的恐慌,他们认为普通民众总有一种内心的驱动,想从胡闹和下流的辱

---

① 彼得·伯克著,杨豫等译:《欧洲近代早期的大众文化》,上海人民出版社2005年版,第87页。

骂、而不是从严肃事情中取乐；指责大众戏剧中充满了太多的污言秽语。[①]

(二)成形阶段

19世纪前期，通俗小说已经催生了公众阅读市场，成功的大众化报刊率先在美国诞生，标志着一个新的文化纪元到来。由于这种新兴廉价大众报刊完全是市场化经营的，它的成功必然意味着获得了一个强劲的公众阅读市场以及广告业的支撑。在短短十年间，纽约的《太阳报》、《先驱报》的发行量就达到了空前的五万份以上，标志着一个数以十万计的读者市场已经完全成熟。这些报纸为城市公众提供廉价的信息，其内容和叙事风格迥异于此前的任何精英报刊和政党报刊，掀起第一波大众文化浪潮。

(三)发展阶段

20世纪前后，首先，民主化、工业化、城市化发展到新阶段，中产阶级队伍日益壮大，诞生了庞大的文化消费市场，大众文化走向繁荣。其次，照相术、录音技术和电影技术等系列科学发明日渐普及，为普通公众提供了更加直观和通俗易懂的媒介，使得文化传播速度更快，传播距离无远弗届，大众艺术形态更加丰富，掀起第二波大众文化浪潮。

19世纪20年代开始，各种摄影技术被开发出来，用新的手段更便捷、更直观地记录、再现视觉经验，借此实现了视觉图像的民主化。[②] 19世纪70年代，爱迪生发明留声机和记录声音的唱片，这种投币式留声机作为音乐传播媒介迅速被推广到游乐园、冰激凌店等公共场所。录音技术和复制技术改善了音乐传播，到1909年，留声机唱片销量达到了2700万张。早期录音唱片工业在1921年达到了顶峰，年销售额达到1.06亿美元。1895年，法国卢米埃尔兄弟发明可以面向大众播放的电影技术，迅速改变了人民的生活方式和思维方式。这项技术迅速在全球普及，并被美国好莱坞影都被发扬光大，20年代催生了一批举世闻名的电影明星，如卓别林、壁克馥和波斯曼等。新的视听文化席卷了全球大都市，成为至关重要的大众娱乐方式。[③]

(四)成熟阶段

两次世界大战前后，广播与电视以新媒体的身份出现，这两种现代大众媒体具有更强的便捷性、通俗性、日常性和家居媒体特质，它们的出现引发大众文化进入了又一个文化革命年代，娱乐不再是走出户外的公共聚会，而是渗透到个体私生活空间的、无所不在的日常生活方式，故事片、体育直播、大型典礼、战争直播、音乐电视和广告等。电视的出现，标志着消费社会诞生，大众进入一个图像泛滥、视听泛滥的时代，根据相关调查，在最高峰时期，每个美国人平均每天收看电视的时间长达4个小时左右。此时，大众文化进入第三波高峰。

---

① (英)彼得·伯克著，杨豫等译：《欧洲近代早期的大众文化》，上海人民出版社2005年版，第292页。

② 参见尼古拉斯·米尔佐夫：《视觉文化导论》，江苏人民出版社2006年版，第81页。

③ 参见马休·弗雷泽：《软实力：美国电影、流行乐、电视和快餐的全球统治》，新华出版社2006年版。

二、大众文化的发展进程:以大众传媒、通俗文学和流行音乐为例

(一)大众传媒的发展

尽管把大众文化简单地看做就是由大众传媒所生产和传播的文化并不科学,但是毫无疑问,大众传媒在现代化进程中扮演着非同寻常的角色。一方面,大众媒介的主体内容是大众文化;另一方面,大众传媒也是其他大众文化形态的传播媒介。因此,从大众传媒的起源来探索大众文化发展进程显得尤为必要。

15 世纪,德国古腾堡(Gutenberg,1400 - 1468)发明铅活字印刷术,开启了知识的世俗化(secularization)进程,其后果就是神学的"去神秘化"①,同时也敲响了中世纪的丧钟。在欧洲中世纪,书写的物理介质是羊皮纸、植物纸,手抄书文化造成中世纪文明被牢牢掌控在教会特权阶层手中,知识被严格限定在教会及权贵、精英的狭隘范围内流通,社会中下层只不过教会放牧的沉默而温顺的羔羊。印刷术的发明迅速降低了文化传播的成本,并且为知识的流通提供了技术上的可行性。古腾堡的发明在欧洲非常快地普及,在 50 年中用这种新方法就已经印刷了三万种印刷物,共 1200 多万份印刷品。可以说,古腾堡的发明对于瓦解中世纪的意识形态体系发挥了至关重要的作用,启蒙运动、宗教革命都是印刷革命的产物。在印刷术发明之前,宗教改革只不过是一种分裂,印刷术却使之成为一场革命。没有印刷机,"异端邪说"便软弱无力;可以说,古腾堡是马丁·路德的先驱。而宗教改革与启蒙运动则是世俗化、大众化的热身准备,它颠覆了超验的神学,使之世俗化为清教、加尔文教,成为崭新的资本主义伦理,充当资本主义的精神动力②,并促使人们开始转向现世的人学;可以说印刷术清扫了中世纪的"奥吉亚斯牛圈"③,为大众文化创造了生长条件。

在传播技术条件与思想准备已经就绪的情况下,欧洲进入了印刷文明新时代。从 16 世纪到 19 世纪,报刊开始了艰难的现代化历程。西方国家的近现代新闻史虽然各有独立的传统和发展特点,但是多数国家报刊发展史都经历了三个发展阶段:官报时期、党报时期和商业报刊时期(又称自由报刊时期)。以美国为例,从独立战争至 19 世纪中叶,前后大约六十年间,党报占据主导地位,主要是用来发动政治舆论,反对殖民强权,建设独立的民族国家和民主政治体系,主要代表性报纸如《波士顿公报》、《马萨诸塞侦察报》、《费城新闻报》、《利温顿氏纽约公报》等。由于各个国家的资产阶级革命进程千差万别,一些西方国家的党报与商业报刊出现了较长时间的并存发展格局。④

近代报纸最初是商业精英的信息媒介和思想精英的舆论利器,为资产阶级积累经济资本和文化资本提供服务,并扎实地壮大了阶层的力量。随后,报刊又成了阶级斗争的舆论机

---

① 德国著名社会学家马克斯·韦伯把西方近代思想的发展轨迹概括地总结为"世界的解魅"(disenchantment of the world),即打破神学和君权的意识形态神话,重新认识世界的真相。

② 参见马克斯·韦伯:《新教伦理与资本主义精神》,生活·读书·新知上海三联书店 1987 年版。

③ 恩格斯在《卡尔·格律恩〈从"人"的观点论歌德〉》一文中使用的一个生动形象的概念。

④ 陈力丹:《世界新闻传播史》,上海交大出版社 2002 年版。

关，在贵族与资产阶级的拉锯式斗争中成长，经过反印花税和检查制度的斗争，动员社会中低层民众，唤醒社会底层的力量，建构了资本主义市场经济和民主政治体系。

到了18－19世纪，报纸成了“工人阶级的必要生活资料”。据一位1726年访问过伦敦的瑞士人记载，“大多数工匠每天的第一件事情就是到咖啡店去读报。我也经常看到擦皮鞋的人和同他们一类的其他人每天用一个利阿德合买一份报纸，共同阅读。”①马克思在大工业生产的工人身上发现，德国工人“产生了一种新的需要，即交往的需要”。② 在便士报开始流行之后，他进一步发现，“报纸就包括在英国城市工人必要生活资料之内”③。大众化报纸的诞生，催生了真正意义上的大众文化。

（二）流行文学的兴起

18世纪是欧洲文学剧烈转型的时代，从文学的类型、读者的构成、创作者的地位以及文学生产体制来看，精英垄断文学的格局开始被打破，首先进入中产阶级阅读公众的圈子，随后进入城市底层的阅读大众领地。这个过程可以看做是文学民主化和商业化的后果。

首先，中产阶级读者队伍逐渐扩大。据有关记载，英国大众读者的规模在18世纪晚期达到了8万人（总人口600万），流行书籍的购买群众达到了数万人，书籍主要包括时事和宗教小册子等④。尽管如此，教育的普及程度仍然很低，读者大众的规模和素质水平也很低，四分之三的穷人依然没有阅读能力，能够抓住罕见的受教育机会且掌握基本读写能力的主要是从事中产阶级职业的人，劳动阶层中已经有少数人比较注重提升自己的读写能力，成为阅读大众的实际成员。总体来说，中产阶级队伍的稳定扩大是18世纪文学大众化的主要特征，最初是新兴资产阶级中的富有批发商、店主和重要零售商，继而是一般店主、独立零售商和行政事务机关的雇员们，随着他们的读写能力的提高和财产的增多，形成了中产阶级的读者大众队伍。

其次，文学类型的世俗化。18世纪之前，传统文学领地由贵族阶层垄断，形成了稳定的艺术传统：如英雄史诗、骑士传奇、古典戏剧以及学术读物等。在中产阶级进军阅读市场之后，他们的阅读偏好主导了文学出版的新趋势，文学内容逐步告别了贵族文学和宗教文学的传统，而更多地涉及世俗化的题材和体裁。小说作为一种文学样式开始受到普遍欢迎，以满足中产阶级的世俗情趣，消遣成为阅读的一个重要目的。

书价的昂贵也是阻碍读者队伍扩张的一个因素，原本服务于上层阶级（绅士和富商）的图书出版商推出的华贵版书籍是普通公众所无法承受的。为了满足那些处在购买边缘的读者大众的需要，出现了多种形式的廉价娱乐印刷品，如民歌集、经过改写的骑士传奇、犯罪故事、小故事书等。大量报纸也开始刊载短篇小说和连载小说，养成了中产阶级的阅读文化。同时，解决书价昂贵的另外一种方式就是公用图书馆和流通图书馆的迅速成功，它们成为

① 彼得·伯克，杨豫等译：《欧洲近代早期的大众文化》，上海人民出版社2005年版，第321页。

② 《马克思恩格斯全集》（中文版）第42卷，人民出版社1979年版，第140页。

③ 《马克思恩格斯全集》（中文版）第48卷，人民出版社1985年版，第12页。

④ 伊恩·P·瓦特：《小说的兴起》，生活·读书·新知上海三联书店1992年版，第34页。

"文学上的廉价商店",收藏了各类文学作品,尤其以小说最受欢迎,诞生了笛福、理查逊、菲尔丁等著名的小说作家,导致了虚构故事读者数量的显著扩张,《鲁滨孙漂流记》、《帕美拉》、《汤姆·琼斯》等散文作品开始主导大众阅读市场,当时的评论家指斥图书馆腐蚀了学童、农家子弟、出色的女佣、乃至屠夫、面包师、补鞋匠、补锅匠的心灵。[①] 此外,文学也开始变成下等阶层和中产阶级的妇女打发闲暇的女性消遣物。可以说,中产阶级第一次占据了读者大众的中心地位。

最后,文学生产机制也发生了变化。在传统的文学创作和传播体制下,创作者是由宫廷和贵族提供庇护的,作者是御用文人和贵族的文学仆役而已;在民主化、世俗化的过程中,贵族势力的衰微使得这种文学体制分崩离析了,再加上面向中产阶级的阅读市场的扩张,原来的生产机制已经不可能适应和满足阅读市场的需要,于是导致了文学商业化进程的开始。在作者与读者、印刷商和读者之间出现了一个中间人——书商,他开始成为书籍的总制造商、雇主,作家成为雇佣劳动者,文学成为了纯粹的市场商品,文学生产开始按照"格雷欣法则"[②]运转,屈从于自由放任主义的经济法则,资产阶级商人开始按照读者大众的口味来为中产阶级量身定做故事、小说和传奇等通俗读物,这一难以阻挡的趋势被捍卫传统文学标准的代言人深恶痛绝地斥之为"毁灭性的革命",造成了文学品质的灾难性降低[③]。

文学市场机制的出现,让作为中产阶级阅读趣味代言人的笛福、菲尔丁都感到莫名惊诧,当书商以200英镑的高价购买菲尔丁的小说手稿和一些更短小的故事时,他也不禁感到异常的错谔:写作成为经济上有利可图的事业。他们迅速适应和拥抱了这一崭新的文学事业,并开始为了追求经济效应而故意创作篇幅冗长而又浅显易懂的散文作品。在菲尔丁看来,18世纪的英国文学界正在变成"一个民主世界",或者说,文学世界正陷入彻头彻尾的"无政府状态"[④]。文学商业化的成功标志着中产阶级阅读公众的力量扩张和中产阶级的自信心膨胀,也宣告英国文学的古典标准正在让位给文学市场的经济法则。

同样的过程先后在法国、德国、美国等国家中上演,只不过因为各国政治民主化进程和社会经济发展不一样,文学的大众化转型过程也并非完全一致。但毫无疑问,它们都是在朝向民主化、世俗化和商业化的趋向发展,最终诞生了近代的大众文学市场。托克维尔在论述19世纪的"民主文艺"时认为:民主国家的人民对文艺的爱好和本性将十分有力地浸入戏剧,贵族制度下订立的文艺写作的清规戒律将被逐步地、分阶段地改变,贵族订立的戏剧清规戒律将由人民大张旗鼓地推翻。他认为,民主国家的人民,对于才学并不十分重视,根本没有把罗马和希腊的光辉过去放在眼里,只欢迎作家讲他们自己,即要求作家只描述现在。他们喜欢舞台上再现耳闻目睹的人间百态:各种出身的人物,各式各样的感情和思想。因此,民主社会的戏剧比以前更感动人、更通俗易懂和更真实了。[⑤]

---

① 伊恩·P·瓦特:《小说的兴起》,生活·读书·新知上海三联书店1992年版,第41页。
② 因英国财政学家托马斯·格雷欣(1519-1570)而得名,即"劣币驱逐良币"的法则。
③ 伊恩·P·瓦特:《小说的兴起》,生活·读书·新知上海三联书店1992年,第52页。
④ 同上书,第56页。
⑤ 托克维尔,董果良译:《论美国的民主》,商务印书馆2002年版,第43页。

托克维尔还就19世纪文学的商业化规律发表了精辟的看法，他认为，民主制度不仅使实业阶级染上了文学爱好，而且把商业精神引进了文学界。在贵族制度下，读者吹毛求疵，人数不多；而在民主制度下，却不难迎合读者的心意，但读者的人数众多。因此，在贵族制度的国家，文人要想获得成功，就必须付出巨大的努力，这种努力可能使文人得到很高的荣誉，但决不会使他们赚取大量的金钱；而在民主制度的国家，一个作家却可以通过廉价推销作品获得大大的财富和小小的名气。为了达到这个目的，他不需要人们的钦佩，而只要受到人们的欢迎就可以了。由于读者越来越多和需求日新月异，所以没有什么价值的书也能畅销。

托克维尔认为，在民主时代，读者大众对待作家的态度，一般说来就像国王对待他的宫内侍臣。国王怎样对待出生于宫廷或蒙宠而在宫廷里生活的御用文人，今日大众也就以怎样的态度对待作家。读者大众使作家发了财，但看不起他们。民主国家的文学界，总有这样的一批视文学为商业的作家，而且那里出现的某些大作家，其个人的作用可以胜过几千名思想小贩①。民主时代文学的特征不仅决定了文学很难服从狭隘的规章，而且这样的规章也不可能持久存在下去。而且并非所有从事文学创作的人都受过文学教育，作家们追求的目的，与其说是使读者快慰，不如说是使读者惊奇；作家们的努力方向，与其说是使人感到美的享受，不如说是使人兴奋激动②。

在贵族制社会，艺术追求的目标是尽量做出精美的制品，而不是加快制造速度，更不是降低造价，手艺人向少数人高价出售自己的制品。而自从艺术商业化之后，他们发现有更便利的办法使自己发财，这就是向大众廉价出售制品。而要想降低商品的价格，只有两种办法：第一种办法是找出最好、最快和最妙的生产方法。第二种办法是大量生产品质基本上一样、但价格较低的制品。在民主国家，从业者的智力几乎全都用于这两个方面。因此，民主制度并没有只使人的精神专注于实用工艺，它还使手艺人们快速地大量制造不够完美的制品，而消费者们也满足于这样的制品。

托克维尔指出，民主制度使人们把感情用于物质方面。道德方面的虚伪是任何时代都有的，但奢侈方面的虚伪则为民主时代所特有。为了满足人的虚荣心的新需要，便在工艺上进行种种欺骗，有时甚至做得过分，而使工艺本身受到损失，市场上出现了足以乱真的假钻石。他认为，民主的社会情况和制度必然对美术工作者的创作方式产生巨大的影响。一方面，原来对美术深为爱好的人，大部分将要变穷；另一方面，许多尚未富裕起来的人，将会附庸风雅，开始爱好美术。结果，美术品的顾客总的说来有所增加，但是，其中真正识货和特别有钱的人却为数不多。这样，在美术方面也将出现类似现象，即美术品的数量大大增加，但每件美术品的价值却下降了。

民主的社会情况和制度，还能使一切模仿性艺术具有一种一眼便可看出的独特倾向。这种倾向往往是使艺术只专注于描绘形象，而不重视刻画灵魂，因而以动作和感触的描写代替了情感和思想的描写，使现实占去了理想应当占据的地位。拉斐尔没有像现代的画家那样细致入微地研究过人体的结构。在这一点上，拉斐尔认为不必要求得那样严格，画得分毫

① 托克维尔，董果良译：《论美国的民主》，商务印书馆2002年版，第38页。

② 同上书，第37页。

不差,因为他所追求的是神似而不是貌似。他要把人画得像人,而又有些地方超人。他要把美本身画得更美。他们虽然给我们留下了精细入微的肖像画,但拉斐尔能使我们从他的作品中窥到神韵。而当代的画家,则经常把自己的天才用于分毫不差地再现他们眼前不断出现的私人生活细节,并只按照自然界到处可见的原物去复制平凡题材的一切方面。①

(三)流行音乐的历史

从音乐史的角度来看,传统音乐向现代音乐的转型也经历了一个较长的世俗化、商品化的发展过程,即音乐消费从社会上层首先向中层阶层过渡,然后进入社会底层。在18世纪之前,音乐在欧洲社会中的作用集中表现为"仪式"价值,主要出现在宫廷、贵族的音乐会和大众化节庆当中,音乐家主要以两种身份存在:(1)宗主赞助制度下的宫廷和贵族音乐仆役、家臣;(2)吟游乐人,独自创作音乐,行走在各地乡村和集市,主导音乐的社会传播;他们往往没有固定的雇主,在私人宅第提供服务,音乐消费者则来自社会各阶层。②

18世纪后,欧洲音乐领域开始发生了急剧变化,随着政治制度从神权过渡到代议制,贵族势力衰微,逐渐失去资助音乐的实力,音乐的赞助制度也开始走向瓦解,音乐家开始走向市场,音乐开始成为流通市场上的商品,民众通过付费来消费,音乐家臣服于资本主义经济规则之下,以盈利为目的音乐会与作为体制性盈利机构的音乐厅开始出现③。新兴资产阶级、中产阶级成为音乐消费主体,而音乐家、乐手则开始成为音乐商品的生产者与表演者。

音乐商品化之后,市场驱动音乐消费规则,大众的选择性开始改变音乐家的社会地位,少数音乐家的市场扩大,而其他人则找不到市场。商品化的竞争法则催生了音乐的明星体制,19世纪之后,明星开始登场了,古典音乐明星贝多芬、莫扎特、肖邦、李斯特等都不得不屈从于无情的经济审查体制之下。19世纪,音乐会达到高峰,在1844年,李斯特在法国里昂15天内就举行了6场音乐会④。此时,古典音乐的主要消费者是中产阶级。

在18－19世纪,流行歌曲开始逐步成长。这一原本由街头吟游乐人主导的文化消费活动开始进入室内:小酒馆和咖啡店。在一份1811年出版的《小酒馆之钥》期刊上就刊载了一份达2350种流行音调的清单,可以想象当时法国流行音乐的市场规模。⑤ 从内容方面来看,为了迎合不懂音乐的大众听众,这些街头音乐家演奏的曲目贫乏、旋律鲜有变化,所使用的乐器也比较简单。随着流行歌曲的演唱越来越集中到小酒馆、咖啡馆的室内演出场所,成为中产阶级和工人阶级私生活的重要消遣活动,流行音乐的流通模式成熟了,出现了收取表演报酬的咖啡馆,表演者的酬劳得到了保证,19世纪后期在巴黎这样的城市里已经出现了100家以上这样的咖啡馆⑥,商业化的成功终于在19世纪末催生了流行音乐的明星,他们手中开始蓄积大量的财富。流行音乐作为一种大众消费文化开始在欧洲走向成熟。

---

① 托克维尔,董果良译:《论美国的民主》,商务印书馆2002年版,第35页。

② 贾克·阿达利:《噪音:音乐的政治经济学》,上海世纪出版集团2000年版,第16页。

③ 同上书,第70页。

④ 同上书,第96页。

⑤ 同上书,第97页。

⑥ 同上书,第101页。

19 世纪后期，音乐传播科技有了革命性发展，音乐的复制、再现水平提高了，录音技术的出现使得音乐传播的时间、空间拓展了，音乐消费市场也随之加大了，流行音乐进入了新阶段。随着留声机①、自动点唱机②、电影、广播、电视等新科技相继出现，现场表演的重要性反而减弱了，更多成为唱片销售的推广手段，音乐的大众传播形态和特质开始转型。畅销歌曲、演艺事业和明星制度开始侵入到大众的日常生活当中，流行音乐的工业化水平更加成熟了，越来越具有文化商品的标准风范了，同时也使得音乐越来越大众化，接近下层民众。19 世纪末，唱片的发明，唱片工业开始引领音乐文化进入了跨地域、全球化的新时代；唱片工业的成功也仰赖广播电台的推广，到 20 世纪 20 年代后，随着广播媒体的出现，大众化的流行音乐工业体系已经初步成型。

从流行音乐的内容变迁来看，它真正的大众化是在进入 20 世纪之后。美国流行文化工业体系在对黑人音乐进行改造的基础上，开始打造流行音乐的消费浪潮，尤其是爵士乐与摇滚乐浪潮的相继涌起，形成了流行音乐的两个代表性时代：(1) 爵士乐时代。作为黑人社区的一种音乐形态，本来是用来表现黑人的文化疏离的，却被白人发掘出来并进行成功的商品化，形成了一个大众音乐的流行类型。涌现出保罗・惠特曼、班尼・古德曼、史坦・肯顿等爵士明星。(2) 摇滚乐时代。“二战”结束后，发达国家经历了约 15 年的经济复苏，进入 60 年代后，美国青年开始陷入文化迷茫的阶段，形成了“垮掉的一代”文化浪潮，在 50 年代后半期，摇滚乐应时而生，成为新一波流行音乐浪潮。

20 世纪 30 年代，出现畅销歌曲排行榜，它成为流行音乐市场经济和价格制度的营销机制，音乐生产成本已经远逊于营造消费需求的营销成本。③ 明星制也开始成为歌曲营销的商业机制，音乐商通过造梦工程塑造着音乐文化帝国，披头士们被塑造成一代年轻人的文化偶像，成为全球音乐工业的广受欢迎的“通货”。

第三节　中国大众文化的起源与发展

任何民族国家的现代化都建立在独特国情的基础上，文化转型需要经历一个渐变的过程，无法全盘外国化，因为任何民族国家的文化传统和文化心理都不尽相同，所以大众文化形态和主题也不可能完全一致。中国大众文化的起源是民族文化传统与欧美现代文化交融冲撞的结果，要考察中国大众文化的萌芽和起源，既要看到它与西方文明交融的一面，也要看到它继承传统的一面。

孟繁华曾经用一段话浓缩地描述了中国大众文化的发展情况：“30 年代以上海城市消费文化为代表的大众文化，在后来主流文化的叙事中基本被中断，在民族危亡的时代，它被认为是‘不健康’和具有‘腐蚀性’的。‘红玫瑰’或‘礼拜六’以及舞场上的靡靡之音，在大众化

---

① 1877 年，爱迪生取得留声机专利；1910 年左右开始用于录制音乐。
② 常放置在杂货店，在私人有经济能力购买电唱机之前，颇有市场。
③ 贾克・阿达利：《噪音：音乐的政治经济学》，上海世纪出版集团 2000 年版，第 146 页。

的'红色经典'面前不战自败。因此,在20世纪的大部分时间里,由于中国特殊的历史处境,消费性的大众文化没有生产的合法性和可能性。"[①]这段话点出了若干关键要素,但是还无法帮助我们详尽了解中国大众文化的发展脉络,下文将简要介绍。

一、中国近代大众文化的先声:古代俗文化传统

探索中国大众文化的起源,首先要观照中国大众文化的源头——古代的俗文化传统。古代、近代俗文化是大众文化的先声,它是中下阶层共享的文化;今日大众文化传承了古代俗文化的一些传统主题与形式,借助新的传播媒体,发扬光大。因此,考察古代俗文化向近代大众文化转型的过程,有助于揭示中国现代大众文化的民族特征。

中国俗文化萌芽于先秦,兴起于中唐,繁荣于两宋,大盛于明清,正式进入"大雅之堂"则是到了近、现代。[②] 古代俗文化中,乡野文化比较纯粹;而市井文化则带有一定的商业色彩,从事说书、演戏、变魔术等文化活动的民间艺人,基本上依赖于艺术创作和表演而生存。古代俗文化集中体现在市井文化中,主要由市井之民创造,并反映他们的生产活动、生活方式、行为习俗、宗教信仰、伦理观念、审美情趣和价值取向等。

俗文学的萌芽可以追溯到先秦歌谣。以先秦的代表性文学作品集《诗经》来看,它分为《风》、《雅》、《颂》三部分,其《风》部便是广泛流传于世间的民歌,是具有地方色彩的各地乐歌合辑,其作者大多为下层小吏、贱隶和妇人女子,这些人没有受过什么教育,没有文人的艺术修养,他们的创作基本属于"劳者歌其事,饥者歌其食",后经过文人加工才得以流传下来。《雅》和《颂》的作者则为社会上层的公卿大夫,其作品内容或歌颂或讽谏,具有强烈的功利性,时代特征明显。《风》重娱乐,《雅》、《颂》重教化;《风》从俗乐俗,《雅》、《颂》则移风易俗。从一开始,中国文学的雅俗传统就比较泾渭分明。[③] 郑振铎在《中国俗文学史》中总结了"俗文学"的特征:大众的、无名的集体创作、口传的、新鲜粗鄙、想象力奔放和勇于创新。郑振铎认为,俗文学具有"大众性"和"通俗性",即用大众喜闻乐见的形式来表现大众喜闻乐见的内容,这是通俗文学长盛不衰的原因。[④]

唐朝是中国封建王朝的鼎盛时期,在繁荣经济的支撑下,大都会里催生了大量的通俗文艺活动。唐明皇李隆基(685－762)精通音律,尤好俗乐,并要求下属设置宫廷乐团——"梨园"和"教坊",专门学习、表演俗乐。由于唐玄宗对俗乐的酷好和重视,造成了唐代文艺事业的高度繁荣。唐代出现的"传奇"可以说是后代通俗小说的先声,讲述了很多普通人的传奇故事。此外,唐代的舞蹈、音乐和文学都有庞大的世俗化规模,从唐代诗人的篇章中能够看到不少市井生活描述。中唐诗歌在反映现实、伤病民瘼、讽谏朝政、针砭时弊的深度广度方面,超过初盛唐,而且大量增加了表现男女爱情、商妇贾客生活和民风民俗的题材,出现了

---

① 孟繁华:《小写的文化:大众文化的两种时间》,载《众神狂欢:世纪之交的中国文化现象》,中央编译出版社2003年版。

② 参见牛爱忠、方国根编著:《雅俗文化书系·俗文化》,中国经济出版社1995年版。

③ 参见方忠著:《台湾通俗文学论稿》,中国华侨出版社2000年版。

④ 参见郑振铎:《中国俗文学史》,作家出版社1953年版。

"诗到元和体变新"的现象,以俗为美的"元白诗派"、以律调入七古的"长庆体"风靡朝野。小说一向被拒斥于文学殿堂之外,在唐朝却风行一时,不少尊显文人如元稹、牛僧孺等竞相创作"传奇"。在内容上,唐传奇多表现市民阶层和中下层文人所喜闻乐见的男女爱情、侠义、历史传说等题材;在形式上,受民间说唱文学的影响,或诗文相辅(如《长恨歌传》),或诗文相间(如许尧佐《柳氏传》);叙事写人,以散文为主,可以说是一种十分世俗化、通俗化的文学形式,在中唐臻于极盛。

宋元时,城市经济进一步发展,在繁华的大都市里,娱乐场所集中的地方,有卖药、估衣、饮食等店铺,也设有表演杂剧、曲艺、杂技等的勾栏。由于城市经济的发展,产生了介于贵族文人和山野农民之间的市民阶层,出现了市民经常出入的固定游艺场所——瓦舍。在众多瓦舍伎艺中,最能体现市民口味、市民意趣的是"说话"和"杂剧"。"说话"即讲故事,也是宋代市民文化中最重要、影响最大的一种伎艺。宋代说话有四大家之分,即:"小说"、讲史、讲经,合生或说浑话。说话的内容丰富,感染力巨大。①

"杂剧"也是瓦舍中演出的最重要项目之一。它在结构上可分为两个部分:"艳段"、"正杂剧"和"杂扮"。艳段是正戏开演之前用以吸引观众的小节目,以歌舞为主,夹杂一些滑稽动作和可笑说白,甚至行武技筋斗。正杂剧是杂剧的主体部分,或以唱为主,或以滑稽戏为主。这部分内容深刻而厚重,常用来讽刺当时社会中存在的一些重大症结。杂扮是附于正杂剧之后的玩笑段子,内容多是嘲笑进城来洋相百出的乡下人。目的是造成轻松愉快的喜剧效果,自然也反映了小市民沾沾自喜、轻视农民的庸俗心理。宋代"瓦舍"、"勾栏"的出现,标志着中国俗文化进入了繁荣时期。

市井文化在明末清初达到历史上登峰造极的顶点。反映市井生活和心态的文学作品空前繁荣,《金瓶梅》等四大奇书,"三言"、"二拍"等中短篇小说集异彩纷呈,创造了中国文学史上的又一个黄金时代。此时,戏曲艺术和说唱艺术也高度繁荣,且造就出了柳敬亭之类的说书大家。明清俗文化的繁荣充分反映了当时市民阶层的生活方式和心态。由于市井文化在各个方面结出的丰硕成果,使得明末清初为中国俗文化的大盛阶段,并且因其反映了萌芽阶段资产阶级的思想观念,且具有不同于以往俗文化的显明特点。②

关于早期俗文化的起源和发展,王齐洲教授这样总结:"宋元以降,城市繁荣,市民阶层扩大,教育相对普及,促进了大众生活方式的变革。戏曲、小说等文学样式为传播大众文化提供了便利条件。特别是在宋元讲史说话基础上发展起来的长篇通俗小说,以其切近生活的形式,把广大人民群众所认识和理解的社会生活和人的生存状况全面而深刻地反映出来,把他们的思想观念和价值观念具体形象地表现出来。一些长篇通俗小说,从某种意义上说,已经成了大众文化的百科全书,或者说成了大众文化事实上的'经典'。"③

王齐洲的解释不无精辟与深刻之处。不过,将古代俗文化与现代大众文化完全等同视之,概念互换,容易引起争议。

---

① 牛爱忠、方国根编著:《雅俗文化书系·俗文化》,中国经济出版社 1995 年版,第 19 页。

② 同上书,第 22 页。

③ 王齐洲:《四大奇书和中国大众文化》,湖北教育出版社 2000 年版。

二、转型期的文化激荡:外来文化输入与本土文化的现代化

从鸦片战争开始,中国进入现代文化的启蒙阶段。19 世纪中后期,第一批留洋的先贤们亲身经验了西方现代文化,思想观念因此而改变。来华开展殖民活动的西方人带来了西方生活方式和价值观,他们在华形成了自己的文化圈,并向中国各阶层扩张,同时也带来了西方日常消费产品、现代媒体以及流行文化工业产品,中国进入了文化转型的阵痛过程。

鸦片战争失败,清王朝国门洞开。在外力施压下,中国被动开启现代化进程,即政治民主化、经济市场化的历史进程;与此同时,文化也开始民主化、大众化进程。

首先,西方殖民者用枪炮和宣传同时启动中国社会的现代化。鸦片战争的失败,触动了封建王权的根基,也使得社会被动地、逐步地开放起来。并引发了精英的救国行动,如洋务运动的出现,颠覆了清王朝蔑视西方器物文化的夜郎自大心理,推动着政治的缓慢变革。正因为第一次震慑于西方坚船利炮的淫威,清王朝开始重视教育和科技,开始向海外派出留学生。而这拨被派出去的留学生将在日后成为近代改良派和革命派的主导力量,也是挖掘清王朝坟墓的主要力量。

其次,通商口岸的设立,推动了商品经济在中国的发展,西方商品大量涌入中国市场,刺激了本土市场的发育。19 世纪多次中西兵戎相见的一个直接后果,就是撕破了中国封闭的封建经济系统,开放了一大批通商口岸,为西方商品提供了倾销市场。而西洋货物的流通,不只是丰富了本土居民的生活,同时也在改造着他们的价值观和生活方式。

再次,大量外国人来华,改变了城市的生活方式,引起了城市文化的渐变。外国在他们聚居的城市里既形成独立的文化圈,又必然将他们的文化辐射到城市消费场所,改变了城市生活的生态格局。西方的先进科技也被迅速传播到中国都市,如照相机、留声机和电影等,这些新兴传媒将首先改造中国的中上层社会,进而普及到社会底层。

最后,由西方传入的现代传媒开始出现,首先是 1815 年开始创办的各种宗教类报刊,随后是服务于外国人的外文商业报纸,再到 19 世纪 60 年代出现《申报》、《上海新报》等中文商业性报纸。在外力的作用,中国传媒的现代化速度打破常规,经过几十年的积淀,这些以赢利为目的现代商业报刊,将成为大众文化的主要载体之一。

总而言之,该时期的启蒙进程,奠定了中国政治、经济、社会和文化诸领域的大众化发展趋向,一直持续到辛亥革命,中国资产阶级终告成熟,并颠覆了封建王朝的统治。

尽管这一时期的启蒙效果主要影响的是社会权贵和知识精英。到下一阶段,这种社会影响将逐渐向社会中下层渗透,从而催生现代民族国家的诞生。在这个过程中,19 世纪的启蒙进程为中国大众文化发展清扫了障碍,民主、民权和民生得到了客观的改善。商业性媒体已经初步凸显出大众文化的特征,如《申报》为代表的商业性报纸针对城市广泛的大众市场发行,不仅赢利,而且大量刊载社会新闻,如它曾经于 19 世纪末期四年连续报道晚清名案"杨乃武与小白菜"案,体现出较浓的大众化报纸特征。

三、本土大众文化的成熟与大都市的第一波大众文化浪潮

1915 年前后,新文学运动以及白话文运动标志着中国"启蒙运动"进入高潮,同时也意味

着进入了现代化的加速期。这场运动具有双重意义:首先,通过"新"文学,推动了一场意识形态的现代革命;虽然它表面上是由文人知识分子发起的"文学"革命,但其实质是要革陈腐"政治"之命。其次,通过白话文运动,颠覆了传统精英主义文化体系,是一次文化的世俗化革命,"以我手写我口"的诉求,为文化的大众化奠定了坚实的思想基础。经过短暂的"狂飙突进"式的文化革新浪潮,到20年代之后,"普罗文化"的格局已经开始形成。当然,这股"普罗文化"中,逐渐分化出两个不同阵营:一个阵营是围绕政治"救亡"使命而进行文艺创作和思想启蒙;另一个阵营却围绕着服务市场的目的来从事文化生产经营活动。为了考察商业化的大众文化发展历程,我们先抛开政治启蒙文化这条主要的历史叙述脉络,而更多专注于市场化、商业性文化的发展轨迹。

20世纪20年代末30年代初,经过新文化运动后十余年的积淀,世俗化成果开始逐渐下移,大众文化在上海等工商业繁荣的大都市里展现了不可小视的规模。抛开大众生活方式的变更不说,仅从现代商业传媒的发展水平来看,即可判断30年代中国大众文化已经出现了一个高峰。20年代中后期,创办于19世纪的两份著名商业性报纸《申报》和《新闻报》大获成功,其中《申报》在1926年发行量达到16万份,《新闻报》发行量在1929年达到17万份。它们的成功从一个侧面反映了海派大众文化的繁荣。

"海派文化"的产生是同上海的经济地位和文化地位提高联系在一起的。20世纪初的几十年间,上海逐步发展成为远东首屈一指的大都会,同时也是中国知识分子集中程度最高的城市。在西方文化、传统文化和"五四"新文化的交互作用下,酝酿出了富有特色的"海派文化"。在30年代发生了京派、海派争论,1934年1月7日,沈从文在《大公报·文艺副刊》发表《论"海派"》,将"海派文化"定义为"名士才情加商业竞卖",包括"庸俗小说、彩色封面、全张广告、闲话、电影明星、丑闻、大会议、文学名流、请人写书评和美国流行音乐",等等。

要理解这一波大众文化高潮,可以再举两例,一是张恨水的通俗小说在20—30年代风行一时。他的小说开始多以连载的方式刊登在《世界晚报》等商业报纸上,颇受欢迎,并培养了一批忠实的读者群体,以至于一些读者迫切想看到故事的发展,等不及报纸发行到手上,就亲自跑到报馆门口去买。他的小说成了商业性报纸吸引读者的利器,刊载其小说的《世界晚报》也因此发行量大增,报纸老板成舍我因此盈利不菲。因为销量好,读者喜欢,他的这些连载小说后又都结集出版,主要有《春明外史》、《啼笑因缘》、《八十一梦》和《五子登科》等,成为20－30年代中国通俗文学的代表作。张恨水的知名度及受欢迎程度也因此超过同时代的很多启蒙作家。如同沈从文的批评,张恨水的写作确实具有浓厚的面向市场、迎合大众的色彩,他毫不隐讳自己大量创作的目的:"写稿子完全为的是图利,假如没什么利可图的话,就鼓不起我写作的兴趣。"①这股商业性写作浪潮也因为其不符合当时"启蒙和救亡"时代主题,而被叱责为"鸳鸯蝴蝶派文学"。

30年代的商业性报纸上大量刊登商业广告,广告表现形态十分典型地展现了该时期海派大众文化的特色,见下页图:

---

① 李勇:《通俗文学理论》,知识出版社2004年版,第66页。

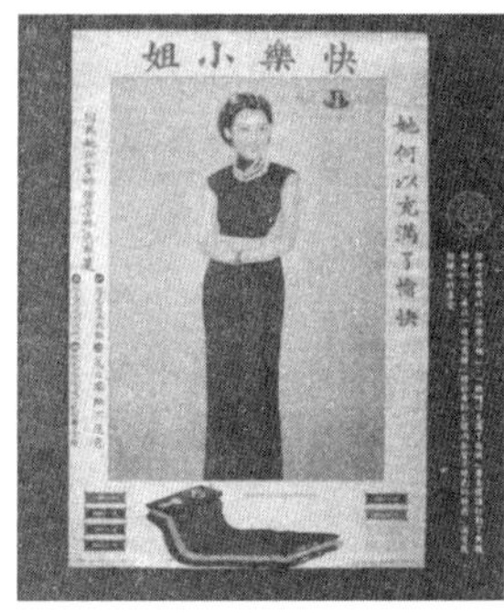

30 年代香烟、化妆品、服装广告

在音乐领域,这一时期出现了大量流行音乐作品,如 20 年代末期,中国流行音乐奠基人黎锦晖创作的通俗歌曲《可怜的秋香》、《毛毛雨》、《妹妹我爱你》和《桃花江》等,迎合了市民阶层的格调品味,带有明显的商业性。① 刘雪庵创作的《长城谣》、《何日君再来》等电影音乐和插曲,也成为流行一时的名曲。还有黎锦光、陈歌辛、姚敏和严华等流行音乐作曲家都颇具影响。此外,该时期也出现了一批以演唱流行歌曲而红透上海滩的明星,如周璇主唱的电影插曲和唱片歌曲就有 200 多首;白虹、龚秋霞、姚莉、李香兰、李丽华和陈云裳等歌手也因演

① 《中国现代音乐史纲:1949 - 1986》,第 99 页。

唱流行歌曲而广受欢迎。

中国电影业是从放映外国影片开始的,1896 年 8 月,上海的徐园“又一村”放映了“西弹影戏”,这是有史料记载的中国第一次放映电影。随后,一批外商相继在上海建造电影院,如加伦白克、雷玛斯以及陆续而至的其他英美法等国商人,建造了一批在建筑结构、造型、布局、坐席、音响等方面和西方水平不相上下的电影院,如享誉远东的大光明、新光、南京、平安、兰心和浙江大戏院等。与此同时,电影放映业在中国内地也逐步普及。

1905 年,国人拍摄了第一部京剧艺术纪录片《定军山》,揭开了中国电影事业的序幕。商务印书馆也开始投资拍片,把盈利放在首位,拍摄的《憨大捉贼》、《呆婿祝寿》等影片大都是根据文明戏改编的剧作,迎合小市民口味的色彩非常明显。1922 年,著名导演张石川、郑正秋和周剑云等人创办了中国历史上颇有影响的“明星电影公司”,公司共拍摄了 200 多部故事影片,张石川导演了近 150 部电影,其中除了一部分是宣扬改良思想和反帝反封内容的影片,其他都是谋求利润而迎合小市民趣味的纯粹商业电影。另一位著名导演郑正秋的拍摄《火烧红莲寺》也是典型的商业片,当时在影坛上引起了轰动和竞相模仿热潮。

据有关资料统计,1928—1931 年期间,上海有近 50 家电影公司,共拍了近 400 部影片,其中武侠神怪片就占了 250 部之多,由此窥见这一类影片泛滥的程度。1928 年,《火烧红莲寺》一公映,远近轰动。此后三年间,《火烧红莲寺》居然一口气拍了 18 集之多。各电影厂老板为了获取最大额度的利润,一起推波助澜,不少小电影公司干脆成了专门拍摄武挟神怪片的作坊。一时间出现了大批类似题材之作,如《火烧百花台》、《火烧九龙山》、《火烧平阳城》、《火烧白雀寺》以及《荒江女侠》、《红侠》、《关东大使》、《飞行大盗》、《乱世英雄》、《大闹三门街》和《古屋怪人》等。

胡蝶(1908-1989)

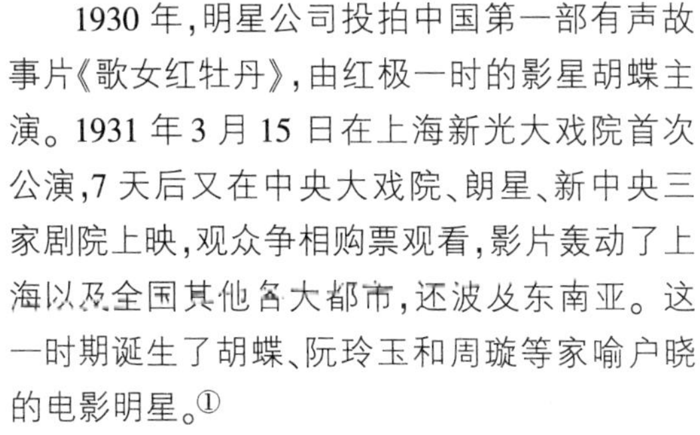
1930 年,明星公司投拍中国第一部有声故事片《歌女红牡丹》,由红极一时的影星胡蝶主演。1931 年 3 月 15 日在上海新光大戏院首次公演,7 天后又在中央大戏院、朗星、新中央三家剧院上映,观众争相购票观看,影片轰动了上海以及全国其他各大都市,还波及东南亚。这一时期诞生了胡蝶、阮玲玉和周璇等家喻户晓的电影明星。①

综上所述,从 20 世纪 20 年代末到 40 年代,以上海为代表的中国大都市出现了第一波大众文化浪潮,商业报刊、通俗文学、大众电影和流行音乐等都已经臻于成熟。

① 姚秉楠等主编:《大上海东方好莱坞:中国电影事业的崛起与发展》,上海人民出版社 1991 年版,第 7 - 27 页。

四、大众文化中断期

1949－1980年前后，随着政治、经济、社会和文化领域的全盘社会主义改造完成，原本发展到一定程度的商业性文化销声匿迹了，它们在政治上和美学上都不具合法性。新中国成立后，适应政治经济转型的需要，在革命理想主义和革命乐观主义意识形态主导之下，延安时期奠定的“人民大众”的文化在全国范围内普及，它虽然也借助报纸、广播和电视等现代传媒形成了流行浪潮，但其一元化的意识形态意涵和“去商业化”的特征，与我们今天所说的多元化、商业性大众文化截然不同。所以，我们认为，30－40年代那种高度商业化的大众文化传统在这一历史时期实际上中断了。

这股文化潮流在内地中断了，但在继续施行资本主义体制的港澳台地区继续发展。20世纪50年代以后，台港通俗文学创作就继承了古代通俗文学的传统，显示勃勃生机，诞生了金庸、梁羽生、高阳、古龙、琼瑶等明星作家。

五、大众文化的复苏

在“解放思想”和“改革开放”的大背景下，80年代内地进入文化再启蒙阶段，大家开始审视和反思新中国成立以来的社会历史进程。中西学术对话重新开启，大量西学名著得以译介出版，在西方学术思想的影响之下，知识分子在80年代初期掀起了一股“文化热”，重新思考文化定位和审美定位。经济改革举措相继出台，意识形态面向未来开放，与国外交往日益密切，外来流行文化产品相继涌入，为多元文化发展提供了契机，正是在这个背景之下，城市民众开始积极寻求新的文化表达，直面人性、人情与现世关怀的港台文化迅即进入内地市场，包括流行音乐、电影、电视剧和武侠小说等，一时间成了国人孜孜以求的精神替代品，在这一波政治经济转型的大语境下，文化市场逐步恢复元气，大众文化在社会中下层消费领域复苏。在此，我们不妨通过作家王朔的80年代文化记忆，来管窥那个风起云涌阶段的文化图景：

> 20年前，那时我不知道这也叫文化，餐厅中的伴宴演唱会发展到卡拉OK，酒吧乐队；的士造成广播电台专为有车一族播放流行音乐；摊贩市场除了卖衣服也卖流行杂志、盗版光盘和盗版软件；妓女直接造就了歌舞厅夜总会桑拿室洗头房洗脚屋这些新兴娱乐产业的繁荣，更重要的是为流行小报地摊刊物乃至时装影视剧提供了耸人听闻和缠绵伤感的永远话题。
>
> 当时我们的文化概念是不包括大众文化或叫消费文化的，也没有娱乐这个词，一提娱乐好像是下下棋，打打扑克，单位搞个舞会，自己跟自己找点乐儿。
>
> 整个80年代，我们是在目不暇接的文化盛宴中度过的，一个惊喜接一个惊喜，这时的港台文化只是一片曼妙的远景陪衬，只有当我们静下来的时候才能听到它们发自角落的袅袅余响。我听到它们的音乐在播放，看到它们的电影在上映，也见到路边书摊摆着它们的小说，从没想过这也是文化范畴内的东西，即便是有些人的作品哄传一时，也认为是小孩子的爱好，中学生的激动，并不把这视为成年人应该关心的事。①

---

① 王朔：《我看大众文化、港台文化及其他》，载《无知者无畏》，春风文艺出版社2000年版。

在70年代末至80年代初，在文学领域，台港通俗小说以“无害”①作品之身份登陆内地，这批通俗文学包括金庸、梁羽生、古龙和卧龙生等人的武侠小说，高阳的历史小说，琼瑶、三毛的言情小说，阔别大众文化已久的内地读者可谓趋之若鹜，手不释卷。这股台港“通俗热”还引发了一波清末民初通俗小说的“重印热”。阔别了多年的作家作品又纷纷与读者见面，开启了大众化阅读的多元格局，形成了新的文化市场格局。

在音乐领域，港台流行音乐开始席卷内地，形成巨大冲击波，欧美、日本流行音乐也长驱直入。1978年，广州兴起音乐茶座，现代音乐消费观念和消费模式开始形成，在渐趋开放的环境下，通俗音乐复兴时期到来了。邓丽君的歌曲通过唱片磁带走入中国城市居民家庭，台湾校园民谣《童年》、《外婆的澎湖湾》、《走在乡间的小路上》和《龙的传人》等成为广为传唱的名曲，刘文正、青山、凤飞飞、徐小凤、谭咏麟等港台歌星深受喜爱。美国摇滚乐、乡村音乐等也已登陆，以山口百惠为代表的日本流行歌星也影响了一代中国人。

伴随着外来流行文化的引入，音乐市场迅速形成，手提录音机、乐队、唱片公司、音像公司、演唱会、电视音乐大奖赛等商业化流行音乐体系开始全速运转起来。在外来流行音乐的影响下，本土第一批流行歌手走上了模仿创新的道路，诞生了一批明星和名曲，谢莉斯、王结实因模仿演唱《外婆的澎湖湾》、《乡间小路》等而成为第一代校园民谣流行歌手，朱明瑛因最早演唱拉美、非洲歌曲及港台歌曲，而成为流行乐坛载歌载舞的第一代歌手；成方圆首开登台演唱英文歌曲先河，成为流行音乐第一波的代表人物。②

六、大众文化进入第二波高峰

80年代以来，大众文化一直在争议中发展，其合法性不断受到各种非议和挑战，包括“反对资产阶级自由化”、“清除精神污染”等运动，在“弘扬主旋律、提倡多样化”文艺政策方面，还存在着不同的看法。到了90年代初期，各种争议的存在，主导意识形态和文化政策走到了一个十字路口，需要重新确认发展方向。1992年，国家最高领导层再次确认，坚定不移地走深化改革开放的路线，为流行文化的壮大发展提供了政治保证。

如果说80年代中国内地大众文化还停留在借用外来元素、模仿性创造阶段的话，那么在经过最初十余年的积累后，内地大众文化市场日益独立、自成体系了，本土文化工业体系已经成熟运转了，商业化程度也更上层楼，文化商人们已达到得心应手的水准。这一时期，大众文化发展集中体现在白领阶层文化的逐步成型。下面介绍一位学者的论述：

白领趣味，是商业社会培育出的一种时尚。白领阶层在中国虽然尚在发育过程中，但白领趣味却先期而至。不仅民众对白领怀有艳羡，同时更有“白领文化”的舆论蛊惑。白领杂志是这一趣味最抢眼的表征，它温情脉脉呈现出的梦幻般的一切，遮蔽或偷换了现实的问题。它的消费和占有暗示，是在雅致、教养、自尊的强调中实现的。白领期望的一切，在白领那里也并不是完全可以指望的。但它显示了一种身份、一种时尚，一种与普通人拉开了距离

① 当时对作品的分类标准，大体包括“有益”、“无害”与“有毒”三大类。

② 付林：《中国流行音乐20年》，中国文联出版社2003年版，第10－11页。

的虚假界限。因此在影视市场上,特别在平庸的电视连续剧里,当今的中国几乎都生活在楼堂馆所里,西方中产阶级的消费和派头已随处可见。它在诱导一种趣味和消费欲望的同时,也激发了一种享乐的极端的个人主义倾向。①

我们可以从几个领域的突出表现来把握该时期大众文化的发展水平。在大众传媒领域,90 年代初期涌现了以《华西都市报》为代表的一批新兴报纸,形成了都市报创刊浪潮,它们迅速取代了老一代晚报独领风骚的地位。都市报属于新一代的市民媒体,它们超越了中国传统晚报的编辑风格,内容更加"软化"、通俗化、时尚化,大量使用图片,报纸越来越厚。与此同时,一批以城市小资群体为目标受众的时尚类报刊也雨后春笋般诞生了,从北京的《精品购物指南》发轫,上海相继诞生《申江购物导报》、《上海壹周》和《上海星期三》等三份刊物,它们用大量消费主义资讯引领着中心城市小资群体的时尚潮流。一批定位于城市白领阶层的时尚刊物也应时而生,以《瑞丽》、《时尚》、《世界时装之苑》等为代表,介绍西方时尚界的服饰、化妆品、汽车、家居、饮食、音乐、电影、畅销书等前沿资讯,塑造中心城市高收入人群的文化品位。这三类大众传媒的出现,实现了中国市民阶层的文化身份再定义,形成了普通市民、小资、白领三类趣味群体。

在电视领域,以湖南卫视《快乐大本营》、《玫瑰之约》等为代表的新一代综艺节目在 90 年代中期开始在各大电视台登场,收视率成为电视台经营的指挥棒。在流行歌曲领域,90 年代进入了辉煌发展阶段,港台的"四大天王"、王菲、李宗盛、罗大佑、伍佰、张惠妹,欧美的麦当娜、杰克逊、席琳·迪翁、惠特尼·休斯敦等,"日流"、"韩流"歌曲借着日韩电视剧在华热播浪潮也占据一席之地。

80 年代,本土电影界第三、四、五代导演同时活跃在创作一线,以陈凯歌、田壮壮、吴子牛和张艺谋等为代表的第五代导演开始大胆的艺术探索,形成了一波艺术电影高峰,陈凯歌的《黄土地》、田壮壮的《猎场扎撒》和吴子牛的《喋血黑谷》以崭新的叙事、审美风格出现在银幕上,震惊中外。90 年代后,"艺术片"与"商业片"类型开始合流了,电影叙事开始从文化反思与叛逆主题逐步向市场意识形态、大众时尚靠拢。此后,好莱坞式大制作席卷了中国影坛,到 21 世纪初,这股商业化大片潮流已经蔚为大观,如冯小刚拍摄的《手机》(全国票房 5000 多万元)、《天下无贼》(全国票房 1.2 亿元)、《夜宴》(上映两周全国票房突破 9000 万元,总票房 1.3 亿元),张艺谋的《英雄》(国内票房 2.5 亿元,海外总票房 11 亿元)、《十面埋伏》(国内票房 1.5 亿元,海外总票房 4.5 亿元)、《千里走单骑》(全国票房 2205 万元)和《满城尽带黄金甲》(上映两周后票房突破 2 亿元),陈凯歌的《和你在一起》(国内的票房接近 1000 万)、《无极》(影片国内票房将近 2 亿元),票房价值成为制片商与电影导演的共识追求。

在文学领域,90 年代掀起了所谓"痞子文学"的"王朔热",很多作品被改编为电影、电视剧,引发了喧嚣一时的解构文化热潮。到 20 世纪末 21 世纪初,新一代青年作家海岩、韩寒等异军崛起,又在文学市场上掀起了新的阅读热潮。

80 年代以来的文学世俗化、商业化浪潮引起了一场全国性的文化论战——"人文精神大

① 孟繁华:《众神狂欢——世纪之交的中国文化现象》,中央编译出版社 2003 年版。

讨论”。1993年，王晓明等人发表《旷野上的废墟——文学与人文精神危机》一文[①]，针对文坛现状发难，认为文学已出现危机，它“不仅标志着公众文化素养的下降，更标志着整整几代人文精神素质的持续恶化”。文学危机的表现有两种：一是媚俗，即文学已经失去自己的信仰，只靠取悦于公众来糊口。以王朔为代表，其特点是用“调侃”的方式取消生存的任何严肃性，取消生命的批判意识，用废墟嘲笑废墟，以一时的快意迎合大众的看客心理。一是自娱，即回避现实问题的探讨，完全堕入自娱自乐。以张艺谋的电影为代表，他的电影逃离真实的生命体验，他从寻根出发反叛历史，最后又重新回归黑暗的历史怀抱；他在表现陈腐肮脏的东西时并没有多少批判意识，体现了人文精神的全面丧失。

文学的世俗化表明了在市场化大潮中本土知识分子的精神信仰危机。王晓明等认为，20世纪90年代以来，中国社会生活和文学急速世俗化、市场化，与现代人文精神背道而驰。他们将“人文精神的失落”归根于“市场经济社会重实利、重技术、重工具理性的偏向”，从而使社会生活各个领域充满功利意识和商品意识；当利益关系和商品价值被视为一切产品包括精神产品的衡量砝码时，金钱至上、享乐主义和拜物主义等便侵入文学肌体，于是，崇高被亵渎，神圣被解构，高雅屈从世俗，“大众化”畸变为媚俗。

这次人文精神大讨论的波及范围可以说是空前的，大批知识分子参与了论战，各大媒体也竞相报道。各种立场和观点激烈交锋，中国知识分子群体借机把自己从改革开放以来郁积多年的情绪一股脑儿发泄出来了。这次讨论深刻意义在于，它反映了中国部分精英知识分子对中国文化市场化和大众文化繁荣的极端不适应。同时，它也标志着知识精英以集体姿态对文化市场化潮流做了最后一次大规模抗议。随着争议的降温平息，而文化市场化的步伐丝毫没有放慢，意味着大众文化已经彻底合法化了。

综上所述，从上个世纪90年代以来，中国大众文化发展已经跟上了全球步伐，从初期的摸索和模仿中摆脱出来，形成了兼具全球化与本土化特征的现代文化工业体系，这也意味着中国当代大众文化已经进入了第二波高峰。

【关键词】文化史　西方大众文化　中国大众文化　文化转型　发展进程

【推荐阅读】

彼得·伯克：《欧洲近代早期的大众文化》，上海人民出版社2005年版。
利奥·洛文塔尔：《文学、通俗文化和社会》，中国人民大学出版社2012年版。
伊恩·P·瓦特：《小说的兴起》，生活·读书·新知上海三联书店1992年版。
贾克·阿达利：《噪音：音乐的政治经济学》，上海世纪出版集团2000年版。
塔尔德著：《模仿律》，中国人民大学出版社2008年版。
牛爱忠、方国根编著：《雅俗文化书系·俗文化》，中国经济出版社1995年版。
郑振铎：《中国俗文学史》，上海人民出版社2006年版。
陈力丹：《世界新闻传播史》，上海交大出版社2002年版。

---

① 王晓明等：《旷野上的废墟——文学与人文精神危机》，《上海文学》第6期。

姚秉楠等主编:《大上海 东方好莱坞:中国电影事业的崛起与发展》,上海人民出版社1991年版。

付林:《中国流行音乐20年》,中国文联出版社2003年版。

孟繁华:《众神狂欢——世纪之交的中国文化现象》,中央编译出版社2003年版。

【思考题】

1. 大众文化得以产生的社会历史条件有哪些?
2. 简述西方大众文化的发展历程。
3. 中国大众文化产生与发展的曲折历程与主要发展阶段。

第二部分

类型篇

CHAPTER 3

第三章

电影与大众文化

【本章重点】电影诞生于19世纪末,一度被誉为"最伟大的奇迹"。自诞生之初,电影便具有先天的大众化特征,也迅速地走上商业化轨道;直至电影艺术家们发现它的艺术品质,陆续提出各种艺术主张,并且探索出电影独特的艺术表现形式,它开始在艺术与商业的二元轨道上发展。电影是高成本的艺术创作,商业电影日渐占据主流位置,形成了市场化的生产、传播和消费机制。电影与多元文化有着密切的联系,力图平衡艺术与商业之间的紧张关系。它既推动了文化的全球化,也引发了关于"文化主权"、"文化殖民"的持久争议。

第一节　电影的产生与发展

一、电影的诞生

1895年,法国人卢米埃尔兄弟(Auguste Marie Louis Nicholas,1862 - 1954;Louis Jean,1864 - 1948)在家乡里昂第一次展示了他们发明的电影机之后,来到首都巴黎,在一家歌剧院大咖啡馆的地下室里举办公开放映活动,放映《火车进站》等短片,标志着一种新型大众艺术形式正式登上文化舞台。当时,保守的路易·卢米埃尔悲观认为,电影是"一个没有任何商业前景的发明"。1896年,兄弟俩带着新奇装备来到美国,立即掀起了一股夹杂着好奇和科技崇拜的旋风,他们在纽约一家杂耍剧场的首次商业播映大获成功,被《纽约时报》欣

中国电影博物馆的卢米埃尔蜡像及复原的《火车进站》放映场景

喜若狂地夸赞为“来自欧洲的轰动”，“十九世纪最伟大的奇迹”①。

电影诞生后，它的商业前景立即被发现，精明的美国人和作为电影先驱的法国人一道将它推向了竞争激烈的市场漩涡之中。在早期发展进程中，电影始终保持了它的大众化、商业化的本性，美国电影工业阵地直接扎根在杂耍剧场，以寻求大众娱乐的普通劳动阶层为消费对象，第一代影片充斥着“不讲廉耻的噱头”、“耸人听闻的情节”。不过，在影片制作方面，最初法国人占尽了技术和金融支持优势，批量生产能力强大。1905 年，法国电影横扫美国市场，除了初期的杂耍剧场是主要播映场所外，“镍币剧院”(一张门票只需一枚 5 分硬币)后来成了主要专门播映电影的场所，美国很快涌现出 3500 多家这种剧院。②

二、早期电影观念

在电影发展的初期，其生产和消费都展现了它具有先天性的大众文化特征。人们逐渐认识它的卓越影响力，开始审视电影到底在文化中居于什么地位。在刚问世的十多年里，很多人认为电影只是一种市井杂耍，没有人承认它是艺术。1911 年，美国电影导演 W. C. 德米尔说：“谁也不会指望，哪怕发挥了最出格的想象力，(电影)能被称为艺术。”直到 1920 年，德国哲学家 C. 郎格还断然宣称，银幕上“不可能体现出艺术”。

1908 年，侨居巴黎的意大利诗人和电影先驱者里奥托·卡努杜(Ricciotto Canudo)在巴黎创立了“第七艺术俱乐部”。1911 年，卡努杜发表《第七艺术宣言》，首次宣称电影是一种艺术，是综合了建筑、音乐、绘画、雕塑、诗和舞蹈等六种艺术的“第七艺术”；它把“静的”艺术和“动的”艺术、“时间”艺术和“空间”艺术、“造型”艺术和“节奏”艺术全都包括在内，是一种综合的、活动的“造型艺术”。

卡努杜还发表了《第七艺术的美学》，为电影的艺术身份正名。他提出，电影既不是情节戏，也不是戏剧。电影也许是形式不同的照片游戏。但就其本质来说，无论是它的灵魂与躯体，都是适于表现而诞生的艺术，是用光的笔描写、以影像创作的视觉戏剧。也就是写的悲剧、可读的戏剧的一种抽象。他把电影提高到了“艺术”的层次，他从早期商业电影中看到了这种崭新的艺术形式可以朝着生产最高级的、最精神化的作品方向发展，标志着他率先洞悉了电影非商业的、纯粹美学表达的潜能，卡努杜是电影史上第一个公开推动精英电影的先驱，面对商业给电影带来的负面影响，他看到了未来艺术电影的方向，他说：“让他们(指商人)到市场上做生意去吧！把艺术殿堂让给受之无愧的人，让给心灵的祭师。”③

从上述回顾中不难发现，电影是一种商业性大众娱乐，还是一种新的综合性艺术门类，这一横贯电影发展史的争议话题在早期就已经浮出水面。

三、电影技术与艺术的发展历程

作为一种融合现代技术和传统艺术的崭新文化形态，电影经历了一个发展演变的过程，

---

① 马休·弗雷泽：《软实力》，新华出版社 2006 年版，第 26 页。

② 同上书，第 27 页。

③ 伊夫特·皮洛：《电影理论史》，中国电影出版社 1990 年版。

从电影叙事语言以及推动叙事语言发展的艺术理念创新来看,它经历了几个发展阶段:

(1)朴素的"活动照相术"阶段。刚诞生时期,发明者只是在探索影像记录技术的可能性,证明它可以超越照相术,完整记录下动态影像,并未想到将电影作为一种崭新的叙事媒体,来表现复杂的戏剧。因此,早期电影作品是实验性的,只是对生活的纪实,真实客观地反映生活的本来面目,如卢米埃尔兄弟拍摄的系列短片《火车进站》、《工厂大门》、《婴儿喝汤》、《水浇园丁》、《烧草的妇女们》、《照相师》等。

(2)"戏剧化"阶段。被誉为"世界第一位电影艺术家"的法国导演梅里爱(Georges Méliès,1861-1938)开始将电影手段与戏剧结合,他以一些童话故事为蓝本,用戏剧的叙事方式创造性地拍摄出了"银幕戏剧",如神话故事片《灰姑娘》、科幻片《月球旅行记》等许多娱乐性影片。不过,他始终将银幕当成舞台,电影只是一种表现戏剧的记录工具或手段;他编导的影片也是戏剧式结构,演员的表演也未脱离舞台表演意识。

(3)蒙太奇叙事技巧的发现和理论觉醒阶段。被誉为现代电影观念奠基者的美国导演和制片人格里菲斯(David Griffith,1875-1948)拍摄了《一个国家的诞生》、《党同伐异》等影片,他的贡献在于:将独立的镜头组合成段落,形成电影特有的节奏和叙事性。蒙太奇的电影叙事手法最后在苏联蒙太奇学派(库里肖夫、爱森斯坦、维尔多夫、普多夫金等)那里得到了进一步发展,并形成了自觉的理论体系,标志着电影叙事艺术的基本成熟,经典代表作是《战舰波将金号》。

(4)长镜头理论的提出。拥有"电影新浪潮之父"之称的法国电影理论家安德烈·巴赞(André Bazin,1918-1958)提出了长镜头理论,他呼吁摒弃传统的蒙太奇语言,强调电影的照相本体属性和纪录功能,贬低情节结构和蒙太奇之类形式元素的作用,强调电影的逼真性和客观性,要求完整地再现生活的本来形态,巴赞用写实主义理论对技术主义、唯美主义的蒙太奇理论进行了一次矫正。他的理论也反映了电影史上一个永恒的辩论话题,实际上是不同美学观念的冲突。

电影技术手段的发明和艺术表现手段的发现与创造,表明了电影具有独立的再现和叙事潜能。至于电影到底具有何种社会文化意义,则取决于人们如何驾驭这种技术手段和艺术表现手段,用何种电影观念和创作目的去拍摄作品,是按照精英趣味来表现深邃的思想情感和审美趣味,还是按照商业"大数法则"来为普通公众生产大众娱乐产品。

第二节　电影的类型

一、电影的基本类型

从电影的内容主题与形式特征来看,学界通常将电影划分为下述四种基本类型。

(1)剧情片。以虚构叙事为特征,一般讲述一个完整的故事,注重故事的情节发展。根据其内容、主题和风格的差异,可进一步细分为两种亚类型:类型片与艺术片。类型片具有十分典型的商业化风格和大众文化特征,这类风格的电影将在后文中详细介绍。

艺术电影常常也被称为“严肃电影”，它在创作观念、叙事主题与艺术追求上有着典型的精英趣味，强调电影的艺术本质，强调原创性和厚重感。它的主要特点有：情节性强，戏剧冲突充满美学张力；人物形象立体生动，属于“圆形人物”①；以现实为参照，强调逼真性；风格独特、形式完整，造型因素与叙事因素统一平衡；具有时代感和民族特色。

艺术片可以分为若干亚类型：(1)从题材角度看，有爱情片、战争片、伦理片、社会现实片、历史片、传记片等；(2)从风格角度看，有诗电影、散文电影、小说电影、戏剧电影、悲剧、讽刺喜剧等。

艺术片与精英文艺作品有着密切关系，如《霸王别姬》(1993)改编自香港女作家李碧华的同名小说，该片由香港汤臣电影公司和西安电影制片厂共同投资拍摄完成，由陈凯歌导演，张国荣、张丰毅、巩俐主演。全片影像华丽，兼具史诗格局与深刻的文化内涵，讲述了两个伶人的悲喜人生，并融入半个多世纪以来的中国历史发展。这部作品在全世界多个国家和地区公映，是一部享有世界级荣誉的电影。另一部电影《活着》(1994)也是根据余华同名原著小说改编，由张艺谋执导，葛优、巩俐等主演。讲述一个老百姓在中国现代波诡云谲的历史洪流中大悲大喜的故事，通过再现个体在历史变迁中的悲怆命运来进行政治、历史与文化的反思，具有深邃的思想意涵，被誉为史诗性的作品。但因为其主题的尖锐性，该片当年没有通过审查，未获得公映的机会。

《活着》

艺术片中既有十分流行的影片，也有很小众的影片。如1997年罗伯托·贝尼尼执导电影《美丽人生》，讲述了意大利一对犹太父子被送进纳粹集中营后发生的故事，影片将一个大时代小人物的故事，转化为一个扣人心弦的悲喜剧，荣获奥斯卡最佳外语片头衔及多个国际大奖，颇受观众的喜欢。又如《放牛班的春天》讲述了世界著名指挥家皮埃尔·莫安琦重归故里，回忆起童年成长往事中的浓浓师生情谊。一位法国评论家认为这部影片没有美女、暴力，没有动作、凶杀和商业元素，却深受欢迎，成为法国人的心灵鸡汤。很多艺术片则属于典型的小众电影，如特吕弗的半自传体作品《四百下》(1959)，探讨一个13岁男孩的生活和内心世界。

(2)非剧情片。也称“非虚构电影”，即记录真实事件和可闻可见事物的电影。根据其与

① 爱德华·摩根·福斯特在《小说面面观》提出人物形象包含两种类型：扁平人物与圆形人物。扁平人物也被称为性格人物、类型人物或漫画人物，它有两大长处：一是容易辨认，二是容易记忆。圆形人物是指人物性格比较丰满，表达出了人物的复杂性和多面性。

现实的关系,可再分为三种亚类型:

①纪录片。以真实生活为创作素材,以真人真事为表现对象,并对其进行艺术的加工与再现,以再现真实为本质,并用真实引发人们思考的电影艺术形式。通常不只呈现事实材料的客观记录,它还运用材料来证实主张、思考现实。电影诞生后不久,便被用于新闻报道,俄国沙皇加冕、英王参加奥林匹克开幕式、西班牙斗牛等新闻事件都曾用电影手段记录下来。前苏联导演维尔托夫(Dziga Vertov,1896 – 1954)开创了"电影眼睛派",提倡镜头如同人眼一样"出其不意地捕捉生活",反对人为地扮演,甚至反对带有表演的影片(故事片)。

1913 年,"纪录片之父"美国导演弗拉哈迪(Robert Flaherty,1884 – 1965)随一个探险队到加拿大北方去探矿,他用摄影机客观地记录了居住在那里的爱斯基摩人的生活,他拍摄的《北方的纳努克》于 1923 年公映,标志着纪录电影在艺术创作上进入了一个新阶段。1934 年,德国著名女导演里芬施塔尔在希特勒直接指使下,拍摄了《意志的胜利》,反映在纽伦堡举行的纳粹党全国代表大会,该影片把法西斯上台当做德国复兴的标志加以宣扬,其内容受到广泛抨击,但是其艺术表现力十分出色,被称为"最具权威性的宣传电影",荣获 1935 年威尼斯电影节和巴黎电影节最佳纪录片奖。

②真实电影。20 世纪 50 年代末开始的纪录电影创作潮流,分为"真实电影"和"直接电影"两个分支,代表人物分别是法国的尚·胡许与美国的大卫·梅索。真实电影作为一种制片方式具有下列特点:直接拍摄真实生活,排斥虚构;不要事先编写剧本,不用职业演员;影片的摄制组只由三人组成,即导演、摄影师和录音师,由导演亲自剪辑底片。"真实电影"与"直接电影"的区别在于,前者允许导演可以介入拍摄过程,后者不允许。

③实况影片。对真实事件不带偏见的记录,连续不间断地记载和呈现事实。例如大部分的家庭电影和医学电影。也可是用来纪录重大新闻事件的实况,如 1976 年中国中央新闻纪录电影制片厂(新影厂)拍摄的《毛主席追悼会》。"新影厂"是我国唯一生产新闻纪录影片的专业机构,是纪录国家重大活动、历史事件的权威拍摄单位,其前身是成立于 1938 年的延安电影团。自 1953 年成立以来,摄制了大量共和国历史上最重要、最具文献价值的电影纪录片,共拍摄了 4000 多部纪录影片,是国家珍贵的历史档案库。1993 年划归中央电视台,成为中央电视台新影制作中心。

(3)先锋实验电影。又称探索电影、前卫电影、现代主义电影、抽象电影、独立电影、个人电影、地下电影。这种现代派电影主要出现在德国表现主义、意大利新现实主义、法国新浪潮运动时期。著名代表作如英格玛·伯格曼的《野草莓》、戈达尔的《筋疲力尽》、阿让·雷内的《广岛之恋》和《去年在马里昂巴德》、安东尼奥尼的《奇遇》和《放大》以及费里尼的《8 1/2》。中国的先锋电影集中体现在一批"第六代"导演身上,他们的影片较少公映,主题带有对特定时代背景下各种社会问题、文化问题的严肃思考性质,人物角色往往灰色卑微,采用的叙事技法朴实,如贾樟柯的《小武》、《站台》等。

先锋电影的主要特点包括:(1)坚持"作者论"的创作观;强调电影表现了导演个人的思想和哲学思考,主张个人化,注重探索自我和世界的关系。(2)非情节化;往往选择了反情节的叙事方法,以区别于商业片用情节主导、戏剧冲突主导的叙事规则,强调冷静、理性和细腻的表现。(3)非理性原则;打破了商业片植根于大众认知逻辑的叙事规则,注重直觉、本能、潜意识等自我的心理表现;(4)哲学化;导演等主要创作者往往深受某种哲学思潮的影响,影片带有很强的哲学反思色彩,如欧洲现代哲学思想达达主义、超现实主义和表现主义对法国、德国和意大利导演的影响。(5)技术创新、抽象表达;颠覆商业片在镜头叙事技巧方面的常规模式,拒绝所谓大场面、唯美、花哨的庸俗叙事方式,以陌生化的手法来凸显异样的思考。

(4)动画片。把一些静态的无生命的东西,经过制作处理,变成活动的影像,创造出连续"动作"的幻觉,即为动画。动画是一门幻想艺术,可以借助想象力和漫画风格的形象,表现和抒发人们的感情,把现实不可能看到的转为现实,扩展了人类的想象力和创造力。传统动画电影有赛璐珞片、实物单格摄影、减格动画技巧等多种制作方法。电脑和图像应用软件出现改变了动画制作工艺,可用 Flash 等软件制作二维动画,用 Maya 或 3D MAX 制作三维动画。动画片可分为卡通片(动画短片)和动画剧情片两大类。前者主要是为少年儿童制作的,而后者则近乎老少咸宜,拥有颇为可观的成年观众市场。近年来涌现了大量成功的剧情片,如《狮子王》、《花木兰》、《玩具总动员》、《海底总动员》、《超人总动员》、《怪物史莱克》、《变形金刚》、《功夫熊猫》等。

二、中国本土电影类型

根据生产机制、经费来源、内容主题和审美特征等方面的差异,国产电影可以划分为主旋律片、商业片、艺术片与先锋电影等四种主要类型。

(1)主旋律片。这种影片拥有国家政策、资金支持,在发行方面也可以动用行政手段来确保观众和经济收益。影片具有典型的国家主导意识形态叙事风格,或讲述革命历史故事,或塑造先进人物典型,或弘扬民族历史文化,具有明显的宣传与教化的传播意图。例如《风雨下钟山》、《开国大典》、《淮海战役》、《焦裕禄》、《孔繁森》、《任长霞》等。

(2)商业片。则主要瞄准大众电影市场,以讲述符合大众审美趣味的类型化故事来获取高额的票房收入。这类影片既继承了中国本土商业类型片传统,又与好莱坞代表的全球商业影片接轨。20 世纪 90 年代以来,渐成电影院线的主要片种,高投入、大制作、高票房,商业性非常强,如冯小刚、张艺谋、陈凯歌近年来拍摄的一系列商业大片,《手机》、《非诚勿扰》、《英雄》、《满城尽带黄金甲》、《无极》等。

(3)艺术片。则具有较高的思想内涵和艺术追求,主要是为精英观众而生产。如《钢的琴》,讲底层边缘人的故事,导演张猛说,这部电影是为工人阶级拍的。《碧罗雪山》则是一部少数民族题材作品,书写那些即将消失的少数民族文化。

(4)先锋电影。也称"地下电影",基本上无法进入大众商业院线上影,以第六代导演的一系列作品为代表,如贾樟柯的《小山回家》、《站台》、《任逍遥》、《世界》、《东》、《三峡好人》等;朱文的《海鲜》、《云的南方》、《小东西》。

三、类型电影

所谓类型片,是指系列影片在题材、人物、情节结构、叙述方式等方面具备基本一致的模式,形成了一定相对固定的电影样式。它或是由一部电影的成功,引起其他电影纷纷模仿而衍生出的一个族类；或是在相同的叙事技巧之下，不同导演叙述同一题材的系列影片所形成的类型。它的主要特点包括：重视事件和情节的离奇性；人物扁平，且类型化；注重大众审美趣味；生产类型化，具有很强的娱乐性和商业性。

（一）主要类型片

综观中西电影史，主要的类型片有如下一些亚种类：

（1）西部片。美国独有的电影类型，以反映美国建国初期的西部开拓史为题材，如《火车大劫案》、《与狼共舞》、《关山飞渡》等，塑造了许多充满自信和冒险精神的西部牛仔形象。

（2）言情片。以爱情为主题，叙述各种历史、社会、家庭背景下男女主人公的爱情故事，如《魂断蓝桥》、《花样年华》、《泰坦尼克号》、《廊桥遗梦》等。

（3）家庭伦理片。讲述发生在家庭内部的夫妻、母子、母女、父子之间等各种伦理关系的故事，如《克莱默夫妇》、《月亮与乳房》、《雨人》、《母女情深》等。

（4）战争片，讲述战争中或在战争背景下发生的各种故事，如《拯救大兵瑞恩》、《野战排》、《珍珠港》、《辛德勒的名单》等。

（5）歌舞片。舞蹈与歌唱的融合，或以歌为主或以舞为主，歌剧式的舞台空间与大型舞蹈场面，如《爵士歌王》、《雨中曲》、《红磨坊》等。

（6）喜剧片。如美国电影大师卓别林的系列影片，《阿甘正传》、《笨贼妙探》、《憨豆特工》等。

（7）惊险片。又可细分为悬念片、侦探片、推理片、惊悚片等，展现人类的阴暗、冷漠、残酷、恐惧、鬼怪等极端心理的电影，如《后窗》、《吸血鬼》、《午夜凶铃》等。

（8）武侠片。讲述江湖侠义、恩怨情仇的故事，如《双旗镇刀客》、《少林寺》、《卧虎藏龙》、《东邪西毒》等。

（9）警匪片。讲述警察与各类罪犯之间的故事，如《英雄本色》、《喋血双雄》、《龙虎风云》、《无间道》等。

（10）灾难片。讲述各种天灾人祸的虚构故事的影片，如《天地大冲撞》、《火烧摩天楼》、《国际机场》、《独立日》、《龙卷风》、《地心末日》等。

（11）科幻片。科学幻想，或启动科学想象，展现世界奇观；或反思现代科学，感受震惊体验；如《弗兰肯斯坦》、《侏罗纪公园》、《星球大战》、《哈利·波特》等。

（12）黑帮片。讲述现代犯罪帮派文化的故事，如香港《古惑仔》系列影片、《教父》和《纽约黑帮》，等等。

（二）中国电影史上的类型片

1928 年至 1931 年间，中国出现了一波“武侠神怪片”热，十分典型地反映了类型片的生产规律。这一片种诞生前，武侠片已经在影坛出现了，它的诞生并非基于个人或电影公司的奇思妙想，而是经历了一个渐变过程，产生因素主要有二：一是受当时美国西部片的影响；二是中国源远流长的武侠小说，文字已经相当成熟，且情节描述很有镜头感，具备搬上银幕的可能性。此前已出现了《车中盗》、《王氏四侠》等武侠片，但市场影响不大。

1928年，郑正秋编剧、张石川导演的《火烧红莲寺》问世，它改编自向恺然的武侠小说《江湖奇侠传》，上映后大受欢迎，此后在三年内连续拍出了18集，为我国早期电影中最长的系列影片。其商业的成功引来了无数的效仿者，从1928年到1931年，中国共上映了227部武侠神怪片。1931年，国民政府下属的电影检查委员会以武侠神怪热与中国传统文化极不相符为理由，下令查禁包括《火烧红莲寺》在内的所有宣扬"怪力乱神"的电影，这一波武侠神怪片热潮戛然而止。一些导演遂转战香港，并于1935年在香港拍出了第19集《火烧红莲寺》。

1928年版《火烧红莲寺》剧照

武侠神怪片《火烧红莲寺》系列在商业上的成功为中国电影市场开辟了一种常规类型，此后武侠电影也成为世界影坛上最富于中国特色的电影种类。20世纪50年代后，《火烧红莲寺》这一素材又被重拍了数次，包括香港陈焕文导演的1950年版，台湾建祥影业有限公司出资、廖江霖导演的1976年版，香港徐克任制作人、林岭东导演的1994年版。

近年来，华语类型片日臻成熟，出现了很多系列作品。2002年，香港首部新类型警匪片《无间道》票房收入逾5000万港元，成为当年最卖座电影。2003年，寰亚电影有限公司继续投资，由刘伟强导演了《无间道》第二、三集，分别取得2500万和3000余万的票房收入。2006年，美国华纳兄弟公司投资、马丁·斯科塞斯执导，改编自《无间道》的《无间道风云》(*The Departed*)，其剧情几乎是对《无间道》的照搬。只不过《无间道》重在斗智、打杀为辅，《无间道风云》充斥写实派的暴力风格、火暴场面和粗口，以更符合西方人的口味。该片获得了1.2亿美元的票房收入，导演马丁·斯科塞斯也凭借此片荣膺奥斯卡最佳导演。2008年至2010年间，香港武侠电影《叶问》系列相继问世，包括《叶问》、《叶问2》与《叶问前传》，第一集票房过亿，第三部《叶问前传》票房收入跌落到约1500万元。

第三节　电影的生产、传播与消费

在考察了电影的文本类型之后，有必要从影片生产、传播和消费的视角来分析其特征，以便全面、科学地界定电影的文化属性。

一、电影的生产机制

总体而言，电影是由制片人、编剧、导演、演员、摄影师、剧务等组成的庞大团队合作生产出来的，体现了工业社会规模化生产的普遍状态。但作为一种精神文化产品，电影既不同于文学的独创性生产，也并非绝对一律的标准化流水作业，而是既遵循某些共同规律，同时也有着各种具体差异，下面从几个视角来解析其生产机制。

(一)电影理念

根据电影生产理念的差异,我们可以将其分为商业电影、艺术电影与哲学电影。商业电影也被称为"观众电影",无论是制片人、还是导演作为主要负责人,电影生产目的直指商业放映市场,按照"大众市场"的规则来定位,根据大众审美欣赏需求来量身定做故事情节以及故事叙述方式,电影生产的指导思想服从于"票房价值"。如美国好莱坞、印度宝莱坞的类型片。哲学电影的创作理念则是"作者论",强调导演的艺术创造,表现导演的独立思考和人性关怀,并不考虑、乃至有意远离大众市场的审美需求,因此也被称之为"作者电影"。艺术电影是介于两者之间的类型,总体上来说,力图兼顾创作者和受众的双重要求,既在电影主题方面充分表达创作者的意图,在审美表现方面力求精益求精,但也在情节设计、叙事结构、戏剧冲突、场景安排等方面适当迁就大众的审美偏好。

电影制作理念的差异实际上体现了人文艺术领域广泛存在的"为艺术而艺术"和"为市场而艺术"的分歧。完全意义上的自我表现、为自我而生产的电影比较少,哲学电影瞄准的主要是"行家市场",创作者希望借此进入电影艺术史;艺术电影是在寻求艺术与商业的平衡。任何一部电影的生产者都可能不会做非此即彼的选择,制片人与导演有可能同时兼顾艺术追求和大众接受能力,在两者间达成平衡;因此,很多艺术片也有很不错的票房价值,如陈凯歌的《霸王别姬》,既具有厚重的历史感和文化内蕴,同时票房收入亦相当不俗。

(二)中国内地的电影生产机制

从中国内地的电影生产机制来看,存在着三种主要形态:

一是主旋律电影的行政主导生产机制。政府为了推动主导意识形态的宣传,宣传部门和电影局会采用计划方式,提交影片生产任务给国营电影制作机构来生产,如革命历史题材的影片拍摄。

二是面向市场的商业制片机制。依托国营(中影集团、上海电影集团等)或民营电影制作公司(新画面、保利华亿、华谊兄弟公司等)获取拍摄制作资金,针对市场而生产,商业意味浓厚,追求较高的票房收入。为了吸引大众市场,这种类型的制片,往往需要投入大量的资金,实现高投入、高回报,也是近年来掀起"大制作"电影浪潮的主要力量。

三是独立制片。泛指所有未与大型制片机构签署制作与发行协议的电影制作,既可以是个人发起,也可以是小规模机构发起的。这种影片制作独立于大型商业电影公司,拥有较大的艺术创作自由,可以拍摄具有高度实验风格的影片,或投资较小的个人化小电影,以艺术电影居多。如香港著名导演李安回到小成本制作的《断背山》,获得了象征美国独立制片界最高荣誉的"独立精神制片奖"中的"最佳影片"与"最佳导演"两项大奖。又如第六代导演王小帅自拍摄《冬春的日子》开始,一直坚持走了 14 年的独立电影之路,《十七岁单车》、《青红》等一系列电影相继在国际电影节获奖。

(三)好莱坞电影生产机制

美国电影生产机制包括两种主要类型,即商业制片模式和独立制片模式。好莱坞实行

“制片人制度”，这是一种高度工业化的电影生产机制。制片人（而不是导演）是影片生产的主要掌权人，他负责挑选主要创作人员，并要为电影的商业利益负责，并以此为指导思想，制约导演、演员等雇员的创作行为。商业电影制作人在发起制作计划时，为了资金的筹募以及影片的收益，会将“高概念”（High Concept）电影①的生产理念贯彻到电影生产的各个环节（集资、制作甚至发行），直接干预、控制创作人员的创作行为，确保拍摄出的产品符合投资商的最初预期，这套机制造就了今日好莱坞电影具有浓厚的商业气息。制作人对“高概念”精神的掌握比其他人员（例如导演）透彻，因此制作人是商业电影制作的关键性人物。借助这种体制，电影艺术家与资本家之间经由制片人来协调，确保产品能够兼顾艺术和利润的最大化，这是确保好莱坞电影工业成功、降低市场风险的重要商业保障机制。②

美国好莱坞的另一个重要生产机制是大力推行明星制度。在早期的电影传播中，一批有表演天赋的演员在参加了系列影片的拍摄后，不仅形成了独特的个人风格，而且在大众中获得了超高的知名度，颇受影迷们的喜爱，并产生了持久的吸引力。制片人开始清醒地认识到明星的市场号召力，于是确立了以电影明星为中心的制片体制，专门为明星量身定做合适的剧本，要求导演按照明星个人化表演风格来拍摄系列影片，维持明星在观众心目中的最理想形象，以达到更多地出售影片而赢取利润的目的。

好莱坞通过报纸杂志等大众媒体不断地制造和鼓励明星崇拜文化，将明星们包装成或天真可爱、或美艳动人、或哀怜忧郁的大众偶像，唤起观众的情感认同和行为模仿；并通过不断地向媒体贩卖明星私生活，来维持明星与影迷之间持续的符号交流和情感联系，借此推出了一代又一代的大众偶像。待明星包装成型之后，制片人便会严格按照演员类型来为她们拍摄同类气质的影片，如好莱坞影星玛丽·壁克馥因为有张天真、甜美的脸，扮演惹人怜爱的弱女子常常能够最大限度打动观众，制片人便让她主演类似气质的角色。葛丽泰·嘉宝因为早期扮演具有忧郁、深沉而带点神秘感的人物一举成名，深受广大观众的喜爱，制片人便让嘉宝不断地出演这一类的角色。明星制实际是影片商品化的必然产物，明星遂成为制片商向大众推销标准化影片的工具，可以保证投资者获得梦寐以求的巨额回报，如30年代后期，著名童星秀兰·邓波儿就为二十世纪福斯公司挣回了2000万美元。

在普遍采用制片人制和明星制的情况下，影片生产的类型化是必然结果。与文学创作不同，电影制作是一个高投入的行业，包括设备、演员、导演、道具、场景等，都需要大量的资金来支撑。高投入必然带来高的市场风险，如何降低市场风险，是制片商首要考虑的问题，在观众口味不容易揣摩的情况下，非不得已，制片商很少有勇气去尝试新创作；当某种类型的影片得到市场好评时，制片商通过复制生产就可以确保收回投资，他们便会迎合观众趣味连续制作一批题材样式基本相似的影片，如当20年代喜剧片、西部片受到市场热捧时，好莱坞便迅速批量化；唯有等到市场反应疲软之后，才会调整制片方针。当第一部《007》间谍片大受欢迎之后，制片商便迅速推出续集，前后一共拍摄了21部，直到耗尽这个题材的市场价值方才罢休。

---

① “高概念”电影是以美国好莱坞为典型代表的一种大投入、大制作、大营销、大市场的商业电影模式。

② 郭东益：《以制片角度谈电影产制：从好莱坞制片人与美国商业电影谈起》，《传播与管理研究》2004年7月第4卷第1期，第85－112页。

同时,《007》系列的成功,也催生了其他类似题材影片的制作,如《谍影重重》系列。

二、电影的传播

电影的传播主要包括发行和放映两个环节,也包括关于电影的宣传活动。在发行方面,在欧美各国,通常由发行商向制片公司购买发行权,发行商再将放映执照发给放映商(电影院),电影院上映影片,获得票房收入。

(一)电影发行模式

在美国,电影业也是一个产业化、垄断化水平很高的行业,形成了庞大的电影产业链,分工精细,上下游产业一条龙,大型跨国公司垄断了主要电影发行市场。美国的主要影片发行模式有下述四种情况:

(1)大发行商。好莱坞有"八大"主要发行商及其遍布全球的发行网络,主要发行自己的电影以及一些独立制作公司的影片。好莱坞的大制片厂都有自己的发行公司,如哥伦比亚的哥伦比亚三星电影发行公司,二十世纪福克斯的福克斯家庭娱乐公司,华纳的华纳家庭娱乐公司等。

(2)独立发行商,不属于好莱坞"八大"发行商之列的电影发行机构,既可能购买主流商业电影,同时也经营艺术电影等小众电影。

(3)销售代理。是制片人和各地发行商在国际市场上的中间人,他们通常搜寻特定种类的影片,以预售权利的方式和他们的买主建立关系,并取得信任。

(4)自力发行。若制片没有发行商资助,就必须着手自力发行制作完成的影片,即制片必须拟订一个营销计划,准备宣传所需之资金,并自行与电影院洽谈租用事宜,影片才得以顺利上映。自力发行的好处是票房收入全归制片所有,扣除电影院租金和宣传费用的部分,就是制片人的利润;自力发行虽不乏成功的例子,但制片必须独立承担过高的风险,是这种发行方式最大的缺点。①

(二)电影放映市场

影片主要通过电影院、录影带、VCD、DVD、电视和互联网等渠道来传播,电影院是主要传播渠道之一,也是通常意义上的"票房收入"来源。电影有主流商业电影与艺术电影之分,电影院也分为商业院线以及艺术影院,分别瞄准大众市场与小众市场。

根据相关调查发布的数据,2004 年,我国全年共审查通过国产片 212 部,其中只有 60 部搬上银幕,大部分没有进入票房市场;2005 年我国拍摄 260 部电影,可大部分电影远离了大众视线,只有 60 部左右能在电影院看到。2006 年全国共拍摄 330 部电影,但真正能够进入商业院线上映的却只有三分之一。2011 年,全国生产故事影片 558 部,进入院线上映的 160 多部,电影总票房 131.15 亿元,其中国产电影票房为 70.31 亿元,占票房总额的 53.61%。电影局局长童刚总结当前中国电影业主要问题包括:经得起观众评价和历史检验的精品力作

---

① 杨士贤:《台湾电影产业国际竞争力与全球化策略情境规划——波特"钻石体系"之应用》硕士论文,台湾国立中山大学企业管理学系,2003 年。

仍然不多，少数影片为求票房不惜牺牲艺术作品的价值与意义，追求浅层次的感官刺激；某类题材或某部作品的成功，往往跟随大量的跟风与克隆，使电影创作变成了简单粗糙的复制与改写，思想雷同、情节重复、手法单调；主流院线的银幕数仍然不足，有相当部分的国产影片无法进入院线放映，等等。①

2011 年，浪漫喜剧《失恋 33 天》以不足千万的制作成本收获逾 3.5 亿元的票房，展现了中小成本电影所取得出乎意料的成功。但大部分中小成本的国产电影因缺乏与商业电影竞争的实力，而无缘大银幕。电影的放映直接影响到电影的生产，由于艺术电影具有较浓厚的“作者论”立场，往往难以讨好大众市场，因此难以被电影院线接纳，无法获取在商业院线上映的机会。投资方出于市场风险考量，往往只愿意投资已被市场认可的导演，许多年轻导演几乎无法争取到制作资金，对年轻电影创作人才的成长非常不利。

三、电影消费

电影消费情况相当复杂，既反映在票房收入、媒体报道与电影批评等方面，还需要考虑到影片的其他多元化传播状况以及观众的反馈与评价。目前关于电影消费的主要关注视角是下述两个方面：

一是反映市场指标的票房。它的高低意味着观众的数量和影片所获得的投资回报；但它仅仅只是表示着数量，而不能绝对反映影片的质量以及观众的质量。

二是观众的评价，建立在观影感受的基础上，是影片的直接传播效果。“一千个人眼中有一千个哈姆雷特”，电影消费不是一项被动接受的活动，而是需要观影主体在智力和情感方面进行高度卷入(involve)的活动。因此，要想既有理想的票房收入，又获得一致的审美好评，殊为困难。即便是好莱坞每年完全按照商业模式生产的约 600 部影片中，真正能够获得较高票房、并获比较一致好评的电影，也凤毛麟角。很多电影尽管获得了较高的票房，但却难以获得好口碑，如陈凯歌拍摄的《无极》号称全国票房突破 1.8 亿，但观众却恶评如潮，甚至还被香港观众票选为年度烂片。有的电影虽然票房较差，如一些艺术电影，甚至不能公开在电影院上映，但其艺术性却反而得到了小众较一致地认可，如王全安导演拍摄的《图雅的婚事》在柏林电影节上获得“金熊奖”，但票房却在全国不足百万元；贾樟柯导演的《三峡好人》获得了威尼斯金狮奖，在国内的首轮上映中票房不足 10 万；但是却靠在欧美国家艺术院线上映，获得了 1 亿元收入。

电影消费的特殊性还在于它与偶像崇拜文化之间的密切联系，明星制培养出一种特殊的消费者，通常被称作“影迷”(fans)，其中的狂热分子更被指称为“追星族”(star - struck 或 idolater)。他们通过观看明星主演的电影，可以从虚拟的银幕形象中找到自己理想中的美丽、忧郁、潇洒、坚韧和孤独等审美价值，从而产生深度的情感认同，并通过不断阅读报刊上的明星报道和收看电视新闻中的娱乐信息，与明星建立起一种“超社会关系”②，即一种虚拟

① 《2011 年全国电影票房 131 亿创新高　20 部国产片过亿》，Mtime 时光网，2012 年 1 月 10 日。

② 克里斯·罗杰克：《名流——关于名人现象的文化研究》，新世界出版社 2002 年版，第 31 页。通常是指通过媒体中介、而非直接的人际接触来构筑的一种亲密关系。

的人际关系。

在影迷的主观世界里,他可以对影星产生真挚的爱恋,并有意模仿明星的服饰和行为方式,通过明星来确认自我存在的价值;这种明星崇拜文化自电影诞生后旋即发挥着巨大的影响力,成为后宗教时代的一种替代性世俗信仰,灰姑娘神话为那些尚未恋爱的少男少女们提供一帖精神安慰剂。电影借此打破了真实与虚幻的界限,帮助普通大众体验那些不平凡经历,电影将观众认同的价值观进一步凝固下来,并为现实的不如意提供一种虚幻满足的补偿。偶像崇拜文化在风尚、价值观和公众行为等广阔领域里都发挥着巨大的影响,偶像形象一旦羽翼丰满,往往便成为万人瞩目的"公众人物"和"大众情人"。

第四节　电影与大众文化

任何一部影片都是借用现代传播科技手段和视听语言来叙述故事,由于电影制作理念、故事内容、叙事形式等方面存在着各种差异,电影并非就是大众文化,只有那些按照市场需求而拍摄出来的商业影片才是不折不扣的大众文化。也就是说,只有那些好莱坞风格的大制作商业影片是典型的大众文化产品,而相当一部分由于多种原因不为大众所接受的"小众"影片,如先锋电影和艺术电影,则有典型的精英文化气质。

在市场化电影生产机制下,作为一种成本高昂的艺术创作活动,电影必然要寻求大众市场的支持,以收回巨大的生产成本;因此大多数电影必然选择面向大众市场生产,否则创作者也无从筹措到巨大的资金来开展创作活动。有人总结说:电影首先是商品,其次是大众娱乐,第三才是艺术。

电影业是高投入的行业,投资风险非常大。相关统计数据表明,在上映的电影中,只有20%左右是赚钱的,10%收支平衡,其余的70%都是亏损。如投资1.5亿的《战国》总票房不到8000万,投资浮亏接近1亿;投资1.5亿的《关云长》总票房仅为1.6亿,投资浮亏也超过了5000万;号称制作费高达2亿的《倩女幽魂》总票房不到1.5亿,投资浮亏超过亿元。① 正因为如此,使得电影业必须苛刻地接受市场规则,创作者必须充分考虑到市场回报的可能性,并有效说服投资方,才能筹措资金开展电影制作。电影制作完成后,又必须借助票房机制来回收成本,其市场回报的实际表现又将严重影响到未来的生产。因此,在电影业高度资本化、市场化与产业化的背景下,商业电影占据绝对主导地位的格局不足为怪。

商业电影文化也并非完全唯利是图的文化,它既不得不迁就于市场法则,同时也必须在政治上、社会责任上有所承担,在电影美学上有所追求。好莱坞往往被视为美国商业电影的代名词,但实际上他们也在探索艺术电影和商业电影的相互融合与平行发展。在多元复杂的文化生态体系中,商业电影与主导文化、精英文化之间有着密切的联系,同时商业电影也是推动文化全球化的重要力量。

---

① 《2011全国电影总票房131.15亿元　5年间增长4倍》,《新京报》2012年2月16日。

一、商业电影与主导文化之间的联系

商业电影是典型的大众文化，但并不是“去政治化”的纯粹商业文化。商业电影要反映社会的主流价值观，才能吸引主流受众群，因此它经常在影片叙事中注入主导意识形态的精神内核，通过潜意识机制发挥意识形态宣传作用。在美国好莱坞，当国家处于特殊历史时期，制片商也会高度团结在“爱国主义”的意识形态旗帜之下，为维护国家利益而与美国政府保持高度一致的宣传步调。“二战”时期，好莱坞与美国国防部密切配合，拍摄了大量宣传影片，以对抗德国纳粹的宣传战。在冷战时期，以《007》系列影片为代表的各类间谍题材和战争题材影片都以前苏联人为假想敌，并且有意丑化、污名化前苏联领导人形象以及国家形象。

好莱坞影片既是美国文化工业的重要利润来源，也是美国价值观和生活方式的重要宣传工具，美国政府历来非常重视好莱坞电影的文化霸权力量，将其视为输出美式民主的一个有效而便利的渠道，是展示美国软实力、巩固全球文化影响力的一个重要渠道，因此在历次欧美电影大战中，美国政府总是鼎力支持好莱坞，向欧洲各国政府施加强大政治压力。

二、商业电影与精英文化之间的联系

大量成功的商业影片都改编自小说、历史著作、戏剧、自传、回忆录等精英文化作品，精英文化是商业电影取之不尽、用之不竭的题材库，为电影创作者源源不断地提供素材和创意灵感，也为电影提供可模仿的叙事方式和叙述技巧。电影借助视听语言这种更大众化的表现手段，能够将经典作品改造成普罗大众喜闻乐见的戏剧故事，推动精英作品的大众化传播与消费，例如莫言的小说《红高粱》、郑义的小说《老井》、路遥的小说《人生》、陈忠实的小说《白鹿原》等精英文学作品，都经过改编为电影，进入大众文化领地，产生更广泛的社会影响。

商业电影在叙事内核上也与经典作品之间有着密切联系。美国加州综合大学文学教授理查德·凯勒·西蒙通过比较影片《星球大战》与文艺复兴时期文学名著《仙女王》，发现了两者间存在着惊人的相似性：“《星球大战》中几乎所有重要的东西都源自《仙女王》，从兵器、服饰这样的细节到骑士风度和精神境界。《仙女王》以炫目的光盾代表基督精神的特殊力量，正如《星球大战》中特殊效果的光剑象征着类似的精神力量。”①

三、商业电影推动了文化全球化

在全球化时代，文化贸易更加趋于自由。电影是国际文化贸易中的重要商品，高成本制作的商业影片具有卓越的跨文化传播能力，视听传播方式、影像传播魅力能够克服轻易逾越价值观与文化差异，成为实际意义上的文化“通货”，形成全球化的文化消费浪潮。美国凭借其电影产业的绝对实力，向全球输出数量最多、票房最高的商业电影，好莱坞影片所展示的豪华场面、富裕景观、自由生活方式以及潜藏其下的美式价值观，对其他地区的受众莫不产生着潜移默化的影响；美国电影所到之处，不可避免地改写了当地文化生态。

全球文化贸易的不平衡也引发了处于弱势地位国家的担忧，基于后殖民理论、文化霸权

---

① 理查德·凯勒·西蒙：《垃圾文化：通俗文化与伟大传统》，中国社会科学出版社 2001 年版，第 46 页。

理论等的影响，许多国家担心好莱坞电影挤占本地电影市场会带来消极的文化影响。一是忧虑“文化主权”的丧失，担心美式价值观侵蚀了本土民族文化传统，使国家失去文化个性，沦为电影强国的文化殖民地。二是担心“产业主权”的丧失，在文化产业逐渐成为支柱性产业的时代，电影是文化产业中的重要门类之一，如果本国电影市场沦为强国的消费市场，则势必损害本国电影业的利益以及国家的经济利益。

为了免于本土电影市场的全面沦陷，不少国家不得不针对好莱坞而在影片进口政策方面设立了保护性条款，但好莱坞影片仍然在很多开放国家占据相当大的市场份额。在好莱坞电影的强势压力下，很多国家不得不屈从于好莱坞的商业电影生产法则，即模仿好莱坞模式推动“高概念”影片的拍摄，如近年来我国本土导演张艺谋、冯小刚、陈凯歌相继走上了“大投入、大制作”的商业制片道路；唯其如此，才能在国际市场上参与竞争，占据一定份额。

【关键词】电影　类型　商业电影　大众文化

【推荐阅读】

安德烈·巴赞:《电影是什么?》,江苏教育出版社2005年版。

克里斯蒂安·梅茨:《电影的意义》,江苏教育出版社2005年版。

克里斯蒂安·梅茨:《想象的能指:精神分析与电影》,中国广播电视出版社2006年版。

克莉丝汀·汤普森等:《世界电影史》,北京大学出版社2004年版。

钟大丰、舒晓鸣:《中国电影史》,中国广播电视出版社2004年版。

伊夫特·皮洛:《电影理论史》,中国电影出版社1990年版。

郑树森:《电影类型与类型电影》,江苏教育出版社2006年版。

吴琼:《中国电影类型研究》,中国电影出版社2005年版。

马休·弗雷泽:《软实力》,新华出版社2006年版。

珍妮特·瓦斯科:《浮华的盛宴:好莱坞电影产业揭秘》,中信出版社2006年版。

理查德·凯勒·西蒙:《垃圾文化:通俗文化与伟大传统》,中国社会科学出版社2001年版。

【思考题】

1. 电影是大众文化吗?
2. 电影有哪些基本类型和亚类型？各自的特征是什么?
3. 为什么商业片会成为电影的主流形态?
4. 好莱坞电影的生产与传播机制有什么特点?
5. 电影与主导文化、精英文化有什么关系?

第四章

电视与大众文化

CHAPTER 4

【本章重点】电视的诞生可谓千呼万唤始出来,它承载了现代人的科学梦想与传播梦想。自诞生以来,电视成为最受大众欢迎的媒体,也是今日全球公认的主流媒体,它同时也是最强大的流行文化商业机器。电视节目既纷繁复杂,也高度类型化,形成了一批流行节目样式。电视节目品质与特征跟一个国家的传播理念、电视体制设计、电视媒体经营机制有密切关系。流行电视节目为大众提供了娱乐消遣,也引发文化趣味的论争;必须建构民主与多元平衡的电视文化,才能满足公众的多元需求。

第一节 电视与电视文化

一、电视梦想与电视文化

美国学者加里·R·埃杰顿说:"电视的研制是一个世界性事件,它的起源极为复杂,独自一人发明电视的说法只是一个神话,与孕育电视这种革命性的新传媒所必需的不断延伸的关系网络绝不相符。"①作为一种观念构想的"电视"早在电视作为一种可用设备发明之前就已经存在,在1940年电视服务成熟之前,关于电视的畅想已经持续兴奋了半个多世纪。电视观念的出现主要归因于存在一个队伍不断壮大、范围与影响力不断增长的国际科学群体,在电报发明之后,陶醉在现代科学无所不能信仰中的发明家们就开始畅想制造一个可从一地向另一地远程传送运动图像的设备。电视史前史表明,这些幻觉与想象昭示了人们的传播梦想。1880年,《科学美国人》杂志发表一篇似是而非的报道说:贝尔向富兰克林研究所正式提交了一种可视电报方法的秘密描述。此后,科学家与艺术家关于电视的各种梦想不绝如缕,如法国插图画家阿尔贝·罗比达于1882年制作了一系列图画来描绘一种"电话镜",

① 加里·R·埃杰顿著,李银波译:《美国电视史》,中国人民大学出版社2012年版,第13页。

其中一个画面描述的是一位中年男子放松地斜倚在起居室的一张躺椅上，口中叼着一支雪茄烟，正在欣赏着"电视播出"的《浮士德》表演。其他人构想的可视物理装置还有"可视电报"、"电子望远镜"、"转盘活动影像镜"、"可视电话"、"传真电报"、"试听机"等。①

据考证，电视(television)一词最早出现于俄国物理学家康斯坦丁·博斯基撰写的题为"电与电视"的论文，作者于1900年在巴黎国际电学大会上宣读了此文。1907年，《科学美国人》杂志刊载一篇题为"电视的问题"的报道，这是"电视"一词第一次在出版物中出现。从20世纪早期詹金斯展示"无线电视"和贝尔德展示"电视"开始，来自社会各领域的人为电视的到来做了太多许诺，以至于美国很多民众和记者对迟迟不能兑现心生厌倦，《星期六晚邮报》甚至指责说：电视受害于它自己的先知们，太多的预言反而使得这个魔箱成了败兴之物。直至1938年，《纽约世界电讯报》还在抱怨：电视是20世纪发明天才令人费解的躲猫猫游戏。人们不断地通过公开声明预告电视的到来，而它的姗姗来迟，令人情感上受到伤害。直到40年代，人们终于见到梦寐以求、翘首以盼的电视真正诞生和成熟，并投入市场服务。②

电视是一种通过现代电子技术和数字技术平台、综合运用图像、声音和文字三种符号向公众传递信息的大众传播媒体。假如把电视看做一种叙事媒体，无论它讲述真实的新闻故事，还是上演虚拟的戏剧故事，抑或讲述着抽象人生道理，它的形象化"再现"和"表现"能力都是其他传统媒体所无法比拟的，这种形象化能力决定了它的易接受性，再加上它的家居化，使其成为当下最为普及的媒体类型。随着传播科技发展，相继出现无线、有线、卫星、数字、网络等各种电视传播网络；如今电视已经从客厅延伸到无所不在的公共空间，包括楼宇、移动、手机、车载等新形态，电视正在无孔不入地楔入到私人生活空间和公共场所。

电视文化是什么？卡瑞·詹姆斯(Caryn James)在《纽约时报》的一篇文章中说道："一个不看电视的人是不可能理解美国主流文化的。"③也就是，电视已经成为民族国家主流文化的显示器和晴雨表，它再现和承载了现代社会的主流价值。首先，它是电视用图像、声音和文字所直接表征的文化；看电视，本身是一种文化消费活动，观众通过观看活动获取表象、信息、意义和快感。其次，电视又不仅仅是一个"再现"和"表现"的载体，而且也是一部文化的发动机，它通过意识形态的运作能够催生无数衍生的观念、欲望和行为，并进而影响收视主体的生活实践；例如它通过建构消费主义的意识形态，唤醒了观众的欲望，并且将其植入个体意识或潜意识领域，建构着兴趣、爱

看电视的法国哲学家德里达

① 参见加里·R·埃杰顿，李银波译：《美国电视史》，中国人民大学出版社2012年版。

② 同上。

③ Caryn James, "To Get the Best View of Television, Try Using a Wide Lens", New York Times, 1 October 2000, sec. 2, p. 39.

好、习惯，影响思维方式、情感方式和生活方式。我们可认为，作为一个庞大的、有形或无形的文化场域，电视是信息的供应商，是民主政治的枢纽，是娱乐的组织者，是时尚的制造商，是情感和梦想发酵的空间……归根结底，它是一部复杂的现代意识形态机器。

约翰·菲斯克在《电视文化》中对电视及其文化作如是理解：

电视是一种复杂的、充满矛盾冲突的文化媒介，一方面，它是为少数人的利益服务，提倡少数人的意识形态。另一方面，它又在为我们这个等级社会中占绝大多数、但却处于受支配地位的各种群体倡导相反的、不妥协的、或者至少是不同的文化资本。①

二、电视消费与文化焦虑

电视融入现代家庭生活的速度超过了此前任何一种技术，它只用了10年时间就普及进入美国的3500万家庭，而电话用了80年，汽车花了50年，广播也用了25年。电视已成为全球公认的主流媒体，也被视为举世最强大的流行文化商业机器，它的影响力无远弗届、无孔不入，已成为一种全球性的文化“霸权”力量，占据着大多数公众的休闲时间。相关统计数据表明，2006年，每个美国家庭平均拥有至少两台电视，将近三分之二的家庭有三台以上的电视机。美国家庭平均每天的开机时间为7小时40分；美国人平均每天收看电视节目时间超过4小时，相当于每人在2—65岁之间有10年时间在荧屏前度过；在校儿童平均每年看电视时间为1023小时，超过每年在课堂上度过的时间（900小时）。与此相反的是，父母与孩子谈心时间平均每周只有38.5分钟。②

根据CSM媒介研究的历年调查数据，我国电视观众人均每天收看电视时间约为3小时。从2002年至2011年，人均日收视时长在179—166分钟之间。③ 在晚间黄金时段（晚6点至11点），各年龄段观众的电视接触率皆在75%以上，如下图所示：

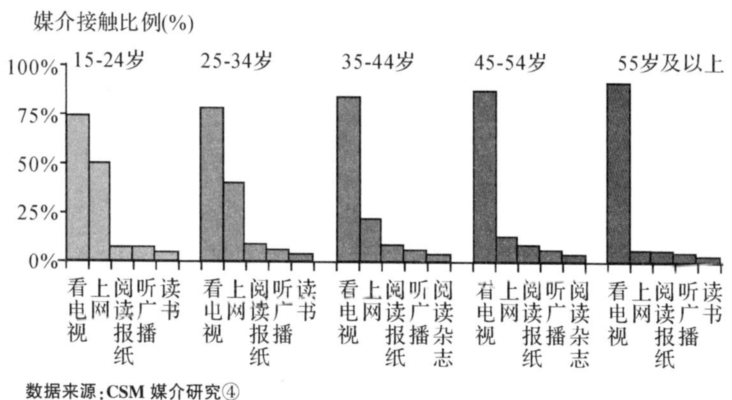

数据来源：CSM媒介研究④

全球各国的教育精英和健康专家们不约而同地对电视主导的大众文化产生了恐慌，“电

① 约翰·菲斯克：《电视文化》，商务印书馆2005年版，第31页。

② 玉鹏：《调查显示：美国人每天看4小时电视》，《环球时报》2006年12月18日第5版。

③ 陈晓洲、周欣欣：《2011年市场观察》，《收视中国》2012年2月刊。

④ 赵璇：《不同代际“媒介的一天”》，《收视中国》2012年1月刊。

视垃圾"说曾经一度风行。一位观众解释她喜欢看电视的理由是"电视的生活性","懒洋洋地躺在床上,只需被剧情吸引,不用再考虑其他,这个时候,我会觉得自己是在享受生活。"但教育专家们担心,电视是一种"大众的鸦片",年青一代长期沉湎于连续剧、综艺节目、动画片,形成"沙发土豆"族群(couch potato),会成长为"电视白痴"。健康专家们指出:长时间看电视会影响身心健康,容易引起失眠、抑郁症、肥胖等疾病;对儿童和青少年来说,不仅耽误学习,而且对他们的心理、思维、想象力都会带来不利影响。

20 世纪末,美国一些民间组织发起抵制电视运动,如美国芝加哥的"白点"组织及诸多团体在 1995 年发起"反电视运动",号召把每年 4 月的最后一周定为"关闭电视周",呼吁美国人在这一周不看或少看电视,号召人们重返没有电视的生活,彻底摆脱电视的蛊惑。这一倡议得到了美国医学会、美国心脏学会、美国教师联合会等组织的支持。反电视运动开展十余年来,对全球产生了广泛影响,已经从美国辐射到了英国、加拿大、丹麦、澳大利亚、新西兰、巴西、日本、意大利、墨西哥和中国台湾地区等,成为一波小规模的全球性群众运动。2005 年,为了配合活动开展,美国一位发明家研制出了一种新式通用遥控器,据发明者称,这个装置能控制 1000 多种型号的电视机。它能在 17 秒内就关闭周边 7 米范围内所有电视机。"白点"组织英国分部领导人戴维·伯克表示,该组织成员将在 2005 年 4 月 25 日晚拿着这种装置,向英国酒馆的电视机"发难",目标是当晚在英国播放的一场足球公开赛。他们还打算在该周各地酒馆播放有关英国大选新闻时进行持续"干扰"。①

无论我们看待电视的态度是豁达、愤激抑或爱恨交织,它仍将继续存在,并且将在很长一段时期内继续扮演它的主导文化角色。理性地看待电视的传播内容、传播规律以及文化影响力,有助于我们认识、理解、规范和救赎电视文化。本章将简要介绍电视以及它所建构的多元文化空间。

第二节　电视节目类型

一、电视节目类型理论

电视是一种高度类型化的媒介,只有极少数一次性节目会偶尔超越常规而不在已经确立的一般类型之内。类型的划分依据于不同节目所使用的特殊程式(convention),这些程式为我们所熟悉,并能轻易识别。而节目程式是反复出现的元素,通过重复,这些元素能够被观众熟悉和预见,程式性的元素包括:人物、情节、场景、服装和道具、音乐、灯光、主题、对话以及视觉风格。②

类型反映着一个社会中占有统治地位的价值观念,同那些价值观念不断嬗变一样,类型本身也并非固定和不可置疑的。类型在持续地改变,亚类型在不断地出现,新类型在逐步酝

---

① 《短信损害智商? 高科技隐患引发"关闭电视周"》,《上海青年报》2005 年 4 月 26 日。

② 大卫·麦克奎恩:《理解电视:电视节目类型的概念与变迁》,华夏出版社 2003 年版,第 22 页。

酿成形。一个时期看起来"标准的"、"可接受的"和"常规的"节目,或许几年后就会显得陈腐、过时,不再被观众接受。

约翰·菲斯克认为类型化的意义在于:类型满足了人们对于商品的双重需要,一方面是标准和熟悉,另一方面又要有所区别。[①] 他还用另一段话凝练地揭示了电视节目类型化的传播价值:程式是被制作者和观众认可的节目类型的结构性要素,在程式中体现出的是对它们流行的那个时代重要观念的关注,在一个类型提供给观众的愉悦感中程式起着至关重要的作用。[②]

大卫·麦克奎恩指出,对于电视产业来说,各种类型程式的逐渐改变都是通过尝试和检验,在既定模式内部进行局部创新。只有在收视率开始下降的情况下,成功的模式才会被抛弃。不过,新奇感对于一个模式的成功像程式元素的重复使用一样重要,程式元素改变得过多或不够充分,都可能导致观众产生混乱的感觉,或许对节目失去兴趣。[③]

特定电视节目类型的符码和模式反映了特定时代公众的信念、价值观和审美观,在电视制作实践中,节目模式常常表现出较长期的稳定性,而节目符码和主题则更加易变,必须与时俱进地展现各个历史时代的场景和价值观念。大卫·麦克奎恩在《理解电视》中介绍并回顾了英国基本电视节目类型,包括肥皂剧、情境喜剧、游戏节目、警察系列剧、电视新闻与纪录片。各种节目样式既保持着基本的程式,又随着历史变迁有所创新。

二、中国基本电视节目类型

电视节目类型可从多个角度来进行划分,如节目题材、表现形态、叙事模式、传播对象等,每种分类法都难以穷尽实践中存在的多元样式;在初级分类体系之下,根据其题材和表现形态的细微差异,又可以进一步划分出若干亚类型。

基于题材的差异,国内一般将电视节目划分为新闻、社教、文艺和服务等四种基本类型;在此基础上,根据其表现形态,又进一步细分出若干亚类型。

(1)新闻类。关于新近发生事件的客观报道与观点性评述。根据其报道方式,又可划分为四种主要亚类型:①综合新闻,如 CCTV 及各地《新闻联播》、《午间新闻》、《整点新闻》、《晚间新闻》、《新闻直通车》。②专业新闻,报道同一领域的新闻,如《海峡两岸》、《海峡新干线》、《中国娱乐新闻报道》、《体育新闻》、《第一影视》、《财经新闻》。③电视深度报道,《焦点访谈》、《新闻调查》、《今日话题》等。④电视新闻专题,围绕某个主题将一系列的事件编辑起来,用一点带多面的方式来全景展现专题的主旨内涵;包括人物专题、事件专题等,如 2003 年获奖专题片有抗"非典"题材的《中流砥柱》、"神五"飞船升空事件的《敢问苍穹》和《"刘涌案"始末》等。

除了上述常规新闻节目形态之外,还出现了一些创新性的亚类型,主要有:①电视新闻杂志,如美国 CBS 的《60 分钟时事杂志》、CCTV 的《东方时空》、上海电视台的《1/7》、新疆电

---

① 转引自大卫·麦克奎恩:《理解电视:电视节目类型的概念与变迁》,华夏出版社 2003 年版,第 24 页。

② 同上书,第 25 页。

③ 同上书,第 24 页。

视台的《联通国际瞭望》、大连电视台的《全景》。②滚动新闻,如新闻频道、凤凰卫视资讯台的实时滚动新闻等。③新闻访谈,如《东方之子》、《高端访问》、《问答神州》、《风云对话》。④新闻脱口秀栏目,如《东方夜谭》、《今晚》、《锵锵三人行》等。⑤电视新闻评论栏目,如《国际观察》、《军情观察室》、《新闻骇客》、《解码陈文茜》、《时事亮亮点》、《景行长安街》、《小莉看世界》、《新闻今日谈》等。⑥读报类电视新闻栏目,如《马斌读报》、《有报天天读》、《读报时间》、《周末读报》、《孟非读报》、《老吴韶新闻》等。⑦电视时事辩论,如《时事辩论会》、《一虎一席谈》等。⑧电视新闻直播,重大活动或突发事件的现场直播。

(2)社教类。是利用电视媒体对观众进行文化启蒙、社会教育的一种节目样式,其宗旨是向受众传授维系社会发展所需的社会规范和知识。根据其传播内容、对象和目的,可分为:①知识性节目,如《经济半小时》、《今日说法》、《法庭内外》、《法治现场》、《超级调解》、《人与自然》、《科技之光》、《科教天地》、《地球故事》以及各类智力竞赛节目等。②对象性节目,如《大风车》、《动画城》、《芝麻开门》、《七巧板》等儿童节目,《新青年》等面向青年受众的节目,如《夕阳红》等老年人节目,面向农民的《聚焦三农》、《每日农经》、《致富经》等节目。③教学型节目,如《百家讲坛》、《秋雨时分》、《世纪大讲堂》等。④电视纪录片,如《毛泽东》、《望长城》、《让历史告诉未来》、《话说长江》、《故宫》、《圆明园》等。

(3)文娱类。包括文艺节目和娱乐节目。具体类型有:①综艺节目,如《综艺大观》、《曲苑杂坛》、《开心辞典》、《幸运52》、《梦想剧场》以及各式各样的综艺晚会等。②电视文艺专题,如《远在北京的家》、《藏北人家》、《中国湘绣》、《苏园六记》、《朝圣的路》等。③电视文学,包括电视诗歌、散文、小说报告文学等,如《子午书简》、《电视诗歌散文》等。④电视戏曲,包括戏曲栏目、戏曲节目、专题片等,如《梨园春》、《九州戏苑》、《南粤戏曲》等。⑤电视音乐,包括专业频道(如MTV频道和Channel[V])、栏目(《中国音乐电视》、《音乐之声》、《亚洲音乐中心》、《音乐地带》)以及大量音乐主题的栏目,如《同一首歌》、《音乐风云榜》、《娱乐现场》等。⑥电视剧和电视电影,包括专业频道(如CCTV-6电影频道以及各地的以播放影视剧为主的影视频道)、影视剧栏目(如《黄金强档》、《海外剧场》、《午夜剧场》、《百姓剧场》、《世界影视城》等)以及影视剧。⑦电视娱乐,《快乐大本营》、《玫瑰之约》、《欢乐总动员》、《超级女声》、《我型我秀》、《超级男声》、《加油!好男儿》、《红楼梦中人》、《一统天下》、《舞林大会》等。此外,还有电视舞蹈、电视小品等具体样式。

(4)服务类。是指为人们的日常生活提供实用知识、解决实际问题的节目。主要包括下述样式:①气象服务节目,如《天气预报》、《气象服务》、《出行气象服务》等。②家庭生活指南节目,提供旅游、交通、购物、烹调、保健、美容、栽花、养鱼、购房、装修等家庭生活常识,如《为您服务》、《何嫂五分钟》、《家庭百事通》、《女人我最大》、《美丽佩配》、《海峡家园》、《爱吾及屋》、《八方食圣》、《交换空间》、《身体密码》、《料理美食王》、《美丽艺能界》、《美丽达人》等。③财经信息服务,如为炒股、炒汇、文物收藏等爱好者提供信息服务的节目,如《股市行情》、《今日股市》、《鉴宝》、《艺术品投资》、《天下收藏》、《投资收藏》等。④信息咨询,如《为您服务》的法律咨询节目《律师出招》、《清风车影》中的《病车档案》等。⑤广告类信息,包括商业广告和公益广告等。

三、近年来的主要流行节目类型

中国电视收视率研究权威机构央视－索福瑞(CSM)建构了自己的节目分类标准,所有电视节目被划分为15种类型,包括:(1)新闻时事;(2)电视剧;(3)综艺;(4)专题;(5)电影;(6)体育;(7)生活服务;(8)少儿;(9)音乐;(10)法制;(11)财经;(12)教学;(13)戏剧;(14)外语;(15)其他。

根据CSM的调查,截至2006年6月,国内观众收看各类节目所占份额的基本构成情况是:电视剧占有最大的收视份额,为35%;其次是新闻时事节目占13%,综艺节目7%,专题6%,电影6%,体育4%,生活服务3%,少儿节目3%,音乐2%,法制2%,财经1%,戏剧1%,教学和外语节目合计不足1%,其他节目(含广告)17%。由此可见,电视剧、新闻、综艺娱乐节目是我国收视市场的三驾马车。①

如果按照西方常用的"真实节目"和"虚构节目"来分类,那么真实节目的收视份额大致为38%,虚构节目的收视份额大致为45%,其他未分类节目(含广告)收视份额为17%。由此可见,如果从收视时长角度来衡量,电视媒体用更多时间为人们提供一种并非直接与现实功利相关的娱乐和休闲服务。

下面参照CSM发布的数据,介绍近年来我国三种主要电视节目类型的基本情况。

(一)新闻时事类节目

除了上文根据节目题材和形态来划分之外,西方学界通常也根据新闻品质将其划分为"硬新闻"和"软新闻"。从文化研究视角来看,我们可借助主导文化、精英文化和大众文化的文化分类标准,把新闻也划分为三种类型:主导新闻、精英新闻和大众新闻。结合这两种划分,我们可以认为,主导新闻和精英新闻分别是"硬新闻"的两个面向,它们关注的事件题材基本一致,但解释框架有较明显的区别,主导新闻是从国家公权力的视角来阐释新闻,代表了国家意识形态的权威声音;而精英新闻则是从知识分子立场出发,阐释的视角更趋多元化。大众新闻则主要面向社会中下层普通民众,体现了硬新闻的"软化"特征,它所关注的话题更加微观,其表现方式往往显得更加"软",其核心特征是:"民生的内容、民生的习尚、平民的视角"②;也有人将其理论化为:"平民视角、民生内容、民本取向。"当然,这种解释模式只是相对有效,因为实际收视证明,受众收视偏好的宏观区隔是存在的,但也往往存在交叉和重合。下面简要介绍这种分类法下的三种新闻节目亚类型:

(1)主导新闻。在我国,传统的硬新闻主要是指以CCTV《新闻联播》以及各省级卫视的新闻联播为代表的系列新闻节目,其内容和风格体现了权威性、严肃性、导向性,是"党和人民的喉舌",是国家主导意识形态传达的平台,是党和政府舆论导向的主阵地,它们代表的是电视新闻领域的主导文化。此外,以中央电视台《焦点访谈》、《新闻调查》、《对话》、《海峡两岸》等为代表的一些新闻专题节目、栏目以及大型活动的报道,也是国家主导意识形态声音

① 郑维东:《收视率与电视节目研究》,载《收视中国》2006年6月,第12页。

② 江苏电视台城市频道《南京零距离》的栏目定位。

的传达,这些典型的硬新闻往往在权力阶层具有很大的影响力,如《新闻调查》曝光的企业非法生产问题,马上会引起国家和地方行政部门的直接干预;又如《对话》节目,在2003年"非典"肆虐期间,主持人王志采访北京市市长王岐山,代表官方的声音来引导舆论,体现了政府的权威。

(2)精英新闻。该类新闻节目的主要受众群往往具有较高受教育程度、视野比较开阔、对时政相当敏感,主要分布在社会中上层阶层和大学生群体。节目没有浓厚的行政权力支持的背景(当然与主导意识形态也不对立,只是相对独立),也不直接代表政府的声音。节目主要体现了知识分子的理性思考,比较强调新闻阐释的多元化。目前比较典型的代表是凤凰卫视的新闻时事类节目、栏目,如主打台湾新闻评论的《新闻骇客》、《解码陈文茜》,其知识分子的批判立场异常清晰,以在野知识分子的视角解剖台湾政坛的各种现象。又如脱口秀栏目《锵锵三人行》、《时事辩论会》、《一虎一席谈》,直接围绕各种政治话题展开多元的辩论,主持人多为专家、学者、教授,言论立场比较开放,而且也无虞被国际视为代表了中国政府立场。凤凰卫视其他时事评论员如阮次山、曹景行、何亮亮的评论类节目也充分体现了这一特色,这也是凤凰卫视与CCTV之间最关键的区别之一。

(3)大众新闻。该类新闻的目标受众主要是中下阶层的普通市民。从中国电视新闻发展史的视角来看,中国电视新闻在20世纪后四十余年时间内走的都是传统硬新闻的路线,缺乏受众细分的意识,在定位上出现了结构性的偏差,所有新闻节目都是一种视角、一种立场、一种叙述方式。到了21世纪初,随着以北京电视台《第七日》和《南京零距离》等新型新闻栏目的出现,中国电视新闻才真正成熟起来,回归了大众媒体的本质。由于普罗"大众"始终是任何一个国家电视新闻受众中的最主要的群体,理论上来说,它也应该占有新闻市场的最大份额。随着"民生新闻"浪潮的崛起,这个认识误区在21世纪初的新闻实践领域终于得到了矫正,然后又回返为理论上的觉醒。总体而言,这一轮大众新闻浪潮主要体现在下述四个方面:

一是"民生新闻"浪潮。以各地市台"民生新闻"节目、栏目为代表。打破了传统硬新闻自上而下的那种新闻价值判断,从都市市民的"民生"立场来选择新闻报道的题材,用更加贴近民众的语言风格和叙述模式来报道新闻。该类节目的始作俑者是北京电视台,1995年,北京电视台开播《点点工作室》,1998年改名为《元元说话》,1999年节目再次更名为《第七日》,其节目内容基本体现了民生新闻的特点。此外,1997年北京电视台的《北京特快》和1999年成都电视台推出的《今晚8:00》等新闻节目也都体现了较典型的民生新闻特点。只不过,这类节目在当时还处于一种无意识探索阶段,直接体现在栏目的更名上,说明节目定位还存在模糊和动摇,并未能从认识论上充分意识到这类新闻节目的革命性意义及其广阔的发展前景。因此,即便出现了少数节目,但没有能够达到理论直觉的水平,也就谈不上节目理念的营销,所以对中国整个电视新闻界的影响力也相当有限。

经过前期探索和实践,到了2002年,江苏电视台城市频道推出了《南京零距离》,节目迅速引起了热烈反响和收视高峰,同时在理论上也已经达到觉醒水平,形成了自觉的"民生新闻"理论体系,因而这种节目理念也得以迅速地被营销出去,遂在全国电视圈引起了激烈的反响,其节目本身以及制作理念都获得了高度的评价,《南京零距离》被认为开创了大时段城市民生电视新闻节目的先河，随后这套新闻制作理念迅速被其他电视台所接纳。仅在南京地区，就陆续开播了《直播南京》、《绝对现场》、《法治现场》、《标点》、《服务到家》、《1860 新闻眼》等新闻栏目，也引发了以大时段直播或“准直播”为外在特征、以关注本土化市民生活为主体内容的本地城市新闻“大战”。其他省市也迅速涌现了一批类似节目，如《第一时间》（安徽电视台）、《新闻坊》（上海电视台新闻综合频道）、《都市一时间》（湖南电视台）、《都市现场》（江西都市频道）、《新北方》（辽宁电视台）、《1818 黄金眼》（浙江电视台）、《新闻日日睇》（广州电视台）和《直播北京》（北京电视台），等等。目前，各地民生新闻栏目已经达到数百家。

二是“方言新闻”浪潮。民生新闻突破了新闻报道的传统视角和价值观，方言新闻则在此基础上，进一步实现了新闻播报语言和播报形式上的突破，目的就是为了更加大众化、更加“民间化”、更加“软化”。在这一波方言新闻浪潮中，尤其以 2004 年 1 月杭州西湖频道推出的《阿六头说新闻》最具影响，该档民生新闻节目大胆突破，以杭州方言为播出语言，借用地方曲艺形式——杭州评书或杭州评话，加以变通后，讲述发生在杭州市民身边的、关系民生的软新闻；节目收视率达到 8% 左右，长期居于本地收视市场前三甲之列。

《阿》的成功引起了江浙城市台纷纷效仿，掀起了用方言播报新闻的一次“爆炸式”的浪潮，如杭州西湖生活频道的《我和你说》、温州电视台的《百晓讲新闻》、宁波电视台的《来发讲啥西》、绍兴电视台的《师爷说新闻》、苏州电视台的《天天山海经》和《苏阿姨谈家常》、无锡电视台的《阿福聊斋》、扬州电视台的《新闻评话》、南通电视台的《总而言之》等，全国其他地市也相继开办类似节目，如四川有线台的《新闻书场》、山西电视台《老西儿谝吧》、南京电视台的《听我韶韶》、广东电视台的《新闻 630》，等等。

三是“播新闻”向“说新闻”的转型。“播新闻”是传统硬新闻的播报方式，播音员只是媒体的代言人，把专业新闻机构采集、编辑的新闻传播出去，并无太大施展个性的空间。在我国，由于媒体的意识形态性质，以 CCTV《新闻联播》为代表的新闻节目更是党和国家的“喉舌”，是主导意识形态的重要传达平台，播音员的个性化发挥空间更是几乎不存在。随着民生新闻崛起以及电视新闻制作理念的革命性转型，传统的“播新闻”正在大规模地向“说新闻”转型，就像齐鲁电视台曲艺新闻栏目《拉呱》的节目名称一样，新闻成了“拉家常”，成了一种平等的信息服务与交流，具有更加浓厚的“讲（真实）故事”的性质；观众喜欢的原因包括有亲切感、幽默、生动、有趣，有着高度的情感认同、地域文化身份认同。

显然，这种新闻报道类型已经超越了传统新闻专业主义理念，颠覆了新闻播报的传统定义，民生新闻已经彻底软化为一份新闻“土快餐”。此外，脱口秀节目、读报节目大量出现，也昭示着口语化、个性化、大众化新闻报道方式渐成潮流，新闻叙述与主持人的率性点评相得益彰，大幅弱化了主持人的“专业”形象，具有典型的“新闻快餐”的特征。如南京十八频道《听我韶韶》就是一档以南京方言说新闻的栏目，吴晓平的主持语言亲切风趣，节目内容新颖、贴近百姓，《老吴韶新闻》已经成为南京十八频道的一个王牌栏目。

四是新闻叙述的“故事化”。在由民生新闻催生的这一波大众新闻浪潮中，新闻报道已经悄然背离了西方奠定的现代新闻叙事规范，即新闻与文学之间、“真实叙事”与“虚构叙事”之间严格区分的戒律，新闻叙事应冷静、理性、中立、客观、平衡和保持情感的零度。也改变了新闻消费的性质，新闻播报回归到古代的“讲故事”和“评故事”的民间传统，受众仿佛又回到了古代市井说书文化时代,大家一起"把新闻说说听听"。江西电视台新闻专题栏目《传奇故事》正是凭借着回归"讲故事"的传统,成长为国内同时段专题节目中的顶级品牌,节目叙事充满着矛盾冲突、悬念、谜底,离奇曲折,波澜起伏,引人入胜,节目主播金飞的叙事能力成为节目取得成功的关键原因之一。

新闻大众化的畸变案例是近年在西方出现的裸体新闻(naked news)浪潮,新闻主持人一边播报新闻、一边脱掉外衣。节目自1999年在加拿大开播以来,北美、欧洲、澳大利亚、日本、俄罗斯等国用户皆可以通过互联网、电视和手机等渠道收看。在国内,2003年出现了一个类似事件,湖南娱乐频道推出由"星姐"主持的天气预报栏目《星气象》,节目以"性感美女+煽情音效+暧昧台词"的"另类播报方式"引起关注,并引发了一场全国性的关于电视情色的争论,之后以节目停播而告终。

(二)综艺娱乐类节目

电视是艺术传播的新载体。从理论上来说,它既可以传播严肃艺术,也可以传播流行艺术和民间艺术。从现实来看,电视也确实同时在传播三种类型的艺术,如CCTV音乐频道,既传播经典音乐,如《经典》、《风华国乐》,包括钢琴曲、交响乐、歌剧、民族古典音乐等;也传播大量主旋律音乐作品,如《星光舞台》;同时也传播民间音乐,如《民歌·中国》;当然也大量传播流行音乐,如《影视金曲》、《中国音乐电视》、《新视听》等栏目,多维地展现了当代音乐的整个谱系。不过,音乐频道作为国家在音乐领域的代言人,它的频道定位和节目/栏目定位具有特殊性。在其他电视频道,音乐传播将根据大众喜好来确定其内容和风格,因此流行音乐是最常见的类型。无可辩驳的事实是:在文艺娱乐领域,严肃文艺市场相当狭窄,而大众文艺的天地无比开阔;电视已经成为流行娱乐文化的主要传播媒体,其中尤其以综艺节目、娱乐节目、选秀节目、明星访谈节目等形态为代表,娱乐化浪潮正在席卷中国电视圈,近年来主要表现在下述两个方面:

1. 从艺术走向娱乐:综艺节目风潮

综艺(variety show)是综合文艺的简称,其显著特点是熔音乐、游戏、舞蹈、表演、戏剧(戏曲)、小品、曲艺、杂技、竞赛等各种艺术形式或非艺术形式为一炉,自由组合,节目形式多样,以满足广大观众的艺术审美和消闲娱乐需求。综艺节目是当前主流电视节目类型之一,其收视群体主要是青少年。由于大多数综艺节目的艺术色彩日益稀薄,越来越娱乐化,因此综艺节目也常常被称为娱乐节目。

内地综艺节目出现时间较晚,直接受港台的影响,而港台又是受日本、欧美等国的影响。在西方,综艺节目在20世纪五六十年代曾风靡一时,节目内容包含歌唱、舞蹈、杂耍、戏剧、模仿、魔术等,著名节目有《苏利文秀》(*The Ed Sullivan Show*)与《舞台秀》(*Stage Show*)等,收视率相当不俗。在台湾,早期综艺节目的内容和形式都相当单纯,主要是以歌唱与短剧表演为主,不论主持人或参加演出的来宾,大多是知名演艺人员,内容相对保守和严肃;主持人仅是串联节目与介绍歌手,并不打诨搞笑。后来,随着电视普及和开放有线频道,同时又受到日本类似节目的影响,电视台开始参照日本综艺节目以主持人为节目灵魂的制作方式,主持人的临场反应便成为节目的特色和招牌;同时也开放现场观众参与节目录制,单纯以歌唱为主的节目形态逐渐式微。为了吸引观众,电视制作单位莫不挖空心思来提高节目的娱乐效果,节目的内容和形式设计不断推陈出新,相继出现了诸如才艺模仿、益智竞赛、奇人异事、寻宝搜密、真情配对等亚类型。至此,综艺节目可以说包罗万象,各种新奇、惹人争议的节目模式都包括在里面。一些台湾收视率调查公司将综艺节目划分为七种主要类型:竞赛、访谈、模仿、表演、资讯、温馨与整人单元。

在中国内地,一般认为,真正意义上的综艺节目以 1990 年开播的中央电视台《正大综艺》为标志,内容是旅游问答。随后,央视又推出《综艺大观》,两个栏目一起开创了中国综艺节目的先河。地方电视台综艺节目是以 1997 年湖南卫视推出的《快乐大本营》和 1998 年推出的《玫瑰之约》栏目为标志,它们成为 90 年代地方台"娱乐革命"浪潮的始作俑者,随后引发了全国各地方台仿效,刮起一股"综艺娱乐风暴",各地诞生了一批同类节目。

经过十几年发展,在不断借鉴国外和港台电视综艺节目制作经验的基础上,通过融合外来元素和本土文化元素,国内综艺节目市场出现了如下一些亚类型:

(1)传统综艺节目,包括《正大综艺》以及节庆、大型活动的晚会等综合性文艺节目;(2)游戏类节目,如安徽电视台的《超级大赢家》和北京欢乐传媒公司制作的《欢乐总动员》;(3)益智博彩类节目,如中央电视台《幸运 52》和《开心辞典》;(4)平民演艺选秀节目,如中央电视台的《梦想剧场》、湖南卫视的《超级女声》、上海东方卫视的《加油！好男儿》、江苏电视台的《绝对唱响》和《震撼一条龙》、浙江卫视的《中国好声音》等;(5)娱乐资讯类节目,如湖南电视台的《娱乐无极限》、北京光线传播公司制作的《娱乐现场》(原名为《中国娱乐报道》;(6)明星访谈类节目,也称之为"娱乐脱口秀",如台湾的《康熙来了》、中央电视台的《艺术人生》以及北京东方欢腾公司策划制作的《超级访问》、天津卫视的《津夜嘉年华》;(7)"真人秀"类节目,也称"游戏秀"、"真实电视"等,如广东电视台的《生存大挑战》、湖南电视台的《完美假期》、天津卫视的《综艺食 8 街》等;(8)爱情速配类节目,如湖南卫视的《玫瑰之约》、东南卫视的《非常男女》、上海东方卫视的《相约星期六》以及江苏卫视的《非诚勿扰》等;(9)明星真人秀节目,如上海东方卫视《舞林大会》、湖南卫视《名声大震》;(10)其他类型,如湖南卫视的真人秀节目《变形记》。

2. 选秀节目的狂飙突进

湖南卫视是国内省级卫视顶级品牌,在综艺节目领域往往能开一时风气之先,继 1997 年推出《快乐大本营》而掀起中国电视娱乐化浪潮的第一次革命之后,2004 年又重磅推出《超级女声》,掀起了中国娱乐革命的第二波浪潮,一时间成为中国电视流行文化领域的领军人。《超级女声》的成功,给中国电视娱乐带来了"草根"、"海选"、"短信投票"、"PK"、"悬念"、"粉丝"、"全民狂欢"、"平民造星"等一系列通行的综艺节目元素,遂在全国掀起了一场狂飙突进的选秀节目浪潮。继"超女"的成功之后,湖南卫视继续高歌猛进,2004 年推出《谁是英雄》栏目,将目标瞄准各行各业拥有绝技绝活的"民星",在全国范围内网罗民间平民英雄,荟萃中国奇人绝技绝活,成功打造了平民英雄秀的舞台。2006 年,又推出演员电视选秀节目《寻找紫菱》和明星秀节目《名声大震》。2007 年,继推出《超级女声》姊妹篇《超级男声》,又隆重推出《明星出戏》、《百里挑一》、《智勇大冲关》等三个节目。通过将国内首创的选秀节目最大化，湖南卫视既巩固了"快乐中国、快乐创造"的频道定位，也稳固了自身在中国电视娱乐领域的领军地位。

在湖南卫视刮起的娱乐风暴的感染下，上海文广新闻传媒集团(SMG)利用经济区位优势和海派文化优势，强势进入综艺娱乐领域，东方卫视得以迅速崛起。继成功举办《我型我秀》歌唱选秀比赛之后，又创办《加油！好男儿》综艺选秀活动；2006年，《加油！好男儿》成了全国瞩目的选秀节目，全国35城市最高收视率达2.56%，在上海地区的最高收视率达到12%，标志着上海SMG集团娱乐势力的崛起。[①] 两档节目的成功，使东方卫视在电视综艺圈声名鹊起。在此基础上，2006年又推出明星真人秀《舞林大会》和《非常有戏》以及创业体验式真人秀《创智赢家》和选秀节目《潘婷闪亮之旅》。

在两家地方卫视短兵相接的激烈竞争氛围下，CCTV与各地电视台纷纷模仿，掀起了一股选秀节目浪潮。2006年，中央电视台利用优势资源，举办了多场选秀节目，如《梦想中国》、《星光大道》、《圣火耀星途》(与奥运主题结合的电视选拔)、《谁将主持奥运——奥运主持人选拔》、《赢在中国》(创业选秀节目)等。地方电视台也不甘人后，纷纷克隆选秀节目模式，如江苏电视台的《绝对唱响》、《震撼一条龙》、《名师高徒》；山西卫视的《我眼中的好男人——男人大典2006》；湖北电视台的《极限高歌》、浙江卫视的《漂亮妈妈》、安徽卫视的《超级新秀》、重庆卫视的《第一次心动》、北京卫视的《红楼梦中人》和《唱响奥运》、北京电视台的《中国人唱外国歌大赛》、山东卫视的《天使任务之天使任我选》。选拔类活动进入了电视秀化时代，各种题材的节目层出不穷，如选美(广西卫视的《寻找金花》)、形象大使(重庆卫视的《佳洁士微笑大使选拔赛》、广州电视台的《"美在花城"飘柔广告新星大赛》)、武术大赛(河南卫视《武林风》、CCTV的《武林大会》)，等等。

2012年7月13日，浙江卫视播出《中国好声音》(*The Voice of China*)，并大获成功。该档节目源于荷兰的《The Voice of Holland》，节目模式在英美等国取得极大成功。浙江卫视联合星空传媒旗下灿星制作向荷兰版权方购买版权，制作中国版。该档节目声称是中国电视历史上真正意义的首次制播分离，制作方是星空华文传媒，节目对外播出打包售价高达8000万。浙江卫视总监夏陈安说：频道秉持着"以精英实力打造大众文化"的宗旨，打造这一档"大型励志专业音乐评论节目"，欲树立中国电视音乐节目的新标杆。从其实际节目形态来看，相较于既往的各类选秀节目，应该说《中国好声音》是一个在程式和规则上有所创新的优秀选秀节目。

具有娱乐精神的综艺节目成了新世纪初最受欢迎的节目类型，它既满足了选手们展示自我、进入娱乐圈的诉求，也满足了观众的好奇心和认同感。但由于选秀节目的泛滥，在许多选秀活动中，媒体无所不用其极的营销手段也带了很多负面影响，如绯闻和丑闻炒作盛行。

(三)电视戏剧类节目

从各类节目的收视份额来看，电视剧一直是收视大户，所占比重超过了整个收视市场的

---

① CSM，《收视中国》2007年第1期，第8页。

三分之一份额。在市场竞争机制作用下，电视剧的收视和生产都体现出很明显的类型化特点，热播的剧种常常引起类似节目的批量生产；收视不利的节目则会直接影响同类节目的再制作；因此，经过一段时间的市场检验和经验积累，电视剧生产就会体现出较明显的类型化特征。根据国内电视台近年来的电视剧播出情况，并结合相关研究机构通常使用的剧种划分标准，下面将简要介绍一些较常见的类型：

(1)历史正剧。以正史记载的历史事件和人物为蓝本，讲述历史故事；在基本尊重史实的基础上，根据戏剧审美表现的需要，加入一定的艺术想象，增加一定的虚构成分。如帝王题材历史剧有：《雍正王朝》、《康熙王朝》、《汉武大帝》、《康熙微服私访》、《传奇皇帝朱元璋》、《秦始皇》、《卧薪尝胆》和《争霸传奇》等。有的重视叙述某段历史时期中发生的系列纷繁复杂的历史事件，如《大明王朝》、《贞观长歌》、《贞观之治》和《江山风雨情》、《清宫风云》等。还有以历史著名人物为题材的，如《昭君出塞》和《铜牙铁齿纪晓岚》。在这类历史剧中，因为史实与虚构相互交叠，所以也往往容易引发"专家型观众"的争议，对剧中一些明显虚构的、夸张的成分表示不满。据 CSM 近年来的收视调查数据①，2003 年至 2005 年间，清朝戏占了古装戏的35%以上；它的观众特征是：男性，高学历(大学文化程度以上)、高职位(干部、管理人员)、高收入(月收入 1700 元以上)。历史正剧一度成为各大电视台纷纷热播的剧种之一，有着较高的收视率；但热潮过后，近年来开始呈现疲软。

(2)古装轻喜剧。与历史正剧不同，该类电视剧借用了古代衣装、人物和历史背景元素来上演插科打诨的故事，虚构性很强，目的在于通过轻松、幽默、搞笑的故事叙述，给人以消遣。或借曾经存在的历史人物来展开想象；或虚构一个历史人物形象；上演一幕幕带点喜剧色彩的故事，借以娱乐大众，属于典型的"借古人酒杯，浇今人心头块垒"。如《李卫当官》和《铁齿铜牙纪晓岚》都属于借用历史人物，进行大胆的想象和虚构，制造一份没有历史重负的、轻松的、幽默的文化快餐。类似的还有《七品钦差》、《三揭皇榜》、《满汉全席》、《新五女拜寿》和《春光灿烂猪八戒》等。

(3)家庭伦理剧。根据央视－索福瑞的调查，家庭伦理剧显示出吸引大众收视的持久耐力，可以说常播常热，主要以反映平民生活的题材为多，目标受众主要是家庭主妇，讲述夫妻之间、兄弟姐妹之间、妯娌之间、婆媳之间、母子之间、父子之间等多维的伦理关系，以叙述发生在家庭生活中的纠纷、矛盾、离婚、赡养老人等故事为主线。

20 世纪 90 年代初，《渴望》大获成功后，家庭伦理剧经历了一段时间的沉寂。近年来涌现出一批类型化电视剧，如《贫嘴张大民的幸福生活》、《新结婚时代》、《继父》、《渴望》、《春天后母心》、《婆家娘家》、《家事如天》、《爸妈不容易》、《悲情母子》、《真情无限》、《亲兄热弟》、《半路夫妻》、《亲情树》、《搭错车》、《福贵》、《我的兄弟姐妹》等，不仅取得了高收视率，而且引发观众的情感共鸣。随着婚姻危机、"第三者"等当代家庭问题的凸显，反映该类故事的电视剧也开始增多，如《中国式离婚》、《当婚姻走到尽头》。此外，此类电视剧具有浓厚的悲剧融合正剧的意味，主人公往往历经磨难、坚忍不拔，具有催人泪下的功效，故也被称为"苦情剧"。

① CSM，《收视中国》2007 年 6 月。

(4)情景喜剧。情景喜剧(Situation Comedy 或缩写 sitcom)是西方国家普遍盛行的一种重要戏剧类型。一般来说，它的故事场景固定，如家庭或办公室；有固定的主演阵容，通常5－8人；根据一条或多条故事线，多集化、批量化生产。1992 年播出的《我爱我家》是国内第一部大型情景喜剧，导演英达将美国情景喜剧和我国观众普遍喜欢的小品、室内剧有机结合来说，使之成为国内情景剧的经典之作。

从《我爱我家》至今，本土情景喜剧已走过二十余年的历程，源源不断地涌现出了《闲人马大姐》(280 集)、《东北一家人》、《炊事班的故事》、《家有儿女》、《带着孩子结婚》、《候车大厅》等一批经典作品。北京诞生的这种电视剧形式迅速被各地电视台效仿，出现了一批带有浓郁地域色彩的剧目，如表现广东粤语文化的《外来媳妇本地郎》，展示天津传统喜剧文化的《杨光的快乐生活》和《小房东》，反映东北幽默文化的《笑笑茶楼》，展示海派幽默的《老娘舅》、《开心公寓》和《红茶坊》，等等。2006 年，一部具有大胆创新特色的古装情景喜剧《武林外传》开始在国内各大频道轮番热播，一时间广受欢迎。该剧首播收视率达到 1.51%，因为主打青少年受众市场，具有较高的广告价值，占据了 3.42% 市场份额。[①]

(5)言情剧。言情剧与言情小说流行浪潮有着密不可分的关系。由于琼瑶小说的热销，其小说也成为影视改编的重要对象，相继推出了系列言情电视连续剧，20 世纪末曾风靡一时，如《几度夕阳红》、《庭院深深》、《烟雨蒙蒙》、《雪珂》、《聚散两依依》、《一帘幽梦》、《在水一方》、《情深深　雨蒙蒙》等。2007 年重拍的《又见一帘幽梦》一经播出便获得相当高的收视率。其他根据小说改编或原创言情类电视剧一直占据着国内收视市场的重要位置，如《京华烟云》、《如果月亮有眼睛》、《再生缘》等。此外，国内还引进了一批日韩经典言情剧，如日剧《东京爱情故事》、《悠长假期》、《美丽人生》、《恋爱世纪》等；韩剧《蓝色生死恋》、《冬季恋歌》、《天国的阶梯》等。

(6)青春偶像剧。传统言情剧大多讲述的是传统伦理道德规约下青年男女的爱情故事，而青春偶像剧讲述的则是现代"都市新人类"身上发生的爱情故事，其目标受众是现代都市女性青少年，担任主演的往往是俊男美女，故事散发着时尚的气息，男女主人公的对话大多都是"新新人类"的语言。中国台湾地区和韩国拍摄的这类电视剧较多，如台湾地区的《流星花园》、《王子变青蛙》、《星苹果乐园》、《绿光森林》、《白色巨塔》等；内地近年拍摄的主要有《水晶之恋》、《男才女貌》、《双响炮》、《粉红女郎》、《粉领一族》等。

(7)革命历史题材剧。这类影片属于典型的国家主导意识形态，具有很强烈的官方历史叙述的色彩，具有很强的政治性和宣教性，主要讲述中国近现代以来党和人民在革命中书写的辉煌历史事迹。或以国家领袖、军队将官为主角，叙述他们创下的丰功伟绩，如《井冈山》、《诺尔曼·白求恩》、《恰同学少年》等；或以革命进程中涌现的若干革命先烈、普通革命群众为主角，讲述他们如何抗战、保卫家园的事迹，如《地道战》、《闪闪的红星》、《小兵张嘎》、《双枪老太婆》、《江塘集中营》、《历史的天空》等。

(8)军旅剧。主要反映军旅生活，它突破了传统革命历史题材剧的叙述模式，在人物塑造方面不再走"高大全"的传统路线，注重刻画兼具个性和缺点的丰满形象，故事也不仅仅发

① CSM，《收视中国》2007 年 6 月。

生在战争中和战场上,还包括将官和普通士兵们的爱情、婚姻、家庭和日常生活,如一度热播的《激情燃烧的岁月》,主要讲述部队将领石光荣在和平时期的生活;《幸福像花儿一样》讲述的是军营爱情故事;《亮剑》虽然以战争为主要叙事内容,但塑造的将领李云龙却有着鲜明的个性与缺点,是一个具有现代风格的战争故事;《沙场点兵》讲述的是和平时期的部队演习故事。此外,近年热播的还有《遍地英雄》、《军歌嘹亮》等。

(9)武侠剧。中国拥有源远流长的武侠文化传统,武侠文化情结决定了这类电视剧是中国主要电视剧种之一。自20世纪港台武侠剧进入内地以来,《霍元甲》、《陈真》、《霍东阁》、《再向虎山行》等历史武侠片曾经风靡一时。近年来,金庸武侠剧占据了主要的收视市场,如《神雕侠侣》、《射雕英雄传》、《鹿鼎记》、《陆小凤》、《雪山飞狐》、《绝代双骄》等。黄易的武侠剧近年来也颇受市场欢迎,如《寻秦记》、《大唐双龙传》等。此外,还有一些是当代编剧原创的武侠剧,如《凤在江湖》、《长剑相思》等。

(10)涉案剧。也称为"公安题材影视剧"、"警匪剧"。传统公安剧以歌颂公安干警侦破案情、伸张正义为主题,包括英模事迹式、侦破式、纪实式和正剧式四大类型。在香港警匪剧的影响下,涉案剧在故事题材和叙述方式方面出现了较大转型,发展为以现实社会为背景、以司法领域的刑事案件为题材、反映各类犯罪故事的一种类型剧,近年来尤其以大案、要案纪实剧最为抢眼,叙述抢劫、杀人、贪污腐化等故事,剧中往往含有血腥、暴力、凶杀、赌博、吸毒、贩毒、色情、黑道、恐怖等内容和场景。

涉案剧主要亚类型有:涉案嫌疑剧、涉案爱情剧、涉案反腐剧、涉案法检剧、涉案动作剧、涉案纪实剧、涉案心理剧和涉案人物剧等八种。一度成为近年来最受欢迎的剧种之一,据有关收视检测数据,2002年前后,央视和省级卫视共播出涉案剧98部,占到整个电视剧收视市场17%的份额,以至于只要社会上出现大案、要案、重案,很多制作单位便会蜂拥而上,争相抢夺拍摄权。如《9·18大案》、《12·1大案》、《重案六组》、《西部警察》、《刑警本色》、《命案十三宗》、《红蜘蛛》、《末路》、《绝不放过你》、《一场风花雪月的事》、《永不瞑目》、《玉观音》、《中国大案录》、《中国刑警》、《女子特警队》、《黑冰》、《红色康乃馨》、《黑洞》、《权力场》、《绝对控制》、《铿锵玫瑰》、《梅花档案》、《忠诚》、《人间正道》和《国家公诉》等。随着国家广电总局出台加强涉案剧播出管理的规定,将其转出黄金时段,该类剧的制播量开始减少。

(11)新农村题材剧。这类电视剧旨在反映现代化农村的新变化、新风尚、新问题,紧贴社会现实,讲述农民工进程遭遇、乡村创业故事、新世代青年农民爱情故事等,具有一定的政策导向性,颇受市场欢迎,成为全国各地黄金时段的常选剧目。近年来,"东北风"农村题材剧持续热播,具有强烈的时代感、轻松的喜剧风格和浓郁的东北风情,如赵本山的《刘老根》、《马大帅》、《乡村爱情》和《圣水湖畔》等。此外,各级电视台也相继播出了一批主题不同、风格各异的电视剧,如央视黄金时段播出的《都市外乡人》、《老娘泪》、《别拿豆包不当干粮》、《插树岭》,赢得了较好的反响,其中,《都市外乡人》和《别拿豆包不当干粮》在2006年播出期间,平均收视率分别达到7%与6%。

(12)栏目剧。这是中国电视人自主创造的戏剧类型,它颠覆了传统戏剧强调戏剧冲突的创作理念,主要讲述具有浓厚“草根风格”的民生故事和情感故事,这类题材大概占到80%以上。它有意模糊真实和虚构的界限,或根据新闻改编,或根据生活中普遍存在的各种问题进行演绎。制播完全栏目化,演员甚至可以是业余群众;戏剧场景简单,投入少、产出高;以故事化与平民化特色迎合城市观众的收视心理,颇受欢迎,如重庆卫视的著名栏目《雾都夜话》,节目定位为“形态生活化、内容平民化、演员群众化、语言地方化、情景真实化”,已成为重庆卫视最有地域特色的高收视率栏目。

浙江影视娱乐频道的《本塘第一剧》将新闻栏目剧化,在本地真实新闻素材的基础上进行改编演绎,在保留新闻真实性、时效性的同时,增加许多戏剧元素,栏目刚播出一周时间,在杭州市网收视率就已经突破2.7%。湖南卫视2006年新创的栏目剧《爱情魔方》,内容大部分是爱情悲喜剧,男女主角基本上是专业年轻演员或者演艺新人,播出不久即进入“中国电视剧排行榜”榜单。此外,湖南经济电视台的《故事会》、山东卫视的《绝对故事》和《抬头不见低头见》、陕西都市青春频道的《都市碎戏》、辽宁电视台影视频道的《百姓故事会》和《瞧这一家子》、西安电视台的《狼人虎剧》、北京电视台的《过把瘾》和天津电视台的《一个姑爷半个儿》,收视均有上佳表现。这些栏目剧大多讲述亲切感人、本土幽默、家长里短的百姓故事,走“亲民”、“本土”、“通俗”路线;但也出现少数低俗下流倾向,如过度关注性、第三者、色情和暴力等话题。

(13)韩剧。指自20世纪90年代末期以来大量涌入中国电视市场的韩国连续剧,剧中主角多为俊男靓女、画面唯美、故事煽情,颇受中国女性观众群体的喜爱,形成了一波韩剧热潮,至今未消。1997年引进的《爱情是什么》被认为是韩流之源头,此后,中央电视台和各地方电视台相继推出了《星梦情缘》、《天桥风云》、《夏娃的诱惑》、《蓝色生死恋》、《澡堂老板家的男人们》和《明成皇后》等大批韩剧,取得了深夜11点以后10%的收视份额,超过很多黄金时段的电视剧。据相关统计数据,2002年全国播放韩剧67部,其中《蓝色生死恋》先后在全国21个频道播出。

韩剧体现出典型的类型化、批量化生产特点,每类韩剧都有相对固定的戏剧元素,长期吸引着一批固定的受众;主要亚类型包括:家庭伦理剧(如《人鱼小姐》)、青春偶像剧(《对不起,我爱你》、《巴黎恋人》)、古装历史剧(如《大长今》、《女人天下》、《明成皇后》)和情景喜剧(如《顺风妇产科》)等。在诸多类型化韩剧中,尤以爱情、励志主题的剧作最为典型,或讲述童话般的现代版灰姑娘爱情故事,或讲述积极健康、坚忍不拔的职业女性,后来持续热播的剧作还有《奥,必胜奉顺英》、《加油,金顺》、《我叫金三顺》、《告别悲伤》、《天桥风云之丽人舞台》、《浪漫满屋》、《甜蜜间谍》、《星梦奇缘》和《天桥风云》等。

(14)其他类型剧。除了上述剧种之外,还有很多广为关注的亚类型,如黑帮剧,以香港生产的为多,如《上海滩》、《噩梦方醒》等。现代商战剧,多揭露商场中的钩心斗角、尔虞我诈,香港拍摄较多,如《流金岁月》等。现代科幻剧,与科幻小说传统有着密切联系,或以科学幻想为故事主题,也有魔幻、穿越等异变主题,如《异动空间》、《小侠龙旋风》、《穿越时空的爱恋》、《愤怒的蝴蝶》、《第八号当铺》、《魔幻手机》等。

第三节　电视节目产制与消费

电视节目类型复杂而多元。为什么会有这些节目而不是别的节目？这些节目是如何生产出来的？为什么有的节目会形成浪潮，而有些昙花一现后销声匿迹？观众们如何消费电视节目？要回答这些问题，必须从各国电视体制、电视台经营机制以及观众收视情况等多方面进行解答。

一、电视传播体制

电视传播体制是一个国家在电视领域确立的基本制度框架，它决定了电视在国家公共领域与社会私领域中的地位、角色和功能，决定着电视台生存法则，也决定了电视节目的内容倾向和表现形态。从目前全球各国建构的体制形态来看，主要有四种类型。

(1)公共电视体制。把电视看做全民的公器，国家采用委托方式将电视台经营管理权力交付公共受托人来行使，以确保电视台免于商业和政府的直接控制。在这种体制下，公共电视台的经费来源主要是电视执照费和国家财政拨款，一般不播放商业广告，例如英国的BBC、日本的NHK等。这种电视体制具有浓厚的精英主义色彩，是为了捍卫民主和多元文化等社会核心价值而设计的制度，希望电视服务能够摆脱利润追逐和沦为廉价娱乐的境地，为受众提供高质量的信息、教育和娱乐服务。

从实际的运行情况来看，公共电视体制确实保证了电视台在一定程度上可以独立于政府和商业，它的节目生产和传播行为不会直接受制于市场的压力，也为公众提供了一些高质量的信息服务。但在一个实行私有经济制度的国家里，公共电视台显得不合时宜，不仅缺少活力，也屡屡在多元价值观的讨论中受到非议，也难以彻底兑现其“公共”的理想；正是基于这种矛盾，目前欧洲公共电视体制已经处于困境，开始向市场化方向改革。

(2)商业电视体制。电视台与其他行业的私有制企业别无二致，皆为私人所有，并由私人掌控其经营管理权。在这种体制下，电视台的经费来源于商业广告及其他商业性业务；电视台的经营方针完全遵循市场竞争的原则，毫不掩饰追逐利润的目的。例如美国传统的三大电视网NBC、ABC、CBS以及默多克掌控的FOX电视台。这种电视体制应该说是资本主义国家的一种现实主义的选择，即将电视台纳入到私有经济制度之内，通过自由主义的商业法则来决定其命运和面貌。

从实际运行的情况来看，商业性电视机构直面市场，遵循大众媒体经营的“大数法则”，尽量生产能够大多数人需要的、具有显著的“平均口味”风格的节目，以收视率为杠杆，对市场反应相当敏锐，展示出强劲的实力。但是在屈从于广告商和“大众口味”的压力下，它的节目往往高度商业化和娱乐化，受到文化精英们的指责。

(3)国有电视体制。电视台属于国家所有，政府直接掌控电视台的人事任免、财务预算以及新闻宣传方针，全面介入电视台的经营管理活动。在这种体制下，电视台的资金来源既可能是政府财政拨款，也可能是商业广告，视其运营机制而论。如中央电视台以及各级地市电视台，在搞活经营机制的1978年之前，其主要资金来源依赖于财政拨款，电视台依据政府确定的新闻宣传方针来从事节目的生产和传播。1978年启动经营机制转型后，电视台的资金来源日渐依赖于商业广告，至今，大多数电视台在经费上已经完全摆脱财政拨款，可自负盈亏。

从实际运行情况来看，国有电视台在内部存在着双重的压力，一是来自于政府的做好新闻宣传的压力，在主导意识形态传播方面要履行公共的职责；二是来自于面向市场的竞争压力，必须面对广告商和收视大众，面临商业化和娱乐化的市场风险。

（4）混合制。每种制度设计都会有其内在的优势以及劣势，因此不少国家都会突破单一体制模式，在三种体制配置中寻求平衡。于是在三种基本体制类型的基础上，很多国家采用了制度设计层面上的混合模式。如英国在公营的BBC之外，政府又批准了私营的独立电视台以及天空电视台，以平衡公共模式因为竞争不足而影响节目制播能力的缺陷。美国则在主流商业电视台之外，开办公共电视台PBS，以保障少数族裔和弱势群体的传播自由权利。

二、我国电视台的管理体制与经营机制

我国电视台当前的基本生存境遇是：国家所有，政府进行宏观管理，企业自主创新经营。政府对电视台的管理主要体现在两方面：一是通过人事任免来确立电视台的高级管理人员构成；二是从新闻宣传业务上进行指导，确保电视台做"党和人民的喉舌"，成为政府新闻宣传的主阵地，弘扬主旋律文化，兼顾社会效益和经济效益。

自1978年以来，尤其是80年代初推行"事业单位、企业化管理"以来，政府日益减少财政拨款，电视台日益加强商业广告经营；目前大部分电视台在经费上已经独立。但是，随着电视台进入"自主经营、自负盈亏"的阶段之后，必须通过市场经营行为来筹措资金，商业化的压力在所难免，经过三十余年的探索，目前我国电视台的市场化经营已经达到了相当高的程度，主要体现在下述几个方面：

（1）制片人制度激活了电视人的市场意识和创新意识。1993年，中央电视台率先以《东方时空》栏目作为电视改革的突破口，试行"制片人制度"，颠覆了中国电视业的传统用人机制，激活了电视人的市场意识和竞争意识，电视业开始真正进入面向市场、并接受市场检验的"优胜劣汰"时代。1993年后，全国各地电视台先后引入这种新的用人机制，激发了电视节目制作人员的主动性与创造性，引发了一波全国性的电视节目、栏目创新热潮。

（2）丰富的频道资源加大了市场竞争的激烈程度。随着传播科技的进步，主要是卫星电视技术、有线电视技术和数字电视技术的推动，原本稀缺的频道资源现在已不再是电视台发展的瓶颈，中央电视台、省级电视台和地市级电视台都进入多频道经营阶段，同一个城市同时被40－50频道覆盖，受众市场和广告资源有限，受众享有充分自由的频道选择权，使得电视台的相互竞争趋于白热化。

（3）收视率左右着栏目和频道的成败。除了少数栏目可以依循社会效益的理由免于承受过度压力之外，软性栏目的生死存亡直接取决于收视份额和广告经营，不少电视台已经确立了建立在收视率评估基础上的、残酷的"末尾淘汰制"，达不到预期收视份额的节目、栏目将被立即淘汰。最典型的一个例子是中央电视台曾经开办的"西部频道"，这个根据国家"西

部大开发”战略而设立的频道于2002年5月开播，但由于定位失据，收视率一直不佳、亏损严重，最后于2004年12月停播，原频道CCTV－12随之改为“社会与法”频道。

(4)“制播分离”推动着节目制作的专业化和商业化。电视台从“制播一体”逐渐向播出平台的方向发展。节目制作和播出的分开，一是基于频道资源过剩、电视台自身的节目生产能力严重不足；二是基于工业化时代生产专业化、细分化的需要。制播分离显然提高了节目生产的市场竞争水平，内容产品的增加使得选择性更大；内容供应商直面在市场压力，必须更加重视产品的质量和销量。

(5)品牌竞争成为胜负关键。随着节目制播市场的发育，在节目供给充足、频道资源过剩的情况下，观众越来越挑剔，“注意力经济”竞争进入高级阶段，即品牌竞争阶段，中国电视开始进入“频道化”、“栏目化”时代，唯有通过塑造频道品牌和栏目品牌，才能吸引到足够的观众注意力——收视率，才能兑换为市场收益。

正是在上述生存法则的主导之下，中国电视台在节目生产、购买和播出上呈现出高度市场化的特征。如近年来掀起的“独播剧”浪潮，就是电视台力图通过购买最具市场吸引力的电视剧，并抵制其他电视台的跟风，以获取最高收视份额，确保市场利益最大化。2005年，CCTV买下《汉武大帝》、《大宋提刑官》、《亮剑》、《京华烟云》等，央视一套收入增长两成以上；其中，《黄金剧场》栏目3500万元买下《精华烟云》，广告收入上亿元。由于没有买断《亮剑》和《武林外传》的独播权，损失上亿。2005年和2006年，湖南卫视相继用重金买下《大长今》和《金枝欲孽》独播权，掀起全国性收视热潮，广告回报同样丰厚。①

与“高投入、高产出”的电视剧市场竞争策略相比，“低投入、高产出”永远都是电视台的最佳选择之一，近年来兴起的“栏目剧”、“室内情景喜剧”风潮就体现了这一特点。相对于电视连续剧高昂的制作成本来看，栏目剧和室内情景喜剧的制作成本很低，演员阵容小，戏剧场景简单且基本不变，采用边拍摄边播出的模式，成本控制已经达到最佳。假如失败了，可以承受损失；一旦成功，便可进行批量化的生产。如由英达一手推动的中国情景喜剧浪潮中的《我爱我家》、《家有儿女》都是按照这种模式生产出来的。

进入21世纪之后，频道品牌营销已经渐成中国电视界的潮流。为了在收视市场确立自身的独特身份，以培养具有高度忠诚度的观众市场，国内各大电视台纷纷开始频道专业定位，强化自身特色，集中优势资源和精力打造频道品牌，如湖南卫视“快乐中国、快乐制造”的定位，使之成为全国顶级的电视娱乐供应商。安徽卫视的“电视剧大卖场”特色化频道定位，确立了它在中国电视剧收视领域的顶级品牌形象。此外，广西卫视的女性定位、江西卫视的红色定位、江苏卫视的情感定位以及四川卫视的故事定位等，都在日趋激烈的电视竞争市场确立了自己的细分市场。

三、电视消费市场

由于电视节目的生产成本相对来说比较昂贵，因此其市场需求必须达到一定的规模，才能产生规模效益，确保电视台在收回投资成本的基础上，还能获取一定比例的利润。

① CSM，《收视中国》2006年6月。

(1)电视消费的大数法则。真正按照商业原则来运作的电视栏目、节目必须拥有足够高的收视率,才能吸引到足够的广告投放,这就决定了商业电视的生存法则:大数法则。所有大获成功的电视节目必然是迎合大众市场需求的产品。而根据人口学的分层原理,电视观众的人口构成决定了最大消费市场之所在。在美国,最大的观众市场就是中产阶级市场,美国的大众文化就是中产阶级文化。而在中国,则主要集中在城市中下层阶层,因此中国的大众市场就是城市中下层人群市场。由此导致今日中国各级电视台都将主要力量都放在迎合这个主要市场上,各地方电视台"民生新闻"栏目取得的普遍性成功充分说明了这一点。湖南卫视综艺娱乐节目的持续热播,表明它契合了大众化娱乐消费的潜在需求;而消费热潮又进一步推动节目的生产,引发了全国卫视频道的模仿跟风浪潮,同质化的类型节目充斥荧屏。在一些地域性收视市场,具有"草根"、"幽默"、"通俗"特色的栏目剧也正是由于吻合了地域性大众市场,成为局部地区的收视热点。

(2)电视消费的"利基市场"。除了大众电视市场外,还存在着电视"利基市场"(Niche Marketing)。菲利普·科特勒在《营销管理》中对"利基"的定义是:利基是更窄地确定某些群体,这是一个小市场并且它的需要没有被服务好,或者说"有获取利益的基础"。[①] 利基电视市场即被电视市场中的统治者、有绝对优势的电视台忽略的某些细分市场,如"小资"、"白领"或"家庭主妇"市场,一家电视台可以选定这样一个相对较窄小的收视市场,集中力量进入,并成为领先者,逐渐形成持久的竞争优势。这也是近年来国内卫视频道相继开始重新明确特色化定位的理论根源。

中国电视拥有庞大的潜在收视群作为支撑,因此对于电视台或电视频道如何寻找到自己的利基市场提供了得天独厚的条件。如以"电视剧大卖场"作为特色化定位的安徽卫视,近年来在市场上屡有斩获,就在于它针对利基市场的成功运作。相关收视数据表明,家庭伦理剧在25-45岁家庭妇女群体中颇受欢迎,为了将这个利基市场最大化,2006年,该频道针对性地进行频道节目编排,推出了四大主题系列剧,包括"春天幸福计划"(《守望幸福》、《家有九凤》、《幸福像花儿一样》)、"抗日传奇系列"(《双枪老太婆》、《江塘集中营》)、"危情出轨系列"(《出轨》、《危情杜鹃》)和"婚姻三部曲"(《哑巴新娘》、《半路夫妻》、《再婚家庭》),分别为不同类型的女性受众群体量身打造。2007年,又继续瞄准情感剧市场,相继推出女性情感主题系列剧(《错爱》、《女人不哭》、《决不妥协》)与"不屈命运、坚强女人"三部曲(《九指新娘》、《苦恋花》、《悠悠寸草心》)。

(3)电视消费市场的同质化。电视消费市场的反馈信息是决定电视节目生产的晴雨表。当一部电视节目在大众市场或利基市场大获成功之后,便迅即成为内容生产商和电视台争相效仿的对象,由此导致内容的同质化现象必然大范围存在。

从生产角度来看,前几年由于涉案剧的收视率出人意料地居高不下,引发了持续几年的涉案剧拍摄热潮。2002年,涉案剧产量竟然接近百部;以至于只要发生任何重大案件,各路制作人员都会纷纷加入激烈的选题争夺战。随着近年来历史正剧的收视率开始下滑,各路制作商都开始放弃拍摄该类题材。

① 菲利普·科特勒:《营销管理》,上海人民出版社1999年版。

从播出角度来说，一部成功的电视剧往往会引发不断重播的热潮。如近年来随着以赵本山的《刘老根》、《马大帅》、《乡村爱情》等为代表的新农村题材剧的持续热播，全国各地不仅掀起了一轮新农村剧拍摄制作高潮，而且也掀起了一轮轮重播热潮。2006年，《亮剑》在江西卫视11次播出。2007年1月至6月，新剧《上海滩》内地版相继在全国60个频道播出。①

（4）电视消费的“马太效应”。强势频道的营销力度、大牌演员或制作人员的吸引力以及电视节目消费者的从众心理等诸多因素，最终形成合力，会直接导致电视消费的“马太效应”，即“热的越热”、“凉的越凉”！强势频道本身占据了市场主导地位，形成了一定的品牌效应，拥有自身的忠实受众群体，因此它推出的任何节目都有先天的累计性收视优势；再加上强势频道雄厚的经济实力，导致它们既有能力从市场上购买到价格昂贵的节目，又能够通过强大的节目营销，利用舆论影响，来最大化节目的收视期待，从而形成吸附效应，形成热播的局面。

成功的电视节目可以捧红明星，随着明星知名度的提升，观众的认同度也将随之提升，进而更加能够稳固目标受众群体，并通过明星效应不断扩张收视市场。此外，很多研究表明，大众文化通过同侪群体的人际传播非常有效，讨论热播的电视节目成为同侪群体日常交流的重要话题，而这种讨论，不仅扩大化了节目在同侪群体内的影响范围，也能够进一步提高他们的收视期待。

总而言之，在电视消费市场规则的左右下，电视作为一种传播媒体的潜在能力被人为窄化了；那些受众规模不足以保证其商业收益的内容被永远从电视荧屏上抹去了；而那些契合了大众化欣赏品位的节目则被无限制地放大。电视成了一个倾斜的世界，它追逐人群中的大多数，同时放逐了人群中的“绝对少数”。所以说，电视作为一种大众媒体，如果唯收视率是从，以经济效益为取向，必然是排斥弱势群体的媒体。

第四节　电视与大众文化

文化理论家常常拘囿于个体有限经验而主观地看待电视文化，从俯瞰的角度来审视电视现象，抓住其中不尽如人意的个案与细节，展开批评，其论述往往令人产生一种错觉：电视文化就是大众文化，它具有欺骗性（阶级算计）、煽情性（非理性）、同质性（内容贫乏）、庸俗性（审美品位粗鄙不堪）、商业性（肮脏的金钱文化）。例如抓住人均电视消费时间过长的统计数据，指责电视侵蚀了传统阅读文化与家庭日常交流；或抓住某些类型电视娱乐节目的高昂收视率，指责大众趣味的贫乏与电视台迎合大众的唯利是图。但理论家鲜少去认真关注观众在人均4小时的电视收视活动中到底看了什么？实际产生了什么影响？这就使得其批评缺少应有的充分论据。随着伯明翰学派以及电视受众研究的勃兴，这一局面有所改观。无论从电视体制来看，还是从节目类型来看，电视文化都是相当复杂而多元的，它并非大众文化的同义语；即便电视是一种大众媒体，其间包含了大量的典型大众文化内容形态。关于电视文化以及大众文化的各种是非争议，还有很多亟待澄清的理论问题。

① CSM，《收视中国》2007年6月。

一、电视文化批评的两个理论视角

(一)文化精英主义的电视文化批评

法兰克福学派(Frankfurt School)是典型的文化精英主义学术阵营,其代表人物之一阿多尔诺(Theoder W. Adorno,1903－1969)在探讨电视问题时,认为权力同时存在于两个不同层面。在第一层面,电视作为一种技术手段服务于"文化工业",它所讲述的故事描绘了人们及其社会行动的方式,也将成为电视收视者理解社会以及采取行动的方式;在第二个层面,电视叙事的程式结构是收视者在接受任何具体内容之前所持有的态度模式,由于这种程式,收视者感到安全,他们有能力预期故事将会如何开展。从两方面来说,电视权力通过标准化的、反复的社会生活描述,充分地迎合并强化了收视者的心理反应,这是一种动态的意识形态权力。① 因此,在他看来,电视是标准化的文化工业产品,旨在维护现实权力秩序,是具有欺骗性的意识形态。

美国社会学家爱德华·希尔斯(Edward Shils,1910－1995)将文化划分为精致文化(Refined Culture)、平庸文化(Mediocre Culture)和粗俗文化(Brutal Culture)等三种类型,他认为,精致文化的特点是主题严肃,所处理的问题不仅具有重要性与知性(Perception)上的穿透力和一致性,而且在感情表达方面也丰富而细腻。平庸文化则少原创而更多的复制成分。粗俗文化则属于内涵更加稀薄的文化样式,"几乎无深度可言,表现形式罕有精巧之处,在感觉和知性上通常也粗糙不堪。"②希尔斯的看法是典型的文化精英主义的价值观和审美观,以他的视角来看待电视文化,无疑会将其视为彻头彻尾的平庸文化,乃至粗俗文化。

精英们一方面常常用一种理论先见去解释文化现象,尤其是从政治经济学的角度来剖析文化产业,未能全面去考察文化类型内在的多元性;另一方面,他们往往也容易忽略或贬低大众文化中的"好的成分",而对其"坏的成分"过于夸大其词。在文化的用途和实际效果方面,原本存在着很多差异性看法,知识精英期待大众媒体履行"大众启蒙"的职能,政府期待借助大众媒体履行宣传与"教化"的职能,公众期待大众媒体履行"实用"与"休闲"、"娱乐"、"审美"等多种职能。电视媒体实际上是多元力量发挥作用的场域,它必须在履行多项职能之间寻找平衡,由此导致电视文化本身的多元性。因此,仅仅从知识精英的诉求来审视电视媒体,难免在理论上具有一定的偏见性。

(二)文化民粹主义的辩护

在强大的精英主义批判声浪之外,一些学者也大胆地表达对电视文化的溢美之词,如美国文化史学者史蒂文·约翰逊就提出与众不同的观点,他认为我们每天沉浸其中的大众文化正在日渐成熟,它所带来的认知挑战正使我们的大脑变得更睿智。他指出,从《俄罗斯方

---

① 转引自隆·莱博:《思考电视》,中华书局2005年版,第26页。

② 爱德华·希尔斯:《大众社会和它的文化》,载奥弗利·博伊德－巴雷特、克里斯·纽博尔德编,汪凯、刘晓红译:《媒介研究的进路——经典文献读本》,新华出版社2003年版,第100页。

块》到影视剧《反恐 24 小时》，再到电视真人秀节目《学徒》(*The Apprentice*)，都提高了人们的IQ值与认知能力。[①] 另一位美国教授理查德·凯勒·西蒙则通过深入对比所谓"垃圾文化"(电影、肥皂剧、脱口秀、广告、通俗报刊和色情杂志)与经典著作之间的关系，揭示它们之间的密切关系；虽然未明说，但字里行间也流露出对大众文化的同情和辩护。[②]

从电视新闻节目来看，它并非全然是驯服的权力工具，传统硬新闻中也充满各种桀骜不驯的批评性报道，发挥着舆论监督、匡扶社会正义的作用。即便是新生的大众化"民生新闻"，很多报道内容无论是出于取悦受众的目的，还是基于媒体人自身的正义感，也具有尖锐的批判性，甚至这种挑剔的批判本身也是民生新闻栏目得以广受欢迎的根本原因之一。大众新闻或许在新闻题材、播报形态乃至制播质量方面有粗疏而不够精致的地方，但并不意味着节目的批判性要比传统硬新闻栏目更弱。

精英主义理论假定受众是被动、消极地全盘接受媒体的信息，中了主导意识形态的圈套，被文化工业所算计。但是在经验主义的电视受众研究中，研究者发现了"积极的受众"，他们在使用电视媒介时展示出相当主动和积极的姿态，媒体消费过程中本身充满了协商、对话和批判。即便是在娱乐节目的消费中，观众解读和创造出来的意义也常常具有相当正面、非常积极的价值，例如关于《超级女声》的争议中浮现出来的关于"程序正义"的观点。[③]

二、电视文化的含混性与多义性

从电视节目类型来看，我们很难将作为一个整体的电视文化武断地看做大众文化。实际上，电视作为一种文化载体，同时在传播着主导文化、精英文化、大众文化和民间文化。从电视新闻节目来看，正如上文所分析，我国电视领域既存在着以《新闻联播》等类型节目为代表的主导文化，也存在在瞄准知识分子群体的精英文化节目，如凤凰卫视若干深受知识分子群体喜欢的时事评论节目；当然，电视的主要目标市场还是指向并依赖于大众市场，如民生新闻、方言新闻的主要目标受众仍然集中在大众群体身上。在音乐节目、综艺节目、戏剧类节目上，同样也存在相似的情况，以上文提及的 CCTV 音乐频道来说，它既转播维也纳新年交响音乐晚会，也大量播放古典音乐、民间音乐和流行音乐。

从电视节目的观众构成来看，无论哪一种类型的电视节目，其观众构成都将是异常复杂的，即便是通常被直斥庸俗文化代表的言情剧和武侠剧，也会拥有不少的精英型观众。假如拿历史正剧来看，根据上文提及的收视调查数据，其主要的收视群体的特征是：男性，高学历(大学文化程度以上)、高职位(干部、管理人员)、高收入；除此之外，还同样会有各个不同阶层的观众。假如我们用文化精英主义的偏见去批驳这些电视剧的庸俗和陈腐，是否也包含了对社会精英们的审美品位的指责呢？

根据上文所述的电视节目生产和传播实践来看，电视主要追逐人口中的绝大多数人群——被称之为"大众"的群体，在美国是中产阶级，在中国是社会中下层民众。因此，电视

---

① 史蒂文·约翰逊：《坏事变好事——大众文化让我们变得更聪明》，中信出版社 2006 年版。

② 理查德·凯勒·西蒙：《垃圾文化：通俗文化与伟大传统》，社科文献出版社 2001 年版。

③ 朱达志：《〈超级女声〉将形成什么"熵"》，《江南时报》2005 年 8 月 22 日第三版。

节目类型中，流行文化所占的份额必然是最大的；而在工业化时代，庞大的需求必然会造成大规模的复制性生产，否则无法满足过于差异化的需求；此外，工业体制也无法决定什么样的题材和样式可以强制性地流行，它们只是在摸索中才能捕捉到大众的审美需求，并进行类型化生产，因此，流行电视节目同时具有民主化、商业化的特点。迈克尔·奥肖内西如此阐述这一矛盾性：

在促成统治权建立的过程中，大众文化起着双重和对立的作用，一方面，它赢得了人民的支持；另一方面，它又维护了统治阶级的专政及对人民的压迫。这就显示了大众文化和电视的魅力所在：它们一箭双雕——既能使人民得到满足，又能促使人民成为被压迫的对象。对我们来说，关键是看它的行为方式，它的一贯性，或者是否有时候大众文化会动摇统治阶级的地位。①

约翰·菲斯克也发现了电视文化的内在矛盾：电视是以大众为中介的大众化艺术形式，必须包容资本与民众这两种既相互对立又相互联系的力量，这样才能同时在金融经济和文化经济中有效地传播。电视远远不只是统治阶级的代言人，统治者必须承认，电视这个领域是他们的权力尚不安全的主要领域之一，他们必须鼓励文化差异，尽管这些差异意味着会对他们自身的地位构成威胁。②

三、电视观众的社会资本与文化资本

不妨作一个大胆的理论假设，如果大众都喜欢像古典名著那样具有内涵的电视节目，现代工业体制一定也会去拍摄更多的经典作品，因为它们的唯一目的只是规模生产、规模效益。但这种假设不会成为现实，一则因为这类节目生产成本昂贵，二则因为普罗大众的审美趣味并非如此。这也是所有关于大众文化、电视文化讨论中普遍存在的误区。实际上，假如说电视“庸俗”，那么不是因为电视天生“庸俗”，而是因为观众有“庸俗”的需求。那么问题就回到对观众审美能力和趣味的质疑上，即回归“大众”批判的命题，流行电视文化得以形成的根源是“主体性”的问题，各个阶层观众拥有自身的“文化资本”（cultural capital），他们解读电视节目的能力取决于他的生活经验、工作阅历、审美趣味和受教育程度等因素，当电视节目内容和风格与他们的“文化资本”相悖的时候，便会排斥接受；当两者相吻合时，便会主动去接受，并获取快感。当赵本山的《刘老根》和《马大帅》被不同地域、不同文化背景、不同阶层的观众收看时，创造出来的意义肯定也千差万别。

在现实中，我们确实能够找到以电视流行文化为代表的大众文化所引发的消极影响的若干典型案例，但几乎无一例外的是，关于大众文化的声讨总是集中在它对青少年群体的影响上，这恰恰也是很多争论中暴露出的重要盲点。为什么是青少年、而不是成年人较容易被媒体所误导呢？其根源还在于青少年的“文化资本”构成，工作经验的缺失，生活阅历和社会经验的贫乏，使他们易于混淆虚构与真实、艺术与现实之间的距离，从而在面对媒体信息时发生误认、误判，从而在价值观方面被误导。

---

① 安德鲁·古德温、加里·惠内尔编著：《电视的真相》，中央编译出版社 2001 年版，第 64 页。

② 约翰·菲斯克：《电视文化》，商务印书馆 2005 年版，第 470 页。

观众的文化资本与社会资本问题只能通过政治经济手段去解决，而无法通过文化的手段来解决，否则我们就陷入了"文化决定论"的陷阱：把文化视为万恶之源，误以为是文化因素导致了政治经济不平等问题。因此，电视文化存在的问题是更广阔领域的社会问题的反映，要解决电视传播中存在的问题，必须回归到政治、经济、社会与文化的更高层面的变革中去，不可能通过头痛医头脚痛医脚的方式，凭借改造媒体自身，促成社会问题的解决。

四、建构民主与多元的电视文化

现阶段，电视文化确实存在着诸多的问题，要着手解决这些问题，必须以建构民主与多元的电视文化为终极目标，从电视传播价值观、电视体制设计、电视媒体经营机制等多方面采取措施，逐步矫正电视传播实践中出现的偏差。

（1）电视传播体制设计上采取平衡策略。从全球各国的电视体制设计及其传播实践来看，单一的电视体制存在着弊端，且这种体制无法克服自身的缺陷，由此会导致系统性的偏差与失衡，例如私有制会导致电视陷入"多数人决定"的商业漩涡，过于迎合大众群体，而忽略少数派的正当权利；国有或公有体制则往往受困于难以协调多元价值，因市场灵敏度不够而失去活力。正因为如此，西方各发达国家多选择混合型电视体制，尽量避免单一体制的缺陷，以调和多元价值，既尊重"多数人决定"，又能够保护少数派权利；前者可以通过市场主义的私有媒体来解决，按照"大数法则"生产，后者则必须借助于公共体制来予以保障。

目前我国电视体制改革也正在朝这一方向努力。第一波电视经营市场化改革取得了显著成绩，电视媒体根据"自主经营、自负盈亏"的政策，进入市场，开展多元经营活动，经济效益大为改观。但也暴露出明显问题，例如过度商业化，照顾了大众趣味，忽视了少数派权利，没有完全兑现媒体应该承担的社会责任。在这种情况下，我们引入了公共电视理念，肯定电视必须提供公共服务的职能。21 世纪以来，无论是要求电视台必须设立专门的公共频道，还是制定专门政策、提出打造"广播电视公共服务体系"，都是为了抵消商业化的负面影响，形成更加平衡的电视文化服务格局，商业服务由市场化机制来解决，公共服务由公共体制来保障。

（2）电视经营超越大数法则，抑制"收视率为王"的倾向。尽管国家的主导电视传播理念和政策一直坚持"社会效益第一、经济效益第二"的方针，但在实际电视媒体运营中，市场化压力很大，很难平衡抽象的社会效益与实惠的经济效益之间的矛盾，甚至导致电视台在实际操作中倾向于选择唯经济效益是从的机制。任何一家电视媒体都同时肩负着提供公共服务和创收赢利的职能，这两项职能应该由两种不同性质的电视节目来实现，但是在电视节目评价以及电视制播人员的薪酬方面，又很难形成两套独立的、合理的解决方案，使得收视率高、市场化程度高、盈利能力强的节目及相关制作人员处于有利地位，而从事公共服务的、服务于小众市场的、收视率不高的节目及制作人员处于不利地位。

要解决电视媒体实际运行中存在的上述问题，必须从优化电视媒体的内部机制来采取对策，协调与平衡公共服务与市场经营两种传播活动的关系，让公共频道成为真正的提供公共服务的频道，弱化其市场经营的压力，超越"收视率为王"的误区，从制度上保障制作资金、公正评价节目以及合理化制作人员薪酬等。对于那些经营性的大众性电视栏目，则提高对其经营绩效的要求，同时抑制过度信奉"收视率为王"的市场法则，确保社会效益不受损害。

(3)建构多元平衡的电视文化。在完善国家电视传播体制、优化电视媒体内部机制的前提下，我们可以期待逐步建构多元平衡的电视文化。这种多元平衡，体现在两个主要方面：

一是商业服务电视文化与公共服务电视文化的平衡。商业服务电视文化可以按照大数法则，主要面向大众性电视市场提供信息、娱乐服务性电视节目，以收视率为重要杠杆，提高满足大众趣味的能力，也提高媒体的盈利能力。公共服务电视文化则必须获得政策性支持和保护，超越大数法则，面向少数派、弱势人群，保障其合理享受传播服务的权利，以社会价值为衡量标准，以节目质量为评价标准。这两种电视文化如果能够达到平衡，就能够有效地解决单一电视体制所造成的弊端。

二是主导文化、精英文化与大众文化的平衡。从技术上来说，电视媒体具有传播三种不同性质文化的能力，在多频道时代，电视可以做到分众化传播、专业化服务，确立多元文化传播的平衡格局。电视媒体所面对的是多元化的趣味群体，不过，大众趣味群体规模大，商业价值高；高雅趣味群体小，商业价值相对较低。因此，要照顾好各类趣味群体的合理要求，必须借助于公共服务与商业服务的区分，为少数派、小众群体提供必要的、合理的公共服务性节目，以确保少数派享受电视服务的基本权益，从而形成平衡的多元文化传播格局。

【关键词】电视　节目类型　电视体制　电视文化

【推荐阅读】

加里·R·埃杰顿：《美国电视史》，中国人民大学出版社 2012 年版。

大卫·麦克奎恩：《理解电视：电视节目类型的概念与变迁》，华夏出版社 2003 年版。

约翰·菲斯克：《电视文化》，商务印书馆 2005 年版。

罗杰·西尔弗斯通：《电视与日常生活》，江苏人民出版社 2004 年版。

约翰·塔洛克：《电视受众研究——文化理论与方法》，商务印书馆 2004 年版。

隆·莱博：《思考电视》，中华书局 2005 年版。

安德鲁·古德温、加里·惠内尔：《电视的真相》，中央编译出版社 2001 年版。

尼古拉斯·阿伯克龙比：《电视与社会》，南京大学出版社 2002 年版。

胡智锋：《电视审美文化论》，北京广播学院出版社 2004 年版。

胡正荣、李继东主编：《中国广播电视公共服务体系：目标与实践研究》，中国广播电视出版社 2010 年版。

何勇：《德国公共广播电视研究》，中国传媒大学出版社 2010 年版。

【思考题】

1. 电视诞生前后出现了哪些舆论？有何意义？
2. 我国现有哪些主要电视节目类型？
3. 我国大众新闻浪潮是怎样兴起的？它的具体表现与特征是什么？
4. 目前全球存在着哪些主要电视传播体制类型？什么样的体制设计较为合理？
5. 怎样解决电视文化存在的主要问题？

第五章

流行音乐与大众文化

CHAPTER 5

【本章重点】流行音乐是最普及的大众文化形态之一，它是怎样产生和发展的？具有什么特征和规律？本章介绍流行音乐的基本理论知识，梳理中外流行音乐发展简史，分析它的主要类型以及流行浪潮，并通过阐释现代流行音乐的生产、传播与消费规律，帮助读者洞悉这种音乐文化赖以形成的体系性原因。关于流行音乐的争议很多，在梳理各种音乐批评的基础上，探讨了如何看待流行音乐的多元性与多义性。

演唱会、音乐会、综艺晚会、CCTV 音乐频道、MTV 频道、调频立体声音乐广播、舞厅伴奏、卡拉 OK、理发店、百货商场、汽车音响、客厅音响、大型歌唱比赛、选秀节目、模仿秀、广告、CD、Walkman、音乐网站、网络音乐社区、iPhone、iPad……流行音乐如影随形般地弥漫在城市的每个角落，全方位渗透到我们的生活方式之中，生活本身成了一首交织乐音和噪音的视听之旅。

音乐的全球化传播水准显然更胜其他大众文化形态一筹，尽管中国内地的多数普罗大众并不会说粤语，但他们在模仿香港粤语歌曲中获得了无限的表达快感；尽管中国歌迷不懂韩语，但他们却对韩国歌手 Rain 达到痴迷的地步；尽管很多中学生的英语成绩不敢恭维，但他们却对迈克尔·杰克逊、玛丽·凯利亚、惠特尼·休斯敦、克里斯蒂娜·阿奎莱拉、碧昂斯、Eminem、Lady GaGa 的音乐了如指掌。

要洞悉流行音乐的产生原因、发展规律以及它的本质、特征与社会影响，必须从音乐史学、音乐理论、音乐作品、音乐社会学、音乐文化学等角度进行全方位的梳理。

第一节　音乐与流行音乐

一、什么是音乐

简单地说，音乐就是一系列有组织的声音。按照频率划分，声音包括乐音和噪音，乐音是指那种能够带给听众愉悦感的声音;而噪音往往指的是令听者反感、激起不良反应的声音。人们曾经认为用乐音才能组织成音乐,但到了现代,音乐家们把噪音也作为一种音乐的创作元素,通过噪音(或噪音与乐音)的有机组合,表达一种独特的情绪,被称为噪音音乐。欧洲的工业噪音乐队(Industrial Music)从马里内蒂①的未来主义宣言中获得的灵感,认为未来的音乐是工业的音乐;他们大量使用机器和电子设备的原音,机器的轰鸣声,火车的汽笛声,都可以成为大时代赞歌的清风雅乐。因此,一切声音都可以被用做音乐创作的原料,包括有固定音高的乐音、没有固定音高的噪音以及无声的休止。

英国工业音乐乐队 Throbbing Gristle

音乐也被解释为一系列声音和无声的具有时间性的组织。它是通过音响(包括休止)的运动而组合成的一种特殊形式的艺术,动与静、强与弱的对比是音乐的重要表现手段。一个无休止的单音之所以不能叫做音乐,唯一的理由就是它是静止的,因而是没有生命的。所谓"艺术的结合",是指将这些材料按照一定的听觉审美规律有机地组织在一起,而不是 各种声音杂乱无章地简单地堆砌起来,否则那仍然只是一堆噪音而已。

声音包括三个重要的构成要素:响度、音调、音品(音色)。响度是指声音的大小,与发音体产生的声波振幅有关;音调是指声音的高低,与发音体产生的振动频率有关;音品是指声音的独特性,与发音体产生的波形有关。从音乐的表现手法来看,构成音乐的基本要素包括音高、节奏、音色、旋律、和声,等等。音高是指声音的频率高低;节奏则是指乐音运动的规律,包括快、慢、重复,在时间上控制音乐的运动;音色是指乐器或嗓音的音质;旋律是指乐音(音符)的线型排列;和声则处理不同乐音同时发生的关系,是音乐的高级阶段。其中无论哪一个因素的变化,都可能完全改变音乐的表达。作为一种时间艺术,音乐的基本原则是调动一切表现手段、在音响的运动和对比中展示其内涵。

在所有的艺术形式中,音乐被公认为最抽象的艺术,因为它的物理存在形式就是抽象的五线谱。但借助声音的组合和运动,音乐又可以表达真挚的思想与情感,抽象的声音符号也可以被用来叙述生动的故事,如贝多芬的《命运交响曲》,作曲家用高亢的乐音和充满艺术张力的节奏表达了对命运的一种终极思考,形式本身似乎无迹可寻,只在演奏者的指尖流淌,在空气中弥散传播,但传递出来的感情却非常真实,震撼人心。

二、音乐的类型

在不同的时代背景和文化语境下,音乐的形态及其生产、传播和消费机制都有特殊性,与特定的地理环境、社会结构、生活方式、情感状态以及乐器的发明与使用等因素密切相关。

① 马里内蒂,意大利诗人、作家兼文艺评论家,未来主义文学运动的创始人和理论家。

因此，全球音乐的类型纷繁复杂，各个民族都有着自己独特的音乐文化传统，其音乐分类体系也各不相同。

杜亚雄将中国传统音乐划分为四种类型：民间音乐（包括乡野音乐和市井音乐）、文人音乐、宗教音乐和宫廷音乐；其中民间音乐包括民间歌曲、民间器乐、民间歌舞、戏曲音乐和说唱音乐；文人音乐包括古琴音乐、诗词吟诵调、文人自度曲；宗教音乐包括佛教音乐、道教音乐、基督教音乐、伊斯兰教音乐、萨满教及其他宗教音乐；宫廷音乐包括祭祀乐、朝会乐、导迎及巡幸乐、宴乐。①

曾遂今将中国古代音乐文化划分为三种类型：宫廷音乐文化、大众音乐文化和文人音乐文化，将中国当代音乐文化分为政府音乐文化、大众音乐文化和学院派音乐文化。他认为：1949 年以后的政府音乐文化是一种客观存在的文化，它最大的特点是政治导向性，由政府掌握的媒体和表演团体来进行传播，明确表达政府提倡、鼓励的音乐样板和内容。当代大众音乐就是“流行音乐”或“通俗音乐”。学院派音乐则是在继承中国古代文人音乐和借鉴西方现代音乐的基础上发展而来的混合产物，是当代的中国文人音乐文化。② 他的分类忽略了宗教音乐传统，并用“大众音乐”指称古代的民间音乐与现代的流行音乐，强调两者的历史继承关系，这种归类有一定的道理，因为它们的消费者确实都是不同时代的社会中下层民众。但这种分类也存在显然的弊病，不易区别古代民间音乐与今日流行音乐之间的显著差别；按照他的分类法，假如今日大众音乐就是流行音乐，那么今日仍然存在的民间音乐又被忽略掉了。显然，这种分类方法还不够周延完备。

考察当前中国存在各种音乐形态，可将其归纳为五种基本类型：（1）古典音乐，即古代遗留下来的经典音乐作品，如《二泉映月》之类的经典民乐。（2）主旋律音乐，即表现国家主导意识形态的音乐，具有浓厚政治色彩和宏大叙事特征，如各类官方文工团、歌舞团演奏或演唱各种主旋律乐曲或歌曲。（3）艺术音乐，继承中国古代文人音乐传统、并吸收西方古典音乐养分而创作的音乐，主要依赖于学院等专业音乐机构来生产与传播。（4）流行音乐，由商业性机构批量制作、借助大众媒体广泛传播的现代大众音乐。（5）民间音乐，继承古代民间音乐传统，在广大农村或都市里小范围传播的歌曲，尚未进入大众传播的主渠道。

从音乐发展史的来看，西方音乐也有着悠久的传统，一般认为古希腊时出现的古代音乐是西方音乐的源头。中世纪之后，基督教音乐文化开始进入兴盛期，西方古典音乐开始孕育。经过文艺复兴的洗礼，加上贵族们的扶持与赞助，西方古典音乐在 18 世纪至 19 世纪进入鼎盛时期。19 世纪初期，随着工业化、民主化、城市化时代的到来，西方大都会开始出现早期的流行音乐，但因为尚未出现可以跨地域传播音乐的媒介，其流行程度还相当有限。直到 19 世纪末，随着留声机等现代音乐传播媒介的诞生，西方都市流行音乐才开始蔚为大观。

西方音乐传统与中国有着明显差异，一般被划分五种主要类型：（1）管弦乐，包括交响乐、交响诗、序曲、协奏曲等。（2）室内乐，弦乐四重奏、带钢琴的合奏、三重奏、混合合奏、奏鸣曲等。（3）戏剧音乐，歌剧、舞剧、音乐剧、配乐等。（4）宗教音乐，弥散曲、安魂曲、受难乐、

① 王耀华、杜亚雄编著：《中国传统音乐概论》，福建教育出版社 1999 年版。

② 曾遂今：《中国大众音乐：大众音乐文化的社会历史连接与传播》，北京广播学院出版社 2003 年版。

清唱剧、经文歌、赞美诗、康塔塔等。(5)世俗音乐,艺术歌曲、民间音乐、摇滚音乐等。进入20世纪后,由于传统音乐对普通公众的影响逐渐式微,有人把古代的所有音乐形式统称为古典音乐,并建构了不同的分类体系,认为当代西方音乐的主要类型包括古典音乐、乡村音乐、爵士音乐、摇滚音乐、蓝调音乐、波普音乐、嘻哈音乐、轻音乐与电子音乐,等等。

三、流行音乐

(一)古代民间音乐

音乐的起源可以追溯到远古时代,古代民间音乐(尤其是市井音乐)可以说是今日通俗音乐的先声,它是古代社会的底层民众借以表达思想和情感、娱乐与休闲的一种艺术形式,其地位与功能皆类似于今日都市流行音乐。早期民间音乐是无定形的集体创作,虽然古代城镇中也出现了具有一定商业色彩的吟游诗人和歌手表演,但主要依赖口头传播,在中下层民众间口耳相传,难以跨越地理空间大范围传播,所以与今日的流行文化的跨地域性、全球化特征有着明显差异。

古代民间音乐与地域环境、生活方式、社会结构、宗教信仰以及文化传统有着密切联系。由于古代早期并无印刷文明,古代诗歌是通过吟唱来传播的,因此古代诗歌与音乐的关系密不可分,我国第一部诗歌总集《诗经》中的很多篇章实质上是当时的民间歌曲,与今日诗歌与音乐是截然分开的两种不同艺术门类大不一样。东汉学者何休在《公羊传解诂》中评价《诗经》时,认为其中的民歌是“男女有所怨恨,相从而歌”。意即,底层民众因为对生活有所埋怨和不满,于是就通过歌唱的方式将它表达出来,相互应和。何休还认为,《诗经》的民歌主题是“劳者歌其事,饥者歌其食”。意思是说,这些民歌反映了古代社会底层民众的心声,苦于劳役的老百姓诉说他们的辛酸故事,食不饱腹的饥民感慨生活的穷困潦倒。何休还提出这些民歌创作的动机是“感于哀乐,缘事而发”。也就是说,古代民间歌曲是老百姓们的思想情感、喜怒哀乐与生活遭遇的朴素表达,具有通俗易懂的特点。

据音乐史家们的研究,在古罗马和古埃及,有着一群以音乐为生的行吟歌手,他们在城市、集镇间流动,演唱于剧场和街市之中,为广大平民们所喜爱。在中国宋代,“勾栏”、“瓦肆”里活跃着说唱艺人的身影,他们通过演唱与演奏音乐来获取报酬。

古代民间音乐显然不具备宫廷音乐和宗教音乐所具有的规范性与稳定性,后两种音乐的生产、传播和消费主要发生在宫廷、贵族社会和教会内部,特权阶层常常雇佣专业创作者来为他们创作圣歌、赞美歌等,这些受雇的音乐人通常具有较高的艺术才华,所创作的作品更加精致、复杂,讲究形式美学。当然,上流社会也会对民间音乐产生兴趣,宫廷里也会组织民乐演奏活动,如唐太宗就因为喜欢民间音乐而在宫廷里设立了民乐演奏、创作和教育的专门机构。①

(二)现代流行音乐的产生

“流行音乐”是现代社会的产物,是19世纪以来民主化、工业化和城市化进程的产物。

---

① 张离平:《中国全史·音乐史》(简读本),经济日报出版社1999年版,第448－449页。

随着大规模人群涌入新兴资本主义工商业中心城市，他们需要用音乐来抒发情怀、娱乐消遣，城市中开始出现音乐消费的热潮，也催生了一批专门为大众提供音乐服务的流行歌曲创作人员，他们或将古典音乐通俗化，或将民间音乐改造为符合城市民众需要的风格，或针对市井生活而即兴创作抒发心声的音乐作品，由此产生了大众音乐市场。彼得·盖伊在描述19世纪中产阶级的形成时，有如下一段话：

(作家施尼兹勒)总结前一季度去过哪些地方时，得出如下结果：去了15次城市剧院，14次宫廷剧院、11次歌剧院和至少19次交响乐演奏会。与音乐和舞台相比，医学对他殊少吸引力。①

从上述这段话可以看出，正在形成中的19世纪中产阶级音乐消费情况体现了社会转型期的含混性。一方面，音乐消费十分普遍和流行；另一方面，象征贵族阶级趣味的古典音乐(宫廷剧院、交响乐)和新兴中产阶级趣味的城市音乐(城市剧院)都在中上阶层流行。《施尼兹勒的世纪》中的另一段话更加清晰地揭示了文化转型的景观：

当然，剧院和歌剧院这一类大众聚会场所并不是维多利亚时代首创的，但它们的规模和数目在19世纪都是空前的。高级文化的民主化要比政治的民主化来得更早。前一个世纪只有贵族和巨贾所独享的文化活动，在维多利亚时代成为了家的公共替身，提供布尔乔亚家庭一些他们买不起却参观得起的东西。这些家外之家的主要服务对象是社会的中间阶层和富裕阶层，不过我们将会看到，随着时光流转，小布尔乔亚也常常跻身听众和观众之列。②

19世纪中前期的音乐传播手段仍然非常落后，通俗音乐只能通过印刷的"活页乐谱"和歌手们的巡回演唱来传播。直到后来随着录音技术与留声机的发明，流行音乐进入了唱片传播时代，也标志着现代流行音乐的成熟。进入20世纪后，尤其是"二战"以后，随着电声乐器的出现和一系列现代传播科技的发明，流行音乐开始通过各种电子技术来广泛传播，其影响力无远弗届；各种流行音乐类型也逐渐成熟，日益跨越时空距离而风靡全球各地。

(三)流行音乐的定义

汉语中常用的"通俗音乐"和"流行音乐"都对应于西方的Popular music概念，译法不同而已。流行音乐是指内容上贴近普通人的思想情感、表现形式比较简单且易于传播的现代音乐类型，它与深奥难解、形式复杂和精英趣味浓厚的古典音乐构成二元对立。我们不能望文生义地将"流行音乐"简单地理解为"流行的"音乐，因为一些艺术音乐作品也相当流行，在欧洲，贝多芬的钢琴曲《致爱丽丝》和《命运交响曲》就为普罗大众所熟知，但它属于古典音乐，而不能归类为流行音乐。在革命战争时期，革命歌曲在革命团体和群众中也可能颇受欢迎，但其属性与现代社会中的商业性流行音乐存在着明显的差异。此外，流行音乐的民族差异，如在美国，爵士乐、布鲁斯、乡村音乐都是不折不扣的流行音乐；但在中国，则属于小众音乐。

到底什么是流行音乐呢？人们至今仍未能清晰、准确地界定其内涵和外延，下面介绍几个代表性的定义：

---

① 彼得·盖伊：《施尼兹勒的世纪：中产阶级文化的形成，1815－1914》，北京大学出版社2006年版，第50页。
② 同上书，第271页。

在整个音乐艺术领域中,民间音乐与艺术音乐之间有着一个广阔的地带,流行音乐便盘踞在这里。流行音乐并没有明确的边界,其一端伸向民间音乐,另一端伸向艺术音乐。但在大多数情况下,民间音乐、流行音乐与艺术音乐之间的界限还是非常清楚的。(英国音乐学家柯伯特·劳埃德)

流行音乐,这一术语囊括了所有的民间音乐品种。这些音乐最早是由一些没读过书的人创作出来的,也没有用书面形式记录下来。(《剑桥音乐指南》)

流行音乐与民间音乐的区别在于它是创作出来并被记录下来的,其音乐风格的发展并不局限于某一地区或种族。尽管早期的流行音乐作品与当时的古典音乐有许多共同之处,然而这些作品都是短小而简单的,对表演者和听众都很少提出要求。(《新哈佛音乐词典》)

流行音乐主要产生于城市,由专业音乐工作者所创作,常通过口头传播。(《简明不列颠百科全书·中文版》)①

流行音乐是为那些没有受过正规音乐训练而又能够听赏它的广大听众而写的音乐……流行音乐与严肃音乐或者古典音乐、民间音乐之间存在着明晰的差异。(《牛津音乐词典》)②

总而言之,流行音乐即能被大多数人接受的音乐,它内容通俗易懂,结构短小,节奏清晰,旋律简单,易学易唱,风格及表现手法自由多样,具有较强的即兴性和娱乐性。具体可归纳为下述五个特征:

(1)歌词题材来源于日常生活。流行歌曲由歌词和歌曲组成。从歌词来看,它大多取材于日常生活,叙事内容贴近民众的心声,尤以爱情歌曲居多,也有描写思乡、理想、友谊、感伤等人之常情的内容。

(2)歌曲的旋律比较单调,容易记忆。通俗音乐的结构大多短小精练,许多作品富于即兴性,在旋律上力求易记易唱。由于强调娱乐性,所以创作手法和风格均较自由。

(3)在演唱方面对发音技术的要求并不高,讲究个性而自然的发挥。最初的流行歌曲的演唱者大多为非专业人员,自娱自唱者居多,因此很自然地形成了这样一种通俗的唱法,即多用自然嗓音,音域一般不宽,吐字清晰,亲切随意。

(4)在演出上强调群众性,注重面对面交流。19世纪后期以来,各种大型音乐演出活动迅速增多,调用灯光、美术、服装、舞蹈和音响等手段,营造十分强烈的视听效果。

(5)歌曲的基本结构是稳定的。每首流行歌曲的演唱时间基本上是固定的,通常为4-5分钟左右。其整体结构是高度程式化的,如下图所示:

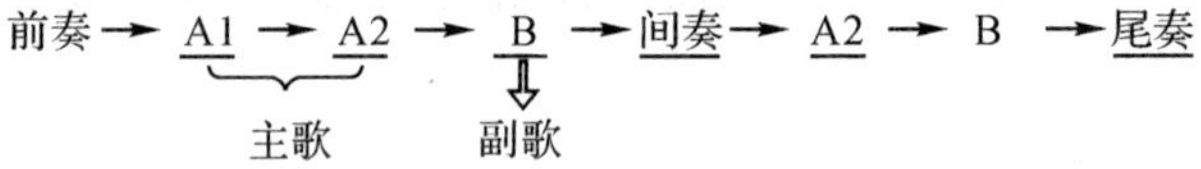

前奏 → A1 → A2 → B → 间奏 → A2 → B → 尾奏

(A1、A2:主歌;B:副歌)

流行音乐并不是孤立的领域,它需要不断从古典音乐、艺术音乐和民间音乐中吸收养分,以不断推陈出新、更新换代。创作者可以对民歌旋律进行现代化的改造、加工,将其溶入

---

① 皆转引自陶辛主编:《流行音乐手册》,上海音乐出版社1998年版,第3-4页。

② 《牛津音乐词典》,人民音乐出版社1991年版。

现代音乐元素中，从而创造出新的音乐形式，所以都市音乐中经常会出现具有鲜明民间音乐的主题和风格元素。如20世纪80年代末中国出现的"西北风"流行浪潮，就大量借用了我国西北地区的民间音乐元素，并将其纳入现代都市流行音乐元素，打造出一种都市风格的流行歌曲，同真正的西北民间歌曲已经相去甚远。

流行歌曲表现的是世俗生活、经验与情感。词作者用浓缩的诗性语言来叙述故事，故事主题是对普罗大众日常生活中的情感经验的再现，可以通过移情的方式来唤起共鸣。而曲作者则为每首歌曲以创造独一无二的声音表现形式，综合运用音高、节奏、旋律以及和声等手段，赋予叙事以恰当的声音形式。流行音乐的表演者则通过个性化的演绎，用具有感染力的声音和情感投入，来诠释歌曲蕴含的思想与情感。从传播学的角度来看，作词与作曲属于编码活动，由于受众是缺乏专业音乐素养的普通公众，其解码能力相对较弱，因此流行歌曲的编码原则必须遵从通俗易懂的法则。

艺术音乐的目标受众是具有良好音乐素养与较强解码能力的专家型受众，因此其编码更加繁复，如贝多芬、巴赫、莫扎特、施特劳斯、帕格尼尼、瓦格纳、斯特拉文斯基、柴可夫斯基等音乐巨匠的经典作品，他们借助交响乐、小提琴曲、钢琴曲等音乐形式，展现了创作者深邃的思想、丰沛的情感和高超的艺术想象力。

第二节　西方流行音乐的类型

西方流行音乐从19世纪初期开始孕育，20世纪初期趋于成熟；成熟的标志就是出现了类型化的流行歌曲，并且广泛流传，产生了强大的社会影响力。由于美国在19世纪后半期迅速崛起为大国，加上传统文化与古典音乐传统十分薄弱，反倒使之在流行音乐发展历史上扮演了主要角色。进入20世纪之后，随着国力的进一步增强，美国已经确立了自己在经济和文化等各个领域的领衔地位，其流行音乐工业也达到了顶级水平。下面将主要介绍美国19世纪以来的主要流行音乐类型。

一、美国流行音乐主要类型

(1)锡盘巷音乐。19世纪末，在纽约第28街集中了很多音乐出版公司。各家公司都有歌曲推销员整天在那里弹琴，吸引顾客。由于钢琴使用过度，音色疲沓，像敲击洋铁盘子似的，于是有人戏称这个地方为"锡盘巷"(Tin Pan Alley)。这个名称后来成为美国流行音乐史上一个时代的象征，一种风格的代表。从19世纪90年代直到第二次世界大战结束，延续了整整半个世纪。早期最知名的作曲家德雷塞创作了不少多愁善感的怀旧和伤感歌曲，一度颇受欢迎；但音乐出版商们开发了一种相反风格的欢快、风趣和幽默歌曲类型，歌词以爱情主题居多，来帮助城市平民们忘掉现实的烦恼，沉溺在音乐营造的快乐中，结果大获成功；代表作有《舞会之后》、《纽约的人行道》和《我的爱尔兰野玫瑰》等。第二代锡盘巷音乐的代表人物、20世纪美国最成功的流行音乐作曲家之一的埃尔文·柏林总共发表了1500首作品，他最流行的音乐剧《安妮,拿起你的枪》仅1946年就在百老汇演出了1147场。[①]

(2)拉格泰姆。拉格泰姆(Ragtime)是一种黑人流行音乐类型,1890年至1915年期间在美国流行,后被爵士乐取代。起初是一种钢琴音乐,后来出现了一些风格迥异于一般流行歌曲的拉格泰姆,如哈尼的《你是一辆有用的旧马车,但是你破了》、霍华德的《嘿,我的宝贝》。拉格泰姆歌曲的节奏特点逐渐被很多作曲家采用,对后来锡盘巷音乐的风格产生了直接影响。

被誉为"爵士乐之父"的
Louis Armstrong

(3)爵士乐。是19世纪末20世纪初在美国新奥尔良地区发展起来的一种流行音乐。爵士乐是以美国黑人音乐为基础,尤其是布鲁斯(Blues)[②]和拉格泰姆,再融合某些白人音乐成分,以小型管乐队即兴演奏而逐渐形成的。早期的爵士乐演奏喧闹而充满激情,具有原始、粗狂和泼辣的刺激性,即兴演奏是其最突出的特点。爵士乐经历了几个主要发展阶段,包括早期新奥尔良爵士、20世纪20年代以芝加哥为中心的"爵士时代"[③]、30年代以纽约为中心的大型爵士乐队阶段[④]、1935年兴起的摇摆乐(Swing)、"二战"后的比博普(Bebop)时代,后来相继还出现进步爵士、冷爵士和硬博普等亚流派,直至60年代进入自由爵士时代。随着摇滚乐的兴起,这种对美国社会产生了巨大影响的流行音乐形式才开始降温。

(4)乡村音乐。20世纪20年代,美国南方农业地区出现一种新音乐类型。早期也被称之为山地音乐;与同时代城市里的伤感歌曲不同,它带有浓郁的乡土气息,歌词主要叙述家乡、失恋、流浪和宗教信仰等主题;主要在家庭、乡村集市和教堂里演唱。20年代电台拓展农村听众市场,很多乡村音乐得以有机会曲录制节目,并开始出唱片,逐渐成为流行音乐主流。"二战"后,进一步扩大为具有全国影响的流行音乐形式,并被正式称为乡村音乐。

(5)节奏布鲁斯。英文全名是Rhythm & Blues,又简称为R&B。它源于黑人的Blues音乐,20世纪40年代中期开始出现。广义的R&B可视为"黑人的流行音乐",是现今西方流行乐和摇滚乐的基础。最初开始流行的R&B风格通常是指"跳跃布鲁斯"(Jump Blues),它不仅吸收了爵士乐里的摇摆节奏和以小号为主的编配方式,而且吸收了布鲁斯里普遍使用的

---

① 本部分关于西方音乐类型介绍的内容主要参考陶辛主编:《流行音乐手册》,上海音乐出版社1998年。

② 也被意译为"蓝调",英文Blue有"忧郁"、"哀伤"的意思。早期Blues音乐是一种诉说黑人不幸生活的音乐。都市化、流行化之后,不再具有原初的内涵。

③ 这一时期,白人开始组建爵士乐队,代表人物是爵士乐史上最伟大的独奏家之一阿姆斯特朗。

④ 为了迎合纽约市饭店、夜总会和舞厅里的白人听众,乐队开始按谱演奏,又被称为Swing,即摇摆乐;这一时期的代表人物是艾林顿。

回复段与和声结构；歌手的演唱也继承了布鲁斯传统：粗糙、不加修饰和喊叫式的风格。近年黑人音乐圈大为盛行的 Hip－hop 和 Rap 都源于 R&B，并且也保存着不少 R&B 成分。

（6）迪斯科。70－80 年代美国的一种流行音乐形式。迪斯科（Disco）原意为唱片舞会，起初是一种强烈而节奏单一的黑人舞蹈音乐，没有强弱交替的重拍，具有一种轻快跳跃的感觉。1974 年以后，迪斯科音乐开始进入极盛时期，它吸引了成千上万的年轻人和舞迷，首先在英美等国流行，后来遍及世界各国。现在广泛流行的是舞厅迪斯科，形式多样，随意即兴，自娱性强，跳舞的人可随着音乐节奏的变化尽情发挥。

（7）灵歌（Soul）。由布鲁斯、摇滚乐和黑人福音歌混合而成的一种黑人流行音乐，盛行于60 年代中期，演唱时较少演奏乐器，将福音歌的即兴“华彩”①和喊叫、抽泣、低语等演唱方法应用于流行歌曲（多为情歌）演唱中，风格华丽自由。代表人物有惠特尼·休斯敦和玛丽亚·凯利亚等。

（8）雷盖（Reggae）。起源于牙买加，70 年代中期传入美国。它把非洲、拉丁美洲节奏和类似非洲流行的那种呼应式的歌唱法，与强劲的、有推动力的摇滚乐音响相结合。

（9）饶舌乐（Rap）。Rap 是黑人俚语，意思是“谈话”（talking）。饶舌乐产生于纽约贫困黑人聚居区，它以在机械的节奏声的背景下，快速地诉说一连串押韵的诗句为特征。这种形式来源之一是过去电台节目主持人在介绍唱片时所用的一种快速的、押韵的行话性的语言。Rap 歌词幽默、风趣，常带讽刺性，80 年代尤其受到黑人欢迎，代表性的乐队是“公敌”（Public Enemy）。

（10）嘻哈（Hip－hop）。它是一种生活文化的统称，泛指当时纽约街头文化的各种成分，包括音乐、舞蹈、涂鸦、刺青和衣着等。美国纽约的黑人社区 BRONX 是 Hip－hop 文化的源头，他们发挥黑人独有的特质，将生活中的娱乐发展为现今多样的 Hip－hop 文化，如 Rap、霹雳舞、快板歌和涂鸦艺术等，还包括特殊的舞蹈音乐播放手法，即唱片播放员（DJ）用手把放在唱机转盘上的唱片前后移动，发出有节奏的刮擦声；在转换唱片和拼接唱片音乐片断时，听不出中断痕迹。

（11）波普（Pop）。一种具有强烈节拍的现代流行音乐。如七八十年代著名歌手戴安娜·罗斯（Diana Ross）、莱昂纳尔·里奇（Lionel Richie）、惠特尼·休斯敦（Whitney Houston）、麦当娜（Madonna）、迈克尔·杰克逊（Michael Jackson）、普林斯（Prince）和珍妮特·杰克逊（Janet Jackson）等人演唱的很多歌曲。

（12）室内音乐（House）。80 年代出现，是从 Disco 发展出来的一种新兴室内舞蹈音乐形式。Disco 流行后，一些 DJ 希望将 Disco 变得较为不商业化，对它进行改造，让贝司（Bass，低音吉他）和鼓变得更深沉，很多时变成了纯音乐作品；即使有歌唱部分，多数也是由跳舞女歌手唱的简短句子，往往没有明确歌词。起初是由芝加哥的 DJ 将德国电子乐团 Kraftwerk 的一张唱片和电子鼓规律的节奏以及黑人蓝调歌声混音在一起而创造出来的。渐渐的，有人加入了拉丁（Latin）、Reggae（雷盖）、Rap（说唱）和 Jazz（爵士）等元素。至 80 年代后期，室内音乐冲出地下，成为芝加哥、纽约以及伦敦流行音乐排行榜的宠儿。

---

① 演唱者对歌曲的基本旋律进行即兴装饰变化的一种手段。

(13)电子音乐(Electrophonic Music)。就是用电子合成器、音乐软件、电脑等所生成的电子声响来制作音乐。电子音乐范围广泛,在电影配乐、广告配乐和流行歌曲中都经常用到,以电子舞曲为最多。由于它不是由人演奏出来的声音,很多人认为电子乐是一种冷冰冰、没有感情的音乐;但也有人认为电子乐中可以加入 Rock,Jazz 甚至 Blues 等多种元素而充满情感。①

上文只介绍了20世纪以来的部分西方现代流行音乐类型,实际上存在的形态可谓五花八门,除上述提及的之外,还有现代民歌(Folk)、英式摇滚(Britpop)、欧洲跳舞音乐(Trip – Hop)、梦幻流行曲(Dream – Pop)、新世纪音乐(New Age)、迷幻舞曲(Trance)等几十种主要流派。而且每种流派下又有不少分支,如爵士乐和摇滚乐又可以根据主题和演出形式再划分为几十种乃至上百种亚类型。

二、摇滚乐的产生、发展及主要类型

摇滚乐可以说是当代西方流行音乐中最具影响的流派,产生于战后西方社会与文化土壤之上。1955年,电影《黑板丛林》上映,其中的歌曲《昼夜摇滚》(*Rock Around the Clock*)引起轰动。美国流行音乐杂志《公告牌》(*Billboard*)在当年5月把它列为全国唱片销售量第一。这种音乐具有一种反叛的姿态,成为摇滚乐(Rock' n' Roll)时代开始的标志,演唱者比尔·哈利也成了摇滚乐迷们崇拜的第一个偶像。从此,摇滚乐风靡美国。早期的摇滚乐是节奏布鲁斯的填词版,主要是一种黑人音乐。

在50–60年代,摇滚乐主要是一种青少年音乐,表达了他们对随心所欲生活的向往,成为美国战后出生的"垮掉的一代"的精神食粮。50年代最有影响的歌手是"摇滚乐之王"——埃尔维斯·普莱斯利,他一边弹奏吉他一边随着音乐节奏摇动臀部的表演在观众中引起热烈的反响。1958年前后,由于受到传统保守势力的反对而陷入低潮。随后,相继出现民谣摇滚、冷摇滚、山地摇滚等形式。

受到美国青年热捧的"披头士"乐队

1964年,英国利物浦的"披头士"(Beatles)②前往美国演出,一炮走红,第一张在美国发行的唱片《我想握你的手》占据了美国当年60%市场。至1970年解散前,他们一共访问美国四次,"披头士热"到了令人难以置信的程度。如第二次访问,在堪萨斯演出结束后,他们睡过的床单和枕套,被撕成16万小块,每块

① 钟子林:《美国流行音乐概况》,载陶辛主编:《流行音乐手册》,上海音乐出版社1998年版,第23页。

② Beatles,音译为"披头士"乐队,也被意译为"甲壳虫"乐队,包括约翰·列侬、麦卡特尼、哈里森和斯塔尔等四位成员。

1 元钱，歌迷们抢购一空。“披头士”共创作下约 250 首歌曲，大部分都是爱情题材的，也部分涉及反战、反对暴力、要求自由等等。他们的歌声影响了一代美国人的艺术趣味、生活方式甚至政治态度。征服美国的英国摇滚乐小组除了“披头士”外，还有“滚石”（The Rolling Stones，属于硬摇滚，Hard Rock）、“何许人”（The Who，属于重金属风格）、“赫尔曼的隐士们”（Herman's Hermits）等乐队。

到了 60 年代，旧金山开始出现了“迷幻摇滚”（Psychedelic Rock）的浪潮，受到嬉皮士的欢迎。随着 60 年代反战、民权运动等政治运动的兴起，反叛的年轻人找到了一种摇滚乐形式“民谣摇滚”来表达他们的抗争立场，这一时期的代表歌手是鲍勃·迪兰（Bob Dylan），他在 60 年代的歌曲主要以反对战争和反对专制为主题，受到青年人的欢迎。

60 年代末，由布鲁斯和硬摇滚发展出的一种摇滚乐风格“重金属”（Heavy Metal），具有金属质感的吉他失真和反复的吉他 riff① 是重金属最主要的特征。重金属涵盖的范围非常广泛，而且类别繁多，是 70 年代以来摇滚乐最大的一个分支，也可以说是最正统的摇滚乐。代表乐队包括第一支重金属乐队 Black Sabbath（黑色安息日）以及 Motor - head（电动头）、Iron Maiden（铁娘子）、Slayer（杀手）、Bathory（雷神）、Death（死亡）和 Darkthrone（黑暗葬礼）等。

70 年代越战结束，摇滚乐的风格更加多元化，出现了很多亚类型，如艺术摇滚（Art Rock），主要在英国等欧洲国家盛行，代表性乐队有“穆迪布鲁斯”（Moody Blues）等；在美国也有一定影响。艺术摇滚把摇滚乐与古典音乐结合起来，利用电子设备演奏如李斯特、德彪西等作曲家的作品，也被称为“进步摇滚”（Progressive Rock）。又如庞克（Punk），是 70 年代中期发展起来的一种摇滚乐流派，也被称为庞克摇滚（Punk Rock），80 年代初开始风靡全美。它继承了初期摇滚乐的反叛精神，怀疑和蔑视一切传统，用一种反主流社会的颓废风格来发泄对“文明”的不满，表演时在舞台上往往充满尖叫、跺脚、斗殴等行为，歌词粗俗、淫秽，音响激越，音色浓烈浑厚，代表乐队有“性手枪”（Sex Pistols）和“撞击”（Crash）等。70 年代末，庞克中还分离出一支较具艺术性的支派“新浪潮”（New Waves）。

Sex PisTOls 乐队的单曲《联合王国的无政府主义》（*Anarchy In The Uk*）

80 年代以来，摇滚乐的影响力继续扩张，涌现出了“杜兰杜兰”（Duran Duran）、迈克尔·杰克逊（Michael Jackson）、“威猛”（Wham）、U2、布鲁斯·斯普林斯廷（Bruce Springsteen）、鲍勃·西格尔（Bob Seger）、蒂娜·特纳（Tina Turner）和麦当娜（Madonna）等明星及乐队组合。重金属音乐格外繁荣，邦·乔维（Bon Jovi）、“白狮”（White Lions）、“毒药”（Poison）、“枪炮与玫瑰”（Guns N' Roses）等红极一时。此外还有“铁娘子”（Iron maiden）、“金属”（Metallica）、

① 即用吉他反复演奏同一段曲子。

“大屠杀”(Mega death)和“杀手”(Slayer)等乐队也非常活跃。

摇滚乐的类型体系相当复杂,一般来说包括:硬摇滚(Hard Rock)、重金属(Heavy Metal)、金属(Metal)、酸性摇滚(Acid Rock)、艺术摇滚(Art Rock)、朋克摇滚(Punk Rock)、软摇滚(Soft Rock)、民谣摇滚(Folk Rock)、另类摇滚(Alternative Rock)、山地摇滚(Rockabilly)与雷鬼(Reggae)等。

从本质上来说,金属乐是摇滚乐中的一类,它融合了世界上所有种类的音乐风格,包括古典音乐、爵士音乐、各国民族音乐与摇滚音乐等。从90年代开始,越来越多的乐队在创作中融入古典音乐元素后,金属音乐创作变得越来越加细致、严密,其亚类型也越来越多,已达上百种,主要风格类型包括:早期重金属、流行金属(也称长发金属)、鞭笞金属(也称激流金属、速度金属)、死亡金属、黑暗金属、旋律金属、力量金属、前卫金属、哥特金属、毁灭金属(也称厄运金属)、硬核金属、碾核金属、残酷死亡金属、Funk金属、民谣金属、异教金属、维京金属、旋律死亡金属、交响金属、前卫死亡金属、前卫激流金属、死核金属、工业金属、技术死亡金属、黑死金属、跨界黑暗金属、黑暗激流金属、金属核、前卫纯器乐金属,等等。每一类还可以继续细分,例如黑金属可以分为:原始黑、旋律黑、交响黑、哥特黑、纳粹黑、氛围黑、自杀黑,等等。

摇滚乐的兴起以及主流化与“二战”结束后发达国家的青年文化有着密切关系,是英美青年对物质丰盛的“消费社会”、“晚期资本主义”官僚体制、现代启蒙价值的幻灭以及青年群体的心理压抑体验的反应。“它产生于一代青年人对现状的不满和对传统的叛逆,它也是民众意识觉醒后对话语权要求的产物。此外它受后现代主义思潮的影响,集中体现了后现代主义通俗、反智性和解构传统的艺术主张,同时在某种程度上表现出艺术对本源的回归。”①

摇滚乐成熟于20世纪60年代,这是西方当代文化史的“革命年代”,充斥着反越战、黑人民权、性解放、女权主义、同性恋权益等政治运动。摇滚乐通过反叛和颠覆传统观音乐美学,如将噪音纳入音乐,解构音乐艺术的秩序、结构和形式,使之成为青年政治参与的艺术形式,表达对传统政治的抵抗与叛逆。那些叛逆的歌词和越轨的表演方式反映了西方后现代文化的症候,“摇滚乐不是一种被欣赏的音乐品种,而是一个发生在我们身边的经济、社会、政治和文化的活动。反映个人、反映生活、反映社会是摇滚乐内容的根本主题。由此带来的是表演形式上的自我宣叙性。”②摇滚乐反映了青年们挣扎于物质丰盛与精神空虚、理想幻灭与现实压抑的焦虑与不满情绪之中,是整个“垮掉的一代”文化的组成部分。20世纪60年代以后,摇滚乐相继衍生出上百种亚类型与表演流派,是后现代多元社会的真实写照,充分体现了后现代文化的“去中心化”与多元主义。

摇滚乐的主题及其表演形式具有广泛的社会心理基础,“摇滚乐群体追求的是参与式的表达和表现性的参与,表演者和观众构成这种活动方式的一个整体,形成了一个音乐的社会文化性活动。”③它的广泛社会基础意味着音乐消费的潜在需求,当摇滚乐作为一种反叛音乐

① 陈向华:《一代人的声音——记摇滚乐兴起的成因》,《电影评介》2006年第5期。

② 洛秦:《摇滚乐的缘起及其社会文化价值》,《音乐研究》2003年第3期。

③ 同上。

文化被证明可以在听众中广泛流行时，商业化的收编活动就已经同时启动，摇滚乐不可避免地成了西方现代音乐文化工业体系中的一个新门类。因此，摇滚乐的发展历程再次展示了文化的“悖论”：一个旨在反叛资本主义文明的艺术类型最终却成为“晚期资本主义”文化工业体系的重要支柱之一。

第三节　中国流行音乐的产生与发展

中国流行音乐是在中西文化相遇、冲撞和交融的情况下逐步发展起来的，特殊的社会历史环境与文化传统决定了中国流行音乐的发展历程有着独特性，它的发展轨迹与中国的现代化境遇与进程有着密切关系。从历时的角度来看，中国流行音乐经历了下述几个发展阶段。

一、中国流行音乐的萌芽期

中国流行歌曲的前身是“现代歌曲”，起始于清末民初。在此期间，西方殖民文化逐步深入影响现代中国的精神生活，并与中国传统文化形成了既相冲突又逐步结合的态势。民国的建立带来了深刻的社会变化，在“启蒙”和“救亡”两大时代主题的推动下，一批民族现代化先驱开始主动接触西方音乐文化，并借用西方音乐观念、形式与技巧，融合中国的元素，作词填曲，逐步形成了早期的通俗歌曲。当时已有直接借用外国歌曲的曲调填词作为军歌及学堂歌曲的现象，如《中国男儿》、《汉族历史歌》等，这也是中国音乐走出现代化、全球化的第一步。①

二、中国流行音乐的诞生与第一波高峰

关于中国流行歌曲是何时诞生的，在学界存在着争议。目前比较公认的说法是，1927 年问世的歌曲《毛毛雨》开创了中文流行歌曲的先河，标志着中国流行音乐的诞生。它的创作者是 20 世纪 20 年代活跃于上海滩的著名音乐人黎锦晖，他也被视为中国流行音乐的奠基人。此后，以上海为代表的大都市里出现了一批流行音乐创作者和歌手，并且出现了录制、出版和发行流行音乐唱片的唱片公司；电影和广播也成为传播流行音乐的重要渠道，娱乐报刊在流行音乐文化传播方面扮演了重要角色。中国流行音乐在 30 年代进入了第一波高潮，主要体现在如下几个方面：

(1) 流行音乐创作的繁荣

20 世纪 20 – 30 年代，流行音乐已经具备了赖以成长的土壤，以上海为代表的少数大都市已经具备资本主义商业化都会的特征，西方流行音乐通过唱片、电影、广播、报刊等媒介涌入中国，“十里洋场”呈现了光怪陆离的现代都市景观，被称之为“靡靡之音”的现代流行音乐已经渗透到大都会上流社会、小资产阶级和部分富裕市民的日常生活中，他们已经拥有了强

① 参考汪毓和著：《中国近现代音乐史》，人民音乐出版社 1994 年版，第 16 – 26 页。

劲的流行音乐消费需求和消费能力。中国现代流行音乐便是在这种情况下应运而生的,并迅速从萌芽走向成熟。这个时期诞生了中国第一批流行音乐创作名家,包括黎锦晖、黎锦光、陈歌辛、陈蝶衣、姚敏、梁乐音和严工上等。

黎锦晖(1891－1967)。黎锦晖在青年时代创作了大量儿童歌剧、歌舞及歌曲。随着都市文化的发展,他转入了流行音乐的创作。他借鉴中国古典诗词的意境,以民间曲调为旋律,并吸收了西洋音乐的节奏和配器,在1927年写了第一首流行歌曲《毛毛雨》。此后,他又相继创作了《妹妹我爱你》、《桃花江》、《特别快车》等流行音乐作品,大获成功,当时的"百代"、"胜利"等唱片公司大量录制出版他的流行歌曲。1929年,他由于经费困难滞留新加坡无法回国,遂接受一家书局的订货,短期内就编写了100首流行歌曲寄回上海,由上海文明书局出版了16本歌集。1931年－1936年间,黎锦晖还为《人间仙子》等十几部电影配乐,其中的大部分插曲是流行歌曲。同时,他也创作舞厅音乐,将民间旋律爵士化。1930年,他还创立了第一支全华班的爵士乐队,并将爵士乐与中国民间小调融合成"时代曲"。

黎锦晖

他的流行音乐作品(尤其是"家庭爱情歌曲"系列)掀起了第一波中国流行音乐风潮。在最鼎盛的时候,上海各大唱片公司的进门大堂皆挂着他的巨幅挂像,并前后为他出版了数百张唱片之多。1932年,上海首次举行三大播音歌星评选活动时,百余首参赛歌曲中竟有九成出自黎锦晖之手。他的流行音乐创作奠定了中国流行音乐的基本风格,即民间旋律与西洋舞曲相结合的风格。

黎锦晖对中国流行音乐的贡献可以说是全方位的。1927年,他创立"中华歌舞专修学校",后又组建"中华歌舞团"。1929年组织"明月歌舞团",并到全国各地巡回演出。1931年,"明月歌舞团"并入联华影业公司,成为"联华歌舞班"。黎锦晖借歌舞团把儿童歌舞和流行歌曲推向学校、社会和东南亚华侨。他还建立了中国流行音乐界的明星制度,培养了一代歌舞明星(包括周璇、白虹、王人美、黎莉莉等)和音乐家(聂耳、黎锦光等)等,并捧红当年的"四大天后"(王人美、黎莉莉、薛玲仙和胡茄),他培养的人才几乎主导了整个30－40年代的上海音乐与电影圈。

在"启蒙"和"救亡"的时代背景下,黎锦晖虽然以"时代曲"引领中国流行音乐的风骚,但却被文化界扣上了"黄色歌曲"的帽子,指斥他的歌曲"格调不高"、"庸俗"和"迎合小市民低级趣味"。

黎锦光(1907－1993)。黎锦晖的弟弟,也是30、40年代流行歌曲高峰期的代表作曲家。1927年到上海,加入黎锦晖任团长的中华歌舞团,成为"黎派"歌曲最重要的传人。1939年,黎锦光进入百代唱片公司做音乐编辑,开始为上海各电影公司作曲,大量进行歌曲创作和编配。年底,黎锦光采用湖南花鼓戏的"双川调"改编了歌曲《采槟榔》,由著名影星周璇灌制唱片后，名声大噪。

黎锦光创作速度快、质量高，先后编写《夜来香》、《香格里拉》、《哪个不多情》、《拷红》、《采槟榔》、《五月的风》、《叮咛》、《慈母心》、《疯狂世界》、《真心相印》、《相见不恨晚》、《少年的我》、《黄叶舞秋风》等数百首流行歌曲。其中很多流行曲都是电影插曲，如《襟上一朵花》(电影《天涯歌女》插曲)、《讨厌的早晨》(电影《鸾凤和鸣》插曲)等。1944 年，他创作的独唱曲《夜来香》经歌星李香兰录音灌制唱片后，广泛流传，并深受日本作曲家服部良一的赞赏，将歌词翻译后，流行于日本。黎锦光谱写的流行歌曲具有鲜明的民族风格，广泛从中国民间艺术中吸取创作养分，也大胆借鉴欧美 40 年代流行音乐的创作语言，在伴奏方面经常从“探戈”、“伦巴”等舞曲以及爵士音乐中吸取灵感。他与陈歌辛被认为是中国流行乐坛成熟期最杰出的代表，分别获得了“歌王”与“歌仙”的美誉。

陈歌辛(1914－1961)，著名流行歌曲作曲家。早年曾随外国音乐家弗兰克学习作曲、声乐、钢琴和指挥。在 30 年代被誉为“音乐才子”，一生创作歌曲近 200 首，著名的流行歌曲有《蔷薇处处开》、《玫瑰玫瑰我爱你》、《凤凰于飞》、《夜上海》、《渔家女》、《恭喜，恭喜》、《小小洞房》、《初恋女》等，供周璇等歌星演唱，风靡一时。这些歌曲至今仍在海外及港澳台等地盛唱不衰。

陈蝶衣(1908－2007)，著名流行音乐词作家。一生创作了 5000 余首歌词，和陈歌辛是词曲搭档，被誉为“流行歌曲之王”，中国流行音乐史上的“歌后”们(如周璇、邓丽君、蔡琴和张惠妹等)都演唱过他写的歌。代表作有《情人的眼泪》、《我的眼里只有你没有他》、《香格里拉》、《南屏晚钟》、《凤凰于飞》等，周璇、姚莉等演唱的歌曲都是由他作词。

此外，他还于 1933 年创办了我国历史上第一张有影响的娱乐报刊《明星日报》，并发起了中国历史上第一次大众参与的选美活动“电影皇后选举大会”，在报刊上每期登载各位明星的选票数，选举出中国第一位电影皇后胡蝶。因为他对中国流行音乐的卓越贡献，1996 年，陈蝶衣获得了香港乐坛最高的荣誉“香港创作人协会终身成就奖”。

总之，除少数艺术歌曲外，20 世纪 30－40 年代的音乐创作大致可分为两类：一类是以黎锦晖为代表的流行音乐；另一类是以聂耳、冼星海等人为代表的群众性歌曲。除了上述流行音乐作家之外，30 年代的其他一些著名音乐家也程度不同地参与了以电影为主要媒介的流行音乐创作活动，如聂耳的《告别南洋》、《梅娘曲》、《铁蹄下的歌女》，任光和安娥的《渔光曲》、《王老五》，贺绿汀的《四季歌》、《天涯歌女》、《春天里》、《秋水伊人》以及刘雪庵的《何日君再来》等，都是为电影所作的插曲。

(2)流行音乐明星的诞生

20 世纪 30－40 年代的上海是当时中国流行音乐的中心，产生了第一批拥有巨大社会影响的流行音乐明星，代表性人物有当时并称为“四大歌后”的周璇、白光、吴莺音和李香兰，还有姚莉、龚秋霞、白虹等家喻户晓的歌星，她们演唱过的流行歌曲至今仍对华语流行音乐还产生着巨大影响。

周璇(1920－1957)。著名影星、歌星，被誉为“一代歌后”、“金嗓子”。1932 年，她经人介绍加入黎锦晖创办的明月歌舞团。1934 年，上海《大晚报》举办“播音歌星竞选”，周璇参与竞争，名列第二，获得“金嗓子”的称号。1937 年，上海艺华电影公司拍摄“软性歌舞片”

《三星伴月》,周璇主演并演唱了该片的主题歌《何日君再来》。随着影片的上映,此曲不胫而走,成为家喻户晓的流行歌曲。周璇还在影片《马路天使》中演唱了《四季歌》和《天涯歌女》,这两首歌也流传至今,成为不朽的经典名曲。1945 年,周璇在上海金都大戏院举行过三场独唱音乐会,演唱了"银海三部曲"(《渔家女》、《鸾凤和鸣》、《凤凰于飞》三部影片的插曲),虽然票价高达 3000 元(旧币),仍被歌迷抢购一空。

周 璇

姚莉(1922 –)。著名歌星,享有"银嗓子"的美称。姚莉年仅 13 岁时因兴趣偶到电台播音表演,岂料一鸣惊人,歌唱才华被周璇和严华赏识,介绍加入了百代唱片公司。她灌录的第一张唱片是《卖相思》,主题歌与另一首歌曲《清流映明月》风靡一时,顿时成为红歌星。此后十多年间,姚莉灌录的名曲甚多,包括《得不到的爱情》、《玫瑰玫瑰我爱你》、《风雨交响曲》、《秋的怀念》和《哪个不多情》等。其中《玫瑰玫瑰我爱你》蜚声国际,已被改成英文歌曲。从 30 年代一直到 60 年代退出歌坛,姚莉经历了 30 多年的歌唱生涯,灌录了数百张唱片,成为中国流行音乐史上最具代表性的歌星之一。

姚莉初期模仿周璇唱腔,后来逐渐形成自己稳健醇厚的演唱风格。她还不断吸收美国流行音乐元素,改变自己的演唱风格,如《带着眼泪唱》就混合了布鲁斯(Blues)的唱法。1950 年移居香港以后,仍然是百代旗下歌手。这一时期灌录的唱片中,《春风吻上我的脸》、《雪人不见了》、《月下对口》及中词西曲《大江东去》等,都是电台里常被观众点唱的歌曲。近年来,姚莉的歌声还频频出现在银幕上,如台湾导演蔡明亮的新作《天边一朵云》中的《爱的开始》、香港导演关锦鹏的新作《长恨歌》中的《玫瑰玫瑰我爱你》和香港导演王家卫的《爱神之手》中的《跟你开玩笑》。

白光(1920 – 1999)。著名演员和歌星。白光曾被认为是仅次于周璇的流行歌星,有"一代妖姬"的美誉。她的声音被形容为"懒洋洋的"、"感性缠绵",独具特色。她主唱过不少电影歌曲,其中以《叹十声》、《东山一把青》、《祝福》较为著名。其他歌曲如《魂萦旧梦》、《等着你回来》、《如果没有你》都脍炙人口,已成为华语流行歌曲的经典。

吴莺音(1922 – 2009)。20 世纪 40 年代著名歌星。以嘹亮柔和的声线加上独树一帜的浓郁鼻音,获得"吴侬柔语"的"鼻音歌后"美誉。吴莺音擅长抒情幽怨的歌曲,从 1946 年开始,吴莺音演唱了《自从嫁了你》、《春光无限好》、《断肠红》等 30 多首歌,几乎首首流行。1948 年,吴莺音灌录了第一张个人唱片《我想忘了你》,风靡歌坛。她的代表作如《我有一段情》、《明月千里寄相思》、《红灯绿酒夜》、《听我细诉》、《恨不钟情在当年》、《送郎》、《江南之夜》、《岷江夜曲》、《夜莺曲》等都成为经典。其中,《明月千里寄相思》一曲经她一唱而红,吴莺音也奠定了自己在华语流行曲的"歌后"地位。

李香兰[①](1920－　)。日本人，本名山口淑子。生于中国，能说流利的汉语。她的歌声婉转动人，歌唱造诣高深，演唱了很多经典情歌，最受欢迎的三首歌是《何日君再来》、《苏州夜曲》和《夜来香》。其中，《何日君再来》是30年代的影片《三星伴月》插曲，虽然原唱是周璇，但她的演唱却别具另种风情；1941年灌制成唱片，风靡一时。而《苏州夜曲》是日本作曲家服部良一以中国旋律为基础，参考了美国爱情歌曲，专门为她编写的。《夜来香》则是百代唱片公司特邀作曲家黎锦光参考中国民间小调为她谱写的。她演唱的经典歌曲还有《三年》、《一夜风流》及《恨不相逢未嫁时》等。在抗战期间，她受人利用，在日本奉天广播电台新节目《满洲新歌曲》中演唱了《满洲姑娘》、《戒烟歌》、《支那之夜》、《渔家女》等中国歌曲，受到很多人的指责。

李香兰

(3)流行音乐的生产和传播体系已经成熟

中国在20世纪三四十年代出现第一波流行音乐浪潮，与民国建立后的政治、经济、社会状况有密切关系，也与唱片业、电影业、广播电台、大众报刊以及商业演艺公司的出现有关，它们保障了流行音乐的大规模生产和传播。

首先，现代传播科技相继传入中国，为流行音乐的传播提供了便利。20年代，上海、南京、北京和香港等大都市已经出现很多广播电台，收音机开始进入中上层家庭，电台开始播放流行音乐。到30年代，收音机、留声机在上海等城市已日渐普及，拥有留声机的家庭经常播放西方流行音乐和中国本土流行音乐。从西方传入的夜总会、歌舞厅等娱乐场所也是重要的流行音乐(各种舞曲和演唱)消费场所，推动着舞厅音乐创作和表演的发展，大都市里已经出现了庞大的流行音乐消费浪潮。

其次，电影成为歌曲传播的重要渠道。随着有声电影技术的发明，外国歌舞片以及电影音乐传入，看电影已成为一种时尚的休闲消费，对中国观众产生了很大影响。演员的银幕形象以及生动的戏剧故事极易唤起观众的情感认同，形成偶像崇拜的流行音乐文化。在这种环境下，本土电影工业也面向市场，在电影中加入歌曲演唱，如周璇早期是演技出色的著名演员，后来开始演唱电影插曲，进一步扩大了影响力，成为红极一时的流行歌星。

再次，该时期出现了一批外国或本土创办的唱片公司，根据市场需求来灌制唱片，使流行音乐可以批量生产。19世纪末，法国百代(Pathe)唱片公司就开始涉足上海，并将留声机传入中国，一时引起轰动，在时尚家庭中迅速普及开来。1921年，百代公司在上海成立“东方百代唱片公司”，并建造了上海第一座录音棚，开创了中国唱片生产历史，一时间“雄鸡”商标

① 战后回到日本，进入政界，当选日本参议员。

风靡中国和东南亚,周璇、胡蝶、龚秋霞等明星以及聂耳、冼星海等词曲作家都签约百代公司旗下。"百代"邀请艺人进棚录好母版后,再送至境外生产,返销国内,这些唱片的内容都很本土化。此后国内相继诞生了一批唱片公司,如高亭、胜利、歌林、开明、大中华、昆仑和蓓开等,开展录音灌制和唱片发行业务。

最后,形成了流行音乐创作、生产、传播、表演以及消费的整套体系,完全具备了工业化、批量化生产的特点。唱片公司、演艺机构、歌手、词曲作家、流行乐团、大型演出场所以及大众媒体,形成了一个庞大的流行音乐文化体系。明星制也已经相当成熟,如《大晚报》发起的明星评选活动激起了广泛的社会反响。1933 年,陈蝶衣创办了我国历史上第一张娱乐报刊《明星日报》,其他报刊也大量登载各种明星报道以及大量的明星代言广告。

总之,从 20 世纪 20 年代末到新中国成立前,在短短二十余年里,中国流行音乐经历了一个发展高潮,对中国日后流行音乐的发展产生了深远的影响,奠定了中国当代流行音乐的格局。邓丽君、蔡琴、张惠妹等当代著名歌星无不受第一波浪潮的深刻影响,如蔡琴初期就以翻唱周璇、李香兰等人的经典老歌而著称。此外,周璇、白光、吴莺音和李香兰的经典歌曲如《明月千里寄相思》、《何日君再来》、《夜来香》、《魂萦旧梦》、《给我一个吻》、《情人的眼泪》、《天涯歌女》都是长盛不衰的流行音乐经典。

中国流行音乐从产生到 1949 年新中国成立前,带有浓重的殖民地气息,由于政治积弱和经济、文化不发达,流行歌曲只面向人数不多的城市资产阶级及小市民阶层,作品题材比较狭窄,制作技术也相对粗糙。

三、内地流行音乐的中断期,港台流行音乐成长期

新中国成立后,内地商业流行音乐的生长土壤不复存在,作为政治与美学上非法的东西,逐渐销声匿迹了。这一时期,具有浓郁政治色彩的群众歌曲进入繁荣期。在前 17 年间,以进行曲与新民歌创作为主,其中进行曲逐渐偏重于抒情性,如《一代一代往下传》等。在歌曲演唱方面,以民族与美声相结合的唱法为轴心,产生了像贾世骏、马玉涛、王昆、郭兰英、郭颂、胡松华、吕文科等一批深受群众喜爱的歌唱演员。该时期的优秀歌曲作品多收集在两集《革命歌曲大家唱》中。进入"文革"时期之后,仍然是群众歌曲一枝独秀,流行的主要是毛主席诗词歌曲、毛主席语录歌曲、红卫兵歌曲和革命颂歌等,如《毛主席是我们心中的红太阳》、《井冈山的道路》、《党的阳光照耀祖国》、《雄伟的天安门》、《我爱这蓝色的海洋》、《红星歌》和《北京颂歌》等。① 在内地进入特殊时期之后,港澳台却基本保留了中国现代流行文化的原貌,因此商业流行音乐得以继续发展。下面简要介绍其概况:

(1)香港流行音乐发展概况

香港现代流行音乐的源头分别是广东的粤曲和上海的国语小曲,因此香港流行音乐包含两个支脉:国语流行音乐与粤语流行音乐。其中,粤曲经历了逐步商业化的过程,才发展为今天的粤语流行歌曲。

20 世纪 50 年代,香港流行歌曲主要是根据粤曲改造而来的,如《红烛泪》、《红豆曲》等,

① 参考汪毓和著:《中国近现代音乐史》,人民音乐出版社 1994 年版。

主题多为才子佳人和男女恩爱。50 年代中期，粤曲进入黄金时代，唱片公司经常灌制唱片的歌手有吕红、白瑛、周聪、何大傻、小芳艳芬和李锦昌等，当红歌星大概总共有五六十人。

进入 60 年代后，香港粤语电影在东南亚等地大受欢迎，电影音乐一度相当流行，谭炳文、邓寄尘和郑君绵等电影演员均曾推出唱片，粤语流行音乐成为粤语电影的重要附属品。不过，粤语片中粤剧风格的唱腔并不被年轻人喜欢，大部分年轻人仍偏好于英文歌曲和国语歌曲。60 年代后期，以郑锦昌和陈齐颂为代表的音乐人力主迎合年轻人市场，郑锦昌获得了“粤曲王子”之称，流行名曲包括《禅院钟声》、《唐山大兄》和《几度夕阳红》等。该时期香港本土青春偶像有陈宝珠、萧芳芳等，其他演员如胡枫、吕奇等也有不少歌曲作品，主要是电影插曲。总体而言，尚未彻底改变青少年对粤语流行音乐的低俗印象。

60 年代，香港乐坛的绝大部分市场被欧美摇滚乐和民歌占据。1964 年，英国摇滚乐队“披头士”来香港演出，在青少年群体中产生了巨大反响，青年学生们开始自组乐队，模仿摇滚乐的表演方式。粤语流行曲创作也受到影响，一些人开始模仿“披头士”歌曲风格，如刘大道模仿《买不到我的爱》（*Can't Buy My Love*）而创作的《行快的啦》以及模仿《我看见她站在那儿》（*I Saw Her Standing There*）的《一心想玉人》，颇受欢迎，轰动一时，成为 60 年代中后期粤语流行歌曲的代表作。

70 年代初，香港流行乐坛仍被台湾国语歌和欧美流行歌曲占据。粤语歌明星有来自东南亚的郑锦昌和丽莎，听众仍然主要是社会下层民众。粤语流行歌曲地位的真正上升是到 1974 年，电视剧主题歌《啼笑因缘》和电影插曲《鬼马双星》的出现，这两首歌奠定了粤语流行歌曲的地位，使之与英文歌曲、国语歌曲并驾齐驱。《鬼马双星》的作者和演唱者许冠杰的出现开启了乐坛新时代，他用西方流行乐节奏填词，一时间大受欢迎。粤语曲流行之后，很多原本唱国语歌和英文歌的歌手也纷纷转型改唱粤语歌，出现了一批著名歌星，如徐小凤、张武孝、陈秋霞、温拿乐队、甄妮、林子祥等。1979 年，香港电台开始举行“十大中文金曲”评选活动，流行粤语歌曲已经占据了盟主地位。① 香港粤语流行音乐对内地改革开放后流行音乐回潮产生了巨大影响。

（2）台湾地区流行音乐发展概况

1949 年国民党迁台后，台湾地区初期的流行音乐仍然主要是 30 年代至 40 年代上海流行的“时代曲”。50 年代，在美国驻军俱乐部里出现了很多演唱英文歌曲的歌手，对听众也产生了较大的影响；加上日据时代遗留下的日本音乐文化，三者共同构成了当时台湾地区流行音乐体系。进入 50 年代后期，台湾流行音乐影响力仍然不大，在台北和高雄等地出现了两种消费形式，一种是“野台”表演，即一些音乐爱好者自组乐队在一些休闲场所演出，供社会中下层民众消遣；一种是夜总会和歌舞厅的音乐文化，主要是供白领阶层消费。

60 年代之后，随着台湾经济繁荣局面的出现，流行音乐开始快速发展，出现了大量受欢迎的乐队，如“电光合唱团”等，主要流行歌手有紫薇、美黛、席静婷、姚莉等，紫薇的唱片专辑《绿岛小夜曲》发行量达到了 20 万。同时，西洋歌曲、民歌等也占据了唱片市场的较大份额。

---

① 参见徐冰：《中国流行音乐概况 · 香港》，载陶辛主编：《流行音乐手册》，上海音乐出版社 1998 年版，第 198－202 页。

到了70年代初,台湾已经成为东南亚一带华语流行音乐的中心。这一时期,台湾掀起了一场持续十余年的"民歌运动",被称为台湾流行音乐的"文艺复兴"。其滥觞是1971年余光中作词、洪健全作曲的《中国现代民歌》专辑。此后,很多年轻人开始创作和演唱这类歌曲。1975年杨弦和胡德夫在台北举行演唱会,正式揭开了民歌运动的帷幕,一批创作和演唱人员开始把目光汇聚到校园民歌。1977年,"新格"唱片公司举办首届校园民歌大赛,并出版同名专辑,著名曲目有《再别康桥》、《如果》、《小雨中的回忆》等。出现两位代表性人物李双泽和侯德建,前者以《少年中国》、《红毛城》、《愚公移山》闻名,后者以《龙的传人》、《归去来兮》受到欢迎。在他们的影响下,出现了一大批创作人员和歌手。此后几年,校园民谣渐成主流,出现了一批受欢迎的歌手和专辑,如蔡琴的《民谣风》、叶佳修的《叶佳修专辑》以及一些颇流行的歌曲,如王梦麟的《雨中即景》、齐豫的《橄榄树》和包美圣的《捉泥鳅》等。

1980年年初,民歌运动更加成熟,李建复的《龙的传人》和蔡琴的《恰似你的温柔》蜚声岛外,尤其是大陆。此后,民歌运动逐渐被更商业化的流行歌曲所取代。1981年-1982年,民歌运动接近尾声,李碧华、罗吉镇的《神话》开始结合流行音乐,校园民谣逐渐成为一种流行乐风,苏芮的《〈搭错车〉电影原声带》在商业上获得巨大成功,标志着民歌开始向现代意义上的流行歌曲的转变。

民歌运动给台湾乐坛带来新风,告别了乐坛被偏重伤感、爱情和离愁别绪的传统流行音乐统治的时代,并培养了一批重要的音乐人才,如李宗盛、童安格等。民歌运动也对台湾日后流行音乐的风格发挥着持久的影响,如黄莺莺、林忆莲等人的演唱风格就深受其影响。该时期出现的一个重要人物是罗大佑,他把流行音乐的内容扩大到反思历史、社会和文化的高度,不断尝试打破东方和西方、传统和现代、严肃和通俗之间的界限,先后创作了《闪亮的日子》、《痴痴地等》、《野百合也有春天》、《乡愁四韵》等一系列非常有影响的作品。①

四、内地流行音乐复苏和第二波高峰

80年代后,海峡两岸流行音乐都进入了一个快速发展时期。整个80年代,香港乐坛进入全盛时期,粤语流行曲百花齐放。虽然不熟悉粤语,但大陆和台湾人却醉心于粤语流行曲,代表性歌手谭咏麟、张国荣和梅艳芳雄霸整个80年代华语乐坛。其他个性歌手如林子祥、陈百强、钟镇涛、关正杰在80年代中期也盛极一时。80年代末至90年代初,又出现了叶倩文、彭羚、林忆莲、关淑怡、陈慧娴、Beyond、达明一派和草蜢等流行歌星和乐队。

港台流行音乐借大陆开放的便利,迅速涌入大陆市场。80年代初,邓丽君、刘文正和凤飞飞等人的歌曲对内地听众产生了振聋发聩的影响。经过这轮冲击之后,内地中断多年的流行音乐开始重新迈上征程,各种流行音乐创作和演唱比赛一时间风靡大江南北。与此同时,隔绝多年的西方流行音乐如摇滚乐、乡村音乐、爵士乐等也开始进入内地音乐市场,在这股"西风"的影响下,催生了一批本土的摇滚乐队和歌手。

---

① 参考胡晓东、林峙清:《中国流行音乐概况·台湾》,载陶辛主编:《流行音乐手册》,上海音乐出版社1998年版,第209-217页。

80年代，在内地乐坛，程琳、段品章等人由于模仿邓丽君惟妙惟肖而颇受欢迎，赢得了“小邓丽君之称”；王洁实、谢莉斯则以演唱谢文正的校园歌曲而成名。广州、上海、北京等城市相继诞生了一批音像出版公司，各大城市出现了“酒吧”、“舞厅”、“音乐茶座”，一批“走穴”的通俗歌手应运而生。中央电视台推出通俗歌曲大奖赛，毛阿敏、韦唯、那英、蔡国庆、田震、解晓东等歌手得以声名鹊起，并迅速成为流行音乐明星。

1984年后，崔健、刘元等人开始组建摇滚乐队，1987年窦唯等组建“黑豹”乐队，1989年刘义君、丁武、张炬等组建“唐朝乐队”，摇滚乐在青年群体中引起了颇大反响；崔健的代表作《一无所有》、《不是我不明白》等摇滚歌曲一时间成为前卫青年们借以表达迷惘和愤懑情绪的精神替代品。

受多元音乐的影响，内地出现了大量民谣体作品，如《黄土高坡》、《信天游》、《我热恋的故乡》等，到80年代末期，掀起了一股全国性的“西北风”，它的流行也标志着内地原创流行音乐开始走向成熟。整个80年代，除了港台歌曲和欧美流行音乐外，内地流行音乐呈现出新民歌、流行抒情歌曲和摇滚乐的三足鼎立的格局。

到了90年代，香港流行乐坛进入“四大天王”时期，刘德华、黎明、张学友和郭富城被传媒封为四大天王，主导了香港乐坛，并垄断四大电子传媒音乐颁奖典礼的奖项。女歌手王菲、郑秀文等成为乐坛天后。唱片公司高度重视歌手包装，出现了吹捧偶像而不重实力的现象，流行音乐的商业化色彩已经达到登峰造极的地步。

90年代前半期，内地流行音乐受到欧美、日本和港台的影响，音乐风格更加多元化，歌手演唱更加个性化，追求新颖时尚，偶像歌手和实力派歌手泾渭分明。1992年，央视第五届青年歌手大赛，林萍和毛宁获奖，随后风靡全国。1995年，乡村民谣《纤夫的爱》成为年度最畅销歌曲。摇滚乐继续发展，“黑豹”和“唐朝”在北京“工体”举行了演唱会。电视剧主题歌风行一时，如《辘轳·女人和井》、《我不想说》、《糊涂的爱》和《千万次地问》等。1993年，央视推出MTV栏目《中国音乐电视》。此外，1991年还掀起一股“红色经典”旋风，中国唱片总公司上海分公司推出大众化的老歌新唱专辑《红太阳·毛泽东颂歌新节奏联唱》，全年销量超过120万盒，创下了当年发行纪录；盗版的红太阳系列发行量达几百万。这一时期，内地的流行歌星主要有毛宁、杨钰莹、李春波、高林生、谢东、林依轮、郑钧、黄格选、郭峰、江珊、孙悦、臧天朔、于文华、尹相杰、陈明和老狼等。①

1996年以来，随着生活和消费观念的变化，流行音乐的创作风格越来越欧美化、时尚化；流行音乐的生产和传播也越来越国际化，“韩国风”开始登陆中国，著名歌手纷纷签约国际唱片公司。乐坛出现了一些新流行音乐组合，如羽·泉、彝人制造、中国力量、青春美少女等新人。田震和那英不断推出新作，成为流行乐坛歌后。摇滚乐进入第三波，诞生了一批新生代乐队，如花儿、清醒、新裤子、达达和超级市场等；零点乐队因为迎合商业风格而成为最具影响力的乐队。1998年，韩红推出《雪域光芒》专辑，逐步成为内地最具影响力的实力派歌手。该时期的流行歌星主要有羽·泉、水木年华、满文军、李娜、黄磊、谢雨欣、金海心、朴树、韩红、孙楠、许巍和胡彦斌等。

---

① 参见傅林：《中国流行音乐二十年》，中国文联出版社2003年版，第57－74页。

90 年代后半期，港台流行乐坛加速更新换代，"四大天王"及老一辈天后们的影响力日渐消退，取而代之是一批新生代歌手，如张惠妹、李玟、孙燕姿、动力火车、陈奕迅、Tank、5566、F. I. R、王力宏、陶喆、张韶涵、潘玮柏、周杰伦、蔡依林、五月天、S. H. E、罗志祥、信乐团、梁咏琪、谢霆锋、容祖儿、王心凌、杨丞琳、阿杜、林俊杰、刘若英、南拳妈妈、光良等。他们成为乐坛最活跃力量，音乐风格也越来越国际化，融合了欧美 R&B、Rap、Blues、Hip - hop 等风格，歌曲演唱穿插了各种现代的舞蹈动作，服饰更是五花八门，讲究标新立异、娇艳醒目；伴奏音响强烈，富于刺激性；舞台灯光不停变幻，极力营造一种令人眼花缭乱、身心振奋的气氛。

在全球化的音乐浪潮席卷下，中国内地的音乐图谱呈现出多元化的面貌：无论西方古典音乐还是流行音乐在国内都有着巨大的影响力，从维也纳新年交响乐晚会的直播，到 MTV 频道，都以与欧美本土同步的速度在大众媒体上传播。同时，继承民族音乐传统和民族文化特色的本土创作也拥有一片核心的领地。目前，五种主要音乐类型古典音乐、主旋律音乐、艺术音乐、流行音乐和民间音乐等可谓各安其位；但毫无疑问的是，流行音乐凭借着它最为庞大的消费者群体独领时代的风骚。

第四节　流行音乐的生产、传播与消费

一、流行音乐的生产体制

当代文化与审美时尚的更替迅速越来越快，流行音乐不得不臣服于听众喜新厌旧的审美与消费心理规律。歌手与歌曲常常能够迅速红极一时，又迅速地被取代与遗忘；唯有不断地推陈出新，才能不断地满足市场需要，巩固曝光率、知名度与商业价值。面对现代大众社会所产生的庞大音乐消费群体和强劲消费需求，随着现代录音技术、编辑技术、演奏技术、音乐传播媒介以及大众传媒的技术创新，流行音乐的生产具备了工业流水线化生产的技术条件，出现了一批规模庞大的专业机构和人员面向市场组织音乐生产，现代流行音乐创意产业体系与工业生产体系诞生了。

在流行音乐产业体系里，大唱片公司基本上控制了全球流行音乐的生产和发行市场。目前控制全球流行音乐市场的五大唱片公司都是跨国集团公司，分别是华纳(WEA，美国)、环球(UMG，加拿大)、贝塔斯曼(BMG，德国)、百代(EMI，英国)和索尼(Sony，日本)，它们早在 1996 年就已经占据了全球400 亿美元零售额中的80%。中国本土的唱片公司缺乏良好的商业运作机制，缺乏雄厚的资金，在全球市场的竞争力较弱，在规模和实力方面与五大巨头相差悬殊。

在全球化竞争态势下，五大唱片公司通过不断地收购各地小型唱片公司，如买下原来在香港占主导地位的宝丽金唱片公司，成为各国流行音乐市场的主导力量。目前中国海峡两岸的大牌歌手都签约外国大唱片公司，如华纳旗下就拥有张惠妹、那英、孙燕姿、郑秀文("四大天后")、郭富城、孙楠("两大天王")、蔡健雅、麻吉等艺人；索尼公司签下了王菲、周杰伦、F4、王力宏、蔡依林、莫文蔚、阿杜、黎明、李玟等艺人；张学友、谭咏麟、李克勤、陈慧琳、许志

安等老牌歌手则是环球唱片在华语流行乐坛的支柱。

五大唱片公司在将全球流行音乐市场纳入自己的控制势力范围之后，展开了全方位的激烈竞争，打造出高度商业化的流行音乐生产和传播体系。我们可以通过简单了解唱片公司的部门及其负责的业务来初步了解流行音乐生产和传播的工业流程。唱片公司主要分为"创作—制作—销售—发行"四大部门，各个部门之间分工明确，并相互协作，共同生产和销售唱片、录音带、光盘和音乐录像带等录音制品。每家唱片公司一般包括下述具体部门：企划部、制作部、宣传部、版权部、经济部和专案部等。①

(1)企划部负责整体策划。根据市场情形和公司的资源，提出策划方案，并统筹各部门的合作。负责歌手定位和形象包装，设计歌手的造型，由专业造型 打造服装、发型、化妆以及其他的配件等等，确保歌手在造型上零缺点。负责与其他行业的合作(电影、广告、网络)及各种广告文案，如安排歌手代言广告，如化妆品、时装、快餐店等。并非所有唱片公司都有这个部门，有的和宣传部合二为一。

(2)制作部负责歌曲的软硬件制作。在台湾，一张10首曲子的唱片，制作费用约需250万新台币。每首曲子分别指定一位制作人，全面负责组织作词、作曲和编曲。行政助理则不断与每一位编曲的制作人确认歌曲以及整张唱片的风格、方向；编曲完成后，开始配唱，一句一句配唱，经过反复修正直至最后完成。制作部还负责录音技术的各个方面，监督录音师、音乐人乃至唱片复制的人员提供高质量的产品，保证制作出高水准的录音制品。在录音技术数字化之后，各种录音可以分开实施，最后再合成，如声乐手、打击乐手、键盘手、吉他手可以在不同时空内录音，然后再将这些原本独立的声音组构成一首完美的音乐，演唱者的声音也可以进行后期录制。专业制作人员各司其职，摄影师负责拍摄MV和宣传照片(包括造型多变的棚内照片和自然风格的外景照片)等，造型师负责服装、配件，发型师要让歌手的发型自然而又体现出设计、变化；化妆师则通过努力来修饰歌手的外形上的缺点。

(3)宣传部负责整个唱片的前后期宣传。目的就是要通过不断的曝光和炒作，提高歌手和歌曲的知名度，激发购买需求，实现唱片发行的最大化。为此，他们往往通过演唱会、签唱会、歌友会记者会、签名会等活动来进行歌曲的推广，并负责联络平面、电视、网络及广播等大众媒体，为媒体提供通稿、独家新闻，并炮制各种八卦新闻和绯闻，让所有媒体都能出现艺人及新推歌曲和专辑的消息，以达到宣传的目的。此外，还通过海报、灯箱和立牌等形式开展全方位的宣传。

(4)发行部负责录音制品的市场销售。通过唱片公司的发行渠道，使唱片能够进入每一家唱片店，并通过特殊的优惠政策，吸引发行商、零售商，来确保唱片的销量。有时也会研究市场的需求，采取独特的发行策略，如推出单曲唱片，借机针对艺人及即将推出的专辑进行宣传，通过电台和电视台的反复播放，达到宣传的效果，吸引歌迷对歌手的关注，很多歌迷会因为对一首单曲的喜爱，而喜欢上演唱的歌手；从而为专辑的推出奠定基础。

---

① 参考刘悦笛：《生产与市场：从唱片公司到公告牌》，载李怀亮、刘悦笛主编：《文化巨无霸：当代美国文化产业研究》，广东人民出版社2005年版；黄颉颖的"流行音乐歌手形象、偶像崇拜与消费行为关系研究"，台湾中山大学传播管理研究所硕士论文，2003年。

此外,其他一些部门也各尽其责,版权部负责处理和公司有关的法律合约、文件及咨询,包括音乐产品的版权交易、版权保护等事务。经济部负责整个生产和传播过程中的财务运作。专案部负责艺人商业演出的接洽(拍广告、拍戏、演唱会),让艺人增加曝光机会或收入,或者处理一些其他由公司指定的专门事务。

综上所述,一般唱片的生产流程体现了高度的工业化、商业化的特征,唱片生产流程如同装配生产线,从唱片企划、定位、收歌挑歌、录制配唱、再到唱片设计包装和宣传上市,每一阶段的人员负责分内的工作,公司以如何更好地塑造商品形象作为生产决策法则,各阶段的决策法则始终都指向市场"卖点",而非产品本身的思想价值和审美价值。

流行音乐工业在产品的生产和传播上,有三套特别倚重的策略:

(1)依赖明星神话系统。集公司所有人之力,借助现代文化工业的顶级技术,将歌手按照实力派、偶像派或创作型三大类型与风格来包装,从造型、服装、化妆、饰品、举手投足乃至说话方式等方面来进行全方位的设计,打造成基本完美无缺的明星。在经过幕后成千上万人的努力之后,推出一个前台的代言人——明星。事实上,明星显然是现代文化工业缜密加工打扮出来的一个神话般的偶像;但消费者往往只看到了璀璨舞台上集万千宠爱于一身的、光彩夺目的明星,而无意识忽略掉了这个完美的人偶,不过是成千上万个后台制作人员用汗水拱出来的一轮明月而已。所以说,现代文化商人们实际上深谙神话的魅力,并且对如何建构明星神话可谓得心应手。

(2)不断地推陈出新。"流行"这个概念的潜台词就暗示了一种时尚事物往往只能风行一时,等到世易时移,社会和文化时尚转型了,审美和消费的心理也随之改变,时尚也就烟消云散了。同时,现代经济本身就建立在"生产过剩"的基础上,缺乏创新,只能让生产过剩陷入最恶劣的境地。因此推动"用过即扔"的消费习惯,不断创新消费品供给,是挽救生产过剩的唯一选择。这双重的理由界定了流行音乐工业的本质,决定了整个音乐生产体系必须不断推陈出新,所以唱片公司会不断推出新人或新音乐风格。

(3)讲究品牌价值与形象的塑造。在流行音乐体系里,品牌的内核实际上就是明星神话。明星神话与偶像崇拜是消费社会的主导意识形态,必须通过作用于消费者的信仰层面,才能不断地制造需求。作为流行音乐的生产商来说,掌握了消费意识形态运作的机制,就能推出流行的产品。

二、流行音乐的传播与消费

在19世纪,音乐传播手段非常有限,主要是通过发行活页乐谱(sheet music)和为数不多的歌手和巡回表演团体的现场演唱。1877年,爱迪生发明留声机;1878年,爱迪生成立制造留声机的公司,生产商业性的锡箔唱筒,这是世界第一代声音载体和第一台商品留声机。1887年,德国人伯利纳研制成功了圆片形唱片。进入20世纪后,点唱机、电唱机、录音机、无线电广播和电视等传播媒介相继发明和大众化,使流行音乐的传播手段发生了彻底的革命,才真正催生了工业化的流行音乐产业。20世纪90年代,互联网的出现和音乐传播介质的数字化使得音乐的传播更加便捷、保真、去地域化,流行音乐的全球化特征越来越明显,多元兼容的流行音乐文化已成为开放性民族国家的现实。

从19世纪大都会流行音乐出现以来，直至20世纪50年代，"流行音乐产业"并不单指唱片业，也包括乐谱出版印刷业，乐谱出版社掌握了许多流行音乐作品的版权。19世纪末期，在美国甚至还出现了以出版社的聚集地来命名的流行音乐风格——"锡盘巷"风格，这个音乐传统一直发展到20世纪50年代才随着乐谱印刷行业的衰落而销声匿迹。

50年代后，流行音乐行业开始完全被唱片制造业控制。导致这一变化的主要原因有：首先，电唱机的普及和唱片音质的改善无疑起着重要作用。其次，电影、广播和电视等现代大众媒体的出现颠覆了传统的音乐传播格局，这些视听一体的媒体将音乐消费从"听"的阶段推向"视听"的阶段，即消费者不再是听歌曲的演唱，而且还关注演唱者的形象以及用画面来叙述的故事、塑造的情景，音乐传播的"形象化"进程带来了革命性的影响，歌手的形象包装越来越重要，舞台的视觉化效果愈发重要，视觉化的叙述能力也日益重要。再次，新兴电声技术的发明，颠覆了原本完全依赖于自然嗓音和乐器原音的音乐表演格局。借助电子设备，不仅可以将嗓音借助麦克风放大，而且可以将乐器与电子设备联通，制造出震撼性的听觉效果，改变了流行音乐的表演和欣赏品质。

流行音乐的"视觉化"和"电子化"浪潮既提高了它的传播效能，扩大了传播范围，又重构了音乐消费的本质。电子化传播的声音将演唱者声音品质最大化，使得音乐演出规模急遽扩大，如在美国，那种酒吧式的爵士乐演出将让位给体育场式的"摇滚之夜"。而流行音乐的形象化使得它在建构明星神话系统上的功力突飞猛进，偶像崇拜所需要的"像"终于可以大范围地、更加充满人情味地进入到每个崇拜者视域里。1980年，美国开通了音乐电视MTV频道，开办MTV的最初最初动机单纯只是为了满足唱片厂商推销流行唱片，希望能为流行音乐的传播开辟一条崭新的途径。后来经过逐步的发展，MTV竟然成了一种具有独立的表现手段和审美意趣的新型艺术类型，它的最大优点就在于运用视像来揭示歌曲的内涵，并实现视听一体的欣赏品质。正是借助这种流行音乐的表现形式和传播渠道，美国乐坛制造出一代又一代流行音乐偶像。

70年代中期至80年代初，日本人发明了卡拉OK伴唱系统和"随身听"（walkman，便携式录音机）。这些新发明都直接影响了流行音乐的欣赏方式。"随身听"使音乐欣赏变为一种更加个人化、体验化的娱乐方式。而卡拉OK则成为一种崭新的音乐消费模式，在很大程度上左右着流行音乐市场的走向，尤其是在亚洲地区，唱片厂商开始十分重视出品那种适合于普通歌迷用卡拉OK演唱的歌曲。①

因为计算机的发明而掀起的数字化革命浪潮对流行音乐的影响已经初现端倪。首先，它改变了音乐生产的工业流程，如电子音像合成技术使流行音乐的音像变得异常的丰富奇特，能制造出任何一种想象得到的声音；完全不受传统乐器的物理性能的局限，与古典音乐和民间音乐大异其趣。其次，它使得音乐的生产变得更加容易，数字化自动控制系统以及各种电脑软件的出现，使得制作技术环节的高密集人力投入不复存在，生产完全可以个人化。再次，它颠覆音乐的传播路径，互联网已经成为青年人音乐消费的重要来源之一。这种超越了既有体制的控制能力范围的新兴技术，正在挑战着当下流行音乐工业体系，重构其游戏规则。

---

① 陶辛主编：《流行音乐手册》，上海音乐出版社1998年版，第9页。

第五节　流行音乐批评

毫无疑问,流行音乐是当代大众文化的一个重要组成部分,是今日大众生活方式中不可或缺的元素。但因为流行音乐的内容与形式特征,常常也受到持有文化保守主义价值观和精英主义立场的知识分子的猛烈抨击,这条批评传统从流行音乐的诞生之日开始,一路陪伴着流行音乐的发展历程。目前针对流行音乐的主要批评观点有:

一、音乐内涵批评

批判流行音乐内容庸俗乃至粗俗,宣扬的是享乐主义、消费主义、煽情主义、纵欲主义、偶像崇拜等意识形态。精英论者指出,流行音乐会引发文化质量的降低,使视听众沉湎于低级的感官享受,逐渐失去反思能力,流行音乐实际上是"反启蒙"的,解决了及时行乐的问题,却缺乏根本的终极关怀,无助于社会人生问题的根本解决;反而让公众陷入商业的浪潮中,沦为商业的奴隶,失去拯救的可能性。甚至直斥流行音乐的每个毛孔里都渗透着商业性的肮脏东西,是一帖精神麻醉剂。

二、音乐形式技巧批评

流行音乐不讲究技巧,不具备深厚的审美意蕴,与古典音乐相比,是拙劣的艺术。作为一种大众艺术,流行音乐短小、旋律简单、音域适中、不讲究演唱和表演的技巧,易记、易模仿。它缺乏创造性,可以借助现代科技和大众传媒,大量地复制和传播。而它的流行,使得古典音乐、民间音乐受到了极大的冲击,原本居于中心的古典音乐、精英音乐居然沦为了边缘艺术,使得文化保守主义者极度担心音乐领域里的"劣币驱逐良币"。

三、音乐传播的社会效果批评

保守主义者对流行音乐的传播效果表示担忧,认为流行音乐消费文化中的偶像崇拜、声色感性主义和物质主义意识形态不仅无助于培养青少年的独立人格,而且是错误的导向和行为示范。在媒体主宰大众化社会教育的时代,保守主义者认为青少年成为流行音乐的牺牲品。流行音乐对青少年教育造成了极大冲击,引发人格的不健全,对现代学校教育带来不可低估的消极影响。

四、流行音乐的多元性与多义性

批评家的理由无疑具有一定的合理性,但也失之偏颇。批评本身已经成为了文化保守主义者的一种意识形态,他们往往缺乏对流行音乐的全面深入研究,只是将其作为一种标准化、工业化的音乐商品来看待,甚至特意抓住那些流行音乐中充满负面价值暗示的元素,展开尖锐批评,而很少深入去考察流行音乐的复杂类型,更少去从文化研究的视角去了解消费者的实际体验以及消费中的意义创造。

流行音乐是一个庞杂的领域，种类繁多，风格多元，流行音乐的症候只是当下整个人类社会结构——包括政治、经济、社会和文化诸领域——存在的问题的反映而已。在民主化、市场化的时代，庞大的文化需求和生产者的利润动机，当然使得生产总是要遵循"大数法则"来进行，作为流行音乐生产商的唱片公司当然会自动选择审美品位的大众化原则来运转。这是由居于主导地位的政治经济体制所决定的，流行音乐体系既内生于这个体制，也难以抗拒被这套体制收编整合的命运，它不可能独力承载解放或启蒙的使命。

从流行音乐的亚类型及其具体作品来看，既有煽情的个人主义叙事，也不乏许多脍炙人口、具有强烈社会意义的作品，如20世纪80－90年代全球最知名的美国摇滚明星迈克尔·杰克逊，他的很多作品也充满了爱、和平、环保、保护儿童、反对种族歧视、反对暴力等主题，其音乐表现形式颇具艺术的感染力，广受全球受众欢迎，如《拯救世界》(*Heal the World*)、《地球之歌》(*Earth Song*)等。

拯救世界

在你心中有个地方，知道那里充满了爱。这个地方会比明天更灿烂。如果你真的努力过，你会发觉不必哭泣。在这个地方，你感觉不到伤痛或烦忧。到那个地方的方法很多，如果你真心关怀生者，营造一些空间，创造一个更美好的地方。

拯救这世界，让它变得更好，为你、为我，为了全人类。不断有人死去，如果你真心关怀生者，为你，为我，创造一个更美好的世界。如果你想知道缘由，因为爱不会说谎。爱是坚强的，爱就是心甘情愿的奉献。若我们用心去尝试，我们就会明白，只要心里有爱，我们就感受不到恐惧与忧虑。我们不再只是活着，而是真正开始生活。那爱的感觉将持续下去。爱让我们不断成长，去创造一个更美好的世界，去创造一个更美好的世界。

拯救这世界，让它变得更好，为你、为我，为了全人类。不断有人死去，如果你真心关怀生者，为你，为我，创造一个更美好的世界。我们心中的梦想，让我们露出笑脸。我们曾经信赖的世界，会再次闪烁祥和的光芒。那么我们为何仍在扼杀生命，伤害地球，扼杀它的灵魂？虽然这很容易明白，这世界天生就是上帝的荣光。我们可以在高空飞翔，让我们的精神不灭，在我心中，你我都是兄弟，共同创造一个没有恐惧的世界。我们一起流下喜悦的泪水，看到许多国家把刀剑变成了犁耙。

拯救这世界，让它变得更好，为你、为我，为了全人类。不断有人死去，如果你真心关怀生者，为你，为我，创造一个更美好的世界。

这种风格的歌曲在流行音乐中不算鲜见，如20世纪80年代最受欢迎的香港摇滚乐队Beyond的《光辉岁月》流传甚广，颇受欢迎；它的主题有着高度的政治意蕴：向终结了南非种族政治的著名黑人政治家纳尔逊·曼德拉致敬。此外，诸如《让世界充满爱》以及奥运会、世界杯等重大的国际体育赛事的主题歌曲，呼唤着人类的团结进步，倡导世界各民族间的和平友谊；鄙视战争，歌颂全人类携手共进的美好愿望。将流行音乐从"被告席"请到"研究室"①，我们会发现：流行音乐只是以一种通俗的形式表达着与古典音乐同样的文化关怀命

① 《大众文化：何时从被告席回到研究席?》，载金元浦、陶东风：《阐释中国的焦虑》，中国国际广播出版社1999年版。

题,诸如爱情、生存、死亡、磨难、欢欣、悲伤等。下面以美国著名女摇滚乐手丽塔·福德(Lita Ford)演唱的《丽莎》(*Lisa*)为例,从一个侧面了解金属摇滚乐的旨趣。

丽莎,你是我灵魂的避难所;丽莎,每当心灵失控时,只有你才能治愈我的伤痛。每次只要我用指尖摩挲你脸上那些憔悴的纹路,我知道只有爱才能创造出如此的杰作,我知道那一切都是真的。

丽塔·福德

丽莎,丽莎,告诉我你将永生。丽莎,丽莎,我们永不会分离。只有你知道我是谁,只有你真的理解我,没有谁能够将你从我身边带走。

丽莎,我知道你我活在不同的世界;丽莎,我会永远做你的小女孩。在一个暴风骤雨的夜晚,你在我的门前搭起彩虹桥,我会永远怀念你。

丽莎,丽莎,告诉我你将永生。丽莎,丽莎,我们永不会分离。只有你知道我是谁。只有你真的理解我,没有谁能够把你从我身边带走。

音乐的欣赏是建立在情感认同的基础上,而认同又建立在生活阅历基础上,社会中的普罗大众既然没有上流社会的那份煊赫的经历和开阔的视野,自然也就很难认同古典音乐那种含蓄、复杂、深沉的思想情感及其精英主义、专业主义的表现方式。摇滚乐的特征是日常性、大众性与参与性,它既是对个体日常经验的一种审美表达,也是个体基于理想与希望而诉诸音乐方式的诗性抒发;它或许体现为具有颠覆性的文化反叛行为,但更多情况下体现为一种对现实的再现、宣泄与救赎。摇滚明星之所以受到青少年的追捧,是因为他们作为青少年的代言人,替代大众表达了心中的思想、情绪与欲望。

流行音乐已经成为现代都市文化一个重要组成部分,它所触及的社会群体之广和带来的社会影响之大是其他任何音乐类型都无法比拟的。我们只有从理论上对这些问题进行广泛的、深入的研究和讨论,才能够对它的美学价值与社会功能作出公允的判断和评价。

【关键词】音乐　流行音乐　发展历程　音乐类型　流行音乐批评

【推荐阅读】

贾克·阿达利,宋素凤等译:《噪音:音乐的政治经济学》,上海人民出版社 2000 年版。

彼得·盖伊:《施尼兹勒的世纪:中产阶级文化的形成,1815－1914》,北京大学出版社 2006 年版。

王逢振主编:《摇滚与文化》(先锋译丛一),天津社会科学出版社 2000 年版。

曾遂今:《中国大众音乐:大众音乐文化的社会历史连接与传播》,北京广播学院出版社 2003 年版。

陶辛主编:《流行音乐手册》,上海音乐出版社 1998 年版。

汪毓和:《中国近现代音乐史》,人民音乐出版社 1994 年版。

李怀亮、刘悦笛主编:《文化巨无霸:当代美国文化产业研究》,广东人民出版社 2005 年版。

傅林:《中国流行音乐二十年》,中国文联出版社 2003 年版。

【思考题】

1. 什么是流行音乐?
2. 西方流行音乐是怎样产生的?
3. 西方摇滚乐的产生、主要类型以及特征。
4. 中国流行音乐的发展进程。
5. 如何评价流行音乐?

CHAPTER 6

第六章

流行文学与大众文化

【本章重点】文学的雅俗之分古已有之,但"俗文学"是古代文学遗产,而流行文学则是当代大众文化样式,两者间既有一定的继承性,也具有明显不同的特征。本章梳理了中西流行文学的产生与发展进程;介绍了中外流行文学的主要类型与形态;分析了流行文学的主要特征及其传播规律,帮助读者全面了解流行文学的生产机制以及它与其他文化形态之间的相互关系。

第一节 阅读文化危机

阅读文化(尤其是经典阅读)历来受到知识精英们的高度重视,将其视为衡量国民素质、国家精神生活质量和公众审美品位的重要指标与晴雨表。很多文化批判学者带着浓浓的文化乡愁情结怀念印刷文明时代,在他们眼中,线性文字阅读帮助我们完成了现代思想启蒙的使命,它培育了阅读者的逻辑思维能力、理性分析能力、反思能力以及想象力和创造力,在某种意义上也孕育了理性主义、个人主义的现代文化。① 而对于以电视为代表的视听媒介文化逐步成为现代社会的主流文化,多数知识精英对其报以怀疑、挑剔、憎恶与批判的态度,认为它具有诉诸感性形象、稍纵即逝、断片嫁接以及被动视听的特点,是一种遵从非线性逻辑的文化,助长了非理性,也缺乏反思性;因此一些学者认为电视文化将导致思维能力的退化,瓦解理性主义的分析和反思能力,使公众醉心于肤浅的表象,最终导致文化深度与厚重感的失落;甚至有理论家危言耸听地认为,丧失了理性与思考的能力的人类将走上一条"娱乐至死"的不归路。②

随着现代生活方式与媒介文化的快速嬗变,传统的书籍阅读文化呈现整体性下滑趋势,

---

① 大卫·里斯曼:《孤独的人群》,南京大学出版社 2002 年版。

② 关于印刷文化与电视文化的批判,可参阅尼尔·波兹曼:《娱乐至死》,广西师范大学出版社 2009 年版;尼尔·波兹曼:《童年的消逝》,广西师大出版社 2004 年版。

阅读的数量、质量以及阅读方式都在发生转变。为了鼓励人们阅读，1995 年，联合国教科文组织(UNESCO)将每年的4月23日设定为“世界阅读日”(World Book & Copyright Day，也称“世界图书与版权日”)，希望借此向广大公众(尤其是年轻人和儿童)推广阅读和写作，并宣扬跟阅读关系密切的版权意识。全球多个国家也将设立“国家阅读节”作为一种推广阅读文化的策略，美、英、法、日、德、俄等国家都设立了全国性读书节。联合国组织的一项阅读调查表明，全球年均读书量最多的民族是犹太人，为64本，全球年均读书量最多的国家是俄罗斯，为55本；美国近年来推动了要求人均年度读书量达到50本的计划。在我国，自2003年以来，人大常委、民进中央副主席朱永新联合其他代表连续数次在“两会”上提出关于设立“国家阅读节”的提案，呼吁设立“国家阅读节”，来推广健康的阅读文化。

尼尔·波兹曼，《娱乐至死》

改革开放三十多年来，在传播科技与大众媒体迅猛发展的背景下，我国涌现了文化的大众化浪潮，根本性地改变了文化消费的格局，呈现出非常复杂的多元文化景观，阅读文化也发生了根本性的变化。由于国民的自发阅读情况并不理想，国家不得不考虑采用行政的手段来予以推动。2010 年，中宣部、中央文明办、新闻出版总署联合印发了《2010 年全民阅读活动行动计划》，要求加强对全民阅读活动的宣传、引导，推广经验，在全社会营造“多读书、读好书、善读书”的优良风气。2012 年4月，中国新闻出版研究院发布了第九次全国国民阅读调查报告①，结果表明，2011 年我国18岁－70周岁国民人均纸质图书阅读量为4.35本，人均阅读电子书1.42本，总数不到6本，与外国调查数据相比有不小差距。报纸和期刊的人均阅读量分别为100.7份、6.67期，数量依然偏低。调查还显示，公众每天接触传统纸质媒介和电波媒介的时长均有所减少，但使用互联网和接触手机、电子阅读器等媒介的时长不断增长，网络在线阅读、手机阅读、电子阅读器阅读、光盘读取等数字化阅读方式接触率皆呈上升势头，其中网络在线阅读的增长幅度达65.2%。而且数字阅读明显挤占了读者的传统纸质读物阅读，88.2%的读者表示阅读电子书后就不会再购买纸质版书籍。连读者自身也开始意识到阅读文化出现了问题，50.7%的公众认为自己的阅读数量较少，62.6%的国民希望当地有关部门举办阅读活动。

根据2006年全国国民阅读调查项目组公布的数据，读者最喜爱的作家中排在首位的是武侠小说作家金庸，其余依次是巴金、鲁迅、琼瑶、贾平凹、老舍、古龙、冰心、余秋雨和曹雪

① 中国出版网“全国国民阅读调查”专题，http://www.chuban.cc/ztjj/yddc/

芹。从此前连续开展的历次调查结果来看,前十名的作者变化不大,基本都是享誉文坛的文学大师、深受读者喜爱的港台武侠小说、言情小说和畅销书作家以及内地当代著名作家。其中港台作家占了相当大的比例,这也是近年来图书市场的突出现象。此外,随着全球化一体化文化市场的成熟,国际畅销书对中国的影响也越来越大了,如科幻小说《哈利·波特》、《达·芬奇密码》等个案所展现的。

从上述调查数据可以看出,中国的阅读文化已经发生了巨大的变化,图书阅读率不高,且"浅阅读"、时尚阅读、功利阅读盛行。古典文学、严肃文学在阅读市场上日渐式微,而以武侠言情小说、通俗杂志和网络文学为代表的新兴大众阅读文化正日益扩张范围、增大影响力。由此引发了知识精英们对阅读文化品质降低的挞伐,一些典型个案经常成为学者抨击国民素质低下的由头,如在电视歌手大奖赛的综合素质考核中,有的歌手连中国四大古典名著都不知道;有人认为当下已经进入"读图时代",高质量的经典阅读几乎绝迹,快餐文化大行其道,人们醉心于肤浅的表象。有论者批评当下已经进入了"悦读"时代,追求即时满足,而缺乏厚重的人文终极关怀,标志着我国人文精神的失落,体现了国民心态浮躁。有论者忧心忡忡地指出,青少年把时间更多投入到电视、网络社交和流行音乐上,疏于阅读、远离经典,缺乏应有的文化底蕴。

针对经典文学影响力衰落,文学批评家谢有顺说:"20 世纪以来,传统文化的地位一落千丈,中国人对自己传统文化的感情十分淡薄。"针对畅销书浪潮下阅读文化的蜕变,作家王朔:"这些年来,四大天王,成龙电影,琼瑶电视剧和金庸小说,可说是四大俗。"而针对网络文学的崛起,诗人叶匡政指出:"文学死了! 一个互动的文本时代来了!"

所有上述关于阅读危机的批判之声都指向了同一个命题:流行文学正在蚕食经典文学的传统领地,传统文化与纯文学正面临着深层次的危机。尽管"忠言逆耳"的指责声足够强大,但目前似乎并无改变文学阅读市场的可能性,当代出版与阅读市场仍然在按照它自身的逻辑规则(而不是知识精英期待的)运转,在民主化、工业化、市场化的语境下,流行文学遵循着与物质产品一样的"消费者主权"的供需市场逻辑。因此,悬置意识形态偏见,认真审视当下流行文学阅读市场的状貌、特征及其规律,是帮助我们判断今日"阅读文化危机"得以成型及其未来发展趋势的重要前提,也是阐释其内涵的必由之路。

第二节　文学与流行文学

一、通俗文学与流行文学

无论是作为语言的艺术,还是作为虚构叙事艺术,抑或作为一种审美意识形态,文学在人类文明进程中始终扮演着重要的角色。尽管人们在概念表述和内涵理解方面存在着分歧,文学的实质无非就是通过艺术性地使用语言媒介来再现人的行为、思想和感情,它的核心要素包括语言、形象(意象)、情节和思想情感,通常包括诗歌、散文、小说、戏剧、影视文学等体裁样式。

根据文学作品的语言表达技巧、思想情感内涵以及美学造诣，它被按照二元对立的评价标准划分为若干类型，这些分类体系包括："严肃文学"与"通俗文学"、"纯文学"与"商业文学"、"精英文学"与"大众文学"、"先锋文学"与"流行文学"，等等。按照这种分类标准，根据语言使用、形象塑造的艺术水准以及文本所传达的思想情感质量，文学被区隔为两个部分："好的（高雅的）文学"与"坏的（低俗的）文学"，前者是正式载入文学史的，并给予高度评价的文学，被赋予了政治学和美学意义上的双重合法性，也是精英们倡导阅读的；而后者则是精英们贬低乃至诋毁的文学类型，是充满思想危险的堕落和审美品质的败坏。当然，上述分类标准现在正面临着理论上的难以自圆其说的窘境：

首先，文学等级秩序在历史演变中不断地位移，古代的主导艺术类型很可能在今日已经沦为边缘，而原本属于"下里巴人"的文学类型则成为主流。从政治与美学的合法性来看，中国古代文学的正统类型是诗歌和散文（尤其是论说文），属于高雅的范畴，而小说属于不能登大雅之堂的俗文学，科举制是捍卫这种文学等级秩序的重要保障。"四大古典名著"是今日人们心目中的经典，但在明清时期则是不折不扣的通俗文学而已。在法国人眼里，巴尔扎克是19世纪法国最了不起的通俗小说作家，并非那个时代的精英作家；今天我们却把他看做是批判现实主义文学流派的大师级作家。

其次，古代通俗文学的文献化，改变了精英对它们的评价。如唐朝的"传奇文学"、宋代的"话本文学"、元代的"曲艺文学"与以《金瓶梅》为代表的明代世情小说都属于中国古代的俗文学传统，这些当时的低俗小说在经过时间的沉淀后，已经"文献化"、"经典化"，引起了当代研究者的高度兴趣，成为研究古代民间文化、市井文化的重要文本；审美距离改变了我们对它们的认识与评价，转而赋予其文学史经典的地位，20世纪80年代出现了古代通俗小说的出版和阅读浪潮即是例证。

再次，随着文学大众化浪潮的兴起，文学评价标准出现了巨大分歧。在市场化之前，文学批评权掌控在精英手中，由精英决定其文学史上的地位；市场化之后，文学作品的评价权直接交付给大众读者市场来裁断，在精英趣味与大众趣味之间出现了尖锐的冲突。例如关于金庸小说文学价值的论争，武侠小说素来被认为是一种不能登大雅之堂的俗文学，但在20世纪90年代，以北大著名文学教授、金庸小说研究专家严家炎和青年学者孔庆东为代表的一批研究者向传统文学评价标准发起了挑战，提出重估文学价值的主张，认为金庸小说博大精深，并赋予金庸以相当高的文学史地位。1994年，时任北师大教授的王一川主编了《20世纪中国文学大师文库》，金庸排在第四位，与鲁迅等大师级作家并列。1994年10月26日，金庸被聘为北京大学名誉教授。1998年5月，美国科罗拉多大学举行"金庸与20世纪中国文学"国际学术研讨会。1999年6月，金庸的《射雕英雄传》和《鹿鼎记》在《亚洲周刊》20世纪中文小说一百强评选中被列为第29、31名。1999年5月，金庸受邀出任新浙江大学人文学院首任院长，直至2007年，在多次请辞的情况下，浙江大学终于"勉强同意"其请求，同时"恭请"金庸继续担任浙大人文学院名誉院长。

在诸多颇具影响力的文化名流为金庸争取文学史地位的同时，批评的声浪也不绝于耳。1994年12月2日，《南方周末》发表《拒绝金庸》一文，从历史认识、价值取向、文化娱乐等角度批判了武侠小说。1999年8月12日，《中国青年报》刊登杂文《为旧文化续命的言情小说与武侠小说》,批评为金庸小说"大唱赞歌"的"自命为新派的批评家"。1999 年 11 月 1 日,王朔在《中国青年报》发表《我看金庸》,批判金庸,震动了文坛。这些事件意味着我们已经到了一个重估文学价值标准的时代。

最后,每个时代的正统文学样式与人们的生活方式有着密切关系。总体来说,农业文明是诗歌主导的时代,是口语文化的黄金时代,因为诗歌讲求韵律,而"韵文"适合口头传播。而工业文明则是散文的黄金时代,印刷术的广泛使用帮助我们克服了记忆力的缺陷,韵律已经成了写实表达的累赘与障碍,因此在人类进入印刷文明时代后,诗歌简洁凝练的传播特质的重要性已经降低,人们更倾向于写实的散文表达方式。

从我国的文学发展史来看,自元明清以来,诗歌的地位已经开始日渐衰微,小说这种文体的地位开始逐渐上升。尤其是到了现当代,诗歌在经历了最后一次语言转型(白话文运动)时的短暂复兴之后,其影响力几乎与日剧减。进入 20 世纪 90 年代后,人们的生活方式、情感状态、审美观念与文化消费已经产生了巨变,随着文学的市场化、商业化浪潮兴起,诗歌已经彻底沦为一种边缘文学样式了。另一种文学门类"戏剧文学"在今日已经转向影视领域,迎合公众对于视听盛宴的需求,退居后台而成为影视产业的脚本,很难再产生曹禺、老舍式的剧作大家。从文体上来看,只余下小说和散文两个主要类型,依然还享有主流文学样式的地位。

俗文学拥有非常悠久的历史,为了标示概念间的区别,我们用"通俗文学"来指称古代的俗文学,而用"流行文学"来指称现代市场化语境下出现的、依赖现代复制技术和传播媒介的俗文学。从这个角度来说,"通俗文学"与"流行文学"之间具有亲缘关系:

(1)通俗文学是古代文学的一个重要构成部分,它与同时代的、由精英主导的高雅文学相对应,主要是由"边缘"文人创作,它的生产、传播与消费都带有隐秘和地下的性质,创作者甚至都不敢或不愿光明正大地署名,以至于现代研究者们没完没了地去考证其真实作者,以《红楼梦》为典型;或者如《金瓶梅》署名为"兰陵笑笑生"一般,其真实作者今日仍然充满各种争议。原因在于,当时这些俗小说显然被当做是消遣性的、难登大雅之堂的"闲书"来看待,其传播与阅读甚至具有私密而上不了台面的味道。这一俗文学品种受到了当时正统文学的排挤与压制,正如今日流行文学同样也受到文化精英们的批判与打压一样。因此,从其地位来看,我们可以认为古代通俗文学是今日流行文学的先声,今日的流行文学就相当于古代的通俗文学,它们同样都是相对于同时代的正统与精英文学而言的。

(2)流行文学是在民主化、工业化、市场化和现代媒介的语境下产生与发展的,它与传统的通俗文学在生产、传播和消费方面,也有着明显差异。受制于阅读公众规模小、印刷术落后等原因,古代通俗文学的流传范围非常小,社会影响相对也较弱,实际上是一种边缘文学。美国文化史研究专家彼得·盖伊在《施尼兹勒的世纪:中产阶级文化的形成》一书中有如下一段评价,反映了从近代向现代过渡时期的文学价值观转型:

在他原属的那个小世界里,作家身份在许多布尔乔亚看来都是不体面的,而且几乎无利可图。施尼兹勒的父亲在学生时代也写写剧本,但他担心儿子不是这块料,无法靠卖文为生。很多中产阶级家庭都反对儿子靠摇笔杆讨生活:因为信奉工作的福音,他们受不了一个成年男子靠创作小说为生，认为那不啻是靠说谎讨生活。①

在民主化时代，迎合大众的流行文学借助廉价的机械复制技术和大众传媒，可以大范围地传播，加上启蒙教育为流行文学带来了庞大的阅读人群，其社会影响力非常广泛，从其阅读市场的规模来看，甚至居于主导地位，它所创造的市场价值甚至令精英们望洋兴叹、徒呼奈何。我们可以从《施尼兹勒的世纪》中的另一段话窥豹之一斑：

夫妻可以发现性生活的一人一面这一点，不但是医学的一个主题，也是小说的主题。一个精彩的例子是 G·德罗兹（Gustave Droz）的《先生、夫人与宝宝》（*Monsieur*, *Madame et bébé*）。这部大受欢迎的轻松小说出版于 1866 年，15 年内再版了 121 次，其内容是叙述一个单身汉走向婚姻和成为父亲的快乐过程。②

二、流行文学的主要形态

（一）诗歌的小众化

在文学大众化浪潮的冲击之下，诗歌日益小众化，成为文学青年小圈子的一种自娱自乐。20 世纪 70 年代末 80 年代初，在特殊的语境下，朦胧诗（以北岛、舒婷为代表）曾经短暂繁荣，并产生了较强大的社会影响；80 年代中后期，又掀起了一股“新诗潮”，现代主义的实验诗（以韩东、欧阳江河、于坚、伊沙、杨黎、尹丽川、沈浩波等为代表）一度在青年学子间有一定的影响。80 年代末 90 年代初，汪国真的“温馨诗”流行一时，台湾席慕蓉的诗集也一度成为畅销书，但总体而言，诗歌的社会影响力在下降。

在发生了诗人海子自杀、顾城自杀等事件之后，诗歌在当代社会的悲剧命运已经很难挽救了。到了 90 年代之后，诗歌影响力日益锐减，诗人们无助地提出“纯文学”、“抗拒商业化”的口号，却无法唤醒公众的热情，难以挽救诗歌在现代社会中的悲怆命运。无论是因为不甘诗歌的衰落，还是渴望对抗宿命而刻意哗众取宠，抑或是作为诗歌无处逃生的症状，诗人的美学追求本身也开始面临着深刻的危机，他们成为大战风车的堂吉诃德，以赤手空拳对抗物质主义、实用主义大行其道的历史洪流，“下半身写作”诗派体现了一种佯狂的挣扎。③ 2006 年，河北诗人、国家一级作家赵丽华以类似废话“口水诗”在互联网上掀起了一波舆论浪潮，被人追捧，被人恶搞，成为一场纯粹的闹剧。④ 赵丽华的粉丝叫“梨花粉”，她的口水诗以及模仿诗作被称作“梨花体”，而这个“诗歌流派”则被称作“梨花教”。这场闹剧成为大众化时代

① 彼得·盖伊：《施尼兹勒的世纪：中产阶级文化的形成，1815 – 1914》，北京大学出版社 2006 年版，第 50 页。

② 同上书，第 110 页。

③ 2000 年，《下半身》诗刊由沈浩波等创立，同年《下半身写作及反对上半身》发表。之后下半身写作逐渐演变成一个独立的流派。下半身写作意指一种形而下的反知识和文化的写作姿态，强调生命力的真实性。下半身写作追求的是一种肉体的在场感，因为身体在很大程度上已经被传统、文化、知识等外在之物异化了、污染了，它已经不纯粹了。下半身写作意味着对于诗歌写作中上半身因素的清除，上半身的东西包括知识、文化、传统、诗意、抒情、哲理、思考、承担、使命、大师等。下半身写作的代表诗人有：沈浩波、尹丽川、李红旗、南人、朵渔、巫昂、盛兴轩辕轼轲、李师江。

④ 如《一个人来到田纳西》：毫无疑问/我做的馅饼/是全天下/最好吃的·《傻瓜灯——我坚决不能容忍》：我坚决不能容忍/那些/在公共场所/的卫生间/大便后/不冲刷/便池/的人·《我发誓从现在开始不搭理你》：我说到做到/再不反悔·《张无忌》：张无忌和赵敏接吻/赵敏把张无忌的嘴唇/给咬破了/有关这一吻/电视上处理得比较草率。

诗歌与诗人的命运的真实写照：或自言自语，或遭受大众的嘲弄。

（二）中国流行小说的产生与大众化浪潮

小说作为一种通俗文学体裁，有着相当悠久的传统，如讲述各类奇闻轶事、古怪灵异的“志怪”小说在战国时代就已经出现，到魏晋南北朝时期小说已经相当成熟，出现了以干宝的《搜神记》为代表的志怪小说①和以刘义庆《世说新语》为代表的志人小说，这些虚构叙事作品即是当时的通俗文学。到了唐朝，出现了文言短篇小说，内容多传述奇闻逸事，除部分记述神灵鬼怪外，也大量记载人间世态，反映的社会生活面较广，生活气息较浓厚，后人称为“唐传奇”，如《莺莺传》、《柳毅传》、《长恨歌传》等。到了宋朝，京城涌现了许多表演民间伎艺的“勾栏”、“瓦肆”，分别上演杂剧、傀儡戏、诸宫调、“说话”等，呈现出一派繁荣兴盛的景象。因为宋代都会经济的繁荣，勾栏、瓦肆等公共娱乐场所的设立，说话艺人的增多，市井听众的捧场，民间说话呈现出职业化和商业化的特点。当时的“说话”大部分以城市现实生活为题材，描写的主要人物是都市下层人民。在这种背景下，诞生了话本小说，如《三国志平话》、《大唐三藏取经诗话》、《五代史平话》等，供“说话人”（靠在市井讲小说为生的民间艺人）作为讲故事的底稿。一直到元明清时期，小说在战国开始蔚为大观，也诞生了今天我们指称的“四大古典名著”，明代出现了冯梦龙的《三言》、凌蒙初的《二拍》短片小说以及章回体长篇世情小说《金瓶梅》等通俗作品。清朝时，谴责小说、政治小说、狭邪小说、侠义公案等小说盛行，如武侠小说《三侠五义》、情色小说《品花宝鉴》等，这些都属于通俗文学范畴。

“鸳鸯蝴蝶派”作品

到了近现代社会转型期，继承了中国古代俗文学传统的通俗小说创作开始繁荣，清末民初涌现出了以“鸳鸯蝴蝶派”为代表的文学流派，它们已经具备了较典型的现代流行文化的特征。所谓鸳鸯蝴蝶派，是指以写作才子佳人题材的言情小说为特色的文学派别。由于该派作家不仅写言情小说，也有人借用最具代表性的刊物名称，称其为“《礼拜六》派”。该派作家大都注重文学的娱乐、消闲功能，广受大众读者欢迎，他们的小说是新文化运动前文学界最走俏的通俗读物之一。但也遭到新文学界的批判，其影响深远，以至于到了今天，精英们在批评所谓“媚俗、低级文化”时，仍将其作为代名词。即便遭到了“五四”新文学家们的口诛笔

① 李剑国：《唐前志怪小说史》，天津教育出版社 2005 年版。

伐，到了20世纪20年代，鸳鸯蝴蝶派并未销声匿迹，影响力反而增长，据有关统计，仅1921年—1929年创刊的鸳鸯蝴蝶派刊物就有51种之多，涌现出《半月》、《礼拜六》(再复刊)、《红杂志》、《红玫瑰》、《小说世界》、《侦探世界》等相当有影响力的刊物。①

这一流派的作者群先后多达两百余人，分散在江苏、浙江、安徽、江西一带，后来集中到上海、天津与北京等几个大城市。开始没有固定的组织，后来成立了青社与星社。包天笑为这一派的主持者，重要的代表人物有徐枕亚、张恨水、吴双热、吴若梅、程小青、孙玉声、李涵秋、许啸天、秦瘦鸥、冯玉奇等。他们的创作题材广泛，包括："相悦相恋，分拆不开，柳荫花下，像一对蝴蝶、一双鸳鸯一样"的才子佳人言情小说，金戈铁马的武侠小说，扑朔迷离的侦探小说，揭秘猎奇的社会小说，等等。该派五大作家张恨水、包天笑、周瘦鹃、李涵秋与严独鹤的作品在报纸连载时，曾出现市民排队等候报纸发行的场面。代表作如徐枕亚的《玉梨魂》，曾创下了再版32次，销量数10万的纪录；张恨水的《啼笑因缘》也曾先后十数次再版，读者中甚至出现了"《春明外史》、《啼笑因缘》、《金粉世家》迷"；其盛况与八九十年代的"金庸迷"、"古龙迷"、"琼瑶迷"如出一辙。

鸳鸯蝴蝶派的创作对海派文学产生了很大影响，如张爱玲于30年代开始创作言情小说，她的《倾城之恋》、《金锁记》等成为一时的阅读风尚。20世纪40年代，上海沦为"孤岛"之后，反而出现了通俗文学的繁盛，海派文学与现代性显著增强的鸳鸯蝴蝶派逐渐汇流。从1933年开始，原本属于鸳鸯蝴蝶派刊物的《良友》画报大力推行改革，成为海派画报的代表刊物，其封面女郎从鸳鸯蝴蝶派喜欢采用的妓女画像转变为职业妇女、电影明星；该刊每期发行量达到四五万份之多，在国内及东南亚都有着广泛影响。

近代的武侠、言情等通俗小说传统在内地受到禁锢之后，继续在香港和台湾得到了延续，出现了以金庸、古龙、梁羽生、卧龙生等为代表的新武侠小说流派和以琼瑶为代表的新言情小说流派。他们在题材上沿袭了传统的"言情"、"武侠"，但小说的思想情感、形式内容则现代化了。金庸以《书剑恩仇录》、《射雕英雄传》等奠定武侠小说新格式，其14部小说"飞雪连天射白鹿，笑书神侠倚碧鸳"自问世以来，广受读者欢迎。此后，武侠小说创作长盛不衰，还诞生了一些新流派，如以著名武侠作家黄易为代表的"大陆新武侠"，其代表作有《寻秦记》、《大唐双龙传》、《边荒传说》等。小说日渐成为流行文学的主导体裁。

(三)畅销书中的流行散文

从散文主题来看，主要类型包括：抒情散文、人生百味、游记传记、友情岁月、校园文学、初恋故事、青春之歌、成长烙印、花季雨季，等等。近年涌现出一批畅销书作家，如港台的林清玄、刘墉、席慕蓉、张小娴、张晓风、素素等。林清玄的散文集有《莲花开落》、《冷月钟笛》、《温一壶月光下的酒》、《鸳鸯香炉》、《金色印象》、《白雪少年》等，文笔流畅清新，表现了醇厚、浪漫的情感，在平易中有着感人的力量；掀起了一股散文热潮，有的散文集一年中重印竟然超过20次，曾创造了连续三年台湾年度畅销书排行榜第一名的佳绩，为十年来第二大畅销书男作家，其作品逾百部，在华人阅读圈尤其是青少年中赢得了"世纪末最清明的文章、人世

① 范伯群主编：《中国近现代通俗文学史》第七编"通俗期刊编"，江苏教育出版社2000年版。

间最美妙的声音"的美誉。

另一位台湾散文作家刘墉的作品也风靡海峡两岸,他的散文用故事贯穿,以之传达人生的感悟和思考,代表作有《萤窗小语》、《人生的真相》、《超越自己》、《创造自己》、《肯定自己》、《我不是教你诈》、《杀手正传》、《那条时光流转的小巷》、《你不可不知的人性》、《把话说到心窝里》、《迎向开阔的人生》、《母亲的伤痕》、《不要累死你的爱》等七十余种。据台湾最大连锁书店"金石堂"统计,刘墉多年来位居台湾畅销书作家之冠,2003 年仍居台湾畅销书之首,他的作品在中国内地销售超过千万册。

内地的一批知名作家、学者也在通俗散文创作领域取得不俗成绩,出现了贾平凹、张中行、汪曾祺、余秋雨等组成的散文名家队伍,其中尤以余秋雨的"文化散文"系列最为成功,包括《文化苦旅》和《山居笔记》、《霜冷长河》、《千年一叹》、《行者无疆》、《笛声何处》、《借我一生》等,90 年代以来成为畅销书,并催生了一股"文化散文"阅读热潮。

此外,在戏剧领域,随着电影这种大众传媒与现代艺术形式的诞生与快速发展,以京剧为代表的传统戏剧与以话剧为代表的现代戏剧都逐渐小众化。电影作为戏剧的现代表现形式,大大超越了传统舞台剧的狭隘空间,在符号再现能力方面也更加丰富多元。如果说传统戏剧充满诗性,是封闭社会的艺术消遣方式,那么电影则更具有散文的特质,是开放社会中的写实与写意能力超强的"造梦工场",更能迎合现代公众基于现代生活方式、情感方式与表达方式的审美期待。因此,电影得以取代了舞台表演的传统戏剧,成为今日主导的大众文化样式。

三、流行小说的类型

在全球化进程中,现代传媒轻易地征服了时空距离,人类进入"地球村"时代,跨文化传播不断地缩小着民族国家之间的文化差异(尤其是流行文化)。从文学题材来看,各国虽然有着不一样的文化传统,但也拥有同样的人类心理和欲望,各国的流行文学类型既有基本一致的共性,又反映了一定的民族文化差异。

一些外国民俗学家在对民间故事进行分类研究时发现,尽管民间故事的数量繁多,但是其主题、情节、主角等故事元素的类型则相当有限,它们在不同民族、不同时代的民间故事中反复出现,可以归纳为数量有限的类目。1932 年,美国民间文艺学家汤普森(Stith Thompsom)明确提出民间故事的最小叙事单元就是"母题"(Motif),在他编制的《民间故事类型》和《民间文学母题索引——民间故事、歌谣、神话、寓言、中世纪传奇、逸事、叙事诗、笑话和地方传说中的叙事要素之分类》两本名著中,汤普森对母题的内涵进行了界定:一个母题是一个故事中的最小元素,它具有在传统中延续的能力。汤普森的母题分析法适用于古代民间故事,也适用于研究当代流行文学的主题和叙事元素,流行小说表面上数量惊人,但其叙事主题、情节、人物角色安排等方面则是高度类型化、程式化的,故事内核中既延续了传统文化的很多"母题"元素,又增添一些"母题"的现代变体。

流行小说的类型化题材大致可以划分为:爱情、伦理、历史、都市、军事、武侠、官场、竞技、励志、推理、悬疑、惊悚、恐怖、科幻、魔幻、仙侠、奇幻等类型。下面简要介绍一些在全球形成畅销热潮的流行小说类型。

（1）言情小说。中国有言情小说的悠久文化传统，才子佳人的故事主题贯穿了古今文学史。到了当代，言情小说多年来持久不衰地热销，出现了琼瑶、三毛、席慕蓉、亦舒、席娟、岑凯伦、于晴、蓝玫、梁凤仪等名家；她们的作品主要为青少年女性群体所追捧，如李碧华的小说《胭脂扣》、《霸王别姬》、《青蛇》、《纠缠》、《生死桥》、《秦俑》等，她的小说选材冷僻刁钻，她笔下的情感往往充满了浪漫、激越、凄艳的色调。在港台言情小说热潮的影响下，内地的言情小说创作也越来越具影响力，如安妮宝贝被不少读者视为当代中国大陆第一位言情小说“品牌”作家，她的都市男女爱情小说《告别薇安》、《八月未央》和《彼岸花》近年来在青少年群体中颇具影响。

在西方，言情小说同样有着庞大的女性读者市场，著名的加拿大禾林公司就是全球最成功的浪漫小说出版者，在全世界拥有5000多万女性读者。“禾林小说”以印刷精美，情节曲折感人，结局完美而深受世界各地女性读者的欢迎，如《家有芳邻》、《北方有佳人》、《丘比特俱乐部》、《前世未了情》、《化身公主》、《欢喜冤家》、《素馨之惑》等。其中，《家有芳邻》、《情网恢恢》的作者是美国通俗作家诺拉·罗伯茨，被誉为“北美浪漫小说女王”，迄今为止，她已出版了140多部小说，其中69部荣登美国《纽约时报》畅销书榜，小说总印数已超过1.45亿册，2001年间更是创下平均每分钟卖出34本的销售纪录。另一个典型是美国作家罗伯特·詹姆斯·沃勒，1992年，沃勒凭借《廊桥遗梦》一举成名，此书仅在美国即销售600多万册，在全世界畅销1200多万册。此后，他的每部作品都是《纽约时报》的畅销书，其中，《曼舞雪松湾》在美国畅销200多万册，在《纽约时报》排行榜上榜25周，其作品已在37个国家翻译出版。

（2）科幻小说。根据题材特点，又可分为“硬科幻小说”（Hard Science Fiction）和“软科幻小说”（Soft Science Fiction）。前者的核心思想是对科学精神的尊重和推崇；在手法上，以追求科学（可能的）的细节或准确为特性，着眼于自然科学和技术的发展。而后者则将情节和题材集中于哲学、心理学、政治学或社会学等软科学或者人文学科领域，作品中科学技术和物理定律的重要性被降低了。对大众产生重要影响的科幻作家为数甚多，如法国作家儒勒·凡尔纳的《80天环游地球》、《海底两万里》，英国作家赫·乔·威尔斯的《时间机器》、《隐身人》、《星际战争》，美国作家阿西莫夫的《空中卵石》、《繁星若尘》、《太空洪流》、《钢之洞》、《永恒的终结》与《赤裸的太阳》。西方科幻小说一脉相承，长盛不衰，对当代影视文化也产生了重大影响，如美国科幻影片《侏罗纪公园》、《星球大战》、《外星人E.T》、《2001太空漫游》、《黑客帝国》、《终结者》等。现居美国的华人作家倪匡是一位多产的科幻小说作家，他用“卫斯理”等笔名发表了《还阳》、《新武器》、《爆炸》、《另类复制》等系列科幻作品，对国内读者产生了很大影响。国内也诞生了一批较有影响的科幻小说，如《飞向人马座》（郑文光）、《球状闪电》（刘慈欣）等。

（3）悬疑惊悚小说。对于自然和文化中的神秘现象的无法解释，给人类带来了难以消弭的恐惧感，这种心理现象也成为小说创作的一个重要领域。如当下美国最著名的畅销书作家丹·布朗的惊悚小说《达·芬奇密码》自问世以来，一直高居《纽约时报》畅销书排行榜榜首，并荣登全美所有主要排行榜的榜首。小说混合了谋杀、侦探、解谜、悬疑、追捕等常规的畅销要素，一时间好评如潮。它的印数已超过1700万册，正被翻译成40种语言出版。在国外惊悚小说的影响下，国内也开始出现这类题材的小说，如蔡骏于2001年开始推出长篇惊悚小说《病毒》,开始心理悬疑小说创作,至今已出版《猫眼》、《幽灵客栈》、《荒村公寓》、《蝴蝶公墓》、《地狱的十九层》、《玛格利特的秘密》等多部长篇悬疑小说。

(4)恐怖小说。美国作家斯蒂芬·金被誉为"现代恐怖大师"、"恐怖小说之王",在欧美各国,他的名字几乎妇孺皆知,可以说是当今世界上读者最多、声誉最高、名气最大的美国小说家。他的每部小说发行量都在100万册以上,在80年代美国最畅销的25本书中,他一人便独占7本;自80年代以来的历年美国小说类畅销书排行榜上他的小说总是名列榜首,久居不下,代表作有《凯莉》、《绿里奇迹》、《黑暗的另一半》和《闪灵》等。另一位与斯蒂芬·金齐名的恐怖小说大师是布莱恩·拉姆利,他的作品同样风靡欧美、家喻户晓,他以《萨克门奇》三部曲、《魔王》、《门之房》成为畅销书作家,最畅销的则是《吸血鬼》系列小说。

斯蒂芬·金

日本恐怖小说也颇具国际影响,以铃木光司的《午夜凶铃》系列为代表,他的作品以其惊奇的构思与匪夷所思的想象力而著称,几乎从来不出现对恐怖事物的具体描写,仅仅通过对氛围的营造就给人以极度恐怖的感觉。1991首度推出后便好评如潮,被誉为"恐怖小说的金字塔";1995年出版的《午夜凶铃2:复活之路》,迅速登上日本各大畅销书排行榜;1998年出版的《午夜凶铃3:永生不死》再次引发热潮,成为当年日本畅销书排行榜文学类冠军;1999年出版了最后一部《午夜凶铃4:贞相大白》。"凶铃"系列在短短几年间,销量突破830万部,成为亚洲销量最大的恐怖小说。

(5)推理侦探小说。一般来说,西方侦探小说的创始人是19世纪的美国作家爱伦·坡,随后经英国的柯南·道尔(《福尔摩斯探案集》的作者)、多萝西·赛耶斯和阿加莎·克里斯蒂等作家的仿效推进,侦探小说成为了一种流行的西方通俗文学样式。自20世纪30年代起,美国出现了以达希尔·哈米特和雷蒙·钱德勒为代表的硬汉派侦探小说;其中,达希尔·哈米特的代表作有《血腥的收获》、《戴恩家的祸祟》、《马耳他黑鹰》、《玻璃钥匙》和《瘦子》等,他的小说多次被改编成电影,在欧美遐迩闻名。此后,从传统侦探小说中还衍生出诸如家庭侦探小说、犯罪小说、警察小说、间谍小说和国际政治小说等亚类型。

在其他国家,侦探推理小说同样具有高度的影响力。日本出现了一批有影响力的作者与作品,包括江户川乱步的《明智小五郎》系列、横沟正史的《金田一耕助》系列、赤川次郎的《三姐妹侦探团》和《凌辻行人馆》系列。在法国,弗·达尔被公认为"黑系列"小说大师,他发表的系列小说达300余部之多,创下总销售册数超过两亿册的纪录,许多小说都经多次再版或被搬上银幕。达尔以他出众的才华,使一向不登大雅之堂的"侦探小说"成为一种受人瞩目的文学流派。

(6)黑帮小说。如美国著名作家马里奥·普佐的《教父》，是美国现代小说的代表性作品，自1969年问世至今全球发行已超过2000万册，成为当之无愧的超级畅销书。又如好莱坞电影《纽约黑帮》也是改编自赫勃特·艾斯伯利的同名小说，以纽约后移民时期的真实社会情况为蓝本，叙述了纽约荒蛮时期的政治腐败和各移民帮派争斗的故事；出版后大受欢迎，成为当时一本颇为流行的通俗文学作品。南非影片《黑帮暴徒》同样也改编自南非著名剧作家阿索尔·加德的同名小说。随着社会的变更，在香港黑社会题材影视作品的影响下，内地原创的黑社会题材小说也开始逐步增多，在网络上流传甚广的作品有《坏蛋是怎样练成的》、《永不放弃之混在黑社会》、《黑道学生》、《黑道公子》、《斗鱼》和《校园江湖》等。

(7)儿童小说。英国著名通俗小说女作家J. K. 罗琳为代表，近两年相继推出的以男孩哈利·波特为主人公的系列儿童小说，屡屡进入世界各地畅销书排行榜，从而成为目前世界上最负盛名的儿童文学家。1988年，罗琳被《书商》杂志评选为年度最佳作家；1999年，又被评为英国年度图书奖得主。她的代表作品"哈利·波特"系列引发了世界范围的"哈利·波特热"，创造了出版史上的神话。"哈利·波特系列"第一集是2001年英国最畅销的小说，并创下了用46种文字在全世界发行3500万册的惊人纪录。2003年，第五部作品《哈利·波特与凤凰社》问世，再次掀起"哈利·波特"狂潮。迄今为止，J. K. 罗琳的作品已被译成60多种语言，在200多个国家和地区累计销售达2亿多册。

(8)"轻小说"。源自日本，近些年来兴起的一种小说类型，以年轻读者为主要读者群取向，通常使用漫画风格作为插画的一种娱乐性文学作品，因为写作手法的随意，阅读起来多数较为轻松的缘故，因此而得名。其风格多样，场景变幻如同漫画一般，辞藻华丽，语言表述结合魔幻与神奇色彩，通常附有封面设计与插图，通常读者群为喜爱漫画或者喜欢奇幻文字的年轻人。这类小说也常常被改编为动漫画作品，因而又称为"动漫小说"。日本轻小说代表作家作品有小野不由美的《十二国记》、水野良的《罗德斯岛战记》和贺东招二的《惊爆危机》。这一流行文学浪潮也影响到华人圈，出现了一批著名作者及作品，如游素兰的《天使迷梦》、《黑公主》、《夏茵王》、《星辰之战》和《甜美的回忆》以及高永的《让我心疼的女孩子》、郭敬明的《幻城》、边向阳的《头重脚轻》，等等。

《灼眼的夏娜》

(9)励志小说。一般讲述主人公历经困苦与磨难、但经过百折不挠的抗争与奋斗最终达成心愿的故事，叙事充满真情实感，可以通过移情作用，达到激励读者的效果。根据其主题，大致可分为五种亚类型：青春励志、人生励志、职场励志、学校励志与创业励志。国外出现了一批畅销而又产生广泛社会影响的励志小说,美国著名畅销书作家弗兰克·迈考特《安琪拉的灰烬》以幽默生动的笔法描述了一个贫民窟孩子成长与奋斗的感人经历。面对贫穷、挫折、苦难,迈考特选择以乐观进取的精神与命运抗争,最终实现了自己的梦想,成为美国青年一代心目中自强奋斗的偶像,该书用平凡人的故事深深打动了数以千万的读者,并因此获得了普利策文学奖等多项大奖,雄踞《纽约时报》畅销书榜长达117周之久,现已译成25种语言全球发行,并由派拉蒙公司改编成同名电影。其他的代表作品还有《唤醒心中的巨人》、《受苦的人没有悲观的权利》、《获取富有人生的93课堂》与《心安草》等,都已成为全球畅销的大众读物。国内也出现了一批广受欢迎的励志小说,如《一路狂奔》、《磨81》等。

(10)青春小说。我国出现了一批诞生于80后的作家群体,包括韩寒、郭敬明、李傻傻、张悦然、饶雪漫、水格等,他们的写作各具特色,但都是关于青春话题的书写。最近的一份青春小说类的畅销书排行榜上就有《晓梦迷蝶·秋霁》、《新生来了》、《亲了师姐的胸部以后》、《我的霸道王子》、《那些年,我们一起追的女孩》、《寻找跑跑》等。

(11)"小资"小说。上海女作家陈丹燕以描写上海风情与上海女性见长,关注生活在花园洋房和高级公寓中的女人,如《晾着女孩裙子的阳台》、《青春的翅膀能飞多远》、《咖啡苦不苦?》、《我的妈妈是精灵》、《今晚去哪里?》、《上海的金枝玉叶》、《像鸟儿那样飞过》、《天使肚子痛》等,属于典型的城市"小资"小说,既有诗情画意的浪漫,也有温馨忧伤的凄美,以一种唯美的写法抒发小资女青年的心理故事和情感历程。

(12)反腐小说。随着我国政治经济情势的变化,各种腐败现象成为公众关注的热点,反腐题材的小说成为一个重要的畅销书类型,《国画》、《抉择》、《黑洞》、《无罪判决》、《大雪无痕》、《财富与人性》、《明镜高悬》、《大法庭》、《生死海关》、《跑官》等等,大多讲述的都是贪污腐化、人性堕落、官商勾结等内容;反映了公众对官员腐败的憎恶和对社会公平、正义、官员廉洁的渴望。

(13)情色小说。从20世纪90年代后期开始,国内甚至也出现了一批被称之为"美女作家"掀起的半自传性的"身体写作"或"情色写作"浪潮,主要代表作家和作品有卫慧的《上海宝贝》、棉棉的《糖》和九丹的《乌鸦》。

总而言之,在文化民主化的时代,流行小说类型丰富多彩,它既与民族国家的通俗文学传统有关,又与特定时代与社会背景下普罗大众的生存状态与生命体验有着密切关系,它们用写实或写意的方式,反映了人们的思想与情感、恐惧与希望、梦想与现实、压抑与释放。例如,在20世纪80年代,随着我国留学热潮的兴起,催生了一波留学生活题材的小说,代表作有《曼哈顿的中国女人》、《北京人在纽约》、《我的财富在澳洲》与《陪读夫人》等。

第三节 流行文学的传播媒介

从传播媒介来看,各种现代传媒都是文学传播的重要媒介,书籍、杂志、报纸、广播、电视、互联网以及新媒体都是流行文学的传播媒介。由于传播科技创新速度越来越快,现代生活方式与生活节奏本身也在经历急遽转型，公众的媒介接触机会日益处于饱和状态，大大改变了普罗大众的媒体消费格局，人们的阅读习惯因此发生着快速的变化。但各种媒介的传播特质不尽相同，因此在大众化传播特定文体的流行文学方面各有专擅。

一、报纸连载小说

报纸连载小说在前电子媒体时代曾经拥有十分重要的地位，“章回体”的写作模式刚好吻合了报刊连载的传播模式，也吻合公众的生活节奏与媒介接触能力与习惯，一度创造了大众阅读的潮流。法国学者让·诺埃尔·让纳内在《西方媒介史》中作了如下描述：

另一种新生事物是一种天才的创造：连载小说。新闻报纸就这样合并了一种大众化潮流，把18世纪的文学性书籍和传播性文学结合起来。恐怖的谋杀案、拦路抢劫强盗的事迹、不可思议的幻象……首先，这种报纸充满了社会新闻（1840年拉发热夫人被判“投毒杀人罪”是其中的典型），但通常缺乏合适的非常残忍的案例。这样连载小说便产生了，一种接连发生的故事，刊登在报纸的“底楼”（即第一版的下半部）。

当时法国很多著名小说家，考虑到自己可以获得大笔稿酬，也不介意看到自己的小说被分割成每日一段的形式。巴尔扎克很多作品都是这样发表的，其他作家如乔治·桑、维克多·雨果、大仲马。这种体裁需要一定的手段，尤其是节奏感，因为必须在每一节的末尾吸引读者不断产生好奇心。这方面的大师是欧仁·苏，《巴黎的秘密》和《流浪的犹太人》的作者。《巴黎的秘密》确保了《论辩报》的畅销，而《流浪的犹太人》也保证了韦龙博士的《宪政报》的销量。韦龙是花10万法郎将这部小说买下的（当时一份订单每年40法郎）。这样报纸便能赢得一批读者，无论是政治上还是社会上都比预想的读者多。[①]

中国现代流行文学的发展轨迹也十分相似。张恨水的多数流行文学作品最初都是以报纸连载小说的方式创作与传播的，不仅培育了一个规模庞大的读者群，而且对提升报刊的发行量与影响力起到了十分重要的作用。金庸的武侠小说创作与传播也十分类似，最初是为大众报刊写作，具有浓烈的商业写作意味，通过连载方式传播，在获得大众的认可后，才通过图书出版的方式发行传播。这一连载文学今日虽然还继续存在，但其传播规律已经悖逆了今日公众的生活方式与节奏，它的影响力也大不如前。当下，报纸的雅文化色彩日益淡化，报纸副刊文学版也在经历了阅读“快餐化”（台湾亦称“速食化”）浪潮后，黯淡了其影响力，被商业性更强的时尚阅读取而代之。下面将主要介绍以图书、杂志与互联网为传播媒介的流行文学概况。

二、流行文学图书

根据上文提及的国民阅读调查报告，在图书领域，近年来，金庸、琼瑶、古龙、余秋雨等人的书籍都位列畅销书排行榜的前十名。如琼瑶小说从80年代初进入国内市场以来，一直在畅销书行列中名列前茅，她的《窗外》、《六个梦》、《我是一片云》、《几度夕阳红》、《聚散两依依》、《梦的衣裳》、《在水一方》等，几乎长盛不衰。这股热潮在80年代后期一度有所减缓，但

① 让·诺埃尔·让纳内：《西方媒介史》，广西师大出版社2005年版，第87－88页。

到了2000年,因《还珠格格》系列再次风靡神州。琼瑶小说的累计销量已超过3000万册。平鑫涛的皇冠出版社也因出版琼瑶小说而从一家仅两三个人的小公司一跃而成为蜚声海峡两岸的大型出版公司。20世纪80年代内地出版社通过引入琼瑶畅销小说,也揭开了内地图书产业化的序幕。另一位"畅销书大王"金庸的武侠小说正版发行量已经超过了亿册。

香港著名作家张小娴是继亦舒之后最受欢迎的言情小说家,她创作了系列爱情小说《荷包里的单人床》、《面包树上的女人》、《面包树出走了》、《流浪的面包树》、《Channel A Ⅰ:那年的梦想》、《Channel A Ⅱ:蝴蝶过期居留》、《三月里的幸福饼》、《再见野鼬鼠》等。不少作品的销量数以十万计,登上香港畅销书排行榜,还持久走红新加坡及马来西亚,席卷全球华文出版市场。

蔡骏的《荒村公寓》

大陆近年来也涌现出一批畅销书作家,如海岩的《玉观音》、《一场风花雪月的事》、《永不瞑目》、《你的生命如此多情》,郭敬明的玄幻小说《幻城》,韩寒的《三重门》,张悦然的《陶之陨》、《黑猫不睡》、《誓鸟》等,蔡骏的"悬疑小说"《病毒》、《荒村公寓》、《地狱的第19层》、《荒村归来》,萧鼎的"悬幻小说"《诛仙》等。网名"三十"的女作家的"新纯爱小说"《和空姐同居的日子》、《下班抓紧谈恋爱》近年来也迅速成为超级畅销书。

三、流行文学杂志

与畅销书一样,杂志依然是流行文学传播的重要阵地,出现了一批发行量颇大的流行文学杂志,如《故事会》、《上海故事》、《通俗文学选刊》、《传奇文学选刊》、《读者》、《知音》、《女友》、《新聊斋》、《魔幻》、《新e代卡通故事》、《胆小鬼》、《心灵花园》、《男生女生》,等等。这些流行文学杂志在日益激烈的竞争中也越来越多元化、分众化,以迎合特定读者群的阅读需求。

《知音》杂志则是目前中国具有很高知名度和影响力的大众刊物之一,月发行量约500万份,以讲述名人和普通老百姓的传奇故事为特色,主要包括社会纪实稿件、婚姻家庭故事等,情节曲折,细节丰满,叙事上注重大起大落的情感波澜,追求情感表达的细腻独到。发行量极大的《读者》杂志则以刊载小智慧文章见称,已成为知识性读物的领头羊,被誉为一代青少年读者的"精神盒饭"。

流行文学杂志中出现了一些类型化的成功典型,如《今古传奇》。它是新时期以来最早的通俗文学刊物之一,也被誉为通俗文学的"掌门"。1981年,三名曲艺家借款1.5万元创办,甫创刊,就以《武当山传奇》、《国宝》、《玉蛟龙》等作品吸引了读者的注意,发行量由此迅猛增长,至1986年,期发行量高达278万册,创列当时全国文学期刊发行量第一。如今该杂志已经形成品牌，同时出版《今古传奇·故事版》（发行量20万册）、《今古传奇·武侠版》（发行量过50万册）、《今古传奇·文摘版》、《今古传奇·奇幻版》（发行量20万册）等多个版本。并且受黄易“新武侠小说”的启发，着力培养起一批新武侠、奇幻小说的新锐，如步非烟①，自2004年起，她在武侠刊物《今古传奇·武侠版》、《今古传奇·奇幻版》、《武侠故事》、《新武侠》上发表作品，短短一年间已总共发表作品上百万字，得到读者的广泛认同和追捧，成为极具实力和号召力的新锐青春偶像作家，代表作有《武林客栈》系列、《华音流韶》系列和奇幻《昆仑传说系列》。《传奇文学选刊》则是一本集惊险、惊悚、恐怖作品于一体的大型通俗文学月刊。

四、网络流行文学

网络文学是最能敏锐反映青少年阅读文化急遽转型的风向标，在传统出版业还对“e时代”青少年阅读喜好不着边际的时候，网络成了他们写作和阅读的便利平台。在台湾网络写手蔡智恒因为网络小说《第一次亲密接触》（1998年）走红后，随着互联网在中国内地的迅速普及，上网人口（青少年为主）呈几何级增长，网络文学迅即生根发芽、开花结果。自由写作、技术操作简单、零成本出版、易复制性以及个人博客、网络社区和文学网站的出现，这些条件为网络写作创造了前所未有的空间。一批“e时代”网络写手以他们对当下青少年阅读文化的敏锐感受力，开拓了五光十色的网络文学流行浪潮。网络文学的繁荣既体现了传统出版业对“e时代”的审美心理和阅读需求反应迟钝，也为网络原创文学创造了无比开阔的空间。

目前网络流行小说的主要类型有玄幻小说、科幻小说、言情小说、武侠小说、仙侠小说、魔法小说、网游小说、灵异小说、恐怖小说、推理小说、都市小说、官场小说、青春校园小说、情色小说、伦理小说，等等。较之于传统的流行小说类型，网络领域又催生了一些依赖于网络文化的新类型，如依存于网络游戏文化的网游小说；还产生了一些新的亚类型，如仙侠小说、玄幻小说等。网络原创小说《诛仙》、《魔法学徒》、《佣兵天下》、《小兵传奇》、《好想和你谈恋爱》、《赏金猎手》、《神帝》、《我是大法师》、《神棍帝王》与《魔神英雄传》等，颇受青少年网民追捧。

网络流行文学正以几何级的增长速度在迅猛成长，改变了青少年的阅读习惯，已经有了上千万的青少年习惯在网络上阅读小说，网络平台上参与小说创作的业余文学爱好者也已经达到10万人以上，催生了一大批著名的网络原创写手，如被誉为“玄幻小说界的金庸”的唐家三少、被誉为“盗墓派系列小说鼻祖”的南派三叔、被誉为“内地小琼瑶”的明晓溪、号称“修仙奇侠王子”的我吃西红柿、号称“燃情天后”的桐华以及安妮宝贝、李寻欢、邢育森、宁财神，等等。其中不少作者是在无意中被哄抬出来的，如张牧野，原本是中国某投资公司的一位三十多岁的办公室员工，他为了打发办公室无聊时间而写作了网络原创小说《鬼吹灯》，在网络上的阅读率迅即达到600万次，成了数百万中国小说迷心中的偶像；这部小说的印刷版已经售出了60万本。

互联网领域已经诞生了数千个中国文学网站，如原创文学门户网站“起点中文网”，已经

① 原名辛晓娟，女，1981年生，博士，毕业于北京大学中文系，主修古代文学。

成为国内最大的文学写作、传播与阅读的在线平台之一，并创立了以“起点中文”为代表的原创文学品牌，建立了完善的集创作、培养、销售为一体的电子在线出版机制，成为国内优秀的文学作品在线出版平台，号称旗下拥有8万多名作家，以玄幻、魔幻、武侠、军文等小说扬名互联网，张牧野因在该网站发表《鬼吹灯》一炮而红。2008年7月，盛大文学有限公司宣布成立，收购整合了多家原创文学网站，号称“中国最大的社区驱动型网络文学平台”、“全球华语小说梦工厂”。目前，盛大文学运营的网站包括起点中文网、红袖添香网、言情小说吧、晋江文学城、榕树下、小说阅读网与潇湘书院等七大原创文学网站以及天方听书网和悦读网。它还拥有三家图书策划出版公司："华文天下"、"中智博文"和"聚石文华"。网络文学发展越来越成熟，成了文学界和出版界不可忽视的一支力量。开卷公司于2010年12月公布的调查数据显示，依托于网络原创文学的盛大文学公司已经成为国内最大的民营出版公司。

除了上述传播形态外，电子媒体在流行文学的大众化传播方面也起到了举足轻重的作用，广播具有诉诸听觉的传播优势，在媒介接触方面具有便捷性与随身性，催生了一些广播流行文学样式：广播剧、广播散文、广播评书与广播相声等。电视则具有形象化、易读性与视听合一的传播特质，在媒介接触方面获得了家庭娱乐中心的优势地位，由此形成了电视剧、电视文学讲坛、电视散文等电视流行文学的传播样式，推出了《百家讲坛》、《长篇评书联播》等名牌栏目。

第四节　流行文学的生产与消费

流行文学的特征就在于它能够大规模生产、传播和消费。在现代化进程中，工业化、都市化浪潮改变了传统的社会结构，从社会阶层分布来看，在西方发达国家，前现代的“金字塔形”结构已经瓦解，已经呈现出“两头小、中间大”的“纺锤形”阶层分布，即社会下层人口越来越少，中产阶级人口占据了多数。这种人口特征决定了文学市场的需求结构，即面向中产阶级的文化消费市场必然是最大的，而精英文学市场则必然是小众的。根据现代商业文化的生产法则，需求决定生产，既然大众具有巨大的文学消费需求，因此必须建立一个庞大的文学生产体制来予以满足，于是流行文学工业生产体系诞生了。在由市场需求、文化企业生产、大众媒体传播和大众消费等环节构成的一体化文化工业体系里，流行文学成为了今日文化消费市场最为喧嚣的场景之一，也让知识精英和文化保守主义者们不得不面对，由此引发了有关文学品味问题的无休止论争。下面将分别从流行文学的生产、传播和消费的运行机制与市场规律的角度予以具体阐述。

一、流行文学的创作动因从“作者中心”转向“消费者主权”

“为谁写作”是关乎作家创作原动力的问题。在精英文学的创作传统里，作家的创作动力或为取悦于上层阶级，以为自己跻身上流社会获取资本；或是取悦于精英群体，博取名望，进入文学史；或是自我表达，慰藉自身的理想和情感。他们不会考虑、也不用考虑中下阶层的阅读需求，即便他们的作品在客观上也可能被中低阶层的普罗民众所喜爱；这就是历史上的“生产者文学”的创作传统，他们也因此获得了“纯文学”(没有商业味的文学)的美誉。纯文学强调思想性、审美性、艺术性与创造性，拒绝无休止的重复和模仿式创作。这种创作观所赖以存在的基础就是传播的小众性、精英性，文本是在特殊的阶层内部传播的，而没有大众文学市场。

当我们进入“消费者主权”的流行文学时代之后，大众文学的创作法则已经转向了“消费导向”，即写作是依据市场需求来进行的，“为市场而写作”；文学创作观念的转型决定了写作的动力、题材选择和技巧运用。古代的通俗文学创作也主要是按照都会市民的文化消费需要和能力来写作的，如宋代以来的话本小说、侠义小说、世情小说、侠狎小说，都是根据市民的消费需求来生产的。到了现代，武侠小说、言情小说更是直接面向市场，形成了批量生产的格局，其传播途径则是完全大众化的，建立在市场销售的商业原则下，故此也被称为“商业文学”，以示与“纯文学”的区别。它首要强调的不是作品的审美品质，而是文本的可接受性、易读性，因此出版社往往重量轻质。所以在进入现代以后，流行文学作家的产量总是很高，多为系列化生产。

香港当代著名作家倪匡就是一位超级多产的流行文学作家。在香港，纯以写稿而致富的作家很少，倪匡是其中之一。60 年代初，他在金庸的鼓励下，开始用笔名“卫斯理”写科幻小说。60 年代末，武侠影片大行其道，他转行从事剧本创作，十多年间，写了数百部剧本。自 70 年代中期以后，重回科幻小说的创作道路上，他前后总共创作并结集出版了 100 多册科幻作品，且大部分为长篇作品。倪匡也自称是世界上写汉字最多的人，从内地来到香港后，在 30 年间，他每天不曾停息过写作，且写作速度十分惊人，高峰时每小时可写 4500 字，每天可写数万字；曾同时为 12 家报纸写连载，还曾在金庸出国期间代写过《天龙八部》的连载。最令人称奇的，是他可以写 30 年而灵感不断，题材不尽，且是畅销的保证，很多同行更戏称他为“袋装书大帝”。除了科幻小说外，他还创作武侠、侦探、神怪、言情等小说，如《六指琴魔》、《新独臂刀》和《铁拳》等。

在商业化写作浪潮形成以前，文学行政体制、教育体制、学术机构、行业协会以及各种评奖机制等一道掌握着文学的话语权，由精英集团来确定作品的地位，并通过各级院校和大众期刊来向大众推介，如书评、颁奖、研讨会，作家是为精英的欢呼写作，目的就是进入文学史。商业化写作掀起之后，写作者直接面向市场，与书商、读者交易，同时大众媒体也放逐了文学批评专家的话语权，开始从商业角度看待文学的受欢迎程度，并形成了大众化的传播机制，精英对阅读市场的影响力式微了，文学圈的内在分化也加剧了。书籍是否畅销，作者和出版者能否赢利，成为重要衡量标准。在庞大的大众市场的利诱下，商业化写作渐成潮流；如随着琼瑶小说的持续畅销，不仅引发了内地出版企业引进港台流行小说的潮流，而且也引发了内地作家争相写作流行小说的浪潮；两潮汇流，内地开始进入了畅销书制作时代。在 20 世纪 80 年代末至 90 年代中期，王朔小说的大行其道就是一个例子。又如前年的畅销书作家海岩以创作公安题材的流行作品闻名，采用“爱情 + 案情”的品牌式叙述模式，其主要作品有《便衣警察》、《一场风花雪月的事》、《永不瞑目》、《你的生命如此多情》、《玉观音》、《拿什么拯救你，我的爱人》、《深牢大狱》、《平淡生活》、《河流如血》、《五星饭店》等，其中多部小说已经被改编为热播的影视作品。

随着文学生态环境的变化和游戏规则的变更,它对文学创作产生了多元的影响:

(1)严肃作家进入商业化写作市场。一些严肃作家进入商业写作领域,如江苏籍著名作家朱苏进在20世纪80年代后以一系列军旅小说成名文坛,创作了《射天狼》、《接近于无限透明》、《醉太平》、《炮群》等严肃文学作品,极富艺术个性与创作才华。自20世纪90年代开始介入流行文学写作,成为电视剧、电影编剧,《鸦片战争》、《康熙王朝》、《拉贝日记》、《让子弹飞》、《我的兄弟叫顺溜》等,直接服务于流行文学市场。

(2)写作主题的商业化。如关于敏感题材的书写成为作家们的一个投机选择,从严肃作家陈忠实(《白鹿原》)、贾平凹(《废都》)等最初撕裂性描写的禁区,到新生代"美女作家"卫慧(《上海宝贝》)、棉棉(《糖》)、九丹(《乌鸦》)等人的直接情欲书写,展现出直接面向市场写作的大潮流。在网络领域,甚至出现了更加粗俗的情色小说浪潮,如慕容雪村的《成都,今夜请将我遗忘》成了2002年全球中文论坛里最火爆的小说,而网络草根写手木子美、流氓燕、张怀旧等人则直接堕入裸身写作的境地了。

(3)出版市场规则对文学创作的诱导与干预。文学图书出版业在经过了市场化转型以后,大众读者需求和出版商的利润算计成为干预创作的重要力量。如当代著名严肃小说作家毕淑敏的《拯救乳房》一书就是在出版商的干预下成型的:首先,为了符合出版社"好卖"和"好定价"的要求,作者被迫把初稿的40万字删减至25万字。其次,作者最初拟定而且更喜欢使用的书名是《癌症小组》,但出版商坚持认为:读者一看"癌"字就会生抗拒之心,原名会成为一个屏障,让读者不愿去读这本书。他们坚持用《拯救乳房》,作者最后只能屈服接受。最后,作家内心的"读者恐惧症",害怕严肃的小说没人看,不得不接受出版社的建议,以迎合与取悦于读者。毕淑敏在接受媒体采访时不得不承认:"……是一个不得不作的妥协,希望更多读者读这本书是唯一的理由。"由此可见,传播者和消费者对文学生产者的创作活动有着直接而巨大的干预能力。其他几位名作家池莉的《有了快感你就喊》、张抗抗的《作女》和葛红兵的《沙床》等,诱惑性的书名以及两性关系叙事主题实际上都反映了作家的妥协性生存状况,不得不屈服于文学市场法则的强大压力之下。

二、文学生产的规模化、传播的品牌化

从文学传播的角度来看,文学已经被纳入注重规模生产、讲究品牌效应的市场化轨道。在古代与近代欧洲,文艺创作曾经依赖于贵族赞助人,作家为社会精英阶层写作。在我国,作家曾经长期依赖国家的资助机制,作为国家聘用的文艺工作者,为国家提供文学服务。在进入现代市场经济主导的时代之后,文学艺术的生产与传播也逐步市场化,日益转化为依靠市场、依靠出版商和发行商,实际上也就是依靠大众读者。随着大众文学市场的形成,一部分作家开始直接面向文学市场,为大众读者写作。而根据市场的"大数法则"(Law of Large Numbers),唯有规模化生产才能实现利润的最大化;于是畅销书制度成为流行文学产生和传播的市场法则,也是今日出版商、发行商的利润保障。

"畅销书"制度发源于美国。1895年,美国《书籍发行者》杂志开始以订数多少排序,为读者发布书籍销售排行榜,这种模式逐渐为英、法、德等欧洲国家所效法,并最终衍变为现代的"畅销书"制度。在美国,精装书销量在10万册以上、简装书销量在20万册以上就可称得

上是畅销书。从实际情况来看，畅销书可分为两种基本类型：一类是面向市场、按照类型化生产模式来写作的图书，往往成系列、成批量地生产，如言情小说大都是采用固定的叙事模式来讲述故事，既可以确保高速度的批量生产，也符合读者的期待视野。另一类是因为书籍本身在内容和形式方面的特点，在推出后不期然成为畅销书的，如杨志军的长篇小说《藏獒》一出版即引起热烈反响，在短短一年时间里，销售量已达40万册，成为2005年度中国小说排行榜长篇小说销量第一名的作品。

畅销图策划的重要法则之一是讲究“卖点”，喜欢追逐“名人效应”。在一些发达国家，出版商们为了准确判断一部作品是否值得推出，专门建构了一个量化指标体系，其中作品内容占12%，作家知名度占36%，作品形式占10%，其他指标包括出版社是否做了充分的宣传策划等；综合得分越高，成功率越高。可以看出，出版商将读者对作家的认知程度作为很重要的参考指标。当然，在最理想的情况下，当一本书同时兼具文化价值、艺术价值和市场价值，它当然便是好的畅销书；但这三种价值往往很难兼容，大多数畅销书往往只具备其中一个或两个要素；所以在作家具有高知名度的情况下，出版商甚至可以不问书的内容，就愿意出版。如王朔的小说在90年代初风靡全国，他的知名度已经成为销量的保证，所以时隔多年之后，当他推出新书《看上去很美》、《我的千岁寒》时，各家出版社争相角逐。此外，随着电视影响力的扩张，出现了一批高曝光率的媒体名人，20世纪90年代以来出现了一波名主持人的出书潮，杨澜、赵忠祥、倪萍和崔永元等纷纷出版了个人的传记性书籍。

加拿大的禾林公司（Harlequin）是国际出版业的出类拔萃者，出版了大批言情小说畅销书，“禾林”在西方国家已经成为爱情的代名词。理查德·邦尼卡斯于1919年创办了该公司，早期规模并不大，主要靠从英国、美国购买侦探、西部传奇和古典小说等各种题材的平装书版权来出版一些书籍。1957年，公司开始购买占英国浪漫小说市场85%的米尔思出版公司的浪漫小说版权。邦尼卡斯的太太玛丽以一个女性的直觉认为这些以喜剧收场的浪漫爱情小说会有很好的市场前景，建议公司把主要精力投入到出版浪漫爱情小说。1964年，“禾林”开始专注于浪漫爱情小说，终于以爱情小说在世界打开了知名度。据统计，1957年至1992年间，禾林小说在全球出售43亿；禾林浪漫爱情小说占了世界爱情小说市场的80%。这些浪漫爱情主题的类型化小说以爱情、亲情、激情、奇情为题材，杂糅欧洲恋情、悬念刺激和历险，俘获了全球近两亿女性读者的芳心。

禾林公司的成功就在于其出版理念和运作方式符合大众图书市场规则，主要的经营策略包括：

（1）读者需求导向。“禾林”有自己的签约作家一千多位，其职责就是为公司创作符合读者需求的浪漫小说；如果作品验收合格，所得稿酬相当优厚。在挑选作家作品时，“禾林”注重内容的创意，文字的掌握能力，作者的身世背景以及塑造人物个性的能力，并根据各地读者的不同口味来挑选题材。此外，“禾林”的加拿大、美国、英国三大编辑部经常举办巡回讲座、写作研讨会，还出版写作指南和录音带，提供给有潜力的新手参考。这些指南每年会吸引上万份自由投稿，“禾林”再从中挑选十分之一的新手，签约为基本作家。为了防止成名作家转投其他出版商，禾林公司在签约中规定，公司对作家的笔名有5–7年的所有权，成名的作家不能带着笔名到别的出版社工作。

(2)严密的市场调查。2006年,“禾林”言情小说在全球的销量上亿册,之所以能够创造如此佳绩,除综合运作成功之外,周密的市场调查是成功的核心秘密。以北美市场来说,“禾林”每两年进行一次消费趋势和读书习惯的市场调查,以测知读者兴趣所在。此外,读者来信,零售业者的座谈会,或是针对特殊团体的问卷,也都是推出新系列的依据。通过市场调查,了解到“禾林”的读者大多是常常出入店铺的女性,所以除了走书店传统营销渠道外,“禾林”还大胆将书放到超级市场、药店、百货商店、杂货店、日用品中心、平价批发市场等女性常去的地方销售,以便读者购买。

禾林小说《驯服新娘》

(3)重视广告营销。从1975年开始,“禾林”打破以往借助平面媒体销书的惯例,成为北美地区第一家使用电视媒体做宣传的出版公司。“禾林”每年将净利的10%作为促销费用,广泛利用各种媒体,并举办各种活动扩大影响。1989年柏林墙倒塌后,禾林德国合作公司免费送72万本小说给来自东德的人,结果仅在短短的一个下午就开拓了东德市场,接着东欧国家像骨牌效应似的一个个接受了“禾林”。①

在中国,琼瑶小说的畅销同样离不开其出版商丈夫平鑫涛及其皇冠出版的成功运作。有“言情商品批发商”之称的平鑫涛于1954年与朋友一起创办了《皇冠》杂志,惨淡经营九年,勉力维持。直到1963年,平鑫涛收到琼瑶寄来的小说《窗外》,《皇冠》全文发表这部小说,当期杂志被一抢而空。两个月后,《窗外》的单行本发行。自此,一对结为连理的夫妇开始了他们的合作生涯。凭着平鑫涛对琼瑶作品的成功经营,使得她的言情小说得以走向市场,成为长盛不衰的畅销书、著名的言情小说品牌。几十年来,围绕着琼瑶已形成了一条庞大的产业链:琼瑶的每部小说都被纳入产业体系中,先通过杂志连载,然后出单行本或作品集,再改编成广播剧,或拍成电影、电视剧。

近年来,国内文学图书出版市场也日益商业化,畅销书作者、出版商、发行商和大众传媒一起结成了利益同盟,大量的炒作现象比比皆是,往往作品还未出炉,就开始了前期的炒作,如王朔的《我的千岁寒》,在未定稿之前就已经通过媒体大肆宣传炒作。等到进入出版环节,出版商为了增加订数和销量,与作者一起大肆宣传造势,吸引报刊、电视、网络等媒体的全方位报道,形成饱和轰炸,诱导读者。进入营销环节后,批发商和零售商更是加大营销力度,安

① 杨贵山、陈铭:《禾林小说的全球化与本土化:一个并不浪漫的故事》,《图书商报》2004年9月16日。安华,《美、加浪漫小说市场调查》,《出版参考》2005年第25期。

排作者见面会，组织签名售书，等等。每周畅销书排行榜制度也成为一个重要的营销机制，如《南方周末》、《新京报》等报刊的排行榜常常成为读者购买图书的重要依据。在这种商业机制下，一些无名文学青年想要出书变得异常困难，以至于出现了一些匪夷所思的现象，如2005年，一位笔名叫做李索伦的内蒙古青年因为找不到出版商愿意为他出书，竟然通过裸奔（分别在长沙五一广场与北京西单图书大厦前）来炒作，召唤媒体关注，提升知名度，以达到出版图书的目的。①

三、流行文学消费的集中化和分众化

从消费的角度来看，流行阅读文化呈现出集中化和多元化的双重面目，主要特征是：

（1）获取渠道更加便捷，选择性更强。产业化的文学图书市场已经成熟，网络新兴文学传播平台纷纷涌现，流行文学的全球化传播渠道畅通无阻，读者获取流行文学作品的渠道越来越便捷，除了传统的图书营销渠道之外，还有超级市场、报刊亭、网上书店（如当当网、卓越网）等渠道。最具颠覆性的是，纸质图书售价昂贵，网上图书馆、网络博客、免费电子书、文学网站的出现，为阅读大众开辟了免费且更加易得的阅读空间，为习惯网络化生存的青少年一代网民提供了更加便捷和多元的选择可能性。相关调查表明，网络在线阅读、手机阅读、电子阅览器阅读已经成为流行文学消费的重要方式，且增长态势迅猛。

（2）阅读的多元化。正如雷蒙·威廉斯所说，“大众”只是理论家虚构的一个“意象”，是按照一个模式来理解人群中的大多数，并指责他们的过于“同质化”。实际上，伴随着传统图书市场的繁盛和网络免费文学市场的崛起，阅读真正进入了“民主”时代，即由阅读大众来自主选择的时代。阅读兴趣总是与个体所属的阶层、性别、年龄、性格、教养、趣味等因素密切相关，因此大众文学市场呈现出复杂而多元的样态。正如上文所介绍的流行文学类型，都能在不同的读者群中受到欢迎，每个人的阅读趣味都是个性化的，由此也导致了各种流行文学类型百花齐放的繁盛状况，各自拥有稳定的分众市场，如武侠、仙侠、奇幻等题材，可能是都市男性青少年所钟爱的类型；而言情、青春、小资等类型，则主要是青少年、都市女性最欢迎的类型。

（3）阅读的同质化。尽管从宏观的角度来看，大众阅读口味是多元的；但因为流行文学本身进入相对生产过剩的时代，在讲求营销的文学市场机制下，大众传媒的选择性引导，往往可以决定大的流行阅读浪潮，由此导致畅销书的出现，因此从另一个角度来说，反而出现了大众阅读的“同质化”现象。流行文学的阅读经验已经成为一种身份认同的符号资本，是时尚群体交往对话的重要纽带，由此引发了阅读市场的“马太效应”（Matthew effect）②，即越是畅销的作品，其滚雪球效应就越大，因为媒体的反复提及和同侪的口头传播；越是滞销的作品，其影响力就愈发减小，以至销声匿迹。由此导致，也许两本质量相差无几的作品，但因为营销手段不同，其在阅读市场的影响力却有着天壤之别。按照此种法则，大众阅读最终将

① 《青年为出书继长沙裸奔后 在北京西单再裸奔》，《京华时报》2005年12月9日。

② 马太效应，根据《新约·马太福音》中的一个故事得名。“凡是少的，就连他所有的，也要夺过来。凡是多的，还要给他，叫他多多益善。”它反映了当今社会中存在的一个普遍现象，即赢家通吃。

越来越集中于少量畅销作品上,导致阅读的同质化。如《福布斯》杂志公布的“2004年中国名人榜”中,余秋雨、海岩、池莉、郭敬明、刘震云五位作家榜上有名。余秋雨年收入420万人民币,收入排名第60位;海岩年收入330万,收入排名第66位;池莉年收入320万人民币,收入排名第68位;郭敬明年收入160万人民币,收入排名第92位;刘震云年收入120万人民币,收入排名第97位。这些作家的成功实际上反映了文学阅读市场日益集中到少数人身上。

(4)严肃文学与流行文学消费的此消彼长。在文学生产相对过剩的背景下,人们的阅读精力投入总是有限,流行文学庞大的传播机制及其难以抗拒的影响力,必然使得青少年读者群体越来越多地倾向于选择流行文学作品,由此导致严肃文学影响力的下降。此外,与依赖于传统出版方式传播的严肃文学相比,网络流行文学传播更加便捷,更加接近“e世代”的休闲方式与文化消费习惯,由此必然导致传统阅读文化的衰落,网络阅读文化逐渐走强,这点已经在本章开头提及的国民阅读调查中有具体的反映。

第五节　流行文学与大众文化

流行文学已经成为大众文化的重要部分,它的工业化生产和市场化传播造就了今日大众阅读文化繁荣。但流行文学并不是大众阅读文化的同义词,在大众的阅读目录中,并非只有流行文学作品,这是通常为很多人所忽略的一个认识误区。在畅销书排行榜上,除了武侠、言情、科幻、恐怖、惊悚等流行小说类型外,不少纯文学小说销量亦不低,如余华的40万字的长篇巨著《兄弟》(上、下册)在2005年和2006年相继推出,其销量接近100万册。此外,传统典籍、历史小说、励志读物、生活实用指南、实用心理读物、人生智慧和科普读物等类型的畅销书也纷纷流行于世。

前些年,在出版商的操作下,《心灵鸡汤》、《学习的革命》、《谁动了我的奶酪》、《穷爸爸富爸爸》、《人体实用手册》、《男人来自火星,女人来自金星》、《品三国》、《〈论语〉心得》等图书,都成了国内市场的畅销书,发行数以百万计,出版商动辄盈利上千万。英国著名天体理论物理学家霍金的《时间简史》和微软总裁比尔·盖茨的《未来之路》也成为一度风靡全球的畅销书,销量上千万册。由此可知,大众阅读文化并非完全纯粹的娱乐消遣,而且也体现出很强的实用性、功利性特征。

流行文学推动着整个文化产业的发展,畅销书几乎成为影视制作取之不尽、用之不竭的题材库,几乎每一本流行小说都有翻拍电影电视剧的价值。日本著名恐怖小说作家铃木光司的《七夜怪谈》十分畅销,根据作品改编的电影《午夜凶铃》于1997年公映,创下至今无人超越的10亿日元的票房纪录,并迅速风靡整个亚洲。2002年,好莱坞著名导演斯皮尔伯格投入巨资重拍美国版《午夜凶铃》,在公映第一周就登上北美电影票房冠军宝座;短短5年时间,《午夜凶铃》系列被改编成5部电影,赢得全球20亿观众。在国内,金庸武侠剧、琼瑶言情剧、海岩都市剧都已经蔚为大观,成为近年来热播的电视连续剧系列。

作家和作品也是电视节目制作的重要灵感来源。在讲究“注意力经济”的媒体生态环境下,利用名人效应来实现栏目和节目的品牌营销已经成为屡试不爽的套路。例如随着余秋雨的文化散文的热销，凤凰卫视推出了《秋雨时间》栏目，利用余秋雨在历史文化散文领域的影响力，来保证收视率。此外，台湾著名作家李敖、陈文茜、蔡康永等也纷纷进入电视圈，前两者以政论节目见长，分别担任《李敖有话说》、《文茜小妹大》栏目的主持人；后者则以主持综艺节目《康熙来了》、《两代电力公司》、《今天不读书》等成为流行文化界炙手可热的明星。当然，影视剧或电视节目的成功也会反哺流行文学，如易中天和于丹因为借助《百家讲坛》栏目主讲《品三国》和《〈论语〉心得》，而积攒了高曝光率和知名度，其书籍在推出市场后迅即成为炙手可热的畅销书。

网络文学已经成为流行文学的试金石，一些尚未得到市场认可的文学青年往往通过网络一试身手，等到在网络领域积攒了足够的人气和知名度之后，其受欢迎程度已经能够确保传统图书市场的收益时，这时出版商及时介入，将其纳入传统出版市场，这样既降低了出版的风险，因为已经经过网络的检验；又能够借助网络的先期影响，强化营销力度，最大化发行量。在经过网络的检验后，一些功成名就的网络流行文学作者也继而向影视领域进发，成为影视剧的专业编剧人员，如宁财神就是典型，借助网络成名，后成为当下热播的喜剧武侠电视连续剧《武林外传》的编剧。

【关键词】通俗文学　流行文学　文学转型　生产体制　畅销书

【推荐阅读】

彼得·盖伊：《施尼兹勒的世纪：中产阶级文化的形成，1815－1914》，北京大学出版社2006年版。

约翰·斯梅尔：《中产阶级文化的起源》，上海人民出版社2006年版。

让·诺埃尔·让纳内：《西方媒介史》，广西师大出版社2005年版。

尼尔·波兹曼：《娱乐至死》，广西师范大学出版社2009年版。

范伯群主编：《中国近现代通俗文学史》，江苏教育出版社2000年版。

迈克尔·科达：《畅销书的故事》，中国人民大学出版社2006年版。

范伯群、孔庆东主编：《通俗文学十五讲》，北京大学出版社2003年版。

【思考题】

1. 流行文学与古代通俗文学之间的关系。
2. 中西现代流行文学是怎样产生的？
3. 流行文学的主要类型和亚类型有哪些？
4. 流行文学的生产和传播体制有什么特征？
5. 如何评价流行文学？

DAZHONGWENHUATONGLUN

第三部分

理论篇

大众文化理论肇源于西欧，雏形见于英国19世纪末20世纪初英国马修·阿诺德和“利维斯派”的文学研究，成形于德国法兰克福学派的批判理论。20世纪80年代末兴起的英国“伯明翰学派”和其后的后现代主义诸派文化理论丰富和开拓了当代大众文化理论与批评实践，继而影响世界，使大众文化研究与批评迅速普及于许多国家，并在20世纪80年代之后成为当前世界上最活跃的理论领域。不管是西方还是中国，对于大众文化的研究都经历了一个从批判到理性反思的过程。在本部分中，我们就对西方和中国的大众文化理论与批评实践进行介绍与梳理。

CHAPTER 7

第七章

西方大众文化批评理论

【本章重点】西方大众文化理论经历了早期批判传统、法兰克福学派批判理论、英国伯明翰学派等几个主要阶段。早期批判传统与法兰克福学派都对大众文化持一种强烈的批判态度,将其同质性、商业化等特征看做是文化艺术的堕落。英国伯明翰学派一改过去的批判立场,从编码/解码、受众主动性等方面入手,对大众文化在抵抗主流意识形态方面的价值与意义进行了发掘与阐述。约翰·菲斯克是当代大众文化研究中乐观主义的主要代表人物,对中外大众文化研究产生了重要影响,因此,在本章中,我们列专节对菲斯克的大众文化理论进行论述。

第一节　早期的大众文化批判传统

随着社会经济的发展以及大众阶层的形成,大众文化开始出现并以蓬勃的姿态不断发展,挑战着传统的文化版图。应该说,大众文化的产生、崛起和发展,是人类文化发展史上的一个崭新现象,也是文化发展中具有重大转折性意义的事件。它一方面使得传统的文化生产方式和存在方式发生了的根本性变化,另一方面也使人的存在方式和生活方式发生着的根本性的变化。这两者共同标志着一种新的文化模式,那就是由文化工业塑造和支撑起来的消费型文化和文化的消费主义取向。

今天,当我们身处大众文化的包围之中时,它似乎是一种自然而然的现象,并不值得大惊小怪。然而,正如世间很多其他的新生事物一样,大众文化在产生初期也受到了诸多批判与质疑,并且在很长的时间内难以登堂入室,更不用说进入学术研究的主流。在1944年撰写的《大众文化理论》中,美国学者麦克唐纳开篇便指出:一个世纪以来,西方事实上只存在两种文化,一种是传统的高雅文化,主要见于教科书;另一种是大众文化,是为市场成批制作出来的,主要包括广播、电影、卡通等,是严肃的艺术家极少涉足的领域。其实,不止是艺术家,长期以来,一直以精英自居的文化理论家更是很少讨论大众文化——即使有所讨论或涉及,也大多是从反面的角度对大众文化进行批判。从马修·阿诺德、利维斯夫妇一直到法兰克福学派，大众文化始终是以反面角色出现的。在这些理论家那里，大众文化成了西方现代化进程中的败笔，成为世风日下、人心不古的主要根源，甚至成为"欺骗了群众启蒙精神的"的罪魁祸首。这种理论的影响如此之大，范围如此之广，以至于很多理论家无视大众文化的蓬勃发展，仍然将其当做侵入文化和美学领域的小丑，而不正眼相看。

一、马修·阿诺德的大众文化理论

马修·阿诺德（Matthew Arnold，1822—1888）是较早从事大众文化研究的一位学者，现代通俗文化和大众文化研究"可以说是从马修·阿诺德开始的"①。在理查德·霍加特、爱德华·汤普生、雷蒙·威廉斯、斯图亚特·霍尔等人的理论观点中，都可以看到马修·阿诺德的影响。

马修·阿诺德是英国诗人和批评家，自幼受良好教育，牛津大学贝利奥尔学院毕业后，他曾在父亲担任过校长的拉格比公学短期任教，后来当过辉格党领袖的私人秘书，出任过教育督学，又去欧洲大陆考察过教育制度，35 岁时，被聘为牛津大学英国诗歌讲座教授，一教就是十年。仅就以上这个简要的履历来看，他会对文化产生怎样一种期望，在这种期望之下对大众文化又会是怎样一种态度，应该不难想象。简单来说，马修·阿诺德的大众文化理论主要包括以下几个方面。

（一）文化与文明的矛盾

马修·阿诺德对大众文化研究的贡献并不在于他的任何经验主义的著作体系，而是在于他找到了将大众文化置于"文化"这一大范畴进行研究的具体方法，在于他所开创的"文化与文明"传统。

阿诺德给文化下了许多定义：文化是甜美，是光明，它是我们思想过和言说过的最好的东西，它从根本上说是非功利的，它是对完善的研究，它内在于人类的心灵，又为整个社会群所共享，它是美和人性的一切构造力量的一种和谐。英国学者约翰·斯道雷将阿诺德的种种文化定义归结为四点："对于阿诺德来说，文化是（1）认知什么是最美好的能力；（2）美好的事物；（3）心灵和精神上对美好的运用；（4）对美好事物的追求。"②由此，我们不难看出，阿诺德所说的文化并非当今广义上的文化，而是狭义的文化，即雷蒙·威廉斯所说的"'理想的'文化定义"。在他那里，文化是世界上思想和言论的精华，是美好事物也是认知美好事物的能力，是人类对完美与超越的精神追求的体现。

在阿诺德看来，文化指的是人类的精神生活层面，而与文化相对的则是文明。据阿诺德的阐释，文明是指人类的物质生活，它是外在的、机械的东西，不像文化那样内在于人的心灵，展示人类的心路历程。由此可见，阿诺德所说的文化和文明的矛盾也就是精神生活和物质生活的矛盾。在阿诺德那里，作为与文明截然对立的社会力量，文化的用途"恰是通过树立完美之精神标准，帮助我们认识到财富是手段，是工具"，文化令人对物质文明产生"不满

① 约翰·斯道雷：《文化理论与通俗文化导论》（第二版），南京大学出版社 2001 年版，第 30 页。

② 同上书，第 31－32 页。

情绪"①。文化的视野不仅能超越物欲与工具理性，而且它"寻求消除阶级，使世界上最优秀的思想和知识传遍四海，使普天下的人都生活在美好与光明的气氛之中，使他们像文化一样，能够自由地运用思想，得到思想的滋润，却又不受之束缚"。②

文化作为精神生活，它是通过求知来达成人格的完善，进而化之为社会的完善。因此，在阿诺德那里，文化富有浓重的理想色彩——或者说还有美学色彩。不仅如此，文化还有一种扩展自身的本能，用阿诺德的话说，它深知仅仅少数人的甜美和光明是不够的，它只有等到我们大家都变成完美的人才会心满意足。

关于文化可以怎样像席勒的审美教育概念一样，启蒙大众修成圆满功德，阿诺德将文化与宗教和政治进行比较。他认为，许多人会根据他们自己的行业和党派信条来建构观念和判断，然后便向大众灌输这些观念和判断，这与宗教和政治组织教化大众的方式类似，但是，文化的作风有所不同：它无意深入到底层阶级上去说教，无意为它自己的这个或那个宗派，用现成的判断和口号来赢得他们的欢心。文化旨在消灭阶级，旨在使这世界上所知的、所想到过的最好的东西，普及到四面八方；旨在使所有人生活在甜美和光明的气氛之中，在那里人们可以自由使用观念，就像文化自身使用它们一样，受它们的滋养而不受它们的束缚。

这样来看，在阿诺德那里，文化人就是自由和平等的传教士了。阿诺德说，伟大的文化人总是有一种激情，一种把最好的知识、最好的观念传布到天涯海角的激情。他们殚精竭虑，一心要祛除一切僵硬的、陈腐的、艰涩的、狭隘的知识，转而赋予知识以人情味，使它能被老百姓分享，不复是知识阶层的专利，同时，又依然不失为那个时代最好的知识和思想。这样，文化在阿诺德那里就成为甜美和光明的真正源泉了。

（二）文化与无政府状态

《文化与无政府状态》初版于1869年，是马修·阿诺德最为重要的代表作品，也是"19世纪中叶接踵而来的普遍谴责大众文化的浪潮之先声"③。在本书中，阿诺德并没有对大众文化进行明确的界定，但通读全书，我们可以发现，"无政府主义"这个词在某种意义上就是大众文化同义词。

在《文化与无政府状态》中，阿诺德把英国社会分成三个阶级。第一种人是贵族阶级，他们是野蛮人，野蛮的贵族固然是精力充沛的正人君子，可是他们闭目塞听，墨守成规，没有一点创新意识。第二种人是中产阶级，他们是市侩，市侩的中产阶级固然坚守信仰富有事业心，但是他们一味沉溺在物质文明之中，冥顽不灵、唯利是图，不去追求甜美和光明，他们的生活变得惨淡无光。第三种人是工人阶级，他们是大众，大众要么跟风追随中产阶级，要么自甘沉沦，粗野而且愚昧，扑腾在他们贫困和肮脏的生活之中。"工人阶级……粗鲁，没有开化……长期生活在贫穷和肮脏之中……现在从他们的藏身之处跳出来，主张建立一

① 马修·阿诺德：《文化与无政府状态——政治与社会批评》，生活·读书·新知上海三联书店2002年版，第14页。

② 同上书，第31页。

③ 多米尼克·斯特里纳蒂：《通俗文化理论导引》，商务印书馆2001年版，第29页。

个他们能为所欲为的崭新的英国人的特权天堂，于是他们游行、集会、呐喊、胡闹，开始把我们弄得惶惶不安。"①

从阿诺德对英国社会的划分和评价，可以看出他对以工人阶级为代表的普罗大众是持强烈的鄙视态度的。阿诺德所说的"无政府状态"也是发端于工人阶级。"无政府状态"把随心所欲、为所欲为当做人的基本权利，这是很危险的事情，所以，在阿诺德那里，无政府状态毋宁说就是工人阶级文化的同义词。

在阿诺德看来，文化是社会秩序和国家权威得以确保的决定性因素，也是改造和消除通俗文化的有效途径。他认为，大众的通俗文化的无政府主义特征无疑是导致国家的混乱原因之一，历史表明社会常常毁于"不健康的大多数人的道德沦丧"。多数民众（包括充满偏见、气焰嚣张的贵族、走火入魔的中产阶级不从国教者及无政府主义的大众）是平常的、甚至是"低等的自我"，他们只能是文化所引导、改造和统治的对象。在他看来，民众，尤其是底层大众、劳工阶级"就其现状而言显然不可能具备从文化中——从阅读、观察、思考中——获得的理智之光"。② 因此，在反对无政府主义的过程中，教育唯一可行的光明大道，而这教育的责任只能由"少数人"来承担。阿诺德认为，"人类中大多数人不会实事求是地看待事物，非常不成熟的思想都会使他们得到满足。世界上所有实践都建立在也只能建立在这些不成熟的思想之上。这就是说不管谁企图实事求是地看问题，总会发现自己只是一个很小圈子里的一员。但也正是这个小圈子不屈不挠的追求，才使成熟的思想流传开来。"③因此，只有"受过高等教育的少数人"才是真正拥有文化的人，才能引导社会的发展和进步。这些少数人是"最优秀的自我"，是构成国家和民族权力的"坚实基础"。

在阿诺德看来，国家实际上是文化概念在制度上产生的必然结果。这在《文化与无政府状态》这个书名上就可见出：处在文化对立面上的不是机械的、外在的物质文明，而是缺失秩序和规范的"无政府"。所以，文化的推广和普及固然是国家的使命所在，对于无政府和无秩序的混乱状态，国家更不能掉以轻心。诚然，一个显见的事实是，不论是贵族阶级、中产阶级还是工人阶级，每个阶级的成员都希望自己的阶级能够掌握政权，但阿诺德明确表示，不管是谁掌权，不管我们多么希望把他们赶下台来，他们在位的时候，我们就要全心全意支持他们镇压无政府和无秩序状态，因为没有秩序就没有社会，没有社会就没有人类的完善。

马修·阿诺德对文化的思想论述中，无疑带着对人类存在和完善的深厚的人文关怀，他对世俗社会和习惯势力所保持的批判性审视与内省式的文化立场和文化姿态都对当时及后世产生了深刻的影响，正如有的人所说的："阿诺德已经成为我们思想的一部分，我们的观念形态的一部分。……在力图达到全面综合的视域方面，在试探性地提出文明的希望出路方面，他几乎是独一无二的。"④阿诺德的理论在历史上的贡献和意义无疑是重大的。但无论如何，不能否定这样的事实：马修·阿诺德仍然站在精英主义的立场上，固守"杰出人物统治

① 转引自约翰·斯道雷：《文化理论与通俗文化导论（第二版）》，南京大学出版社 2001 年版，第 32 页。
② 马修·阿诺德：《文化与无政府状态》，生活·读书·新知上海三联书店，第 60 页。
③ 转引自约翰·斯道雷：《文化理论与通俗文化导论》（第二版），南京大学出版社 2001 年版，第 36 页。
④ 《文化与无政府主义状态·译本序》，生活·读书·新知上海三联书店 2002 年版，第 15 页。

论”。尽管在《文化与无政府状态》中马修·阿诺德没有对大众文化作正面而集中的讨论,甚至在所有著作中“让他直截了当地”谈论大众文化时“言之甚少”(约翰·斯道雷),但他的文化主张、文化追求和他对各种文化的评价却对后来的文化理论产生了重要影响,尤其是他对通俗文化和大众的排斥甚至鄙视的态度在很长一段时期为大众文化研究定下了一种基调,成为后来的精英主义大众文化批判理论的一个重要思想来源和组成部分。

二、利维斯主义的大众文化理论

F·R·利维斯(Frank Raymond Leavis,1895—1978)是20世纪英国著名的文学批评家,著作主要有《大众文明与少数人文化》(1930年)、《英国诗歌新方向》(1930年)、《再评价:英诗的传统和发展》(1936年)以及论述奥斯汀、乔治·艾略特、亨利·詹姆斯、康拉德和D.H.劳伦斯五位小说家的《伟大的传统》(1948年)等。

F·R·利维斯深受马修·阿诺德的影响,《大众文明与少数人文化》一书的标题便是不折不扣来自马修·阿诺德把文化和文明断然分开的思想。在该书的卷首,F·R·利维斯引用了阿诺德《文化与无政府状态》中的一段话作为题辞:现代社会的整个文明,比起希腊和罗马的文明远要机械和外在得多,而且还在变本加厉这样发展下去。在F·R·利维斯看来,文化衰败日益加剧是20世纪的一个重要标志,阿诺德在19世纪所看到的文化衰退在20世纪还在继续发展,而且情况变得更加复杂。在《大众文明于少数人文化》中,利维斯开卷就谈到他和阿诺德的不同境遇。他说,阿诺德遇到的困难较他要小,因为今天的文化更是濒临绝望之境,所以今天必须来认真解答阿诺德可以轻描淡写一笔带过的定义和系统陈述问题。

(一)对“大众文明”的忧虑

在利维斯所处的时代,随着工业革命的推进,大众文化迅速崛起,传统价值土崩瓦解,溃不成军。于是,F·R·利维斯等少数文化精英更加恐惧地发现,自己越来越孤立地处在一个被“大众文明”所包围的环境之中。大众文明和它的大众文化形成了一条破坏战线,“要把我们置于无法恢复的混乱境地之中”。

那么,“大众文明”又是什么呢?F·R·利维斯认为,在17世纪,英国有一种生机勃勃的平民文化。工业革命将这种平民文化一分为二:一种是少数人文化,另一种是大众文明。少数人文化体现了世界上最美好的思想和言论,是一种有教养的文化;大众文明则是少数人文化的对立面,它包括大众文化,是一种没有受过教育的大多数人的消费商业文化,是低劣和庸俗的代名词。电影、广播、通俗小说、流行出版物、广告等,它们被缺欠教育的大众不假思索地大量消费。大众文化是缺乏“道德的严肃性”和“审美价值”的,它的作用不是引导大众的“鉴别和抵制”,只能滋生脆弱、导致沉湎,使得人们不再思考与批判。

Q·D·利维斯把阅读通俗小说看做是“一种毒瘾”,它使人们沉溺于幻想,从而导致读者产生“幻想的习惯”和“对现实生活的不适应”。对于没有沉迷于通俗小说的人来说,也一直面临着来自电影的威胁,在Q·D·利维斯那里,电影真正成了一个非常危险的快乐之源,具有“类似催眠的作用”,使人屈服于最粗俗的情感感召。更为可怕的是,这种感召变得“越来越阴险",因为它不显山不露水地与对生活栩栩如生的幻想联系在一起。①

F·R·利维斯也将电影看作是一种灾难性的影响。F·R·利维斯叹道,电影如今是提供了文明世界的主流娱乐形式,它们使人在催眠状态之下,向最廉价的情感引诱俯首称臣,这些引诱因其栩栩如生的真实生活的假象,更显得阴险狡猾。也许人们会说,电影艺术的新形式,它是严肃的。对此利维斯将电影比作广播:虽然同样有人说,广播也给了我们好的音乐和有益的讲演,但是广播对文化的标准化影响是毋庸置疑的,只是因为这里没有一心追逐商业利润的好莱坞的参与,平庸化的特征表现得没有那么明显罢了。利维斯主义还对广告进行了尖刻的批评。在利维斯主义看来,广告是文化疾病的主要症状,它无休止地、无孔不入地对大众进行着操纵和愚弄。广告不仅贬低了语言,而且还贬低了群体的情感生活,降低了生活标准。总之,在利维斯主义看来,不论是电影、通俗小说、广播还是广告,都是危害少数人文化的"大众文明",都一样卷入了标准化和平庸化的过程。它们是被动的消遣,而不是积极的娱乐,尤其令积极运用心智,变得难上加难。

F·R·利维斯认为文化的堕落是工业化的恶果,与之形成对比的是,工业革命之前的英国是一个"有机社会",是文化上的黄金时代。在那时,高雅和大众的趣味,是有可能完好结合的。工业技术进步带来的大批量生产方式,势必就带来一种"技术—边沁主义"文明,其最显著的特征就是文化上的标准化和平庸化。这样一种大众文明或者说大众文化甚至还是民间文化的灾难,因为它一刀割断了高雅、有机和值得缅怀的传统和过去。

(二)"少数人文化"的使命

F·R·利维斯认为,在工业革命前的17世纪,英国存在着一种真正的人民文化,一种丰富的传统文化,一种已经消失的积极文化。在工业革命后,这些文化已经被破坏殆尽。尽管如此,在19世纪的英格兰乡村中,仍然可以找到这种文化有机体的零星碎片。民间歌谣、民间舞蹈、乡间小屋和手工艺产品,都是一些意味深长的符号和表现形式。它们是一种生活的艺术、一种生存的方式,井然有序,涉及社会艺术、交往代码以及一种反应调节,源出于遥不可测的远古经验,呼应着自然环境和岁月的节奏。

同马修·阿诺德一样,利维斯主义的文化批评也是建立在文化精英主义的立场之上,将拯救人类文明的使命赋予了"少数人"。在F·R·利维斯们看来,判定一种优秀文化传统的价值标准就在于它是否有能力支持在文化上高人一等的"少数人"。因为少数人是"受教育、有教养的群体",只有当他们主宰文化时才能使"世界上最好的思想和言论"得以传承。正如他们所说的:"依靠少数人,我们才能拥有从过去人类最宝贵的经验中获得益处的能力;他们保存了传统中最微妙、最容易遭到破坏的部分。依靠他们,才有了安排一个时代人类更好生活的内在标准,才有了不是那边,而是这边才是前进方向的意识,才有了中心在这比在那更好的意识。"

F·R·利维斯对他的"少数人"概念作了这样的解释:在任何一个时代,明察秋毫的艺术和文学鉴赏常常只能依靠很少的一部分人。除了一目了然和人所周知的案例,只有很少数

① 参见约翰·斯道雷:《文化理论于通俗文化导论》(第二版),南京大学出版社2001年版,第40-41页。

人能够给出不是人云亦云的第一手的判断。他们今天依然是少数人,虽然人数已相当可观,可以根据真正的个人反应来作出第一手的判断。流行的价值观念就像某种纸币,它的基础是很小数量的黄金,一个社会中为数甚少的文化精英,正好比黄金一样是普遍价值的根基。只有这少数人能够欣赏但丁、莎士比亚、堂恩、波德莱尔和哈代以及他们的继承人,而后者是构成了一个特定时代的种族的良心。正是有赖于这少数人,过去最优秀的人类经验得以传承,最精致最飘忽易逝的传统得以保存下来,一个时代的更好的生活,也由此得到了组构的标准。这少数人因而是社会的中心所在。

利维斯主义对大众文化的消极影响的批判无疑是深刻而有创见性的,它执著于保护文化传统的愿望是崇高而美丽的,但它对于文化传统的拯救之策无疑是无力而空幻的,而且它对大众文化的认识也是不完全的,这使它的批评理论存在着很大的局限性。但是,种种缺陷并不妨碍它对后世大众文化理论产生深刻的影响。利维斯主义将大众文化研究正式引入了学术研究视野,其总体性的文化观念、细读式分析方法以及文化在社会生活中占有至关重要的地位的思想,都为后来的大众文化理论家们所继承。

第二节　法兰克福学派的大众文化批判理论

“法兰克福学派”(Frankfurt School)是大众文化研究史中的一个里程碑,也是当今大众文化批判理论最为重要的理论来源。法兰克福学派的本来名称是“社会研究所”(Institute for Social Research),该所于1923年2月3日正式成立于德国的法兰克福市。1933年希特勒上台后,由于研究所很多主要成员拥有犹太血统,故而研究所被迫迁往纽约,附属于哥伦比亚大学,1949年重新迁回德国。

社会研究所的创始人是韦尔·格拉赫,第一任所长是格吕堡。1931年1月霍克海默继任所长之后,改变了社会研究所原来的研究方向,把研究重心从经验的、具体的政治经济学工人运动史研究转到了哲学与社会科学上来,并把“批判理论”(Critical Theory)作为研究所的指导思想。1933年纳粹掌权后,研究所及其成员开始了流亡生涯。研究所先去日内瓦,后在巴黎等地设立了办事处,最终在美国(1934年,起初在纽约,后来在哥伦比亚大学)安家落户,其成员(本雅明除外)也先后到了美国。1950年,研究所结束了流亡生涯返回联邦德国,但部分成员却选择留在了美国,其中包括洛文塔尔与马尔库塞。

就出身而言,法兰克福学派的主要成员有着共同的特征。首先,他们都出生在富裕的中产阶级家庭,由于他们从小接受的就是贵族化的教育与高雅文化的熏陶,他们的审美趣味决定了他们不可能更多地与下里巴人的大众文化心心相印,而只会更多地与阳春白雪的艺术作品灵犀相通。其次,他们全都出生于被同化的犹太人家庭,这意味着在他们的思想中或多或少地存在着一种犹太情感,大众文化对他们的救赎愿望是破坏而不是维护。最后,他们全都是流亡知识分子,也全都是现代型或现代性知识分子,这两种角色是建构法兰克福学派成员批判大众文化特殊姿态时的重要元素。

法兰克福学派成员的出身、所受到的文化熏陶以及身份特征,都影响到了他们在面对大众文化时所采取的研究态度与批评立场。

一、法兰克福学派"大众文化批判理论"概述

法兰克福学派的"大众文化理论"一般被称为"大众文化批判理论"。"批判理论"又称"社会批判理论",霍克海默在1932年6月为研究所自己创办的刊物《社会研究杂志》撰写的短序中指出:批判理论的目的是试图按照每一种可能的理解水平来把握社会生活的进程。1937年,霍克海默与马尔库塞又分别撰写了《批判理论》和《哲学与批判理论》,进一步明确了批判理论的目的、方向、研究范围与方法。霍克海默认为,批判理论不仅是德国唯心主义的后代,而且也是哲学本身的传人;该理论的目的绝非仅仅是增长知识本身,它的目标是要把人从奴役中解放出来。而马尔库塞除了进一步强调了批判理论所蕴含的人类解放的旨趣之外,还着重论述了批判理论对个人的自由与幸福的捍卫,对人的理性潜能的开掘。对于法兰克福学派的批判理论,美国著名文化研究学者道格拉斯·凯尔纳(Douglas Kellner)则从方法论的角度提升了它的意义。他说:"作为一种跨学科的研究,批判理论试图建构一种系统的、综合的社会理论来面对当时关键的社会与政治问题。"①洛文塔尔在1980年谈到"批判理论"时反复强调,"批判理论"是一种视角(perspective),一种面对所有文化现象所采取的普通的、批判的、基本的态度,它从来没有自称为一种体系②。必须把法兰克福学派的"大众文化理论"置于"批判理论"的总体思维框架下,我们才能对大众文化理论本身作出准确的把握与理解。当美国的大众文化成为法兰克福学派20世纪40年代之后的主要研究对象,对阿多诺而言,他在此之前已经开始了对大众文化的批判,所以于他而言,把"批判理论"运用于大众文化研究已是轻车熟路;对于洛文塔尔而言,则给他提供了一个把"批判理论"与"文学社会学"结合起来的重要契机;而马尔库塞虽然迟至60年代才开始对大众文化的大规模批判,但是这种批判依然秉承了"批判理论"的传统。

法兰克福学派所面对的大众文化(Mass Culture)主要指20世纪30—60年代在美国出现的一种新型的文化现象,这种文化尽管与早期的大众文化存在着一种血缘关系,同时又存在一些新的特征:第一,工业化、都市化的进程使美国逐渐步入了一个大众社会,而大众社会是大众文化的温床;第二,大众媒介,尤其是新型的电子媒介(如电影、唱片、无线电广播等)在对大众文化的传播与塑造方面起着不可低估的作用;第三,大量消费刺激了大众文化的批量生产,而批量生产的形式又生产出了更多的大众文化的消费群体;第四,以资本的运作为手段,以盈利为目的成为大众文化生产的基本动力和大众文化存在的基本形式。由这些特征可以看出,商业因素是大众文化得以形成的重要因素,除此之外,法兰克福学派还别具匠心地发现了潜藏于大众文化中的政治因素。尽管远离政治是阿多诺所遵循的一个基本宗旨,但是当他们把文化工业看做是统治阶级自上而下的整合工具时,大众文化显然包含了政治的因素;而当本雅明与马尔库塞在一个特殊的历史时期把大众文化看做是颠覆既存的统治

① Dauglas kellner, Critical Theory, Marxim and Modernity. Cambridge:Polity Press,1989. p1.

② Martin Jay,ed. ,An Unmastered Past:The Autobiographical Reflections of Leo Lowenthal. University of California Press,1987. p60 - 62.

秩序的重要手段时,他们所谓的大众文化也依然包含了政治的因素。因此,对大众文化中政治因素的发现和发掘、否定或肯定是法兰克福学派大众文化理论区别于其他大众文化理论的重要特征,也是我们理解法兰克福学派大众文化理论的重要视角。

法兰克福学派的成员中,泰奥多·阿多诺、马克斯·霍克海默、列奥·洛文塔尔、赫伯特·马尔库塞与编外人员瓦尔特·本雅明的理论观点对后来的大众文化研究产生了十分重要的影响。

二、法兰克福学派对大众文化的批判

总体来说,法兰克福学派对大众文化的批判主要是针对大众文化对于人的存在的负面影响和消极功能进行的。归纳起来主要有以下几个方面。

(一)大众文化的商品化

法兰克福学派认为,在发达工业社会里,文化工业的每个产品都是经济上巨大机器的标本,文化艺术变成了商品。霍克海默和阿多诺明确提出了大众文化的商品化特征以及文化艺术已成为商业的囚徒的事实:"艺术今天明确地承认自己完全具有商品的性质,这并不是什么新奇的事,但是艺术发誓否认自己的独立自主性,反以自己变为消费品而自豪,这却是令人惊奇的现象。"在他们看来,大众文化之所以具有明白无误的商品化特征是与现代科技的发展密切相关,文化工业是技术理性的逻辑延伸和展开,科技理性所提供的技术前提,保证了大众文化以一种产业化的方式生产和以市场形式的销售。正如他们指出的:"文化用品是一种奇怪的商品。即使它不再进行交换,它也完全受交换规律的支配;即使人们不再会使用它,它也盲目地被使用。因此,它与广告已融合在一起。在垄断权力下边,它越是表现得荒诞无稽,它就变得越是有威力。这些动机都是有充分的经济根据的。"①

(二)大众文化的标准化与伪个性化

法兰克福学派的文化精英们认为,真正的艺术总是个性化的,是不可重复和替代的,但以现代科技为依托的大众文化所呈现的是批量生产和无限复制的特征。在大众文化那里,我们看到的只是从生产线上源源不断地流淌出来的拷贝、唱片和流行杂志等,它们又被无差别地一再复制、传播。法兰克福学派将文化工业生产作品的这种方式称之为"标准化"现象。所谓的"标准化"乃是一种影响作品的一般特征和细节的过程,文化工业按照一定的标准、程序,大规模生产各种复制品,使得文化作品无处不显露出今天的文化生活所具有的那种划一性。不仅电影、收音机和报纸杂志形成了一个无论在整体上还是在局部上都具有同一性的系统,而且,"甚至政治对手们的美学活动都成为同一的和热情顺从铁幕系统的韵律的活动。"②结果,文化中富有创意和鲜明个性化特征的语言消失,正如霍克海默和阿多诺所指出的那样:"一切文化都是相似的。电影、收音机、书报杂志等是一个系统。每一领域是独立的,但所有领域又是相互联系的……在垄断下的所有的群众文化都是一致的,它们的结构都

---

① 霍克海默、阿多尔诺:《启蒙辩证法》,重庆出版社 1990 年版,第 152 页。

② 同上书,第 112 页。

是由工厂生产出来的框架结构，这一点已经开始明显地表现出来。"[①]大众文化产品的主题、结构、人物、情节等方面显示了一种令人惊异的相似性。大众文化产品没有真正的冲突，没有实质的发展，有的只是表面的变化。

大众文化的标准化和齐一化的直接后果是真正个性的消失和伪个性的蔓延。大众文化产品外在特征注重体现变化与差异，但体现的所谓"个性"，只是要把模式化、标准化的制作过程隐藏起来。由于缺乏内在思想资源的支持，这种个性显得空洞和虚假。"在文化工业中，个性之所以成为虚幻的，不仅是由于文化工业生产方式的标准化，个人只有当自己与普遍的社会完全一致时，他才能容忍个性处于虚幻的这种处境。"[②]在大众文化的汪洋中，真正的个性无疑会受到剿杀以至零落成泥。而伪个性主义的东西则粉墨登场，群魔共舞并招摇过市，从而"把一般人英雄化，这属于廉价的偶像崇拜"。文化的堕落使真正的文化退居边缘。

与霍克海默与阿多诺不同，洛文塔尔从语言的角度，分析了大众文化生产中通过修辞学诡计而实现的伪个性化。为了使叙述更富有魅力，从而给读者制造更多的幻觉，传记作者常常用语言进行包装：我们的主人公是"当今影坛运气最好的人"，"不仅是最伟大的而且也是第一个真正的主持人"。使用跟读者套近乎的语言，洛文塔尔把这种表述形象地概括为"特别为了您"，他认为语言包装强化了传记的商品化特征，促成了传记的标准化制作，并进一步完善了传记的伪个性化机制。

（三）大众文化的操纵性、欺骗性

在法兰克福学派看来，大众文化不仅消解了文化的批判与否定向度，而且堕落为"为社会辩护"的欺骗性的意识形态，这主要表现为，它迎合在机械劳动中疲惫的人们的需求，使人们满足于一种虚假的"幸福意识"，沉醉于虚幻的满足感中，沉溺于无思想的享乐，任何阶级意识和改变现存秩序的想法都烟消云散。

大众文化的资本化操作成功地实现了对大众的"精神催眠"，并达到了预先计划好的社会控制效果。因为，"资本对电影及其他消闲事业的成功渗透和制约表明它已有能力把握并塑造大众社会的心理特征。在其调节操纵下，个性才华沦为商品，艺术实验蜕变成标定模式，假饰的平庸顶替了自然清越，反叛与抗议得以周密地驯良或收买。从卓别林天才的创新，嘉宝独特的风采，黑人爵士乐骚动的颠覆本性直到奥森，威尔斯倔强的反传统导演思想，无不被消解融进一个巨大炫目的幻影世界。在那里，人们的欲望和梦想被巧妙地控制在'挑逗与压抑、宣泄与约束'水准之间；在那里，人们只需花上几毛钱即可尽饮孟婆茶，饱食忘忧果。"[③]这样，文化工业以技术理性对生活形态的严重侵蚀，导致了人在现代资本主义社会中的自我异化，形成社会对人进行宰制的基础条件，工艺合理性本身遂成为统治的合理性，而统治的合理性又反过来构成自我异化社会的强制性本质。

在操纵的同时，大众文化也通过娱乐活动对大众进行公开的欺骗。用霍克海默和阿多

① 霍克海默、阿多尔诺：《启蒙辩证法》，重庆出版社 1990 年版，第 112 – 113 页。

② 同上书，第 145 页。

③ 赵一凡：《美国文化批判集》，生活·读书·新知三联书店 1994 年版，第 220 – 221 页。

诺的话来说就是:"文化工业通过娱乐活动进行公开的欺骗。这些娱乐活动,就像宗教界经常说教的,心理学的影片和妇女连载小说所喋喋不休谈论的,进行装腔作势的空谈,以便能够更牢固地在生活中支配人们的活动。"大众文化所制造的娱乐消遣已经使得"享乐"失却了本真意义,"享乐意味着全身心放松,头脑中什么也不思念,忘记了一切痛苦和忧伤。这种享乐是以无能为力为基础的"①。结果是,人们在大众文化制造的娱乐享受中变得愈加浑浑噩噩。

对于大众文化的欺骗性,阿多诺们有着清醒的认识和批判,"文化工业通过不断地向消费者许愿来欺骗消费者。它不断地改变享乐的活动和装潢,但这种许诺并没有得到实际的兑现,仅仅是让顾客画饼充饥而已。需求者虽然受到琳琅满目、五光十色的招贴的诱惑,但实际上仍不得不过着日常惨淡的生活。……但是由于艺术作品把不能兑现的东西表现为一种消极的东西,它就似乎又贬低了欲望,从而对不能直接满足欲望要求的人,是一种安慰。"大众文化似乎会使人们忘却烦恼,得到放松和享乐,然而"这种享乐是以无能为力为基础的。实际上,享乐是一种逃避,但是不像人们所主张的逃避恶劣的现实,而是逃避对现实的恶劣思想进行反抗。娱乐消遣作品所许诺的解放,是摆脱思想的解放,而不是摆脱消极东西的解放"。因此,霍克海默和阿多诺愤然指出:"文化工业通过娱乐活动进行公开的欺骗。这些娱乐活动,就像宗教界经常说教的,心理学的影片和妇女连载小说所喋喋不休谈论的,进行装腔作势的空谈,以便能够更牢固地在生活中支配人们的活动。"②因此,在此情况下,人对存在的超越性追求被消解,批判能力被剥平,否定与反叛的缺席使人更加机械和异化,在大众文化娱乐催眠的安魂曲中,逐步遗忘了反抗,习惯于对现存的顺从认同。

(四)大众文化的强制性和集权化

除上述特点以外,大众文化海通过不断重复的标准化和整齐划一,强制性地迫使大众不得不接受他所提供的各种产品。"从根本上来看,虽然消费者认为文化工业可以满足他的一切需求,但是从另外方面来看,他永远只是被规定的需求的消费者,只是文化工业的对象"③,文化工业不仅对消费者进行公开的欺骗,而且要求消费者不管怎样都应该对他所提的东西心满意足。

从表面看,大众文化并不呈现出以往统治的暴力特征。它不是"铁手"而变成了"丝绒手套",使人在无痛状态下进入它的统治和掌握之中。因此,技术时代的大众文化已成为一种新的统治形式。它对人的统治更为深入隐秘且无所不在。对此,霍克海默和阿多诺指出,现代人虽然生活在一个民主的时代,但是,大众文化对人的影响是单向的,个人很难有能力影响文化的生产和传播。对此,他们作了形象描述:"从电话到无线电广播,作用发生了巨大的变化。每个人,每个主体都能自由地运用这些工具。每个人都可以成为民主的听众,都可以独立自主地收到电台发出的同样的节目。但答辩的仪器尚未开拓出来,私人没有发射的电器设备和自由。群众被局限在由上面特意组织的'业余爱好者'的人为约束的范围内。"因此,在大众文化氛围里,每个人都成为被动接收的受众,接受着单向的影响而毫无自由的空

---

① 霍克海默、阿多尔诺:《启蒙辩证法》,重庆出版社1990年版,第135－136页。

② 同上书,第131、136、135页。

③ 同上书,第133页。

间。"所有的人从一开始起,在工作时,在休息时只要他还进行呼吸,他就离不开这些产品。没有一个人能不看有声电影,没有一个人能不收听无线电广播,社会上所有的人都接受文化工业品的影响。文化工业的每一个运动,都不可避免地把人们再现为整个社会所需要塑造出来的那种样子。"①因此,大众文化实际上已成为现代工业社会的法西斯主义式的文化霸权,成为麻痹民众思想与心灵的精神鸦片。

法兰克福学派的理论家们秉持现代主义知识分子立场和强烈的批判现实主义精神,强调人的存在的自由与超越和文化艺术的自主性、自律性特征和反抗否定、与现实保持张力的本质,这使他们反对大众文化的他律性特征——即成为维护现存秩序的工具和操控大众的意识形态权力话语,自然不能忍看文化的异化和堕落,他们坚守的知识分子精英立场和救赎的使命感使他们一定要面对强权说出真理。② 今天,法兰克福学派大众文化批判理论的深刻性依然依然宝刀不老,成为大众文化研究必需的理论储备。同时,我们也必须要看到的是,法兰克福学派所批判的,毕竟只是资本主义社会中文化生产的某些倒退现象,即使在此范围内,对资本主义大众文化的创造性持有全盘的否定态度也是有失偏颇的。

20世纪末期,随着中国大众文化的蓬勃发展,法兰克福学派的大众文化批判理论被引入中国,并对中国学界产生了十分重要的影响,成为中国大众文化初兴时期知识分子批判最为重要的理论工具。但是,在一定时期内,法兰克福学派影响中国知识分子的与其说是其激烈的批评方法与理论工具,不如说是对现代工业社会和商品社会文化创造的绝对否定立场。这一点正是中国大众文化批评长期固守一种文化商品和异化批评观从而止步不前的根本原因。正如有的学者所指出的,法兰克福学派"常常强烈地表达一种对于媒体及大众文化产品的激烈的否定性意见。这就给那种经验论的有关媒体及'大众文化'乃是一种低俗的文化产品的论点找到了某种合法性。但这种'批判'难以进行具体的、深入的读解和分析。因之它对于媒体的贬抑本身,只能是对旧的话语框架的捍卫,而不是对一种新的机构、新的需求和新的理论的回应与对应。因之它依然只能加剧'阐释'本身的焦虑与危机"③。

三、本雅明:法兰克福学派中的"另类之声"

本雅明的作品包括《机械复制时代的艺术作品》(*The Work of Art in the Age of Mechanica Reproduction*,1935/1936年)、《摄影术简史》(*A Small History of Photography*,1931年)、《作为生产者的作家》(*The Author as Producter*,1934年)、《说书人》(*The Storyteller*,1936年)、《论波德莱尔的几个主题》(*On Some Motifs in Baudelaire*,1939年)等。

我们之所以把本雅明的大众文化思想看做是法兰克福学派的另类之声,主要是因为他没有像法兰克福学派的其他成员那样,对刚刚兴起的大众文化进行激烈的批判。纵观其所有著作,本雅明始终没有明确使用过"文化工业"或"大众文化"的概念,也没有专门论述大众文化的著作或文章,然而,本雅明却是法兰克福学派中大众文化理论"肯定性话语"的始作俑者,也正因为

① 霍克海默、阿多尔诺:《启蒙辩证法》,重庆出版社1990年版,第113-114页。
② 参见于文秀:《经典大众文化批判理论评析》,《学术界》2003年第4期。
③ 张颐武:《文化研究与大众传播》,《现代传播》1996年第2期。

如此,作为法兰克福学派"编外"人士的本雅明才会在后世受到如此之多的关注与推崇。

强调现代技术介入艺术生产会改变艺术的性质以及艺术与大众的关系,构成本雅明讨论大众文化问题的基础,也是他确定大众文化价值所在的准则。以此作为"问题意识"的开端,本雅明逐层深入地讨论了三个相互关联的问题:第一是技术复制与艺术生产之间的关系,第二是复制艺术品对感知方式的影响,第三是由此引起的艺术与大众关系的变化。按照这一思路追寻本雅明的研究,方可理解他高度肯定大众文化的根据何在。①

(一)肯定机械复制在艺术生产过程中的积极性

与法兰克福学派其他同仁不同,本雅明并未把工业文明视为危害人类的罪魁祸首。作为一个西方马克思主义者,他基本上是采取了一种辩证法的态度看待技术进步与艺术生产的关系。本雅明指出,任何艺术形式都是一种自然力量,它是历史地形成的,它的出现具有难以遏制的威力。如此一来,本雅明就将复制时代的艺术作为一种不以人的意志为转移的历史存在,除了客观对待之外别无他途。

通过对艺术发展历史的考察,本雅明指出,艺术发展的历史就是机械复制发展的历史。在古希腊,只有两种复制技术:陶瓷和硬币。19世纪出现的石印术使得一切绘画作品都可以复制,后来照相术和录音术的发明则使得一切视觉和听觉艺术都可以被复制。机械复制时代带来了一种新的艺术——电影。因此,本雅明认为,机械复制是艺术生产力的重要组成部分,它的水平高低体现着艺术生产的发展阶段,艺术家要不断运用新的艺术手段进行创作。对于机械复制时代艺术作品的分析,也要体现其特点。

(二)艺术由膜拜价值转变为展示价值

为了阐释艺术与大众的新的关系,本雅明还着重分析了艺术品由膜拜价值转变为展示价值这一过程中观众接受心理的变化及其产生的巨大影响。本雅明提出对艺术作品的接受有两种不同的侧重方面:一种侧重于艺术品的膜拜价值,这是传统艺术;另一种侧重于艺术品的展示价值,这是现代艺术。

传统艺术因不能大量复制而具有一种独一无二的价值,即"韵味"。本雅明说:"把韵味界定为'在一定距离之外但感觉上如此贴近之物的独一无二的显现',无非体现了在时空感知范畴中对艺术品膜拜价值的描述。远与近是一组对立范畴,本质上远的东西就是不可接近的,不可接近性实际上就成了膜拜形象的一种主要性质,膜拜形象的实质就是'在一定距离之外但感觉上如此贴近'。"②对实物近距离的正确占有、享受与实物神圣的独一无二,产生一种永恒的韵味。这种韵味导致了艺术品的膜拜价值。本雅明认为,最早的艺术品起源于魔法仪式,在这种仪式中艺术品是独一无二的,也是至高无上的,因此是被膜拜的对象。从艺术产生开始,艺术品的韵味就与仪式、膜拜联系在一起。出土的希腊艺术品,之所以被收

---

① 孙文宪:《艺术世俗化的意义——论本雅明的大众文化批评》,《华中师范大学学报(人文社科版)》,2004年第5期。

② 瓦尔特·本雅明:《机械复制时代的艺术作品》,浙江摄影出版社1993年版,第87页。

藏者视为历史文物收藏起来，是因为这件不可复制的艺术品具有独一无二性。因为这一举世无双的价值的崇拜，传统艺术因其韵味的存在，便具有珍贵、特殊、权威的、永恒的性质。

本雅明在情感上对传统艺术韵味灌注的审美境界心驰神往，但他认识到这样的艺术作为一种稀世之宝，只能被少数人占有、欣赏。艺术品高高在上的姿态只能使艺术远离人民群众。随着生产的发展，凝聚在传统艺术中的韵味随时代发展而衰微，少数人独享的传统艺术必然要让位于适应人民群众审美需要的现代艺术。"艺术作品的可机械复制性在世界上第一次把艺术品从它对礼仪的寄生中解放出来。"①机械复制艺术作为一种现代艺术，打破了统治阶级垄断艺术的历史，粉碎了凝聚在艺术品中的膜拜意识，艺术被解放出来，成为艺术本身。由于艺术品的可复制性，导致了接受者的增多，这就使艺术品由膜拜价值转向展示价值。"韵味的衰竭来自于两种情形，它们都与当代生活中大众意义的增大有关，即现代大众具有要使物在空间上和人性上更易'接近'的强烈愿望，就像他们具有接受每件实物的复制品以克服其独一无二性的强烈倾向一样。"②本雅明认为，只有大众充分地掌握艺术，享用艺术，艺术才能发挥作用。机械复制改变了大众和艺术的关系，开启了从"氛围"文化向"民主"文化发展的进程，使大众与艺术之间由"最保守的关系"变成了"最进步的关系"。机械复制促进了大众对艺术的参与，而大众的参与又将促进艺术的进步。"大众是促使所有现今面对艺术作品的惯常态度获得新生的母体。最遽变对质的极其广泛的大众的参与就引起了参与方式的变化。"③在大众文化的发展初期，本雅明就把大众放在艺术发展的中心地位，关注艺术与大众的结合问题。这为后来的大众文化研究提供了可贵的思路。

（三）新艺术形式感知方式的变化

新的艺术形式的出现，它带来的是人类对艺术感知方式的变化。这种变化不仅受制于自然的物质的条件，也受制于社会的历史的条件，本雅明以晚期罗马的美术工业和维也纳风格的出现为例，说明在新的社会历史变迁中，这种新的艺术给人们带来了不同于古希腊罗马的古典文化传统的新的感知方式。本雅明提示了任何艺术类型都不是永恒的，都具有被历史决定的特点。在新的机械复制时代，现有艺术出现了一种已不再能像以前那样去观赏和对待的物质成分，这种物质成分进入人类感性认识的组织方式之中，它必将改变着我们对待艺术的感知方式。本雅明认为，艺术有两种欣赏方法：定心宁神和消遣。他认为，"在作品前定心宁神者沉入了作品中"，而"消遣的大众让艺术作品沉入自身中"，言下之意即"定心宁神"的欣赏方法适合于充满韵味的传统艺术，"消遣"的欣赏方法适合于现代艺术。他认为消遣的欣赏是"大众强烈希望在空间上和人性上更为'贴近'"的这一要求的结果，他的"艺术就是要提供消遣"对于理解20世纪艺术确实有重要作用。本雅明所提倡的艺术民主化和提供消遣的任务随着复制技术的发展，在当今社会已经达到了。通过录影带、录音带、CD、VCD，好莱坞电影、流行音乐成为全人类都接受的艺术，人们不需要定心宁神，就轻而易举地

---

① 瓦尔特·本雅明：《机械复制时代的艺术作品》，浙江摄影出版社1993年版，第59页。

② 同上书，第57页。

③ 同上书，第78页。

得到了消遣。

本雅明超越了同时代众多知识分子坚守的精英主义的审美观念和文化立场，敏锐地发现了大众文化造成的艺术世俗化所蕴含的革命意义。从机械复制对艺术生产方式的影响中，从大众与艺术关系的变化中，本雅明为我们揭示出，大众文化的发生和发展，就是一个艺术世俗化的过程，其革命意义就在于使艺术回归“此岸”，彰显大众人生的审美价值。尽管本雅明的理论观点中充满了乌托邦气息和浪漫情怀，但在对于大众文化之积极意义的认识方面，本雅明在今天无疑仍有着十分重要的启示意义。

第三节　伯明翰学派的大众文化理论

一、伯明翰学派概述

20世纪60年代，英国学者理查德·霍加特主持成立了伯明翰大学当代文化研究中心，以此为契机，形成了一个文化研究团体，其中包括雷蒙·威廉斯和斯图亚特·霍尔等著名学者。该中心所开创的文化研究辐射到北美和澳大利亚，其学术观点与理论特征被学界统称为“伯明翰学派”。伯明翰学派的文化研究是在晚期资本主义消费社会日渐成熟、工人阶级革命意识逐渐淡化的现实背景下展开的。伯明翰学派的出现也是对战后英国社会变化的回应，在当时，英国社会科学界开始注重对都市工人阶级社区和文化进行研究，试图证明工人阶级价值体系和社会结构并未随着福利国家的来临和大众文化的流行而消失。

从其理论渊源来看，马克思主义、结构主义、解构主义和女权主义都对伯明翰学派的理论观点和研究方法产生了重要影响。卢卡契的《历史与阶级意义》、阿尔都塞的意识形态国家机器理论、葛兰西的“霸权”理论等西方马克思主义的理论观点，为伯明翰学派进一步理论化提供了基础。结构主义理论家，如列维·施特劳斯对原始社会的语言解码，索绪尔、雅各布森对语言符号系统作出“言语/语言”的区分，以及罗兰·巴特对现代神话的符号学分析，都为伯明翰学派的文化研究提供了方法论的启示。在解构主义方面，伯明翰学派广泛吸收从德里达到雅克·拉康的理论资源，特别是从米歇尔·福柯的“权力理论”、“话语理论”以及女权主义理论中受益匪浅。

伯明翰学派强调研究日常生活，关注工人阶级的“活”的文化，将研究的重点放在了以大众传媒为代表的大众文化之上。当代文化研究中心的宗旨是研究文化形式、文化实际和文化机构及其与社会和社会变迁的关系。它的建立为文化研究在西方学术体制内部寻找到了一个立足点。在后来的一二十年中，伯明翰当代文化研究中心成了英国文化研究的核心机构，围绕该中心所形成的“伯明翰学派”为日后欧美各国的文化研究作出了不可估量的贡献，他们的研究成果改变了长期以来人们对于大众文化的看法，从另外一个方面揭示了大众文化的价值与特征。

二、伯明翰学派大众文化理论的主要内容

在伯明翰学派的大众文化文化研究中，表现出对普通大众和芸芸众生的人文关怀。从

诞生之日起，它就一直关注平民阶层的日常生活和普通大众的审美趣味，强调文化在社会生活中的独特地位和功能，倡导与现代大众传媒密切相关、与精英文化截然相异的大众文化，批判资本主义主流意识形态的压迫性、虚伪性和欺骗性，抵抗并规避占统治地位的官方意识形态的权力运作，弘扬并建构少数者话语的大众文化文本和阅听人受众主体。具体说来，伯明翰学派的大众文化理论观点主要有以下几个方面：

(一)对文化内涵的重新界定

在马修·阿诺德、利维斯夫妇和法兰克福学派那里，“文化”、“艺术”都是一种精英主义的界定方式。阿诺德认为，文化是“世界上最好的思想和言论”，“使上帝的智慧和意志广为流传”；利维斯夫妇则将文化看做是“少数人”的专利，它“一直掌握在少数人的手中”，其全部遗产都由语言和文学加以承载；在阿多诺等人那里，文化艺术则以“否定性”的姿态，对当下现实时刻保持着警惕。

在雷蒙·威廉斯看来，利维斯等人的文化定义都是“理想化”的，存在着种种问题。威廉斯认为，这种“理想”的文化定义忽略了其他的知识形式、制度、风俗、习惯等，夸大了文学的作用，实际上，“文化”一词含义的发展，记录了人类对社会、经济以及政治生活中诸多历史变迁所引起的一系列重要而持续的反应，因此，“对于文化这个概念，我们必须不断扩展它的内涵，使之成为我们日常生活的同义语。”①与这种精英主义的文化定义不同，在威廉斯看来，“文化”应该有四层意思：第一是心灵的普遍状态或习惯，与人类追求完美的思想观念密切相关；第二是指整个社会里知识发展的普遍状态；第三则是指各种艺术的普遍状态；第四表现为文化是一种物质、知识与精神构成的整个生活方式。这四层意思后来在《漫长的革命》一书中又被威廉斯概括成文化的三种界定方式，即“理想的”文化定义方式、“文献式”的文化定义方式和文化的“社会”定义方式。文化的“社会”定义要求文化研究的目的不仅仅阐发某些伟大的思想和艺术作品，而且阐明某种特殊的生活方式的意义和价值，理解某一文化中“共同的重要因素”。文化的“社会”定义涵盖了过去很长时间里一直不被承认的众多内容，如生产组织、家庭结构、表现或制约社会关系的制度和结构、社会成员借以交流的独特方式等。威廉斯要求我们把文化过程看做是一个整体。对他而言，文化分析，就是对整体生活方式中各种因素之间关系的研究，“就是去发现作为这些关系复合体的组织的本质”②。

威廉斯在重新给出“文化”定义的同时还提出了文化分析的方式和手段。在他看来，对文化的分析主要是对特定作品和机构进行分析，就这层意义而言，它是对基本的组织形式的分析，是对作品和机构所体现这些关系整体的分析。威廉斯认为，文化分析的目的不是研究特定的含义和价值，找出很多的东西与这些因素相比较，以此作为建立标准的办法，而是通过它们变化的方式去发现某种总的“规律”或“趋势”。唯有这样，才能从整体上更好地领会社会和文化的发展。威廉斯之所以提倡一种文化分析的方式，是因为他认识到“文化传统不仅仅是一种选择，而且也是一种说明”③。

① Raymond Williams. *Culture and Society* 1780 – 1950. Harmondworth：Penguin Books，1963，p256.

② Raymond Williams. *The Long Revolution*. Harmondworth：Penguin Books，1965，p57.

③ Stuart Hall. Cultural Studies and the Center：Some Problematic and Problems. Stuart Hall et al. *Culture*，*Media*，*Language*. London ：Hutchinson，1980 p19.

威廉斯的文化分析在很大程度上打破了精英文化的特殊地位，将文化确定为一种特定的生活方式。在这里，文化是由普通男女“活生生的经历”和生活实践，是他们在日常生活中或是与日常生活的作品和实践相交流过程中创造的。在这种扩展的文化定义下，对各种亚文化、大众文化和生活方式的研究具有合法性的地位。

威廉斯之后，伯明翰学派内部出现了大量关于文化定义的讨论。新的理论资源的引进，如阿尔都塞的意识形态理论和主体性理论、葛兰西的文化霸权理论等，都使文化的内涵得以更大的延伸，文化的功能得以更深的挖掘。在《文化研究：两种范式》一文中，霍尔指出，阿尔都塞的意识形态理论代表了与早期威廉斯等人的文化主义不同的另一种范式——结构主义的研究范式。这种研究范式认为，文化不是某一社会集团的客观经验，而是一个生产意义和经验的领域。通过它，社会现实被建构、被生产、被阐释。从这一角度来看，威廉斯过分关注人的经验和主观能动性，其实代表的是一种肤浅、落伍的浪漫主义和人道主义倾向。在结构主义者眼里，文化应该被看做一个意识形态色彩浓厚的概念，文化问题实际上已经成了文化霸权或意识形态领导权的问题。文化研究的对象也随之发生了改变。正如伯明翰学派的第三任负责人理查德·约翰逊指出的那样，文化研究应该看成是对意识或主体性的历史形态的研究。主体性的历史形态就是指由社会和文化建构在历史过程中不断变化的、主体性的独特形态。这种主体性又被约翰逊称为“社会关系的主观方面”。所以，研究主体性就是要研究社会文化和意识形态对主体性的建构。文化研究应该思考并解决如下的一系列问题：现有的主流文化秩序究竟是通过何种手段来规范人们的意愿、兴趣、选择和偏好的？谁会拥护或者反对这一文化秩序？受拥护的文化秩序对居从属地位的人们维持其既定的生活方式有无帮助？被反对的文化秩序是否不利于居从属地位的人们维持其既定的生活方式？主流文化与非主流文化最终能否达成认同？非主流文化的规避、抵制、反对或颠覆力量到底能有多大的绩效？

(二)对大众文化地位的重新确立

伯明翰学派兴起之前，英国有些文化研究学者对大众文化抱有敌意态度，其中以马修·阿诺德和利维斯夫妇的影响为最大，对此，前文已有介绍，在此不再赘述。伯明翰学派早期的开创者如霍伽特和威廉斯等，均出身底层工人家庭，他们本身就是在大众文化的熏陶下成长起来的，对大众文化有着更为深刻的体验，因此，他们并未像阿诺德、利维斯夫妇那样弃大众文化如弊履，而是以更为客观公允的态度看待大众文化。在霍加特等伯明翰学派的开创者看来，大众文化并非像前人所说的那样一无是处，而是与生生不息的、看得见摸得着的现实生活紧密相关，它们是“真正家常的、普通的”，因而“会使观众兴趣盎然”①。另外，大众文化还具有沟通、交流及促进多样化和差异性的积极功能。

理查德·霍加特是伯明翰学派当代文化研究中心的第一任主任，他深受利维斯主义的影响，对待大众文化的态度是仍爱怨交加和矛盾复杂的。一方面，他对20世纪30年代传统

① 理查德·霍加特：《人民的“真实”世界：来自通俗一书的例证——〈派格报〉》，见《文化研究读本》，第114页。

的、“活”的工人阶级文化的怀旧和赞扬；另一方面，他又对20世纪50年代新的大众娱乐所形成的大众文化的困惑与责难。有趣的是，他极力推崇的30年代工人阶级文化正是利维斯所大力反对的。霍加特坚持工人阶级文化的合法性和有机整体性，声称20世纪30年代工人阶级的文化表达了强烈的群体意识，创造了饶有趣味的日常生活；而50年代新的大众娱乐却以其“无责任心”和“替代性”摧毁了古老健康的工人阶级文化组织。这在他看来是令人感到十分遗憾的。

威廉斯则从字词的层面对阿诺德和利维斯等人的精英文化观提出了质疑。威廉斯认为，所谓的mass一词本身就充满着不公与偏见，以mass culture来指称工人阶级消费的低层次文化产品，或者将其等同于工人阶级文化，也是完全没有道理的。因此，威廉斯终其一生都拒绝使用“大众”（mass）一词，而代之以“共同文化”、“共同利益”、“多元社群”、“多元利益”等概念。虽然威廉斯身为大学教授，但他并没有站在居高临下的精英立场去排斥大众文化。相反，他站在民众的立场，身体力行，积极主张接受并扩大文化的内涵，解构精英文化与大众文化、高雅文化与通俗文化间的二元对立，提升大众文化的地位，倡导建立一种“民主的共同文化”（a democratic common culture），并以文化领域作为突破点，打破英国社会中固有的阶级分化，为大多数人提供一种想象空间和精神家园，从而让社会文化在雅俗共赏中提高整体水平。

如果说伯明翰学派早期对大众文化的研究仅仅停留在抽象笼统的论辩上而缺乏具体的实践考察，那么，以伯明翰学派当代文化研究中心第二任主任斯图亚特·霍尔为代表的新一代学者对大众文化的认识和理解则要深刻许多。他们从自己对大众文化的迷恋、参与和实践中提炼出丰富多彩的大众文化文本，如电视媒体、电视肥皂剧、浪漫喜剧、通俗小报、购物商场、海滩度假、摩天大厦、晚间新闻、麦当娜现象、发烧友文化、流行音乐、时尚文化、广告等。通过对这些具体的大众文化文本进行解读和分析，他们修正并超越了早期研究对大众文化的单一看法，提出了新的大众文化理论，强调大众文化的参与性、快乐性、抵制性、反抗性以及大众文化对社会变革的潜在进步意义。

（三）对受众能动性的确认

在马修·阿诺德、利维斯主义和法兰克福学派那里，受众是一种单一的、同质化的存在。他们极少注意到受众对文本的多元选择及进行抵制的潜能，甚至根本“不开展经验性的研究，无意于调查真实生活中的受众”。① 与此不同，伯明翰学派强调受众在大众文化文本过程中的能动性，对受众解读的多样性以及由此带来的颠覆性可能进行了深入研究。

斯图亚特·霍尔以葛兰西的“霸权理论”为出发点提出了自己的编码/解码理论来剖析文化接受过程中的“优势意识形态”现象。在霍尔看来，大众文化是有权者与无权者经常斗争的场域，只不过这种斗争并非都是有权者通过强迫手段而得以进行的。根据霍尔的推测，优势社会形态的文本脉络和观众的社会情景之间可能会产生某种强力，观众的社会情境促

① 奥利弗·博伊德－巴雷特、克里斯·纽博尔德编：《媒介研究的进路：经典文献读本》，新华出版社2004年版，第85页。

使他们和优势意识形态冲突。也就是说,观众收看电视的行为正是他们的思想与文本意义之间相互对话的过程,其实也是一个协商的过程。为了说明信息的解读与信息的建构同样复杂,霍尔进一步划分出不同意识形态取向的阅读。在他看来,阅听人在解读电视讯息时会建构起三种立场:主导/霸权立场(dominant hegemonic position)、协商立场(negotiated position)和反对立场(oppositional position)。这三种立场带来三种取向的解读:偏好阅读(preferred reading)、协商阅读(negotiated reading)和对立阅读(oppositional reading)。

偏好阅读是那些接受主导意识形态的阅听人,他们从主导意识形态"偏好"的角度(使用主导意识形态的符码)进行解读,在这种解读中,"意识形态的再生产'背地里'不经意地、无意识地发生了"。协商阅读原则上虽然接受主导意识形态的解释,但同时也觉得这一解释不能完全符合自身的社会经验,于是需要通过协商找出一个双方可以接受的解释,它"通过它们与各种话语及权利逻辑的有差别的、不平等的关系得以维持"。对立阅读则因其社会情境与主导意识形态相悖,从而采取完全另类的解读,"以一种全然相反的方式去解码信息"①。

霍尔的电视编码/解码理论和三种电视解读理论开拓了伯明翰学派的一个研究传统,即对大众文化消费者主体——受众的研究。在约翰·菲斯克看来,霍尔的编码/解码理论的价值就在于把分析的重点从文本研究转向了受众研究,霍尔的《编码,解码》一文因此也成为伯明翰学派文化研究最具重要性的转折点。在斯图亚特·霍尔的推动和启迪下,伯明翰学派的文化研究者们对特定社会语境下的受众行为进行了多方面的研究。

戴维·莫利是由文本研究转向阅听人研究的关键人物。1975 年到 1979 年间,仍就职于伯明翰文化研究中心的戴维·莫利,运用霍尔的编码/解码理论对《举国关注》这一讨论时事的大众文化节目进行了深入研究。在研究过程中莫利发现,受众的解码方式比霍尔的模式更为复杂。根据阶级、社会和职业背景的不同,莫利将受众分为 26 个小组,然后让他们观看同一集电视节目,再分析他们各自的解码行为。莫利的研究表明,接受取向与阶级类别并无直接的对应关系,例如银行经理与学徒的等级虽然相去甚远,但他们的接受取向却并无二致。在莫利看来,霍尔的三种解码分类过于简单,实际上,受众的解码范围之广远非阶级的分类方式所能够概括的,因为在受众与文本之间有一个比阶级地位更活跃、更能动的因素,那就是接受语境。受众往往都使用他们随手可得的、熟悉的话语来解码,因此,文本意义的建构取决于"这些受众带给文本的话语,如知识、偏见和抵抗等"。受众带给文本的话语总是多于文本的话语,所以,协商阅读显然应该取代偏好阅读而成为大众媒体文本主要的阅读形式。

伯明翰学派把文化从高雅的圣殿中解放了出来,使其直接面对大众,模糊甚至消解了精英文化和大众文化、雅文化和俗文化之间的人为界限,实现了跨学科的新型的学术研究转型,形成了关于媒介文化、性别文化、女性文化、青年亚文化、地域文化、种族文化、影视文化、消费文化等多学科的研究领地。在这种新的研究领地里,从这些新的问题中,人们建立了自我认识方式的框架,了解了人们每日生活的建构情形,借此来改善人们的生活观、审美观和

① 斯图亚特·霍尔《编码,解码》,参见罗钢、刘象愚主编:《文化研究读本》,中国社会科学出版社 2000 年版,第 356-358 页。

价值观，进而改写着人类文化的基本走向。

第四节　约翰·菲斯克的大众文化理论

约翰·菲斯克(John Fiske)是20世纪80年代以来对大众文化研究最有影响的人物。从20世纪80年代末至90年代初，菲斯克出版了一系列大众文化研究的著作，尝试重新理解并重新描述大众文化的运作方式，试图建立不同于法兰克福学派的大众文化理论。因此，菲斯克的大众文化理论代表了当代大众文化理论的一种新的研究取向和一种新的研究方式。在此需要指出的是，很多文章和著作都将约翰·菲斯克的观点纳入伯明翰学派进行阐述，菲斯克的理论观点与伯明翰学派之间也有着千丝万缕的联系，但鉴于菲斯克在当代大众文化研究中的地位和意义，在本书中我们将其单列一节进行论述。

菲斯克的研究领域主要集中在媒体和日常消费研究，他提出并发展了一种积极乐观的大众文化理论，引领了大众文化研究之乐观主义一派。菲斯克没有像以前的大众文化理论家那样，将大众文化看做是“从外部和上层”强加给大众的一种消极被动的文化形式，进而对大众文化持激烈的批判态度；相反，菲斯克认为大众文化是“从内部和底层创造出来的”，它“总能创造出大众快乐”①。正因为这种对大众文化的鲜明支持立场，使得菲斯克的理论观点褒贬不一，他也成为大众文化理论界争议最多的人物之一。

一、菲斯克大众文化理论的来源

菲斯克的大众文化理论汲取了法兰克福学派的大众文化理论、福柯的后现代主义理论、英国文化研究学派等理论资源。如他接受了霍尔编码/解码理论，关注大众群体社会对资本主义特征的文化生产的主导形式，与消费者积极地再创造意义相区别。菲斯克认为文化消费者完全有可能发挥它的主动性的解码功能，促使文化产品转化为他所愿意接受的形态。

简单来说，菲斯克的大众文化理论主要汲取了两种当代思想资源。

第一，法国文化理论家德赛都的抵制理论。在其有关大众文化的著作中，菲斯克对德赛都的理论观点通常是如数家珍，信手拈来，由此也可见菲斯克受其影响之深。20世纪80年代和90年代，德赛都的“抵制理论”(resistance theory)在西方文化研究中风靡一时。在《日常生活的实践》一书中，德赛都强调，被支配的社会集团可以通过采用某些策略，从占支配地位的文化体系中夺取某些局部的胜利。他指出，尽管大众文化的消费者不能控制它的生产，但却能控制它的消费。在这种意义上，文化商品不仅是消极接受的对象，也是接受者可以利用的资源和材料。接受者可以在使用过程中颠倒其功能，使之部分地符合自身的利益。德赛都指出，这种颠倒普遍地存在于阅读、购物等各种文化实践中。任何大众文化形式在它企图施加控制的同时，都会导致接受者的颠覆或抵抗。因此，一方面占据支配地位的社会文化结构企图利用大众文化来控制接受者对意义和快感的生产，另一方面接受者又可以利用这种

① 约翰·菲斯克：《解读大众文化》，南京大学出版社2001年版，第2页。

资源来产生颠覆和抵抗的效果。因此,在德赛都那里,大众文化变成了一场游击战,支配文化生产的阶级集团是装备精良的正规军,大众则是小规模的游击队。由于双方力量悬殊,在游击队和正规军的对抗中,作为弱者的大众只要不被打败就等于是取得胜利。所以,游击队的战术是"见机行事",专门寻找正规军的弱点伺机而动,打得赢就打,打不赢就跑,但自始至终都保持对抗者的地位。在日程生活的意义上而言,这也就是大众对霸权意识形态的抵制。

第二,20世纪80年代出现的快感理论。按照法兰克福学派的观点,大众文化所产生的快感不过是一种包裹意识形态的糖衣炮弹,当我们沉溺于通俗电影或摇滚音乐提供的感官快乐时,我们便不知不觉地屈从意识形态的认知暴力。新的理论赋予快感一种完全不同的意义,它受惠于巴赫金的"狂欢理论"。这种理论把快感看做是一种对等级秩序和权威控制进行抵抗的重要资源,但更重要的理论支持来自法国思想家罗兰·巴尔特对身体快感的论述。巴尔特认为,身体是脱离意识形态的,因为它是自然而非文化的产物,这样它就构成了抵抗文化控制的最后一个据点。如果身体是与被意识形态建构的主体相分离的,那意识形态就不是无孔不入的,身体为我们提供了一个抵御意识形态的有限的自由空间,属于身体的快感也就成为意识形态的对立物,具有积极的意义。菲斯克正是在吸收德赛都和巴尔特等人上述思想的基础上,建构了一种大众文化理论,并构成了当代大众文化理论研究的一种新的取向。

二、菲斯克大众文化理论的主要内容

菲斯克的大众文化理论内容主要体现在以下几个方面。

(一)积极的大众观

阿多尔诺等人认为,由于现代社会组织和意识形态长期推行的非个性化和齐一化,大众已经变成了一种固定不变的、单质的群体。麦克唐纳等欧美新近的一批大众社会理论家认为,在城市化、工业化的链条上,大众社会日益呈现出"原子化"的特征,大众之间的关系像化学物品一样,其关系是阻隔的、协议式的、单一性的,已经丧失了马修·阿诺德等人所向往的"有机社会"或"乡土社会"的整体性、和谐性、交融性,大众日益丧失道德感、辨识力,大众成了没有自主意识、没有个性、互不关联的"孤独的人群"。

菲斯克不同意这种贬低大众的观点,在他看来,大众并不是以客观实体的形式存在,而是包含了各种由于利益关系、政治立场和社会联系所形成的群体,是一个复杂多元的组合。尽管大众仍有可能是被动的、易变的,甚至在不知不觉中成为体制的同谋,但它也是动态的、多重角色的,并且可能以"主动行为的人"而非"屈从式主体"的方式,在阶级、性别、年龄、种族等各种社会范畴间从事活动。"大众(the people)、大众的(popular)、大众力量(the popular forces)是一组变动的社会效忠从属关系,受众在这种精密的社会关系中穿梭时产生了'游牧式的主体性',并根据当下的需要,重新调整自己的社会效忠从属关系,进入不同的大众层理。"①受众是"以主动的行动者(agents),而非屈从式主体的方式,在各种社会范畴间穿梭往

① 约翰·菲斯克:《理解大众文化》,中央编译出版社2001年版,第29页。

来的。"①因此，菲斯克认为，研究大众文化的人必须考虑大众内部的各种对立力量，尽管资本主义的主导意识形态具有同质化的力量，资本主义社会中的从属群体仍然具有相当多样的社会身份，而这就要求资本主义生产与这些身份相适应的不同产品。

如果大众是复杂和多元的，大众文化要在广大的人群中流行，就必须适应复杂和多元的需要，因此它自身也就必须是复杂和多元的，"一个文本要成为大众文化，它必须同时包含宰制的力量，以及反驳那些宰制性力量的机会"②。由此，菲斯克认为大众文化是由大众创造的，而不是由文化工业从外部强加给大众的。大众文化由大众在文化工业的产品与日常生活的交接面上创造出来，它产生于内部或底层，而不是来自上方。大众文化不是消费，而是文化——是在社会体制内部，创造并流通意义、快感的积极过程。文化工业所能做的，乃是为大众制造出文本"库存"或文化资源，以便大众在生产自身的大众文化时使用或拒绝。

（二）大众文化的两种生产理论

菲斯克认为，文化产品可以同时在两种平行的、半自主的经济中流通，这两种经济即金融经济和文化经济。金融经济流通的是财富，而文化经济则流通着意义和快感。为了进一步表明其两种经济的观点，菲斯克以电视为文化工业的范例并列出了如下的图表③：

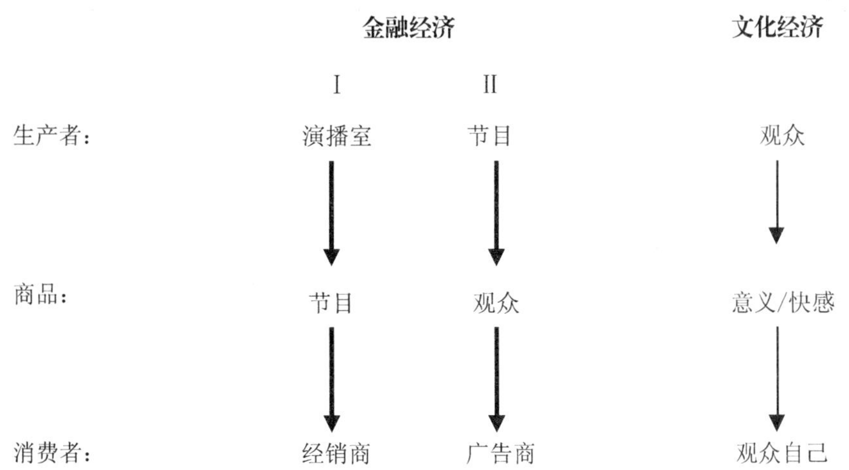

在金融经济的第Ⅰ阶段，演播室生产出一种商品，即某一个节目，然后把它卖给经销商，以谋求利润。但是，与一般物质商品不同，一个电视节目的经济功能，并未在它售出后即告完成，而是在出售后转入了金融经济的第二个阶段。在金融经济的第Ⅱ阶段，电视播出的节目又转变成了一个生产者，它生产出来的是一批观众，然后这批"商品化的受众"又被卖给了广告商。这就是金融经济的全部运作过程。当"商品化的受众"被卖出之际，金融经济的流通过程即告完成，而文化经济的流通过程则刚刚开始。

---

① 约翰·菲斯克：《理解大众文化》，中央编译出版社2001年版，第30页。

② 同上书，第31页。

③ 同上书，第32页。

在文化经济中,流通过程并非财富或货币、利润的周转,而是意义和快感的传播。于是,在金融经济第二阶段的"商品化受众"此时变成了意义和快感的生产者。在这种文化经济中,原先的商品变成了一个文本,一种具有潜在意义和快感的话语结构,这一话语结构形成了大众文化的重要资源。当然,菲斯克也认为,主要基于金融经济的商品在文化经济中也能发挥作用,消费者在对相类似的商品中做出选择时,通常不是比较它们的使用价值,而是比较它们的文化价值。在基本使用价值相近的基础上,人们更注重的是它们所带来的文化象征意义。在资本主义从生产转向营销、物质产品的文化附加值越来越高的情况下,尤其如此。

(三)关于大众文化中受众的抵抗理论

菲斯克认为,在西方社会中那些无权无势者以两种形式对有权有势者进行抵抗:符号形式和社会形式。第一种形式主要与意义、快乐和社会属性有关;第二种形式主要与社会经济制度的变革有关,他认为这两者是既相互独立又密切相关的。大众文化主要在符号势力的范围内运作。它涉及调和与差别的斗争,或赞同与冲突的斗争。从某种意义上说,大众文化是一个符号的战场。在这个战场上,冲突在融合力量与抵抗力量之间展开,在外部强加的意义、快乐和社会属性之间也发生冲突。

在菲斯克的符号战场上,两种经济处于斗争的对立面,金融经济处于融合和同质化力量的一方,文化经济处于抵抗与差异力量的一方。金融经济具有中心化、同质化的需要,因为,任何一种产品赢得的消费者越多,它获得的经济回馈也就越高。与之相反,大众文化则使得文化商品所提供的意义和快感多元化,因为"所有的大众文化都是一场斗争过程,而这场斗争,发生在社会经验、人的个性及其与社会秩序的关系、该秩序的文本和商品的意义之上。而阅读种种关系,会再生产并重新展现这种社会关系,所以权利、抵抗和规避都必然被结构到这些关系中"①。

菲斯克认为,符号的抗拒有削弱资本主义的意识形态统治的企图的作用,主流意义受到从属意义的挑战,统治阶级的知识和道德领导地位受到了挑战。菲斯克理直气壮、清楚无误地提出了他的立场,并把大众文化看做斗争的场所。但是,在接受统治力量的权力的同时,他更加重视对付、回避及抵抗这些力量的大众文化的战术。他没有专门追溯融合的过程,相反,却调查和研究了大众文化的生命力和创造力使融合始终成为一种需要;他没有把注意力集中在主流意识形态的无处不在的、诡计多端的实践上,相反,他试图理解和掌握日常的抵抗和回避,正是这种抵抗与回避使得主流意识形态苦苦挣扎,坚持不懈地保留自己及其价值。这种方法认为大众文化具有潜在的进步力量,而且从本质上来看是乐观的,因为它在民众的活力和生命力中发现了社会变化的可能性以及推动这种变革的动机和证据。

(四)"关于愉快的社会主义理论"

菲斯克把他的理论描述为"关于愉快的社会主义理论"。在他看来,愉快形式来自对权力集团控制的严密的技术主义体系的反抗。公众对大众文化的阅读包含了双重愉快:其一

---

① 约翰·菲斯克:《理解大众文化》,中央编译出版社2001年版,第34页。

是包含在反对权力集团的象征生产中；其二是包含在自我行动的实际生产过程中。菲斯克认为现代官僚制度为少数权力集团所控制，民众通过创造性地运用大众文化，参与到当代政治中去，大众文化产品就可以表达民众对权力集团的批评。菲斯克认为由于现代社会的控制方式越来越制度化，权力的运作越来越抽象，在增加控制能力的同时，也产生了种种零碎、非连续的场域，这给消费者提供了钻空子的机会。他们挑选资本主义所提供给他们的文化资源，在自己复杂的身份归宿中选取最有力的一个，各取所需，或躲闪、或创造，弹指之间把权力集团费尽心机的控制化为乌有。如穿着美国西部的牛仔装、观看娱乐性电视节目、在商场里小偷小摸以及参与打架斗殴等，都可以被解释成社会中无权者向统治者进行的文化游击的一部分。"游击战士"以自己的行动机敏地颠覆了主流意识形态和社会控制，他们逛商场买东西时，口袋里的钱不够，可以自行调换一下标签即可。两个薪水不高的女秘书，利用仅仅一小时的午餐时间去尽兴地浏览高档服装专卖店，将店里的衣服随心所欲地试来试去，却没有任何购买的意思。她们在镜子里和对方的眼睛里享受了自己窃来的动人形象，而后换了衣服从容而去。她们如此这般共同颠覆了店主和厂家赚钱的本意，打破了商店通过内部摆设诱惑消费者购买的企图。

菲斯克的理论触角不只局限于诠释琐碎的逛商场买东西等日常消费行为，对女性解放和种族歧视等问题也进行了乐观的阐释。因此，在菲斯克的视野中，大众文化就是大众自己的文化，是大众颠覆和反抗资本的有力武器。他宣称自己的文化研究是乐观的，因为它在人们琐碎的日常消费中看到了创造性，并被菲斯克称为"乐观的怀疑主义"。

并且，菲斯克认为高品位的出版物受占统治地位的权力集团所支配，他们创造这个时代的信仰主题，而流行小报则怂恿芸芸众生发现各种批评的形式并置以怀疑主义式的快乐。少数权力集团认定的客观真理，正在被大众文化实践所瓦解。在大众文化生产实践中，观众作为积极的创造者，日益创造这个时代新的感觉方式。大众文化实践使普通民众抵制权力集团的文化专制，有能力参与到象征性的民主体系中去。

三、对菲斯克大众文化理论的质疑与评价

菲斯克重新理解并为大众文化权利辩护的观点，无疑打开了关于大众文化研究的新视野，引起强烈的反响。但由于菲斯克大众文化理论自身存在的问题，也引起了对其理论的质疑与激烈的批评。

在 1996 年出版的《文化研究与传播》中，许多评论家对菲斯克的理论方法提出了质疑与批评。菲斯克被认为是"文化研究中令人遗憾的""空洞的"代表，"无批判性的（或无意义的）民粹主义"，他庆祝大众的"抵抗仪式""仅仅是对消费者统治权的虚假形式的过度浪漫化的庆典"。[①] 英国学者吉姆·麦克盖根也对菲斯克颇有微词。麦克盖根认为，人们高估了菲斯克在大众文化研究中的重要性。菲斯克基本上算一个将艰涩的观念通俗化的好手，一个对颠倒的含义进行删改的人，但绝不是一个有创见的思想家。菲斯克不过是导出了大众文化批评在其最差状况时的简单转换，因而，在菲斯克那里，电视等大众文化的研究只能成

① Daniel Chandler Goldsmiths vs. Fiske. Cultural Studies and Communications. London: Edward Arnold, 1996, 3.

为一种主观唯心主义。①

除此以外,很多其他中外学者也对菲斯克的观点提出了种种批判与质疑,简单来说,这种批判可以归结为以下几点。

第一,对于菲斯克过分乐观的大众文化观的批判。有学者将菲斯克称为"快乐的后现代主义理论家",他被指责为对大众文化研究做出了不加批判的和不加限定的褒奖,把文化研究简化为冲突对抗的消费解释模式,其主题是快乐、授权、抵抗和大众鉴别,他代表着一个"从更具批判力的立场退却"的阶段,是消费权威的自由主义观点的一种不加批判的回音。中国学者赵斌在《理解大众文化》一书中文版导言中便不无尖刻地指出,在菲氏的"乐观的怀疑主义"中,"盲目乐观是真的,怀疑则是假的",菲氏正是本着这种即便真诚也是自欺欺人的乐观主义去解读流行的大众文化现象的。菲氏所代表的主观主义的文化能动论之所以有其市场,不过是因为这种通俗易懂、轻松愉快的解析给处于社会中下层的人们提供了理论和精神安慰。尽管这种轻松惬意的分析十分流行,但当他放弃了严肃的社会学分析,仅仅用能指和所指的符号来摆积木游戏时,结果肯定是对其分析对象的严重误读。总之,"就菲氏企图认识大众文化而言,其关键错误在于他将两种性质根本不同的权力混为一谈,资本的支配权与普通人在市场上对商品形式的选择权被当成一回事,无视商品的选择需要购买力支撑这一最简单的事实。"②

第二,对菲斯克理论观点中批判维度缺失的批判。麦克盖根、斯道雷等人认为菲斯克是向不加批判的文化民粹主义转变的典型人物,他暗示着英国文化研究批判能力的衰落。麦克盖根指责菲斯克将电视研究转化为一种"主观理想主义",在这种主观理想主义中,因为政治和经济关系的缺失从而导致它所分析的对象永远都是"进步的",它总是对大众文化进行不加批判和不加限定的褒奖。

第三,由于现实批判维度的缺失,菲斯克的大众文化理论把资本的权利与消费者的反抗变成了具有不加区别的等同的两种权利,而现实是资本的力量远远大于消费者,而且消费者所具有的反抗只是在有限的文本解读中所作出的,对权力集团并没有造成实质上的打击。因此,菲斯克虽然承认了资本作为支配力量的存在,但却将分析的重点放在消费者和受众的所谓创造性的反抗和颠覆活动上。他在刻意强调大众的文化抵抗的意义同时,忽略了西方晚期资本主义社会结构中依然普遍存在的政治经济上的不平等事实。

菲斯克的大众文化理论作为20世纪80年代以来最具有影响力的学说,我们应以科学、辩证的观点加以评价。既要看到它的积极意义,又要看到它自身存在的问题。

菲斯克大众文化理论的积极意义在于超越了精英主义与悲观主义的研究模式。在此之前,对大众文化的研究还处于一种对立的模式之中:一种是以法兰克福学派为代表的悲观主义观点,认为大众文化是资本主义文化工业强加的文化,追逐利润,具有意识形态的操纵性,为巩固统治阶级的地位服务;并认为在大众文化的引导与影响下,大众变成了完全没有个体自由意识与反抗可能性的被动群众,他们在接受大众文化的时候完全没有自己的选择性、能

① 吉姆·麦克盖根:《文化民粹主义》,南京大学出版社2001年版,第81页。
② 约翰·菲斯克:《理解大众文化·中文版导言》,中央编译出版社2001年版。

动性与批判性。另一种观点是，精英主义意识，主要表现在批评者在美学上贬低大众文化文本的审美价值，认为大众文化是平面化、单一化、标准化、复制化的文化，等等。

到了20世纪70年代以后，在西方大众文化研究领域，这种精英主义与悲观主义的大众文化理论研究模式已不占主流地位。一些理论家重新审视大众文化，尤其是大众文化与支配性权力结构的复杂关系，菲斯克成为这种研究方式的开路先锋，代表了大众文化研究领域一个新的趋势。菲斯克在对待大众文化的态度上，与其他执著于精英文化的学者不同，采取了与批判学者不同的视角，他摆脱了对大众文化简单的评价，从单纯的文本研究和空洞的宏大叙事转向深入地分析大众文化语境与微观的文化消费行为等方面，看到了文化研究与实践结合的重要性，取得了重要的理论成就，从而对20世纪80年代以后的大众文化研究产生了深远的影响。

总之，菲斯克关于大众能动性抵制权力控制和文化集权的看法，在大众文化弥漫着激烈抨击和消极悲观的双重态度的文本空间，注入了新的活力。作为一次对当代大众文化主题的重塑，他的观点即使不是对现存事实的发现，至少也可以看成是对一种可能性的期望。因此，通过对菲斯克大众文化理论的解读与分析，有助于为中国的大众文化研究提供新的分析视角，并具有重要的理论价值与现实意义。在当代中国大众文化批评实践的过程中，也有很多学者充分运用和借鉴了菲斯克的理论观点，为中国大众文化的深入解读与剖析提供了有用的理论武器。

【关键词】法兰克福学派　大众文化批判理论　伯明翰学派　约翰·菲斯克

【推荐阅读】

● 霍克海默、阿多尔诺：《启蒙辩证法》，重庆出版社1990年版。

● 约翰·菲斯克，王晓珏、宋伟杰译：《理解大众文化》，中央编译出版社2001年版。

● 约翰·菲斯克，杨全强译：《解读大众文化》，南京大学出版社2001年版。

● 约翰·斯道雷，杨竹山等译：《文化理论与通俗文化导论》（第二版），南京大学出版社2001年版。

● 罗钢、刘象愚主编：《文化研究读本》，中国社会科学出版社2000年版。

● 陈学明、吴松、远东：《社会水泥：阿多诺、马尔库塞、本杰明论大众文化》，云南人民出版社1998年版。

● 赵勇：《整合与颠覆：大众文化的辩证法》，北京大学出版社2005年版。

● 姜华：《大众文化理论的后现代转向》，人民出版社2006年版。

【思考题】

1. 法兰克福学派对大众文化的批判主要有哪几个方面？

2. 评述伯明翰学派对大众文化批评的影响。

3. 选取当前国内大众文化中你感兴趣的热点话题，运用约翰·菲斯克的大众文化理论进行分析。

CHAPTER 8

第八章

中国大众文化批评理论

【**本章重点**】中国学界对于大众文化的态度经历了从批判到反思与认可的转变。在一定程度上说,西方理论在中国的"理论旅行"深刻影响了中国学界对于大众文化的态度。但是,中国大众文化的兴起与发展与西方有着十分重要的差别所在。语境差异与立场错位,是中国知识分子在大众文化批评理论构建中存在的主要问题之一。在中国大众文化批评理论构建与批评实践发展的过程中,我们应从中国本土大众文化的实际出发,对西方大众文化理论进行批判性扬弃,从而构建起具有真正有效性的中国大众文化批评理论。

20世纪80—90年代,大众文化的强势崛起已经成为当代中国社会文化领域中最重要的特征之一。强势崛起的大众文化动摇了昔日政治—道德一体化社会所确立的整套判断标准、价值取向及信仰体系,改变了我们习以为常的感觉方式、认知方式乃至生活方式。随着文化现实的转变,中国知识分子对于大众文化的研究热情也日趋高涨。

在中国的大众文化研究中,对于西方理论资源与话语的运用和借鉴十分明显。法兰克福学派、"伯明翰学派"、结构主义与后结构主义理论、后现代主义理论等几个有影响的流派,它们的先后引进,刺激了中国大众文化理论与批评的开展,至今仍是中国学者在分析本土大众文化现象时经常援引的理论武器,也是建构中国大众文化理论所必须汲取的话语资源。

从20世纪80年代到现在,中国人文知识分子对大众文化的批评立场发生了一个十分明显的"三级跳":从断然否定大众文化到对大众文化不置可否的暧昧表达,再到对大众文化的极力张扬甚至积极参与其中。在这一"三级跳"的过程中,我们很难说清到底是大众文化改变了当代中国知识分子,还是知识分子改变了大众文化,或者,更确切地说,应该是二者的互动才导致了今天中国大众文化生产、消费与批评的现状。无论如何,有一点可以肯定的是,曾经被传统的学院研究放逐到理论边缘的大众文化已经摇身一变,成为当代人文社会科学领域中的重大学术课题。

第一节　对大众文化的批判

海德格尔曾经神谕般宣称：人类甚至到了最危险的时刻，还有一个上帝能够救赎我们，那就是美和艺术。然而，曾经沉浸于文化启蒙与文化革命的中国知识分子，在20世纪末却突然发现：美、艺术、文化的神圣感与超越性全然不复存在，它们不再是人类坚不可摧的避风港，而是纷纷卷入了世俗红尘乃至商业大潮。在这样一个转型的年代里，曾经负载了启蒙救国使命的美、艺术、文化，正告别传统，毫不犹豫地拥抱消费，乐于与商品为伍，并且心甘情愿地充当"迪斯科舞厅的门厅侍者"。① 世俗化、商业化的大众文化崛起，正在20世纪末的中国孕育着一场充满挑战性的文化裂变。

如果从文化史来看，中国大众文化的出现早已有之。传统的民间文化、俗文化以及"五四"时期的"平民文学"、30年代兴起的"大众文艺"等等，在一定程度上都和我们所说的"大众文化"有着极大的相似之处，只不过，当代大众文化更多地披上了商业化的外衣，更多地投身于工业化的流水生产线，在"千作一面"的单一性中散发出更多的铜臭味道。也正是因为对这种商业化与单一性的不适应，在20世纪80—90年代，中国学术界才对大众文化现象采取了普遍的批判态度，认为大众文化是一种纯娱乐的、没有任何价值意义的文化形态，而知识分子的职责就是要用精英主义的精神关怀来抵制大众文化给人们带来的思想麻醉。学者们之所以会对大众文化形成这种极度贬低的态度，除了中国文化传统自身的影响——"五四"新文化的成就压抑了通俗文化的价值意义——之外，也与西方大众文化理论的影响密不可分。有学者甚至认为，如果为80年代以来的中国大众文化批评写一个简史的话，那就不能不承认这是一个从一开始就被西方理论话语逐渐淹没、自我话语完全丧失的历史。在此过程中，中国批评家虔诚地聆听、转述西方话语而很少主动发问。② 随着大众文化的发展，这一状况在近年来有所改变，但如果从早期的中国大众文化批评实践来看，这种说法应该说是十分公允的。

一、"当代审美文化"的批判热潮

20世纪80年代，中国继轰轰烈烈的美学热之后，又经历了轰轰烈烈的文化热。但文化热和大众文化研究的勃兴不是一回事情。今天回顾起来，当时的文化热还是精英文化的一统天下，热衷的大都是一些宏大叙事，比如针对中西文化的感性和理性之别、中西文化的"风水轮流转"以及中国文化的"失语症"等这些叫人颇费猜测的热点话题，学界都展开过前赴后继的大讨论。反之，大众文化这样一些多少带有后现代意识的命题，则几乎处于无声无息的状态。③

当时的很多学者在讨论大众文化现象时，并未使用"大众文化"的概念，而是将许多类似

---

① 丹尼尔·贝尔：《资本主义文化矛盾》，第186页。

② 孙长军：《中国大众批评中的精英主义之维》，《信阳师范学院学报（哲学社会科学版）》2004年第5期。

③ 参见陆杨、路瑜：《大众文化研究在中国》，《天津社会科学》2003年第6期。

现象界定为"当代审美文化"。90 年代,国内连续出版了一系列较有影响的"当代审美文化"系列研究著作,比较有代表性的有:夏之放、刘叔成、肖鹰主编、1996 年作家出版社出版的"当代审美文化研究书系"(夏之放的《转型期的当代审美文化》,肖鹰的《形象与生存——审美时代的文化理论》,陈刚的《大众文化与当代乌托邦》,李军的《"家"的寓言——当代文化的身份与性别》,邹跃进的《他者的眼光——当代艺术中的西方主义》);王德胜著、1996 年中国社会科学出版社出版的《扩张与危机——当代审美文化理论及其批评话题》;聂振斌、腾守尧、章建刚著,1997 年四川人民出版社出版的《艺术化生存——中西审美文化比较》;周宪著、北京大学出版社 1997 年出版的《中国当代审美文化研究》;姚文放著、山东文艺出版社 1999 年出版的《当代审美文化批判》,等等。这些著作大多援引法兰克福学派的理论观点,对刚刚兴起的"当代审美文化"现象采取一种批判的态度。

对于当代审美文化的概念,很多学者的界定各有不同。有学者认为它是一个特指概念,是指在现代商品社会应运而生的、以大众传播媒介为载体的、以现代都市大众为主要对象的文化形态,这是一种带有浓厚商业色彩的、运用现代技术手段生产出来的文化,包括流行歌曲、摇滚乐、卡拉 OK、迪斯科、肥皂剧、武侠片、警匪片、明星传记、言情小说、旅行读物、时装表演、西式快餐、电子游戏、婚纱摄影、文化衫等等。[①] 也有学者认为大众文化与当代审美文化并不相同,但大众文化是当代审美文化中最为重要的组成部分。从大多数的概念界定和事例援引来看,所谓当代审美文化与大众文化之间并无多大的区别,二者之间虽在概念内涵与界定角度有所不同,但在外延方面是基本重合的。

之所以使用当代审美文化而不是大众文化的概念界定,原因有二:其一,当代审美文化的生产者、制作者不是"大众"而是"小众",只是在人口数量上所占比例极小的制作人、策划人、广告商和经纪人,大众只是其推销和牟利的对象,虽然大众在市场上作为买方常常备受逢迎、备受奉承,但在文化上不具主动权和支配权,而只是被控制、被操纵、被利用的,是被制作和推销文化的"小众"牵着鼻子走的;其二,如今人们所说的"大众"已不是往常所说的"工农大众",而主要是指现代都市大众,是指那些生活在现代都市之中或受到现代都市化进程影响的乡镇和农村的社会人口,其人多势众,但成分复杂、界限模糊、情况多变,完全不是"工农兵"之类概念所能涵盖,以这种"大众"为主体的文化与 30 年代或延安时期所说的"大众文化"其性质已相去甚远。[②] 从以上对当代审美文化的界定及与大众文化的内涵区分来看,当代审美文化批判论者主要从生产者角度来界定当代审美文化的"小众性",忽略了仍把当代审美文化文本看做是制作者规定,没有将受众的解读的多样性、纳入其中,因此,其批判模式仍未走出法兰克福学派的理论方法。

在今天看来,当代审美文化论者的批判态度近似于法兰克福学派的激进做法,而在当时的语境之下,其批判也有其产生的时代和理论语境。只有从更为广阔的语境之中,我们才能对其批判态度有更好的理解,而很多学者也将中国"当代"审美文化与"传统"审美文化进行了比较,将传统审美文化当做当代审美文化之弊端的参照。这种批评方式是一种"后倾式的

① 姚文放:《当代审美文化批判论纲》,《北京社会科学》杂志 1999 年第 1 期。

② 同上。

批判态度”,即参照过去或过去建立的乌托邦式的理想,按照旧有的文化范式评价市场经济下刚刚兴起的大众文化。这种后顷式批判将传统文化理想化,或者固守于文化狂热时代的精神理想,对于世俗化的文化样态表现出一种明显的不满。甚至,当代审美文化的批判者将其看做是当代“城市病”的重要根源之一。当代审美文化已经成为现代都市人表达病态、逃离、怀旧、寻找等特有精神状态的一种寄托,对于丧失个性,人云亦云,不负责任之类的“城市病”的产生,负有不可脱卸的责任。①

对于当代审美文化的特点与生成机制,当代审美文化的研究者也将其归结为经济动因与技术影响两个方面。“当代审美文化不同于以往任何文化形态的地方有两点,一是经济动机上升为支配文化行为的主导力量,二是现代科技改变了文化的内在构成和运作方式。这两点决定了当代审美文化的两大基本矛盾:经济冲动与文化冲动的相互对立,科技含量与人文含量的相互抗衡。当代审美文化的所有矛盾大致可从这两大基本矛盾而得到揭示。”②在经济影响方面,很多当代审美文化的批判者都对当代文化的商业化特征进行了批判。在科技进步的影响方面,很多学者将由科技进步而出现和普及的大众传媒作为当代审美文化出现的一个重要根源。在理论工具方面,他们发现了本雅明的理论,详细探讨由于机械复制而导致的艺术作品“神圣性”的丧失。在本真性的韵味丧失之后,艺术本体的神性被置换为供人消遣的“文明的碎片”。尽管运用了本雅明的理论,但很多学者所得出的结论却与本雅明大相径庭。“技术/工具理性因过分追逐功利的单向度发展,忽视了技术社会中人的存在,从而戕害了审美文化中审美主体的自由性和超越性品格。”在技术/工具理性的解构下,“人在精神上成为一个无家可归的流浪者”。③ 由此可见,当时很多研究者对于当代审美文化的态度仍然是否定和批判的,这种否定和批判更多的是由于一种精英主义的立场所致。

二、大众文化的概念确定与批判指向

从时间上来看,对“大众文化”的批判几乎是与对“当代审美文化”的批判同时出现。这种概念上的不同只不过是批判者立场、参照和运思方式的不同而已,其批判对象与批评指归却是大致相同的。

20 世纪 80 年代末期,国内出版的刊物上已依稀可见专门探讨大众文化的篇章。季啸风、李文博主编的《文化研究——台港及海外中文报刊资料专辑》即是一例,其中我们看到了叶启政的《现代大众文化精致化的条件》、梁其姿的《法国通俗及大众文化扫描》、黄道琳的《大众文化的本质》以及李祖琛的《大众媒介与大众文化》等。这些文章并非出自本土学者之手,但是它们的价值不可忽视,正是海外大众文化研究思想的引入,揭开了中国大众文化研究的序幕。

1994 年,张汝伦刊于《复旦学报》的《论大众文化》可以视为国内大众文化研究的早期代表作之一。作者在文中指出,大众文化不同于在生活中自生自发的民间文化,也不等同于独

① 姚文放:《都市文化:当代审美文化批判》,《求是学刊》1999 年第 1 期。

② 姚文放:《当代审美文化批判》,山东文艺出版社 1999 年版,第 4 页。

③ 黄晖:《诗意化与技术化:当代审美文化的二重选择》,《徐州师范大学学报(哲学社会科学版)》1999 年第 4 期。

一无二的艺术,大众文化是统治机器从上面灌输下来,它"其实是一种文化工业,商业原则取代艺术原则,市场要求代替了精神要求,使得大众文化注定是平庸和雷同的"①。所以,在某种程度上说,大众文化应正确地解释为操纵大众的文化。进而,作者从大众、大众文化、大众社会三者关系及大众文化与民间文化关系的分析来界定大众文化,结论是大众文化的特性不是别的,就是重复批量生产和强迫性。《论大众文化》一文的观点基本上是移植了西方一直到60年代始终代表主流声音的大众文化批判立场,对大众文化作全盘否定,其中的人文内涵自不言而喻,但是很显然它也表征了当时中国知识精英对于大众文化不屑一顾的傲慢。

1996年出版的《大众文化与当代乌托邦》是国内较早对大众文化进行研究的专著。书名本身是一个很形象的说明。该书对20世纪80年代大众文化的描述中多少带有作者自己的一点迷茫。作者认为,当代中国大众文化的产生受到社会转型的恩泽,是国家政治体制的改革,导致70年代末到80年代中期,以港台流行歌曲、通俗小说和电视剧为先导的大众文化开始出现。然而大众文化一路走来并不顺畅,如港台流行歌曲刚刚进入内地时,主流文化就对此一大众文化现象从意识形态高度进行猛烈攻击。攻击的弹药几乎无一例外来自法兰克福学派的文化工业批判理论。文化工业批判理论是我们的主流文化,而大众文化不是我们80年代的主流文化。

在早期中国学者对大众文化的批判中,在理论方面几乎无一例外是法兰克福学派的文化工业批判理论。20世纪80年代,法兰克福学派的"文化工业"理论传到中国以后,其精英主义立场迅速得到一向以"启蒙者"身份自居的中国知识分子的认同。他们毫无疑义地接受了法兰克福学派的大众文化理念,并对当时的大众文化现象发起猛烈的批判。

然而,任何理论都有其产生的社会历史根源,"文化工业"理论之所以会形成,是因为在霍克海默任"社会研究所"所长期间,法兰克福学派面临着德国法西斯主义的威胁和迫害,其成员在四处流亡的生活中加深了对法西斯极权统治和垄断资本主义社会的认识,并由此建立起一套用以揭露和批判法西斯主义和极权主义的社会批判理论。正是在这一社会批判理论的基础上,法兰克福学派形成了自己的大众文化批判理论——"文化工业"理论,分析和批判资本主义社会中文化工业产品在思想观念上锻造极权主义一体化的作用。因此,法兰克福学派的"文化工业"理论有着特定的历史对象,用它来解释20世纪三四十年代资本主义社会中的文化工业产品,确实能起到必要的警醒作用,帮助人们认识统治阶级在思想意识上对大众的奴化和控制。一旦脱离这种具体的社会背景和文化背景,"文化工业"理论就会失去准确性和合理性。

中国改革开放后兴起的大众文化与法兰克福学派所批判的西方大众文化之间有着非常明显的差异,这种差异性主要表现在以下几个方面:一是从文化发展史来看,中国没有经历欧洲那样以理性、自由、人权为特征主要诉求对象的启蒙运动,因而,大众文化在西方的反启蒙和意识形态欺骗特征在当时的中国大众文化中表现的并不明显;二是中国大众文化是引进的产物,是与现代工业化进程不相称的文化现象;三是中国大众文化并未拥有与西方那样的大众,更未形成现代资本主义的工业化及由此产生出的与大众文化相对应的文化消费方

① 张汝伦:《论大众文化》,《复旦学报》1994年第3期。

式;四是由于中国产业与文化发展、经济与文化发展、经济与意识形态等方面的错位,造成了中国"文化人口"的异质性、多质性及对大众文化的阐释与西方并不相同的特点,因而中国大众文化与西方大众文化除了诸多表面的相似点外,还表现出在不同文化语境下的功能。①

可是,当20世纪80年代,中国知识分子在带着精英主义的矜持"拿来""文化工业"理论时,却偏偏忽视了这一理论产生和发展的社会文化背景,也忽视了自身所研究对象的具体社会文化背景。因而不可避免地导致了大众文化批判的错位现象。

第二节　对大众文化的反思与肯定

一、其他理论武器的探寻

到20世纪90年代末期,随着大众文化的不断发展和其他西方大众文化理论的引入,本土学者对于大众文化的态度也有所改变,开始从批判转向反思与肯定,逐渐寻求大众文化的合理性与合法性。陶东风的《大众文化:何时从被告席回到研究室?》一文便充分代表了这种观点。作者认为,近年之所以对于大众文化的批判和声讨不绝于耳,以至于大众文化在中国与其说是研究的对象不如说是审判的对象,其要害就在于部分以精英自居的知识分子对于自己的边缘化处境心怀不满。作者逐一批驳了批判家给大众文化罗列的罪状。针对大众文化是假冒伪劣文化垃圾、文化快餐的指责,作者指出,大众更看重的是大众文化与日常生活之间的相关性,大众之所以能够从文化工业提供的不高的产品(文本)中发现意义与快乐,其原因就在于他们能够在产品与自己的日常生活之间发现并积极地联系。针对大众文化与权力合谋的指责,作者认为大众文化是用滑稽模仿的特殊方式对抗主流意识的控制,"滑稽模仿是大众文化冒犯意识形态的重要方式,它以特殊的方式摆脱控制,超出了主流意识形态的规范,滑稽模仿的运用使我们可以嘲笑传统逃离其意识形态威胁"②。针对商业化和被动接受的指责,作者强调商业社会中文化的生产与流通不可能完全排斥商业化,而大众自有其独特的参与方式。在呼吁大众文化从被告席回到研究室的同时,作者还指出,大众文化之所以受到如此之多的批判,其主要原因就在于批判者对法兰克福学派文化批判理论原封不动的搬用,"有什么样的理论常常就能发现什么样的对象,用什么样的批判武器常常就会提出什么样的'罪状'。"③应该说,这恰恰是80年代中国学者对于大众文化批判之声不绝于耳的重要原因之一。随着大众文化的发展,国内学者也开始寻找新的理论武器,并在这些西方理论武器的引导下,对原有的批判立场和批判态度进行反思。

(一)对文化工业理论本土化问题的反思

在全面否定和彻底批判找不到出路以后,学者们开始对法兰克福学派批判理论对中国

① 参见熊黎明:《大众文化批评及其价值取向》,《云南社会科学》2003年第2期。
② 金元浦、陶东风:《阐释中国的焦虑——转型时代的文化解读》中国国际广播出版社1999年版,第112页。
③ 同上书,第114页。

本土大众文化适用性进行反思,并把目光转向其他研究大众文化的理论家,寻求新的"批判武器"。就在1990年代中叶,大众文化开始为自己正名的这场拉锯战中,金元浦等人开始探讨法兰克福学派文化工业理论的本土化问题。在发表于1994年的《试论当代的"文化工业"》一文中,金元浦指出,大众文化所遭逢的历史契机和现实境遇,是为它的发生和发展提供了历史必然性和时间可能性,而"这一历史契机和现实境遇就是:社会主义市场经济的基本社会构架的形成、市民社会结构的迅速发展和高科技、大规模的文化生产手段及先进传媒所达到的当代水平"①。金文还强调文化工业运作系统中最关键的一环——现代传媒。这些看法很快将成为大众文化研究的主流思想,90年代中期以后,关于文化工业的探讨,事实上大多在围绕大众传媒展开。在同样发表于1994年的《文化工业:美学面临着新的挑战》(《文艺评论》第4期)一文中,潘知常则注意到中国的文化工业与西方不尽相同,它的生存条件故而显得很特殊,如它既缺少商品经济调节能力,又缺少作家职业化和商品化的传统,也缺少"文化工业"正常的发展环境。

(二)葛兰西霸权理论与大众文化受众主动性的重新探讨

随着新思路的打开,大众文化研究中的一些深层课题如后现代与大众文化、大众文化的意识形态属性、中国大众文化的本土性等问题开始呈现到台面上来。其中,一个比较重要的内容就是对"大众文化的受众是否具有主动性"的探讨。从根本上说,这一话题的讨论也涉及我们对大众文化价值意义的定位:如果大众文化的受众如法兰克福学派所言不具备任何主动性,那么这一文化类型显然可以成为任何一种统治阶级意识形态的宣传工具,而大众就成为没有任何思想的被动接受者。但事实并非如此,英美文化研究学派就承继葛兰西的"霸权理论",对法兰克福学派的这一结论提出了质疑。

葛兰西的霸权理论产生于他对统治阶级领导方式的分析,它一方面深化了法兰克福学派关于"大众文化是统治阶级意识形态宣传工具"的观点,指出统治阶级是利用"劝诱"的方式而非极权政治的途径,通过大众文化活动把自己的意识形态渗透到大众的日常生活中去,从而完成其在思想意识领域的统治。在另一方面,它无意识中也透露出"大众拥有自己的意识形态并能够反作用于统治阶级的上层建筑"的信息。葛兰西认为,统治者和被统治者之间是一种类似于教师和学生的能动交互关系,统治者为了获取领导权而不得不牺牲自己的某部分利益来满足被统治者的需求,反过来被统治者在坚持得到一定程度的利益之后也自发地服从于统治者的一体化政权,双方在相互妥协的基础上达成有机的平衡。即"统治集团根据从属集团的整体利益进行具体调整,国家生活被看做基本集团和从属集团的利益之间的不稳固平衡(在法律上)持续形成和取代的过程"②。

在葛兰西"霸权理论"的基础上,英美文化研究学派进一步分析了大众文化中生产者与消费者之间的权力支配与反支配的关系。斯图亚特·霍尔在《编码,解码》一文中指出:编码与解码之间没有必然的一致性,前者可以尝试"预先选定",但不能规定或保证后者,因为后

---

① 金元浦:《试论当代的"文化工业"》,《文艺理论研究》1994年第2期。

② 安东尼奥·葛兰西:《狱中札记》,中国社会科学出版社2000年版,第4页。

者有自己存在的条件。面对同一编码系统,观众在解码时可以从自身观念出发加以认同,也可以用不同的声音来进行协调式的解读,还可以采取完全对抗的符码加以解读。① 大众在生产意义和快感时,绝不是完全听从于同一文化产品编码者的意志的。更何况,大众本身是多声部的,具有多种社会身份和文化需求。统治阶级为了维持社会稳固,就必须针对性地采取多种表达方式,生产多种声音,在同一编码符号中容纳多种理解的可能性,从而使消费者在多元性的选择中自发地抵抗了统治机构的一致性。也就是说,权力是双向的,它在"自上而下"和"自下而上"的权力的对立中运作。权力的这种双向性质使人民从臣服和顺从的地位中解脱出来,根据自己的意识形态,主动地从文本中生产出自己的意义和快感,从而对主导性的文化资本进行某种程度的改写。

葛随着兰西与伯明翰学派理论著作译介的增多,中国知识分子得以重新思考大众文化的价值意义:早期的研究者之所以认为大众文化不可取,主要是因为他们把大众文化的本质属性归结为商品性,而商品性又使大众文化成为不提供任何思想的模式化产品。但如果用英美文化研究学派的观点去分析,大众文化的商品性就不再完全是模式化和重复的代名词:一方面,即使面对同一文化产品,消费者也可以根据自己不同的文化资本去进行不同的解读;另一方面,大众文化商品的使用价值根源于消费者的需求心理——这在当今社会具体表现为对娱乐的需求、对物质消费的重视和对生存问题的关注。大众文化商品的制作商们必须及时洞察消费者的需求心理并制定相应对策,才能使大众文化商品的价值得以实现,并从中获取商业利益。所以说,大众文化对商业利益的追求反而决定了它和消费者之间戚戚相关的联系。大众文化产品的成功与否,必须要看它是否满足了消费者的心理需求。因此,在消费市场中,真正起决定作用的,并不是大众文化产品的制作者,而是消费者,只有那些满足大众现时的世俗需求、为大众提供多种个性化理解的可能性的大众文化产品,才能真正在消费市场上站稳脚跟,获取更多的商业利益。

对于受众能动性因素的引入,使得国内学者在看待大众文化问题时有了一个全新的视角。从这一角度看,以前从精英主义立场出发对于大众文化的种种谴责难以成立,正如葛兰西和伯明翰学派在西方大众文化研究中所产生的"转向"性引导作用一样,国内学者也开始认识到:受众在消费过程中的主动性声音使大众文化成为调和生产者与消费者之间关系的一个中介,生产者虽然为消费者制造了种种大众文化文化产品,但文化产品最终能产生什么样的意义以及在何种程度上产生意义却是由消费者来决定的。这样一来,大众文化在某种程度上就成为受众的代言人,并由此产生它自身的价值意义——相对于主流文化和精英文化来说,大众文化是现代社会里最忠实地表达平民世俗欲求的一种文化类型。

二、对大众文化性质与特征的重新肯定

(一)对大众文化推动文化多元化的肯定

在几千年的封建社会中,中国文化呈现出强烈的政治化倾向,具有政治"教化"功能的文

① 斯图亚特·霍尔:《编码,解码》,参见《文化研究读本》,第355-358页。

化是唯一合法的文化形态，政教合一、官学合一的体制典型地反映了社会“政治场”和“文化场”的关系。在这种关系中，知识分子被纳入社会主导体制，成为各种经典的注释者、论证者。直到20世纪80年代前期，文化政治化、意识形态化的现象仍然存在。

与主流的教化文化不同，民间文化则由于市民社会的不发达，始终处于较低的水平上。新中国建立后，由于中国社会发展的断裂性和意识形态上的原因，社会主义新文化建设基本上是在“反四旧”即抛开传统文化的基础上开始的，同时“关起门来搞建设”也阻断了东西方文化的交流。这样，新中国成立后一个时期尤其十年“文革”时期，不可避免地形成了政治意识形态的主导文化或政治性文化一统天下的格局。

新时期，在改革开放和市场经济大潮的驱动下，中国文化日益呈现出多元化的发展态势。首先是精英知识分子开始对“文革”进行积极的反思，哲学上展开“人学”大讨论，文学上诞生了一批“伤痕文学”，音乐戏剧绘画也开始了自己的探索。精英文化从“文革”结束到20世纪80年代中期呈现繁荣兴旺的局面，充当了长期以来“左”的文化的最初的解毒剂。但很快，大众文化以出其不意的方式开始迅速占领文化市场，金庸、琼瑶、三毛的小说，汪国真、席慕蓉的诗，邓丽君的歌，以《上海滩》、《渴望》为代表的电视剧，以舒缓、轻松、温情、性爱的方式畅行于市场，受到大众的欢迎。相应的，是精英文化的全面退守和知识分子的回归书斋。时至今日，中国已经形成了相对稳定的主导文化、精英文化、大众文化三足鼎立的文化格局。其中，主导文化是意识形态文化，对整个文化起着导向作用，即“弘扬主旋律”；精英文化成为知识分子“有限的生产场”的文化，承担着人类精神财富传承的使命；大众文化作为一种新的文化形态，则成为一般平民大众的休闲性文化。

大众文化和精英文化打破了长期以来的文化一元化格局，这是大众文化促进中国文化多元化的第一层含义。大众文化引领的文化多元化的另一层含义就是多种多样的大众文化样式的出现和在大众文化的挑战下，推动着主导文化和精英文化自身的丰富和发展。流行音乐、MTV、电视肥皂剧、娱乐电影、武侠小说、言情小说、网络小说、Flash、动漫片、电视娱乐节目等，相对于古代的吟诗作对、八股文章和“文革”中的政治文化，中国人的文化生活变成丰富多彩了。在大众文化的压力下，主导文化和精英文化也呈现出了新的气象。主导文化在传播中开始注意观赏性，并大胆运用娱乐片的一些技巧和元素，如《烈火金刚》中葛优、梁天的联袂出演，《太行山上》中香港影星梁家辉的加盟，《建国大业》、《建党大业》中诸多知名影星的出镜，等等，都给人耳目一新的感觉。精英文化还积极利用电视、网络等新的媒介，并创造出了如电视散文一类的新的文化体裁。时下，《二泉映月》与《流星花园》在一个频道播出，《时间的历程》与《麻衣布相》摆在一个书摊——各种文化共时共存，并行不悖。

作为同一时期相互竞争的三种文化形态，不仅存在着共存、融合的一面，也存在着撞击、冲突的一面。这两个方面合起来，构成了“交响”的完整含义。从总体上看，当前主导文化和主流意识形态对知识性的精英文化和娱乐性的大众文化的态度是宽容的，这同“弘扬主旋律，倡导多样性”的要求是一致的。

毋庸置疑，大众文化已经成为当代中国文化中最具规模和活力的一部分，无论是在流通的范围还是对大众的吸引力上，大众文化都远远超过了其他文化形式。大众文化以其商品性和产业化、形象性和视觉化、休闲性和娱乐化的优势，构成了对主导文化和精英文化的强烈冲击，不断推动着中国文化多元化发展的乐章走向高潮。

(二)对大众文化平民化的肯定

丹尼尔·贝尔曾经预言："革命的设想依然使某些人为之迷醉，但真正的问题都出现在'革命的第二天'。那时，世俗世界将重新侵犯人的意识。人们将发现道德理想无法革除倔强的物质欲望和特权的遗传。人们将发现革命的社会本身日趋官僚化，或被不断革命的动乱搅得一塌糊涂。"①20世纪90年代之后中国的文化生活，就面临着"革命之后第二天"的困境。特别是在高科技迅猛发展的信息化时代，花样繁多的娱乐方式和文化生活使人们在劳动和消费的缝隙中无暇顾及更加严肃的内容，除了少数以政治为生的官场中人之外，大多数的平民百姓是在烦琐的现实日常生活中体验生命的多姿多彩。而大众文化，就是表述平民百姓在这种安逸生活中的精神文化追求的最佳文化形态。

对中国民众来说，20世纪90年代大众文化的兴起具有两种含义：一是商品时代市场的驱动力促使一体化解体，"使更多的人有了表达个人欲望并期待对象化的要求和冲动。于是，更具有娱乐性功能的大众文化制品开始流行，并迅速地形成了大众文化市场"；二是"在改革开放过程中逐渐获得主体意识的民众，不仅需要新的娱乐形式，渐次也需要表达这一阶层的意识形态。这就是以消费、享乐、欲望所构成的对精英文化暴力的反抗以及对消费、享乐、欲望合法性的无言要求"。② 也就是说，大众文化的本质内涵就是要表达民众的意识形态需求，民众的需求发生变化，大众文化的内容、表现形式等也将随之发生变化。因此，大众文化最本质的意识形态属性就是它的"平民意识"。这里所说的平民意识，是指消费社会中影响、制约甚至支配大众现实日常生活的一种思维方式或价值观念，它以大众文化为载体，消解精英文化的"彼岸理想"，肯定并宣扬当下的世俗生活以及从中滋生出来的价值观念和伦理道德。这是一种"迥然不同于泛政治意识形态以及传统意识形态的另一种社会意识形态"，"二者之间的区别在于：前者关注终极意义和对终极价值的承诺，后者关注现世意义和对当下利益的获得；前者是理想主义的，后者是实利主义的；前者注重精神追求，后者注重物质消费；前者维护意识形态的纯洁性、正统性、神圣性，后者则表现出自己的杂糅性、中立性、大众性。"③在这一思路的指引下，研究者们对大众文化的性质特征进行了新的评定。

(三)对大众文化娱乐性的肯定

随着大众文化的不断发展，尤其是日常生活审美化理论的引进与中国阐释的不断增多，国内学者不再将娱乐性当做大众文化与生俱来的"原罪"，反而提出文化娱乐功能本身的重要性："古代社会中'教'重于'乐'，'乐'从属于'教'，在所谓'寓教于乐'或'文以载道'的提法中，'乐'本身没有合法性，它要从对于'道'或'教'的依附中分得一些合法性；而在现代社

---

① 丹尼尔·贝尔：《资本主义文化矛盾》，生活·读书·新知上海三联书店1989年版，第75页。

② 孟繁华：《众神狂欢——当代中国的文化冲突问题》，今日中国出版社1997年版，第41页。

③ 王又平：《世纪性的跨越——近二十年小说创作潮流研究》，华中师范大学文学院中国现当代文学研究室1998年，第99页。

会中,世俗化的趋势使得'乐'从对于'教'的依附中解脱出来,有了独立的地位和意义。"①

(四)对大众文化世俗化的肯定

世俗化是当代大众文化的重要特点之一。许多人文知识分子否定世俗化,认为世俗化导致了许多负面的社会效应,如道德失衡、拜金主义、人文精神丧失、"城市病"等。在早期对当代审美文化和大众文化的批判中,世俗化也被认为是大众文化的一个重要缺陷。

由于受到市场规律及当代大众传媒方式的制约,大众文化很难像传统文化那样承担过多的救赎、启蒙甚至宗教的功能,它必须面向下里巴人,通过对世俗的"相关性"关注获取其有形与无形的各种收益。简单来说,世俗化的过程与去神圣化的过程同步一体。但在中国,世俗化所解构的,并不是典型的宗教神权,而是政治秩序与文化、道德秩序高度整合的封建王权和一元化的国家意识形态。

很多学者看到了大众文化世俗化在当代中国的重要意义,认为文化世俗化必然导致文化活动解构神圣化以后的多元化、商品化与消费化趋势,这就为大众文化发展提供了丰厚的土壤与广阔的发展空间;同时,大众文化的世俗去向又直接肯定了大众的世俗欲望,它带来的日常生活与百姓色彩,消失的是英雄及权威意识。在法兰克福诸君对大众文化进行猛烈批判之时,世俗化早已完成了它在西方社会现代化进程中的解神圣化使命,由此,大众文化中的世俗化反而丧失了其本应具有的革命性意义,并与大众传媒和国家意识形态相结合,成为阻碍启蒙精神的最大障碍。由于时代语境的不同,大众文化在20世纪末21世纪初的中国则产生了与西方完全不同的意义和价值。此时的中国处于由农业文明向现代工业文明的转型时期,大众文化在中国的这一转型阶段仍具有和西方现代化初期所具有的革命性作用,即解构一元意识形态,推进政治与文化的多元化、民主化进程的积极历史意义。在世俗化的肯定者看来,中国知识分子对大众文化世俗化的批判,源于他们对于中国转型时期大众文化历史功能的认识不足,同时,它也反映了某些知识分子的精英意思,这种精英意识使得他们在面对大众文化时缺乏理性分析,过于倚重自己的个人感情色彩。②

需要指出的是,无论是对大众文化平民意识属性的界定,还是对大众文化娱乐性、商品性等性质特征的阐释,目前都还处于一个起步阶段,其本身的复杂性尚待进一步研究。

第三节　中国大众文化批评的错位与建构

从承认大众文化的独立地位到重新定位其价值意义,从分析其特殊的审美属性到进一步的分层研究,中国的大众文化研究已经在实践的层面跋涉了很长一段路程,如果说对西方理论的反思可以帮助我们保持一定的理论清醒的话,那么,如何在中国本土语境下客观评价大众文化并建构自身的理论话语,则是我们始终不应放弃的目标——这一目标在今天还远

① 陶东风:《世俗化时代文艺的消遣娱乐性》,《文艺争鸣》1996年第3期。
② 参见高坚:《世俗化与大众文化:社会转型的进步》,《粤海风》1999年第1期。

远没有达到。

一、误读与错位

由于种种原因，中国的现代化历程与西方不同，因此，中国大众文化兴起的背景、在这一背景中所产生的意义也就有了很大的区别。20世纪90年代，中国知识分子挥动西方理论之剑，切向了刚刚兴起的大众文化，却没有看到由于语境差异所产生的不同作用。只有在认识到语境不同的情况下，中国知识分子才开始对大众文化在中国社会经济中的作用进行了重新思考。有学者将中西大众文化成因的不同归结为生成语境、时间的错位，实践大众文化的主体错位和意义错位三个方面。①

（一）中西大众文化生成语境的“错位”

从生产语境来看，西方大众文化是晚期资本主义的产物。在西方晚期资本主义的社会语境中，工具理性已经全方位渗透侵蚀到人的生活世界和心理；文化艺术被资本的逻辑所控制，“美感的生产已经完全被吸纳在商品生产的总体过程之中”，“愈来愈受到经济结构的种种规范而必须改变其基本的社会文化角色与功能”。② 在这种情况下，文化艺术所具有的批判性功能丧失殆尽，而大众文化恰恰成为意识形态操纵的主要工具。只有在这样的语境之中，我们才能真正理解法兰克福学派、詹明信等人对于大众文化批判的意义所在。

与西方不同，中国大众文化是在市场经济运行中生成，除受全球化大众文化互动的外来影响，还有本土性文化经验的吁求及新崛起中产阶层的自我诉求，其意义有自为的独特性。作为普遍形态西方大众文化主要出现在20世纪五六十年代，是伴随着后现代出现的文化转向，如后现代理论家詹姆逊1987年在北大首次作“后现代主义文化”演讲时所阐述的。当然它可以追溯到法兰克福学派洛文塔尔的研究，以及本雅明对巴黎拱顶长廊的分析。但在中国则是始自20世纪90年代市场经济催生和外来文化产品输入的产物，当然，有些大众文化因子也可以追溯得较远，但因尚未形成大众文化语境。

（二）大众文化意义的“错位”

西方大众文化的意义主要偏于解构，即对现代性压抑、理性统治及资产阶级趣味、道德观的消解，张扬某种文化消费的民主化、平等化以及为获得文化消费快感的一种微观政治学的权力斗争。而在中国现代化建设中，大众文化作为全球化现象及文化资本力量的显现，乃是解构与建构并举，甚至还要往建构一端倾斜，尤其在初始阶段它显示了较多的积极意义。即使现在我们也不是有过多的工具理性，相反倒是普遍的理性缺失，故其意义主要偏于现代性建构，尤其是担当中产阶层形塑自身意识形态，获得权力话语的微观政治学实践。

---

① 参见范玉刚：《当代视野中的大众文化解读》，《深圳大学学报(人文社会科学版)》2005年第6期。

② 詹明信：《晚期资本主义的文化逻辑》，生活·读书·新知上海三联书店、牛津大学出版社1997年版，第429页。

(三)实践大众文化的主体"错位"

西方大众文化作为流行的消费文化,在菲斯克看来,虽然生产主体不是大众而是资本运作的文化工业,但大众文化作为"权且利用"的艺术,是人民自己的文化,是人民颠覆和反抗资本的有力武器,是对资产阶级文化观、道德观、审美观的解构,其形塑的"日常生活审美化"是大众实践大众文化的场域,大众是有主体能动性的普通群体。

中国大众文化的生成是文化资本、经济资本与大众传媒相互运作的结果,是经济资本向文化领域转移渗透的现实化,消费主体以中等以上收入者——主要以经济精英为主体的中产阶层为主,并裹挟受时尚文化蛊惑的小资等群体,其形塑的"日常生活审美化"的真实境遇,如仿真、幻象、视像、符号及各种楼堂馆所、休闲健身娱乐中心等,在一定意义上排斥底层,是所谓"新兴中产阶级"的专利。这种实践主体的不同,也恰恰是很多人对当代中国大众文化持否定态度的重要依据之一。应该说,从这一观点出发对国内大众文化理论(尤其是"日常生活审美化"理论)进行批判有其合理性所在,但同时,我们也应看到,大众文化的影响在很多情况下并非是以接受群体来划分那样简单。正如德赛都、菲斯克等人所指出的,在大型购物中心等场所中,无业者也可以从中"狡猾"地获取各种抵制性快感。单纯以主体不同来否定大众文化的影响也存在偏颇之处。

二、中国大众文化理论与批评的构建之途

作为平民化、世俗化的一种文化形式,大众文化的崛起对于改变中国文化格局有着十分重要的意义。但不可否认的是,大众文化也是一种需要提高的、有缺陷的文化存在形式。因此,对大众文化进行批评乃社会文化发展的必要。批判性是任何批评理论的本质功能之一,大众文化批评也是行使批判功能的有效方式,具有形而上的指向性和建设性。在迷幻的大众文化原野上树起指向性的、建设性的标志,引导或者纠正大众文化的航向,规范大众文化的无序和无灵魂的状态,是大众文化批评的职责所在。尤其是在大众文化铺天盖地的今天,我们更应直面大众文化,充分发挥大众文化批评的功能,在批评中更好地理解大众文化,在理解中更好地发展大众文化,这有利于大众文化的健康成长。但是,对于大众文化的批评也要和传统批评与西方批评有所区别,建构适合本土大众文化的批评模式。

(一)多元化的批评立场

大众文化理论与批评的构建,必须首先明确最为基本的批评立场。在中国大众文化乍兴之时,法兰克福学派的大众文化批判理论之所以会在中国知识界产生深刻影响,是因为它满足了中国知识分子的精英主义"期待视野"。因此,此时期的大众文化研究基本上是精英知识分子指责大众文化产品的说教范本,其最深层的内容也不过是尾随法兰克福学派批判大众文化的商品性和娱乐性,研究者并未涉及到大众文化最本质的意识形态属性,也很少对大众文化文本进行深入的文本分析。站在这种精英主义的批判立场上,很难全面认识当代大众文化的价值所在。

今天,我们所面临的是主导文化、精英文化和大众文化三者共存共荣、协调发展的文化

格局，精英文化的持有者并不天然地具备批判大众文化的话语权，甚至在某种语境下还不得不向大众文化作出妥协。所以，这种因袭“五四”新文化传统并在法兰克福学派那里找到共鸣的“精英主义”文化观念并不适于中国当代的大众文化研究。

在这样一个主导文化、精英文化、大众文化三足鼎立的时代，我们应站在公允的立场上，允许文化的多元化存在与发展。三种文化都有其存在的理由和价值，它们之间是一种互补而非排斥的关系。

（二）大众文化批评的精神建设性

作为一种大规模工业化生产的文化，大众文化具有明显的物质性，物质性大于精神性是大众文化区别于精英文化的重要特点之一。大众文化批评必须关注这一特点，在发掘这种物质性孕育的积极意义的同时，引导大众文化在生产、传播及消费各个环节注重精神性建设。

作为物质文化的大众文化，它对应着人类的低级需求，它的种种缺陷，对人类文明具有消解作用。而大众文化批评恰恰具有与大众文化相反的功能。任何批评活动，其出发点都在于对现实的不满与对理想的追求，大众文化批评同样如此。作为一种精神性活动，大众文化批评有着精神活动所特有的品质，即批判性。人文知识分子在批判活动中，也就形成了一种以批判的力去打碎大众文化营造的那个虚幻世界，唤醒人们的自觉，以挑剔性的、批判的眼光面对声光色的现实，警惕物质膨胀带来的种种灾难，不断去追求更合理的人生和更完满的人性共识。

为迎合受众需要，实现其经济利益，大众文化有时会通过性关系、暴力、性场面的展示，刺激人的生命本能。但是这种满足始终是对应性的，是消极被动的，它在导致心理宣泄的同时，也消解了人们的激情和创造性。与大众文化的消费性相对，大众文化批评则是一种建设性文化活动，它应该以否定性的声音对大众文化所形成的下滑造成阻滞，以理性的思考引导大众文化去应对现实处境，使大众获得超越现世的积极进取的力，不断激活自我的创造力，不断向完善的境界进发，获得精神的澄明。

当然，大众文化批评的建设性只能在尊重大众文化性质的基础上进行，不可能推倒重建，为此，大众文化批评只能做一个精神的守望者，发现和指出大众文化生产、传播和消费过程中的种种缺陷，进而提供弥补这种缺陷的方法和途径，以帮助大众文化生产者、传播者以及消费者明明白白地进入大众文化流程，是大众文化批评的任务。可以说大众文化批评的精神建设性表现在两个方面：一是发现、指出其缺陷，让大众文化生产者、消费者明白；另一方面是为大众文化提供疗救方案，以促其健康发展。

（三）大众文化批评的人文指向性

以人文精神为大众文化批评的基本内核，首先表明批评的出发点是人文立场，是价值理性。批评者不能被某类产品的技术的新颖繁复吓住，也不能被市场价值牵着鼻子走，而要站稳人文立场，坚持社会价值，在物欲横流面前毫不退缩，高扬精神的大旗，衡量一部作品的优劣得失要紧扣人文价值含量。要求其在给大众官能享受的同时，又不放弃对人文主义理想的追求，始终以一种更加合乎人性的社会远景来观照现实，以真、善、美的境界去陶冶净化人的灵魂。批评要从人文精神的几个层面出发,从文本体现的理性指数、道德指数、审美指数和社会指数等多方面去考察。

以人文精神为大众文化批评的基本内核,同时意味着不屈从于快乐原则,而要从审美角度关注大众文化产品,要求它突破单一的模式化、表面化、感官化,在形式的新颖性、效果的愉悦性和精神的高尚性、内涵的丰富性之间寻找最佳契合点,寻找最佳张力,在感性与理性的统一、真与善的统一、当下与未来的统一、现世与永恒的统一上做文章。使人文主义理想贯注于生动、感性的声画元素中,使大众文化的逻辑得到美学理想的引导,从而产生一种与商业本质的“间离性”,以这种“间离”来提升接受者的文明水准和审美能力。

只有坚持这样的批评原则,大众文化批评才能完成它的精神守望着的职责,才能既把持大众文化的发展方向——人文性指向,又能尊重大众文化的特点,使大众文化既保持其应有的特色又不至于滑向堕落的边缘,从而彻底变成苍白的文化。大众文化批评应该是具有人文指向性的批评。

(四)大众文化批评的文化兼容性

大众文化批评面对着一个在多元化文化环境中成长的、具有商业性、技术性、娱乐性、媚俗性等特性的复杂的文化现象,对这样一种复杂的文化现象的批评也是复杂的,这种复杂性主要体现在它要借助社会学、文化学、艺术学、人类学、心理学等种种理论,借助文化批评、技术批评、艺术批评、道德批评等多种批评方法,并以对话的而非俯瞰式启蒙的方式对大众文化现象进行多侧面的多层次的分析批评,这种批评应该是综合性的,具有文化兼容性。

大众文化是工业时代重要的文化现象,它诞生在历史上最复杂的工业时代,社会生产的综合化以及文化生产的多部门合作导致了其文化性质的复杂性。大众文化已超越了阶级社会文化的单纯阶级性,而成为一种阶层文化。阶层的复杂性形成了其文化要求的多样化、多层次化,为这个阶层生产的文化也不可避免地带有这种多样性、多层次化的特质,带有这一阶层人们的意识、意志。因此对它的批评也需要多种理论的支持。

大众文化批评的方法和途径是很多的,既有文化批评、道德批评、艺术批评,又有商业批评、技术批评、人文批评,还有对大众文化从生产到消费的各个环节的批评,比如说生产层面的作者批评,消费层面的受众批评,文本层面的艺术批评,以及传播层面的媒介批评等,都可以成为大众文化批评的方法和途径。但是以上所言的任何一种单一的方法是很难理清大众文化的条理的,需要涉及许多的理论和兼容多种批评方法。简单地说,如要追问一个大众文化文本受大众欢迎的原因,就需要文化批评、商业批评,而且还要追究消费层面的受众,同时也必须考虑生产层面的作者,相应地也要对文本进行必要的艺术批评,而大众文化的艺术成就往往又借助了一定的技术和媒介,这时的技术分析就是必要的了;如果要指出这部作品的意义,又需要进行人文批评。总之面对多层面、多部门合作生产的大众文化产品,单一的批评往往捉襟见肘。

大众文化的特性决定了大众文化批评的方式和传统的批评有些不同。“五四”以来带有激进色彩的理想主义话语,是一种精英化了的文人话语,这种话语更多地停留在对自身经验的诉说中,对大众的文化权利不屑一顾,因而难以得到大众的认同,失去了广泛的社会基础,人为地制造了精英和大众的对立。传统的批评活动往往是一种俯瞰式的启蒙批评，它表达的是精英知识分子对批评对象的超越性意识，表达的是某种终极的关怀，而大众文化批评与之不同，它不可能从通俗的内容和不太精致的艺术形式中挖掘出什么形而上的美学闪光点，而只是对这一现象进行必要的类似导购式的介绍或阐释，同时挖掘其中的人文性指向，从态度上看，它往往是站在大众的立场上，对大众应该追寻的和回避的进行选择，让受众在不断地接受中提高，因此它往往采取对话的方式，这种对话，是符合当今多元社会的规则的。大众文化在多元文化环境中生存，必须通过对话的方式与精英文化进行沟通，而不能采用“决斗”的方式，这是一种有别于知识精英意气飞扬、耳提面命式的批评，是兼容其他文化、兼容大众和精英的“另类”批评。

兼容多种理论，兼容多种方法，并以对话式的方式进行批评活动，体现大众文化批评的性质，这是有利于大众文化发展和成熟的。任何人的文化权利必须得到应有的尊重，知识精英应该和大众进行对话，应该放弃对大众文化的不屑和蔑视，参与到对话活动中，为大众文化的健康发展作出积极的努力，对大众文化作出富有深度和说服力的阐释，而不是简单地品头论足和道德谴责，更不是简单地否定。[①]

目前，中国大众文化批评中仍存在很多突出的问题：第一，大众文化批评时常以表达方式上的主观随意性来冒充理论命题的原创性；第二，以思维方式上的西方中心主义来炫示文化观念的前卫性；第三，以价值判断标准的失范而妄称思想的多元性和开放性。除此之外，中国内地的大众文化研究多偏重于杂乱的个别现象评说和浅层次的理论介绍，而缺乏明晰的批评立场及系统深入的理论整合与语境转换。[②] 在论及中国大众文化批评理论与实践时，有学者这样说道：

仔细想想，二十余年来，中国的批评家们何曾面对本土的大众文化生产场提出过哪怕一个概念、一个命题？当我们留心那些充斥中国权威学术刊物的大众文化批评文字时，就会吃惊地发现中国大众文化批评几乎无一例外地拾了西方人的牙慧。举凡对大众文化持批判态度的中国学人基本上都是在重复西方利维斯主义、法兰克福学派的文化工业理论、结构主义以及女权主义的观点，而对大众文化进行肯定性评价的批评者则更多地援用了英国伯明翰学派的文化主义、后现代主义、文化民粹主义以及巴赫金的狂欢化理论等西方语境中的理论话语。它们至今仍是大众文化批评不可或缺的通用语言。其实，无论是大众文化的否定论者还是大众文化的肯定论者，他们的确没有比西方人多讲一些实质性的东西。[③]

今天，中国大众文化的发展已经成为不可阻挡的潮流，相应的，中国大众文化批评与理论构建也应在借鉴西方理论的同时，创建自己的理论话语、方法与体系，在大众文化的全球化浪潮中发出自己的声音。然而，这种理论、方法、体系的构建并非一朝一夕可以完成，在大众文化批评的征途上，我们仍有很远的路要走……

---

① 参考许文郁、朱忠元：《大众文化批评性质论略》，《天水师范学院学报》2001 年第 6 期。

② 傅守祥：《大众文化与文化产业——批判理论的批判与中国语境的规范》，《贵州师范大学学报（社会科学版）》2004 年第 2 期。

③ 孙长军：《中国大众批评中的精英主义之维》，《信阳师范学院学报（哲学社会科学版）》2004 年第 5 期。

【关键词】当代审美文化　大众文化批评　构建

【推荐阅读】

● 陈刚:《大众文化与当代乌托邦》,作家出版社1996年版。

● 周宪:《中国当代审美文化研究》,北京大学出版社1997年版。

● 姚文放:《当代审美文化批判》,山东文艺出版社1999年版。

● 金元浦、陶东风:《阐释中国的焦虑——转型时代的文化解读》,中国国际广播出版社1999年版。

● 金民卿:《大众文化论:当代中国大众文化分析》,中共中央党校出版社2002年版。

● 戴锦华主编:《书写文化英雄:世纪之交的文化研究》,江苏人民出版社2000年版。

● 金元浦主编:《文化研究:理论与实践》,河南大学出版社2004年版。

【思考题】

1. 中国大众文化理论与批评经历了怎样的发展历程?
2. 试述当代中国大众文化理论与批评存在的主要问题。
3. 你认为应该如何正确地构建当代中国大众文化批评理论?

第九章

大 众 文 化 观

CHAPTER 9

【本章重点】在大众文化铺天盖地的今天,任何人都很难在脱离大众文化的“孤岛”上生存,因此,确立正确的大众文化观十分重要,这也是我们对大众文化批评理论进行梳理的目的所在。由于批评立场、方法的不同,对于大众文化的价值评价也不尽一致。悲观主义大众文化观把大众文化看做是人类文化发展史上出现的一种堕落的文化形态,乐观主义大众文化观则恰恰相反。对于大众文化,我们应从多元立场出发,既看到其价值与意义,同时也要对其不足指出进行批判,这才是我们对待大众文化的正确态度。

对于大众文化时代的到来,人们的价值评价不尽一致。一种是以精英意识和纯审美的眼光,对大众文化持悲观态度,认为大众文化的出现是人类文化衰落的标志;与之相对的另一种观点是对大众文化表现出相对乐观的姿态。在以前的章节中,我们对中外大众文化理论进行了不厌其烦的介绍、阐释与梳理。对种种理论的了解甚至掌握并非目的所在,在了解前人观点的基础之上,必须树立正确的大众文化观。对一般人来说,大众文化已经成了我们身处其中的一个客观现实——不管喜欢与否,它都像空气一样弥漫在我们的周围。当我们打开电视、走进影院、连接网络之时,甚至当我们在处理衣食住行这样的生存需要时,我们都很难拒绝大众文化的强行进入。对于从事文化尤其是传媒相关行业的人来讲,大众文化更是无处不在。它已经成为我们日常工作的对象,我们的任务就是如何生产出为人们所喜闻乐见、利多弊少的大众文化产品。因此,无论是否专业人士,都应该对大众文化的本质有所认识,确立自己的大众文化观。

第一节　两种不同的大众文化观

一、悲观主义大众文化观

悲观主义文明论认为,人类文明总体上是不断退化的,随着科学技术、生产工具的进步和生产力、经济的发展,社会制度,越来越不合理,文化越来越庸俗,虽然人们的物质生活水平提高了,但精神生活越来越空虚,道德越来越堕落,生活质量越来越下降。总之,人类文明未来非常渺茫。[1]

作为对人类文明和人类生存危机的反思,早在古希腊时期便已经出现了悲观主义文明论。古希腊诗人赫西俄德在《工作与时日》中提出"黄金时代"理论,宣称人类文明史是不断循环和倒退的历史。他认为,人类第一个时代——黄金时代,是人类文明的顶峰。那时候,人和神一样无忧无虑地活着,没有忧愁和烦恼,没有痛苦和贫困。他们不会衰老,永远年轻,不生疾病,终生享乐。当他们死期到来时,便安详地长眠;但活着的时候,却生活得顺心如意。后来,人类进入第二个时代——白银时代。这一代人与第一代人相比,在外貌和精神上都有所不同。孩子们被娇生惯养,即使活到百岁也和孩子一样;等长大成人时,他们的生命已经所剩无多了。白银时代的人们从不节制感情,行为放肆,不敬神;粗野傲慢,经常犯罪。然后,人类进入第三个时代——青铜时代。这代人穿、住、用都离不开铜器。他们身体强健,意志顽固,残忍暴虐,互相残害。他们专吃动物的肉,虽然长得高大威武,却无法抗拒死亡。接着,第四个时代——英雄时代到来。这一代人靠大地的丰盛物产的惠泽来生活,他们比前人更高尚,更公正,然而他们却不幸地陷入了战争和仇杀之中。最后,人类进入第五个时代———黑铁时代。这时,人完全堕落了,他们日夜忧惧,不得安宁。神不断地给他们增添新的烦恼,而最大的烦恼却来自他们自己。他们全然不顾养育之恩和朋友之义,心里恶毒地盘算着如何消灭对方。到处都是强权者得势,作恶者飞黄腾达;善良和公正的人却得不到好报,公平和克制不再受到尊重。人类处在无尽的悲惨境况之中。

如果我们把赫西俄德的"黄金时代"理论看做是西方悲观主义文明论的源头的话,之后的悲观主义文明论之河更是源远流长、蔓延曲折,蒙田、卢梭、斯宾格勒、汤因比、雅斯贝尔斯、海德格尔等都是其中的代表人物。他们探讨的角度和理论主张虽然有所不同,但结论却是一样的:随着科学技术、生产工具的进步和生产力、经济的发展,人类文明却不断退化,社会制度越来越不合理,文化越来越庸俗,虽然人们的物质生活水平提高了,但精神生活越来越空虚、道德越来越堕落,生活质量越来越下降。总之,人类文明未来非常渺茫。[2]

可以说,悲观主义大众文化观是西方悲观主义文明论的一个合理的延续,马修·阿诺德、利维斯主义、法兰克福学派等是其中的重要代表。他们都将大众文化看做是一种堕落的当代文化形态,它丧失了应有的社会责任,以娱乐化、同质化、低俗化的形式与内容不断加深着各种现代化病症。

与前人一样,悲观主义大众文化观往往以想象中的古代文化为参照,以印证当代大众文化的堕落。正如阿兰·斯威伍德所说,利维斯批判大众文化的立足点,几乎全是乡愁式的,他想要回归理想中的楼阁,回归原本就不存在的理想田园,再造工业社会来临之前的有机状态。[3] 在批判大众文化时,F·R·利维斯企盼人们回过头来看看17世纪英国文化的黄金时

---

① 参见王凤才:《西方悲观主义文明论探析》,《山东大学学报(哲学社会科学版)》2004年第5期。

② 同上。

③ 阿兰·斯威伍德:《大众文化的神话》,生活·读书·新知上海三联书店2003年版,第13页。

代,"在17世纪……有一种真正的人民文化……一种丰富的传统文化……一种已经消失的积极文化"。"我们已失去的是体现活文化的有机群体……一种生活艺术,一种生活方式,它有规则,有格调,涉及了社会艺术、交往原则以及从远古继承而来的对自然环境和季节交替的适应能力。"①菲德勒在批判大众文化时也禁不住要怀念"传统忠诚和英雄主义"。

从立场来看,悲观的大众文化者大多立足于精英主义立场。正如伊格尔顿所说:"作为文明的文化从早期人类学那里借来了高雅与粗俗之分。有了这样的区分,某些文化显然优越于另一些文化。"②在文化史上,精英主义文化与大众/通俗文化的对立由来已久。精英文化或称知识分子文化,是精英知识分子生产成功人士或社会精英消费的文化体现了普遍的艺术价值,是雅文化,是经典。"确切地说,精英文化是知识分子阶层中的人文科技知识分子创造、传播和分享的文化,精英是指社会为其设置专门职业或特殊身份的知识生产传播应用者。"③与之不同,大众文化则是老百姓消费的文化,不具有普遍的艺术价值,不符合高雅的价值评判标准,是俗文化。在大众文化、精英文化的对垒中,精英文化始终占上风。

中国学者对于大众文化的批判中,也可以看到其背后隐藏的精英主义心态。"为天地立心,为生民立命,为往圣继绝学,为万世开太平",是传统中国文人的普遍心态,也是作为一个文人的最高追求目标。他们大都以天下为己任,承担着社会教化的使命,发挥着价值范导的功能。在中国历史上,精英文化一直处在话语中心,无人也无法对之提出有力的挑战。直到"五四运动",传统的主流文化才第一次受到强有力的挑战,但受到挑战的是儒家思想,而非知识分子作为文化承担者和代言人的地位,换言之,精英知识分子仍居文化的中心。这种情况直到20世纪80年代仍无根本改变。

20世纪80年代末起,随着改革开放的不断深入,当代中国社会结构转型和市场经济的确立,精英文化的繁荣景象不断走向衰退,同时,大众文化却扶摇直上,影响力不断扩大。在大众文化中,真、善、美的精英价值取向,正义、尊严、理想等文明高雅的精英理念,在嘈杂的大众文化挤压下被迫走向边缘化。知识分子原来那种坐而论道的优雅生活方式不复存在,那种一纸臧否就能左右作品价值高低的艺术权威逐渐淡化,那种用理性话语的方式来影响甚至支配社会的愿望也成为自言自语。面对文化形态发生深刻变化的精英知识分子们,显然缺乏心理准备,从语言到行为都失态,对自己的身份感到焦虑。于是,精英知识分子出现了复杂的多重心态:既想维持在20世纪80年代所树立的"精神旗帜"形象,又想在消费性文化的写作中获得巨大的利益,这使一些知识分子处于紧张的状态中。知识分子面临着政治荣誉、市场经济的双重挤压与诱惑,在市场和权力的共谋中,左右摇摆无所适从,感受到的是一种迷茫和混乱的情绪。他们或对大众文化批判与拒绝,表示出贵族式的轻蔑与厌恶;或投身到商品文化的大潮中追名逐利;或与时代自我隔离默默退场。

二、乐观主义大众文化观

从历史来看,乐观主义文明论对人类文明发展的看法悲观主义文明论截然相反。乐观

---

① 转引自约翰·斯道雷:《文化理论与通俗文化导论》,南京大学出版社2001年版,第43、44页。

② 特里·伊格尔顿:《文化的观念》,南京大学出版社2003年版,第21页。

③ 邹广文:《当代中国的主流文化、精英文化与大众文化》,《杭州师范学院学报(社会科学版)》2002年第6期。

主义文明论认为,人类文明是不断进步的,在原始文明——农业文明——工业文明——后工业文明的历史沿进过程中,科学技术、生产工具越来越先进,生产力、经济发展越来越快,社会制度越来越合理,文化越来越发达,人们的生活质量越来越高。

在评论了法兰克福学派的著作之后,席尔斯指出,法兰克福学派对大众社会的分析可以用五个字加以概括,那就是:失望与愤怒。在席尔斯看来,法兰克福学派的理论家厚古薄今,把过去的历史神秘化、浪漫化了,这种论调过于悲观。在席尔斯等乐观的大众文化论者看来,大众文化恰恰是文化民主与文化多元的最好表征,它是随着教育普及、个人主体性及人道原则不断增进而产生的,因此,我们对于大众文化应秉持“进步演化观”,而非一棍子打死的消极悲观论。乐观主义者甚至用“流行(popular)文化”或“媒介(media)文化”来代替“大众(mass)文化”,因为“大众文化”这一术语有精英化的倾向,并在高雅和低俗文化之间树立起一种二元对立,用此轻视“大众”及其文化。持“进步演化观”的人,否认过去的社会是人类的理想,也就是不要厚古薄今。他们指出,所有的社会阶层成员,参与政治与社会事务之决策过程,已经越来越多。19世纪的社会,贫穷、无知与孤立无依的情况随处可见,而高雅文化及其守卫者则满怀信心,得意洋洋地固守自身在社会中的城池;科技的快速进展,识字率与传播设施的突飞猛进,以及在此基础上产生的大众文化,是民主化而非庸俗化了大众。①

美国学者泰勒·考恩在对文化观进行梳理时指出,就整个思想史而言,文化乐观论虽然在思想史上也吸引了一批知名的辩护者,但他们的地位却不像文化悲观论者那样突出,并且,他们当中许多人的涉猎范围超出了纯粹的学术研究领域。② 然而,泰勒·考恩却是一个地道的文化乐观论者,在《商业文化礼赞》一书中,考恩认为,市场冒险精神和生产性财富有利于文化生产,现代资本主义制度、市场经济、技术进步等都为艺术家提供了更多的自由。

如果说悲观主义大众文化观是站在精英主义立场上,对大众文化进行解读,那么,乐观的大众文化观则不再以居高临下的精英立场来排斥大众,不再坚持对大众—精英作二元对立之分,而是试图从平民主义和大众立场出发,去发掘民间社会对大众文化的积极反应,发现大众参与和对话所具有的能动性。

在乐观的大众文化观看来,“大众”并非“文化傻瓜”,是一个无法总体化的概念,实际上它只是差异性存在。大众不是静态的、消极的和没有主体性的同质化的群体,也不是固定不变的实体,而是实际上包含着各种各样由具体利益关系、政治立场和社会联系所形成的社会人群,是一个由多样性和差异性所构成的异质关系组合。它的主要特征是流动性、差异性和对抗性。进一步,乐观的大众文化研究者对大众文化的接受过程进行了详细的考察,而这也正是悲观主义大众文化观所忽略的方面。德赛都的抵制理论、斯图亚特·霍尔的“编码/解码”理论、约翰·菲斯克的两种经济理论等,都是这方面的良好例证。由于大众的流动性、差异性、对抗性以及文本解读过程的复杂性,大众文化在乐观的研究者那里具有重要意义。大众文化成为权力关系的组成部分,“它总是在宰制与被宰制之间,在权力以及对权力所进行

① 阿兰·斯威伍德:《大众文化的神话》,生活·读书·新知上海三联书店2003年版,第134页。

② 参见[美]泰勒·考恩:《商业文化礼赞》,商务印书馆2005年版,第17-18页。

的各种形式的抵抗或规避之间,在军事战略与游击战术之间,显露出持续斗争的痕迹"①。

三、多元开放:我们应该具有的大众文化观

在论及悲观文化论时,泰勒·考恩说道:"我们不应过度崇拜过去的时代,认为那时的普通人只听莎士比亚的戏剧,只读拜伦的诗歌,只欣赏贝多芬的音乐。杰作往往从充满低级色情作品和拙劣作品的氛围中脱颖而出。威廉·华兹华斯曾经论及存在于这一行为之中的错误:[根据]'留存下来的净化,忘记了已被扫除干净的大量无用之物。'"②华兹华斯的话正应了中国的一句古话:淘尽黄沙始见金。在人类历史的发展长河中,无论是以口头还是文字形式流传到今天的各种文化素材,有哪些不是大浪淘沙的结果? 那些被时间之水沥尽的黄沙不复被今人所见,但这并不意味着它们未曾存在。在文化悲观论者的眼中,过去的时代是一个理想化的存在,它只是为了印证地球肮脏的一轮遥远的、挂在天上的明月而已。

或许,我们不必对文化悲观论过于苛责,因为批判现实与寻求理想化的启蒙与拯救,正是文化批判者存在的最为重要的价值所在,也因为有此,人类才会不断在自省中前行。同时,我们也不必因乐观的文化论而欢呼雀跃,因为大众文化的不足是切切实实地摆在我们面前的。我们认为,对于大众文化应采取一种多元开放的态度,在现实语境中剖析其贡献、缺点与不足,为文化乃至人类社会的发展寻求更为良好的文化前景。

第二节 大众文化的价值与不足

一、大众文化的价值与意义

大众文化本质上是一种下层文化。大众用两种基本方式来对待自己的下层性:一是逃避;二是对抗。两者是相互联系的,并都包含着快乐和意义的相互作用。在逃避中快乐多于意义,而在对抗中则意义比快乐更重要。消遣不仅是逃避,它本身就是一种社会意义的探索和重新解释,本身就是对某种强加于民众的社会意义的对抗。

大众文化由于是现代人的生存方式,它对现代社会、经济、文化,对人的精神、心理以及对整个社会的价值取向都具有重要的作用。简单来说,大众文化的文化价值意义表现如下。

第一,它使现代人回到本真的日常生活状态。马克思曾说:"人们的存在就是他们的实际生活过程。"③人的本真状态最根本地只能存在于实际生活过程中。在日常生活中个体以多种形式使自身对象化,他通过塑造他的世界(他的直接环境)而塑造自身。在日常生活中,大众文化给予每个个体以现代生活的基本经验、基本规范和人生体验。大众文化对感性欲望的刺激和满足,极大地丰富和改善了人的生存状况,向人的日常生活世界回归,使得现代

① 约翰·菲斯克:《理解大众文化》,中央编译出版社2001年版,第25页。
② [美]泰勒·考恩:《商业文化礼赞》,商务印书馆2005年版,第73页。
③ 《马克思恩格斯选集》第1卷,人民出版社1972年版,第30页。

人一反那种沉重的政治中心和伦理本位的生存状态,并由自在发展的或异化受动的生存方式向自由自觉地创造性方式提升。因为大众文化是现代生活中普通百姓的一种文化实践形式,它最接近人们的日常生活。大众文化向日常生活的积极渗透,更新了原有日常生活的内涵,彻底打破了中国传统生活方式的封闭性,激发了大众强烈的参与愿望和体验的热情,拓宽了人们的生活空间,丰富了人们的业余生活。大众文化的传播与普及,在一定程度上引导人们树立起与现代社会相适应的生活观念和生活态度,促使其朝着健康、文明的方向发展。

第二,大众文化加速了当代中国文化的多元化发展进程,推进了文化向大众的渗透。大众文化解构了长期以来形成的单一文化发展模式,影响和改变了现行的文化形态及其秩序,初步形成了当代中国文化发展中主流文化、精英文化和大众文化三位一体的总体格局。主流文化是表达国家意识形态的文化,对整个文化系统的发展具有重大的定向、规范和控制作用;精英文化是由知识分子创造、传播和分享的文化,它承担着社会教化的使命,是社会文化理想和人文精神的重要载体;大众文化则是与当代普罗大众距离最近,最贴近他们日常生活方式的文化形态,也是当代中国文化发展中最为宏阔壮观的风景线。正是大众文化加快了文化向大众发展的进程,并最先显示出其发展的个性——面向百姓当下诉求,追求感性娱乐,体验平常人生。大众文化这种与生俱来的反映百姓取向的民主精神和反映大众理想的审美精神,不仅促进了主流文化的进一步民主化、科学化的进程,而且更重要的是为精英文化的发展注入了活力,提供了机遇。也正是大众文化,促使主流文化、精英文化都在各自的文化实践之中寻找并确定了自己应有的位置。

第三,大众文化通过"游戏"的形式消解了传统价值。大众文化的最大特点是娱乐,通过这种轻松、自由的游戏娱乐逐渐改变传统的道德观、价值观,同时也消解了传统对人的禁锢,破除了迷信和愚昧,使人们的思想更解放、更具开拓性。就像如同"文化"在当今已经走下曾经的神坛一样,以往被王权思想所神秘化了的诸种观念,在大众文化那里,也很快遭到了戏弄和摒弃,在神圣的光环被剥落后,它们由原来的神圣不可一世一下子变得一钱不值。

第四,大众文化扩大了大众的公共领域,是产生平民意识和民主意识的土壤。按照哈贝马斯的解释,公共领域出现在那些个体能够对普遍关心的问题进行讨论和争辩的地方,在那里,对国家和现存社会的批判能够自由流通。在启蒙运动和18世纪民主革命时期,公共领域主要包括报纸、杂志、咖啡馆、文学沙龙等狭小的空间之内。当代大众文化的勃兴,大大拓展了公共领域,增强了大众的参与意识,特别是电视文化、网络文化、新媒体文化的发展导致了"公众舆论"的发展。公众舆论的最大特点是使政治权力和社会权力的实施得以公开,这便增加了政治的透明度,扩大了公众的民主。所以朗兹胡特曾说:"现代国家把人民主权当做其自身存在的前提,而这种主权就是公众舆论。如果没有这一前提,如果没有将公众舆论作为一切权力(能够对所有人产生约束力的决定权力)的起源,那么,现代民主政体就缺少其存在的根据。"①现代大众传播是公众舆论最有效的传播工具,通过它增强了公众对政治权力的监督,因此,增强了公众对政治的参与意识和民主意识,同时大众文化使人们处于平均状态,因而消解了传统文化中的等级和贵贱,这也是平民意识和民主意识产生的基础。

① 于尔根·哈贝马斯:《公共领域的结构转型》,学林出版社1999年版,第285页。

二、大众文化的不足与缺憾

大众文化是以工业技术的标准化、复制化和产品的商业化为前提,这就决定了它具有追求经济利益的特点,它的经济冲动也会给人类文化带来一些负面影响。

第一,大众文化在消解神性的同时,也有可能形成新的文化专断和文化霸权。多种文化的并存发展既是维持文化生态的客观要求,也是文化发展的内在规律。大众文化在多元化、开放性的形式下,却蕴含有专断性、排他性的一面。它对任何与它不同类型的文化都有一种本能的拒绝和排斥。在大众文化的冲击和围攻下,其他文化类型都呈现出低迷和萎缩状态。长此以往,必将会对中华文化的整体发展带来不利后果,文化领域将会出现畸形发展状态,人类文明在长期发展中积累起来的文化成果有的可能从此丢失。“进入 20 世纪 90 年代以来,中国社会发展中一个令人瞩目的现象就是知识精英的退场和精英文化的边缘化,这种现象的出现固然主要和中国当前的社会转型及市场经济的发展有关,但是大众文化在其中的影响也是不容忽视的。”①大众文化对其他文化的侵蚀不仅表现为对其他文化地盘的挤占,同时也表现为对其他文化创作主体的俘获。大众文化貌似民主,实则隐含有反民主的倾向。表面上张扬人的个性自由,实则以另一种方式把人的个性发展引入极端。

第二,大众文化在一定程度上削弱着人们的批判能力。大众文化以肯定的前提找到了自身面对现存世界的位置,肯定甚至鼓励着大众的各种世俗愿望。肯定现世并消费现世是西方现代精神的重要组成部分,是人文主义解构神学传统、消解神性的结果,从历史的角度而言,无疑是有积极意义的。然而,极端地、过分地强调这种物质性的结果,就是使人畸形的发展,成为“单面人”。正如马尔库塞在其《单面人》中指出的,“大众文化垄断资本主义时代就是一种使人丧失批判与否定能力的单面文化。”除此而外,“文化工业”用人为的意志代替了事物逻辑,使艺术从内容到形式都保持了一种无差异的状态,艺术与社会高度一体化了。大众文化又凭借技术不断改变享乐的活动和装潢,使大众在轻松的享乐中放弃思想,大众在轻松的享乐中体验到一些“微不足道的感情联系”,大众在物化的欢笑中获得一种虚假的幸福。同时,大众文化的商业性质也决定其文化用品的价值和使用价值和交换价值是等值的,文化从提升精神的工具变成了攫取金钱牟取暴利的工具,物质性大于精神性或者只有物质性而没有精神性,使得大众文化存在着严重的精神缺陷。消费者在大众文化消费中没有获得精神性的补偿,没有得到刻骨铭心的精神感动,而只是在悠游、懈怠、甜蜜、疯狂中获得一种近似排泄的、流畅的快意,在飙飞的震颤和下坠中走向虚脱,欢乐偷换了愤怒,麻木代替了不平,迷幻僭越了思考,官能的满足代替了对意义的追求,物质的满足取代了精神的欢娱。精神性的缺失使大众文化形成同一风格,形成粗陋的“统一的文化概念”,而作为纯粹的美学规范的风格,在“文化工业”时代已经成为一种浪漫主义的幻想。所以法兰克福学派的批评家如阿尔都塞等称大众文化是巩固既定秩序的“社会水泥”。

第三,商业价值取向导致文化理想的失落。文化的本性在化人。而大众文化首先是一种商业文化,它在远离政治的同时,也在不断地亲近经济,毫不避讳地拥抱商业。大众文化

① 金民卿:《大众文化论》,中共中央党校出版社 2002 年版,第 149 页。

在追求文化社会效益的同时,更关注的是文化产品的经济效益。用商业价值体现文化的精神价值,这是大众文化的特点。大众文化的生产完全按照文化市场的运行规律进行,为此,消费者的需求成了优先考虑的问题。只有满足尽可能多的大众需求,才能占有更大的文化市场,推销更多的文化产品,从而实现其规模与经济效益,获取更多的商业利润。大众文化把文化形式全部用游戏娱乐和消遣的方式加以处理,并以媚俗化的形式加以表述。它放逐了神圣的精神崇拜,形成了单一化消费模式。人们唱同一首歌、听同样的音乐、看同一部电视剧、穿同一款服饰,形成人格、趣味的趋同和文化的单调平庸,传统美德、民族精神退场,社会的理想、人生的意义缺失,崇高的理想与道德准则从中心走向边缘。

第四,导致文化创造性的削弱。大众文化是一种技术文化,它的传播和发展所依赖的媒介不同于口头文化、书面文化,主要是通过广播、电视、电影、录音、录像、微电子技术、卫星传送技术、光纤通讯技术进行的。它使知识的匮乏不再成为普通大众参与和享受大众文化的障碍,使得其欣赏主体的数量空前增加。由于文化产品与现代技术的结合,标准化、模式化成为大众文化的重要特征。制作代替了创作、艺术置换为技术。衡量作品的标准不再局限于艺术品位,还包括了技术水平。新的前所未有的技术往往成为新的文化形式的标志,文化创作的个性化被标准化所替代。在大众文化作品中,我们看到的是同一种类型、同一种过程,听到的是同一种狂喊、同一种感受,强烈的个性体验和生存感受在这里不复存在。大众文化还凭借它的技术优势向越来越多的欣赏主体进行渗透,从而控制大众,将大众引入由媒介营造出来的脱离现实的虚拟世界,使接受者情感发生麻木和移位。同时造成消费者文化选择空间缩小,文化选择自由丧失,观赏品位趋同单一,观赏的个性化与创造性也逐步丧失。

随着时间的推移,政治、经济、文化三者的关系,已经由过去的"一主二仆"和"二主一仆",转化为今天的"三足鼎立"。在全球化的背景下,文化的作用正在不断提升。应该说,这种提升与大众文化的发展之间有着不能分割的必然联系。我们应该看到,大众文化在当代中国的迅猛发展是一种历史的必然,它既是经济社会发展的必然结果,也具有与西方不同的特殊历史文化背景。对于大众文化,我们也应采取一种科学的、客观的态度,既看到其在当代中国社会转型时期所具有的价值意义,同时也对其负面不良影响保持警惕。

【关键词】悲观主义大众文化观　乐观主义大众文化观　价值　不足

【推荐阅读】

- 特瑞·伊格尔顿,方杰译:《文化的观念》,南京大学出版社2003年版。
- 泰勒·考恩,严忠志译:《商业文化礼赞》,商务印书馆2005年版。
- 叶志良:《大众文化》,上海文艺出版社2004年版。

【思考题】

1. 谈谈你对大众文化的看法。
2. 大众文化有何价值与意义?
3. 大众文化的不足与缺憾有哪几个方面?

第四部分

战略篇

CHAPTER 10

第十章

大众文化与经济发展

【**本章重点**】在全球化背景中，文化经济化与经济文化化成为一种重要的发展趋势，世界各国纷纷重视本国文化经济的发展。文化经济已经成为很多国家和地区的重要经济支柱，创造了大量的就业机会。大众文化因其平民化、世俗化、商业化等特点，创造了大量的财富，成为文化经济中最为重要的组成部分。在党中央大力提倡和推动文化产业发展的宏观语境下，如何进一步提升大众文化的经济力，也是我们在大众文化实践和研究过程中应该密切关注的重要问题。

改革开放以来，经济成为中国社会发展过程中最为重要的宏大叙事之一，经济、市场、WTO等原本只属于经济学领域的词汇，也随着"经济学殖民主义"的步伐不断侵入其他领域。同时，20世纪下半叶以来全球产业结构不断升级换代的大趋势也在一定程度上对中国产生着影响。在这种情况下，"文化经济"、"知识经济"、"知本经济"等词汇成为中国学术界讨论最为热烈的话题，成为各种学科论文之中最为常见的关键词。

大众文化的发展，使得原本围绕在文化之上的神圣光晕被抹去，文化的平民化、商业化、媒介化特征暴露无遗。对任何事物而言，走下神坛同时便意味着走向大众与世俗，意味着必须进入当前社会生活的主流叙事之中。因此，大众文化之经济属性、经济功能受到人们越来越多的关注与探讨。在文化产业研究与实践的大潮中，大众文化也是其中最为重要的组成部分。

第一节　文化经济的兴起

党的十六大报告指出："当今世界，文化与经济相互交融，在综合国力竞争中的地位和作用越来越突出。文化的力量深深熔铸在民族的生命力、创造力和凝聚力之中。"这是世纪之初党在分析国内外社会经济发展形势下对文化建设的最新战略定位，是对文化发展战略认识的极大深化。"文化与经济相互交融"是经济社会发展的大趋势，揭示了当代社会发展的一个带有普遍规律性的重要现象。

1998年，联合国教科文组织和世界银行分别出版了《世界文化报告：文化、创造性与市场》①和《文化与可持续发展：行动框架》②，这两份文件都对文化在经济和社会发展过程中的重要性进行了强调。1999年10月，在意大利佛罗伦萨会议上，世界银行提出：文化是经济发展的重要组成部分，文化也将是世界经济运作方式与条件的重要因素。在2003年的一次有关文化与经济发展的讨论会上，纽约联邦储备银行资深经济学家雷·罗森指出，"纽约经济已经陷入困境，以后，我们的经济将向何处发展？什么能够带动我们前进呢？"她给出的回答是：文化！③

以上，只不过是重视文化之经济功能的众多文件与会议中极为少数的几个案例，但由这几个案例，我们也不难看出，当今世界，无论是国际组织还是相关领域的专家，都对文化的经济力表现出浓厚的兴趣与关注。他们从社会历史发展的角度出发，看到了文化与经济的不断融合乃至重合，看到了一种新的经济形态——"文化经济"（cultural economy）——正在迅速崛起。的确，在全球范围内，文化经济改变了传统的经济形态，对世界市场格局、经济发展趋势、可持续发展产生了并继续产生着重要的影响。

文化经济这一时代命题的提出，符合马克思主义的社会生产原理。在《1844年经济学—哲学手稿》中，马克思指出："宗教、家庭、国家、法、道德、科学、艺术等，都不过是生产的一些特殊的方式，并且受生产的普遍规律的支配。"在这里，马克思把文化现象视为生产现象，已经蕴涵了文化生产力的概念。在后来的《巴枯宁〈国家制度和无政府状态〉一书摘要》中，马克思又把语言、文化、技术能力等归入"精神方面的生产力"的范畴。应该说，这是马克思主义关于"文化生产力"的理论渊源，也是"文化经济"概念的哲学基础。

所谓文化经济，简而言之，就是文化与经济相互融合的社会经济形态，其特点是经济文化化，文化经济化，文化与经济成为一体化。"所谓文化的经济化，就是指文化进入市场，文化进入产业，文化中渗透经济的、商品的要素，使文化具有经济力，成为社会生产力中的一个重要组成部分。将文化的商品属性解放出来，这就增加了文化的造血功能，使文化进入良性循环的发展机制。"④而所谓的经济文化化，是指生产、消费、市场等经济领域越来越多地被文化所渗透，经济活动中表现出更多的文化因素。正如阿伦·斯科特所指出的，在当前时代中，产品的文化形式和文化内涵变得至关重要，甚至成为生产战略的主导性因素。在这种情况下，人类文化作为整体正在变得越来越商品化，同时，大量的生产、市场、服务等经济行为也都在某种程度上涉及美学、符号等方面的文化内容。⑤ 由此也可以看出，文化的经济化与经济的文化化其实是一个一而二、二而一的关系，是一个过程的两个方面。

文化经济不仅提供了数以万计的就业机会，在许多发达国家国民生产总值中占有举足

---

① UNESCO, *World Report on Culture: Culture, Creativity, and Markets*, Paris: UNESCO, 1998.

② World Bank, *Culture and Sustainable Development: A Framework for Action*, Washington, DC: World Bank, 1998.

③ Martha Hostetter: The Cultural Economy, http://www.fas.nus.edu.sg/staff/home/geokongl/doc/introgeo.doc.

④ 金元浦：《文化市场与文化产业的当代发展》，《社会科学战线》1995年第6期。

⑤ Allen Scott: The cultural eonomy of cities. *International Journal of Urban and Regional Research*, 1997, 21, 2.

轻重的地位,而且已经成为推动经济增长,培育创新能力,增强地区、国家和城市综合竞争力的重要因素。正是由于认识到文化经济的重要性,英、美、日、韩等国家才将文化看做是振兴本国经济的重要推动力,纷纷出台各种政策推动文化经济的发展,甚至从战略的高度将文化作为立国之本,提出"文化立国"战略。

一、世界各国纷纷重视文化经济的发展

对于文化经济的重要性,许多国家、地区和城市已经有了充分地认识。凡是经济发展达到一定阶段的国家和地区,都纷纷将文化经济、文化贸易设定为战略目标,将文化产业定位为国家战略产业。

自从丧失了机器制造业的国际领导地位以后,美国一直在寻求另一个经济制高领域。美国的传播政策,虽然没有声明要重建美国的世界领导地位,但作为美国政府的目标这一点是非常明确的。在国家力量的推动下,美国文化经济的发展十分迅速。美国是当今世界最大的文化产品出口国,以时代华纳、迪斯尼等世界知名跨国集团为代表的美国公司垄断着世界文化产品市场。

英国政府为扶植文化经济的发展,采取了许多具体措施。英国政府认识到,随着经济全球化的发展,国际市场对文化产品及服务的需求迅速增加,因此,完善自我、抓住机遇、扩展国内外市场是促进文化产业发展的当务之急。1997 年 5 月大选后,工党政府上台仅一个月,便在布莱尔首相的直接推动下成立了以文化大臣为首的文化产业行动小组,其成员包括了外交部、英国文化委员会、财政部、贸易和工业部、教育和就业部、科学和技术部、环境交通和区域部、苏格兰事务部、威尔士事务部、北爱尔兰事务部、妇女部、唐宁街 10 号政策研究室等部门首长、政府高官以及与文化产业有关的重要商业公司的负责人和社会知名人士。此举本身足以说明英国政府对文化经济这一新兴经济形态的重视程度。在政府的大力推动下,英国创意产业发展势头十分迅猛。根据联合国教科文组织的估算,2002 年英国成为世界最大的文化产品出口国,2002 年出口创汇 85 亿美元。据英国自己的统计,2002 年英国创意产业出库 115 亿英镑,约占英国外贸出口总额的 4.2%。

由于受到其近邻美国的文化产品的冲击,加拿大对于发展文化经济的紧迫感更为强烈。加拿大政府制定了非常完备的优惠政策来推动本国文化经济的发展,并鼓励加拿大文化企业走向国际市场。20 世纪末以来,加拿大的文化经济迅速发展。从 1996 年到 2000 年,加拿大文化出口增长了 50%。期间文化产品出口的平均年增幅为 14%,文化服务和知识产权的出口增幅为年均 7%。2000 年,加拿大文化产品出口总值为 28.8 亿美元,比 1996 年增长了 11.7 亿美元,涨幅为 69%。2000 年,加拿大文化服务出口总值约为 21.2 亿美元,比 1996 年增长了 4.84 亿美元,增幅为 30%。

"二战"结束以后,日本政府为振兴本国经济,曾经提出过技术立国等战略,提升并巩固了日本在全球经济中的地位。但自 90 年代以来,在日本经济长期低速徘徊的情况下,日本政府开始把文化和经济结合起来,大力发展文化产业。1995 年,日本文化政策推进会议发表了《新文化立国:关于振兴文化的几个重要策略》,明确提出了日本在 21 世纪的文化立国方略。为了贯彻"文化立国"的国策,日本政府充分调动了独特的"行政指导"体制,为文化企业提供

各种信息，制定各种扶持和激励政策，以帮助企业达到既定目标。1997 年，日本政府在《实现经济结构变革及创造的行动计划》中，确立了五个新兴成长性产业，其中之一便是“文化生活”的相关产业。在各界的大力推动下，日本的文化经济获得了长足的发展。以日本最具世界竞争力的动漫产品为例，近十年来，日本动漫产业平均每年的销售收入达到 2000 亿日元，已经成为日本经济的三大支柱产业之一。实际上，加上动漫衍生品的销售收入，广义的动漫产业在日本 GDP 中的比例平均在 6% 以上。2005 年整个动漫产业占日本 GDP 的比例甚至超过了 16%，成为比汽车工业还赚钱的产业。[①]

日本动漫产业创造巨大经济价值

20 世纪末的亚洲金融危机使韩国认识到：在本国资源并不丰富的情况下，走传统的经济发展模式存在着很多限制，甚至会造成严重后果。为了推动本国经济发展，走出金融危机的泥淖，韩国开始将目光转向文化领域，力图以文化带动本国经济的复兴。1998 年，以金大中总统为核心的新政府，正式提出“文化立国”的战略，将文化产业作为促进 21 世纪国家经济发展的战略性支柱产业。在随后短短几年的时间里，韩国政府先后制定了《文化产业发展 5 年计划》、《21 世纪文化产业设想》、《文化产业发展推进计划》、《电影产业振兴综合计划》等发展规划，从国家战略的高度明确了文化产业的发展战略，提出了文化产业发展的中长期计划。同时，韩国政府对文化的财政预算不断加大，2000 年首次突破国家总预算的 1%，2001 年又上调 9.1%，进入“1 兆韩元时代”。2005 年，韩国在文化方面的财政预算为 1 兆 4252 亿韩元，其中用于振兴文化产业的预算为 1911 亿韩元，占总预算的 13.4%。在文化立国战略的指导和各界的大力推动下，2004 年，韩国文化产品已经在世界市场上占到 3.5% 的份额，成为世界第五大文化产业强国。2010 年，韩国文化产值超过 650 亿美元（约合人民币 4000 亿元），占 GDP 的 6.5%。

世界各国（尤其是发达国家）对于文化经济的重视，推动了全球范围内文化经济浪潮的兴起，进一步彰显了文化竞争力在一国综合竞争力中的作用。这种全球性的文化竞争浪潮，在一定程度上也成为中国文化经济发展的外在压力与动力，让我们不得不思考在这个拥有五千年悠久传统的文明古国，如何进一步将文化资源转化为现实的文化生产力的问题。

---

① 吕云：《“世界动漫王国”打造日本文化影响力》，《广州日报》2010 年 7 月 14 日。

二、文化经济对地区和城市综合竞争力的提高具有重要推动作用

有学者指出,21 世纪成功的城市将是文化的城市。纵观人类发展的历史,城市从来都和文化有着密不可分的关系,但是,只有在今天这样的时代语境中,只有在大众文化蓬勃发展的条件下,文化才能够以城市发展轴心战略的姿态出现。经济的、社会的、技术的和教育的战略,越来越紧密地与文化轴心联系在一起。信息、知识和内容创造已经成为地方经济可持续发展的关键,只有成功发挥文化经济的强大功能,城市与地区才能在激烈的竞争中取胜。

在西欧的城市复兴过程中,文化经济便发挥了强大的引擎作用。所谓城市复兴,就是对那些传统产业已经衰落,并且其社会、经济、环境和社区邻里也因此受到损失的城市,通过采取一系列的手段在物质空间、社会、经济、环境和文化等方面得到全面的改善,再生其经济活力,恢复其已失效的社会功能,改善生态平衡与环境质量,并解决相应的社会问题。[①] 通过文化基础设施建设、重大文化节庆活动举办、文化旅游、体育赛事等文化措施,这些城市综合提升了它们的文化、经济和城市形象。

欧洲最著名的城市复兴旗舰项目要属西班牙毕尔巴鄂古根海姆博物馆。1997 年博物馆落成后,人们争相目睹,第一年参观人数就达到 136 万人次,其中 85% 以上来自该地区以外,而这其中的 84% 又是专门为了博物馆而来到毕尔巴鄂,仅博物馆的门票收入就占当年全市财政总收入的 4%。截至 2000 年,博物馆的经济收入已达 4.55 亿美元,成为带动当地经济的龙头产业。对于毕尔巴鄂更为重要的是,就像悉尼歌剧院赋予了悉尼世人皆知的个性特征一样,毕尔巴鄂也从博物馆的建筑中受益,一跃成为国际大都市的典范。

毕尔巴鄂古根海姆博物馆

英国伯明翰于 1991 年建设的国际会议中心,它吸引著名的交响乐团、歌剧团和芭蕾舞团纷至沓来;谢菲尔德市则建立了文化产业区,1991 年的世界大学生运动会更是其城市复兴的催化剂,赛会过后,给城市留下了高水准的体育、休闲综合设施;利物浦不仅成功改造了一个包括画廊、海洋博物馆以及电视新闻中心在内的规模宏大的艺术、休闲和零售商业为一体的综合设施,同时,甲壳虫乐队的丰富文化遗产和英国肥皂剧 Brookside 的成功,都进一步改善了城市形象。

纽约艺术联盟的相关报告《文化资本:纽约经济与社会保健的投资》显示,2000 年,纽约艺术与文化非营利组织所创造出来的经济效益是 57 亿美元。同一年,商业营利的艺术与文化组织(包括百老汇、画廊、拍卖会、影视产业等)的经济效益则高达 88 亿美元。营利与非营利的纽约艺文组织总共创造了 145 亿美元的经济效益。整个纽约市文化产业提供总计达 13

---

① 参见吴晨:《文化竞争:欧洲城市复兴的核心》,《瞭望》2005 年第 2 期。

万个工作机会。该报告还将文化产业看做是纽约经济的"核心资产"(core asset),它对纽约发展所产生的影响不仅仅局限于经济、就业方面,而是形成某种整体效应(见表10-1)。①

表 10-1

经济影响	就业市场
·非营利的文化机构为纽约创造了超过57亿美元的经济利润,并且间接推动了88亿美元的商业增长(百老汇、动画、艺术画廊等) ·文化创造了超过最初投入两倍的税收 ·城市文化投资带动了超过其他方面投资额度五倍多的私人投资 ·非盈利性文化产业为本地经济发展带来了至少每年100万人次的游客	·文化产业为纽约总共创造了13万个就业机会 ·仅由非盈利性文化机构所创造的就业机会就有5万个左右 ·《财富》杂志将纽约评定为2000年度最佳商业城市,特别是对其依托"创意资本"进行招商的能力进行了嘉奖 ·城市艺术在为纽约吸引了大量创意人才的同时,还为商家留住了雇员

文化产业是纽约的核心资产

为纽约市民带来的好处	社区稳定性
·纽约市民的热情参与 –49%的人去观看音乐表演,43%的市民参观过艺术展览或博物馆,36%的人去过剧院 –80%的纽约市民希望在他们年轻的时候曾参与过更多的艺术和文化活动 ·调查当中的其他经常性大众文化活动包括44%自愿发起的活动以及40%以听课形式组织的活动 ·对学生来说,艺术促进了其教育实践,培养了他们的创造性,提高了他们的社会参与度以及与社会间的互动	·文化具有令整个社区焕发活力的能量,比如 –在纽约,除了捐税收入和新经济活动之外,新州表演艺术中心(NJPAC)创造了每年超过1230万美元的地方开支 –在纽瓦克和伦敦,环球剧院、泰特现代美术馆带动了当地商业发展、就业机会以及资产价值的激增 ·艺术帮助纽约市民速走出了"9·11"的阴影(如通过展览、演出和纪念活动)

从该表可以看出,文化产业作为一种"核心资产",其对地区和城市发展影响不仅是局限于直接的文化产业领域,也是对相关产业、就业、社会生活等方面产生一种综合的整体性影响。文化经济在整个国家、地区和城市发展中引发的这种"综合效应"已经非常明显,它也是文化经济与传统产业经济形式的重要区别之一。

三、文化经济的发展为各国增加就业机会、改善就业结构作出了重要贡献

文化经济不仅推动了世界、国家、地区经济的发展,对国民经济发展作出重要贡献,在就业方面也有着重要的作用。随着产业结构的不断升级换代,文化经济在拉动就业方面的作

① Alliance for the Arts, Cultural Capital: *Investing in New York's Economic and Social Health*, p2.

用越来越突出。在1990年到1995年间,欧盟职位平均增长率为1.2%,而娱乐、文化与体育活动相关职位年均增长率为3.8%。自1995年起,欧盟国家在娱乐文化与体育活动每年创造就业机会9.8万个。

据欧盟的1998年的一份相关报告显示,在整个欧盟国家,文化和文化产业相关领域的就业潜力可达大约300万个工作岗位。1987年到1994年间,西班牙文化部门从业人员增长了24%。1982年到1990年间,法国文化产业从业人员增长了37%。英国在1981年到1991年间文化产业从业人员增长了34%。2002年6月,英国创意产业就业人口达到190万人。在1997年到2002年间,英国创意产业范畴就业增长率为3%,高于1%的人口年增长率。1995年,在日本有610万人在文化产业领域就业,这在日本所有产业的就业中占了大约9.6%。在1990年至1995年间,日本文化产业领域的就业人数增长了5.3%,而日本所有产业只增长了3.6%。①

随着我国文化产业的迅速发展,我国文化产业就业人数增长趋势也日益明显。据国家统计局有关专家预测,"十二五"期末,我国文化产业就业人数将达344万人,成为吸纳就业人员效果显著的产业之一,占我国第三产业从业人数比重在1%以上。其中,经营性文化产业从业人数276万人,占全部文化产业从业人数的80%。

很长时间以来,文化和劳动力市场一直都处于一种互相分离的状态。直到90年代下半叶为止,文化政策还很少关心劳动力市场的问题,对劳动力市场的研究也很少把文化作为一个单独的部门进行研究。近年来,随着大众文化的迅速发展,文化相关部门已经成为新的就业增长部门之一,国家政策和学术领域对文化与就业问题的关注也逐渐增多。

1997年,在阿姆斯特丹举行的学术会议——"通向欧洲媒体文化之路:从实践到政策",对文化产业与就业关系提出了一系列政策建议。文化在创造就业机会方面的作用成为同年11月"欧洲特别理事会"的核心论题之一,并纳入了欧盟的"全面就业战略"之中。1998年颁布的《有关信息社会文化工作的建议草案》指出,如果要创造新的就业机会,"新媒体领域的资格培训,对在充满竞争的全球市场造就欧洲文化产业和体制来说,具有决定性的战略意义"同年,奥地利担任欧盟轮值主席国期间于林茨举办的一次研讨会的主题是"文化力:新技术、文化与就业"。该会议的背景文件指出,"我们的政治目标是把文化因素融入欧盟的就业指导方针中去"。该会议的一个重要论题是:"作为非常规知识的文化:就业框架下文化的重新配置",着重考察了作为其他行业发展先驱的文化产业的就业新形式,以及艺术家、科学家或所谓"创作者"的社会地位的变迁。欧盟的轮值主席国英国确立了作为会议中心议题的"运作中的文化:文化、创新与就业"。而这次"运作文化"会议所涵盖的诸多子议题都围绕文化与就业的发展而展开,它不仅涉及文化部门在创造就业机会上的经济潜力,而且涉及20世纪末的工作的新特性,尤其是其中新技术所发挥的作用。

欧洲委员会的重要文献之一——《文化产业与就业》,按照文化对就业的影响,把就业划分为三类:直接就业、间接就业(如旅游)与"衍生就业"。该报告还分析了私有部门以及小型

① 安迪·普拉特:《文化产业:英国与日本就业的跨国比较》,载林拓、李惠斌、薛晓源主编:《世界文化产业发展前沿报告(2003~2004)》,社会科学文献出版社2004年版,第214页。

公司与大型公司是如何从各文化部门所创造的“欧洲附加值”(European added value)中受益的。1999年,文化与就业的关系已成为整个欧盟的文化主题。

然而,不同国家在文化与就业问题上所采取的政策各不相同。对于这一问题的研究主要集中在英国、法国、德国和芬兰。文化领域和新技术正在进入一个新的联合,这种联合导致了一种新的文化和政策倾向:新的程序和支持体制正在出现。其中,居于中心地位的是创新潜能。

经济政策框架(马斯特里赫特标准)扩展了国家预算,同时也扩展了就业结构。这种转变在所有的社会领域内都导致了“创意性”扩展——同样在文化、艺术,当然首先是在媒介领域内。自从20世纪80年代开始,文化作为一种服务(当然是从包括文化产业在内的最广泛的意义上说)一直是处于绝对增长的领域之中。数字革命加速了这种倾向,因为传统的文化运作——文化场所和文化机构——必须引入新技术,并且,从另一方面来讲,文化遗产的数字化也为文化工作者呈现出了更大的就业潜力。

文化部门的界定随着时间的变化而呈现出不同的特征、实践和表现形式。技术变革对当前的文化定义和文化生产过程有着极为重要的影响,同时,某些艺术形式的界定也没有将这些正在出现的新的文化表现形式纳入其中。

在英国,根据《创意产业专题报告》的统计,1998年英国文化部门就业人数大约在140万左右,占全体就业人数的5%。在加拿大,“文化就业”所包含的范围要更为全面。1995年,文化人力资源委员会(Cultural Human Resources Council)在多伦多成立,它的任务就是要对文化人力资源问题进行研究。另外,还有很多关于文化部门就业情况的出版物、年度报告和统计数据。相关数据表明,加拿大文化部门的从业人员有67万人。1996年,大约44.5725万人在45家加拿大艺术和文化机构工作,占加拿大劳动力总量的3.1%。对澳大利亚来说,在1971年到1991年的20年时间内,文化、媒体与体育部门的就业人数增加了93%,而总体就业人数增长率只有19%。

在对就业问题的影响方面,文化部门不仅仅是提供了更多的就业机会,而且对传统的就业模式、劳动力市场格局产生了重要的影响。与传统产业相比,文化部门更多兼职、短期工作。根据澳大利亚统计局的统计结果显示,在文化和休闲部门的从业人员中,有45%以上是短期(不超过13周)或兼职(每周不超过10小时)。对劳动力来说,物质性体力劳动的重要性降低,创新性的重要性增强。

第二节　大众文化的经济属性

一、市场经济充分发展是大众文化兴起的宏观语境

简单地说,所谓市场经济,就是通过市场这一有效手段实现社会资源的合理配置,它是商品经济运行的基本形式。在生产社会化条件下,只要存在着多元化的经济主体和利益主体,就不能不实行市场经济。当今世界中的现代化的国家,几乎都是实行市场经济体制的国

家。市场经济在近代西方工业文明中大放异彩，极大地促进了社会生产力的发展。从人类历史的发展看，可以说市场经济是社会生产力高度发展、商品经济高度化的产物，是人类社会发展中不可逾越的一个必要阶段。

市场经济对社会历史发展所具有的巨大推动作用，除了其自身较之以往的经济形式有无可比拟的优越性外，市场经济还具有非常明显的文化价值，市场经济将人从一切非经济的依附关系中解放出来，还人以独立自主的现实性存在；市场经济在开辟“世界市场”的同时，也使“世界历史”真正成为现实，并使社会经济的普遍性交往成为一种必然趋势；市场经济在刺激着技术、经济不断进步的同时，也为人类的全面发展创造了条件。[①] 正是因为开放性的市场经济，才使得中国内地正经历着一次前所未有的社会转型，并为大众文化的生成与发展创造了必要条件。

（一）市场经济发展为大众文化的产生提供了物质基础

恩格斯在《在马克思墓前的讲话》中指出：“人们首先必须吃、喝、住、穿，然后才能从事政治、科学、艺术、宗教等。”[②]无论是对于个体还是群体而言，无法满足最基本的生存需要，便很难从事文化艺术的创作和欣赏。因此，以普通大众为消费主体的大众文化，只有在社会经济高度发展，人们物质生活水平极大提高的前提下才能出现并不断繁荣。市场经济的发展使社会资源得到更为合理和优化的配置，大大提高了人们的物质生活水平。在基本的生存需求得到满足后，人们必然会趋向于追求文化娱乐的享受。中国大众文化兴起的过程便充分证明了这一点。

自1949年新中国成立以来，一直到1976年文化大革命结束，在近三十年的时间中，中国社会的政治、经济、文化三者处于“政治挂帅”的一主二仆格局。整个中国沉醉于各种各样的政治运动，在经济、文化方面并没有大的发展。在经济体制上，这近三十年时间处于一种高度计划经济形势下；文化作为一种事业，由国家高度垄断。这一时期，文化产品主要是在国家计划体制内进行生产，其主要目的也是为了“弘扬主旋律”，甚至出现了全国人民只看八个样板戏的格局，大众文化的发展不可想象。1978年后，中国的改革开放政策极大地解放和发展了社会生产力，1979改革开放以来，中国经济持续快速增长，2011年超过日本，成为世界第二大经济体。国民经济的快速发展，尤其是在国家大力推动下不断繁荣的社会主义市场经济，为大众文化的出现和兴盛奠定了基础。生产力跨越式发展，使人民生活水平发生了历史性的变化。根据联合国粮农组织的标准，恩格尔系数在40%—50%之间为小康，30%—40%为富裕。文化消费在进入小康之后快速增长，跨入富裕阶段则开始“井喷”。同时，从人均GDP的角度讲，根据国际经验，人均GDP超过3000美元时，文化消费增长加快；超过5000美元时，文化消费则会急剧膨胀。2008年起，中国人均GDP超过2000美元，2011年中国人均GDP达到5414美元，中国经济的迅速发展，使消费文化产品的能力不断提高。

对于大众来说，大众文化更贴近他们的具体生活经验，与他们的日常生活之间的相关性

---

① 参见邹广文、徐庆文：《全球化与中国文化产业发展》，中央编译出版社2006年版，第89－90页。

② 《马克思恩格斯选集》，第3卷，第574页。

更为紧密,也更能满足他们感情宣泄的欲望。

2. 市场经济发展使得大众成为文化消费的主要群体

在过去,往往是有闲阶级占有和享受文化艺术,而绝大多数还没有满足基本生存需要、挣扎在贫困线上的普通大众,根本没有享受文化的物质条件,在文化生产技术不发达的时代尤其如此。在美国殖民地时期的70年代,一本低档教材的价格是一双上等皮鞋的两倍,购买一套斯沫莱特的《英国通史》的钱可以买到80双皮鞋、6头牲畜或30头猪。普通劳动者工作两天才能挣到买一本教材的钱,要工作144天才能挣到买一套斯沫莱特编写的《英国通史》的钱。① 在这种情况下,普通大众很难成为文化消费的主要群体。

随着市场经济和相关科技的不断发展,使得文化产品具有普通大众可以接受的价格,普通大众在进行文化消费时受到价格因素的制约越来越小,由经济因素所导致的文化垄断与文化霸权不再成为可能。文化变得民主化、大众化了,文化主体的扩大使大众文化得到了长足发展,达到了前所未有的程度。

3. 市场经济拓宽了文化的领域

当代美国文化社会学家丹尼尔·贝尔认为:"市场是社会结构和文化互相交汇的地方。整个文化的变革,特别是新生活方式的出现之所以成为可能,不但因为人的感觉方式发生了变化,而且因为社会结构本身也有所改变。"②大众文化在当代社会中的生产完全是以产业化形式进行的,市场法则像一只看不见的手主导着大众文化的制作,大众的口味主导着文化市场的发展,无论是流行歌曲、畅销书还是商业电影,这些大众文化产品制作成功与否,与是否迎合了大众当下的感性刺激与追求密切相关。"大众是上帝"这一法则在大众文化生产中与企业家视"顾客为上帝"一样有相同的效力。正因为如此,大众文化产品的生产者只能从众多人的一般需求特征和接受水平出发,以市场导向为准则。为了在竞争中取胜,商家必须千方百计满足人们日渐增长的审美需求,把文化产品变成商品,并不断寻求新的形式、品种和层次,并不断增加数量,满足大众不同层次,不同方面的需求,使文化向广度发展,同时也使文化产品质量在竞争中不断提高。市场经济的竞争要求不断推出形式多样、新颖、别致的商品,这也有助于艺术生产的解放、主体能力的发挥。审美消费的多层次、多样化需求以及求新求异的原则也在一定程度上催生着文化艺术的创新和品种的多样化。

二、商业性是大众文化的固有属性

我们所说的"大众文化"是从英语中"mass culture"一词直译过来的。而在英语语境中,"mass culture"一词出现的时间也不是很长,较早使用这一名词的法兰克福学派代表人物霍克海默是将其作为"culture industry"的产物来理解的。在霍克海默与阿多尔诺合著的《启蒙的辩证法》一书中,霍克海默和阿多诺认为:"文化工业的每一个产品,都是经济上巨大机器的一个标本,所有的人从一开始,在工作时,在休息时,只要他还在进行呼吸,他就离不开这

① 参见泰勒·考恩:《商业文化礼赞》,商务印书馆2005年版,第67页。

② 丹尼尔·贝尔:《资本主义文化矛盾》,生活·读书·新知三联书店1989年版,第136页。

些产品。"[①]因此,大众文化必然地与经济相关,包含商业性的特征。

商业性是大众文化的本质特征,大众文化是经过商业运作而制造出来的商品,是一种伴随商品买卖关系的消费文化。阿多诺曾经指出,大众文化"完全掉进了商品世界之中,是为市场生产的,目标也在市场上"。英国学者多米尼克·斯特里纳蒂也认为,大众文化本身就是商业文化,它"是为大众市场而大批生产的","它的成长意味着:任何不能赚钱、不能为大众市场而大批生产的文化,都很少有地位"[②]。

对于大众文化来说,审美价值和批判功能不再是主要目标,如何获取经济效益,使得文化产品的经济效益最大化才是目的所在。因此,大众文化产品的生产从选题、策划到创作都深刻地烙上了商业运作的特征。商业性原则贯穿整个大众文化生产过程的始终。例如,湖南卫视主办的《超级女声》就是一次极为成功的商业运作,有人评价说,节目从"最初的策划、开展过程到最后的销售终端已经形成一条完整的产业链"。《超级女声》故意设置了比赛的循环进行模式,拉长了赛程,这是在积累观众的注目度,同时也是在积累广告效应。节目开展过程中的"成长"、"眼泪"、"姐妹情"等环节,也淡化了主办方追求经济效益的痕迹。而台下观众的短信投票方式,既是节目的收入来源之一,又是节目保持与观众之间互动关系的桥梁。

说到底,大众文化的其他各种特征也都是由它内在的商业性决定的。

正是商业性特征决定了大众文化必须是"大众的",必须努力实现受众最大化。从经济学的角度看,规模经济是一般文化产品固有的经济特征。规模经济存在于任何边际成本低于平均成本的产业之中,换言之,当每多生产一个单位产品的成本随着生产规模的扩大而降低时,就出现了规模经济。电影、电视剧、报纸等大众文化产品的主要成本集中于前期制作阶段。一部好莱坞大片的拍摄成本动辄数亿美元,与之相比,多增加一份拷贝或者多为一个观众放映的成本则微乎其微。因此,一个文化产品的受众越多,其获取的相对利润也就越高。

另外,以现代传媒为代表的大众文化产品,也是一种"双重产品"市场运营(皮卡德)的产品,即,大众文化产品在生产和流通过程中创造了两种商品:第一种是内容(电视节目、报纸、杂志文章等),第二种是受众。听众、观众或读者所消费的文化产品内容构成了文化企业能够销售的一种形式的产品,被这些内容所吸引的受众又构成了第二种有价值的产品。美国理论家斯梅赛认为,由广告/广告商支持的媒体把戏剧、音乐、游戏、娱乐等看做"免费的午餐",其目的就是尽一切力量把受众钓到电视机前,而电视机前即是生产利润的场所,在那里,文化产品的受众被"打包卖给了广告商"。由此,我们才可以理解,为什么很多电视节目会让你"免费观看",为什么很多报纸会以低于印刷成本的价格出售。只有观看或购买的人多了,其广告价格才会扶摇直上,才会为生产商、发行商、放映商带来更多的利润。因此,很多大众文化产品在一开始便通过各个环节或内容的设置,最大化地吸引受众。比如,湖南卫视的《超级女声》便通过"海选"等环节的设置,降低准入门槛,以通过参与者、受众人数的最

① 霍克海默、阿多诺:《启蒙的辩证法》,重庆出版社1990年版,第118页。

② 多米尼克·斯特里纳蒂:《通俗文化理论导引》,商务印书馆2001年版,第16页。

大化来实现利润的最大化。2005 年,有 15 万名各个年龄层的女性报名参与,而它拥有超过 2000 万名铁杆观众。根据央视—索福瑞提供的 31 城市调查数据,《超级女声》广州淘汰赛的收视份额在最高时曾突破 10%,即全中国每 100 个坐在电视机前的观众中就有 10 人在收看它。正因为有了如此之高的收视率,《超级女声》15 秒广告费才会高达 11.25 万元,超过了中央电视台《新闻联播》11 万元的“标王价”。2012 年火爆一时的《中国好声音》自从 7 月 13 日开播以来,《中国好声音》的收视率就一路飘红,首播后一周,《中国好声音》在百度的“日用户搜索关注度”最高达到了 651056 次,比开播前一天的 3851 次,涨幅高达 168 倍。8 月 3 日,仅仅播出第三期节目后的电视收视率已经飙升到 3.1%,而同期爱奇艺的网络播放量突破 7000 万次。截至 8 月 23 日第 8 期节目,《中国好声音》在优酷和土豆网便收获了合计 1.7 亿次的播放点击。在 9 月 21 日最近的一期《中国好声音》中,更是创下峰值 5.036% 的电视收视率,优酷、爱奇艺、腾讯等几大视频媒体在播出两天即纷纷创下过千万的播放量。而《中国好声音》在爱奇艺平台的累积播放量超过 4 亿,位居视频网站之首。随着收视人数的不断飙升,《中国好声音》的广告费用也一路水涨船高,短短二十天里,《中国好声音》的广告费就从每 15 秒 15 万飙升到每 15 秒 36 万。对于“超女”、“好声音”之类节目,各界批评之声不断,也许,过度的商业化确实对节目质量、评选公正等造成一定影响,但在大众文化语境中,在大众文化竞争白热化的时代里,对主办方或投资方而言,做好一个大众文化品牌本属不易,一旦成功,深入挖掘其商业价值,实现经济价值最大化是其必然的操作方式,也是大众文化固有的商业化属性使然。

另外,商业性特征决定了大众文化必须是流行的。大众文化要依靠市场来生存,要依靠大众的消费行为来实现自身的商业价值。因此,大众文化必须时刻传递新鲜、奇异、另类的信息给社会大众,创造流行、时尚的潮流来吸引大众的注意力,主导大众的文化消费方式。

《中国好声音》在 2012 年秋季创造收视奇迹,其引人诟病的广告泛滥问题,恰恰从另一个侧面印证了大众文化的商业属性

总之,正是由于其与生俱来的商业属性,才使得大众文化追求受众最大化,通过紧跟时尚来满足普通大众不断变化的审美趣味。当然,商业性在一定程度上也造成了大众文化的很多缺点和不足,如同质化、浅表化、媚俗化等。如何在发扬大众文化优点的同时避免其不良影响,恰恰是大众文化批评的任务所在,对此,我们将在以后的部分中进行详细论述。

第三节 大众文化与经济发展

一、发展大众文化,能够为国家和地区带来巨大的直接经济效益

产业结构不断升级换代,是世界经济发展过程中的一种必然趋势。早在17世纪,威廉·配第就发现,随着经济的不断发展,产业中心将逐渐由有形财物的生产转向无形服务的生产。1691年,威廉·配第通过对英国实际情况的研究指出,工业的利润高于农业,而商业的利润又高于工业,劳动力必然由农业转向工业,然后再由工业转向商业。1940年,克拉克汲取费希尔三次产业分类法的研究成果,也发现了类似的规律。随着经济的发展,就业结构的中心将按照从第一产业向第二产业、再由第二产业向第三产业转移的规律发生变化。这一变化规律,可以从一国经济发展的时序分析中得到印证,也可以从不同发展国的同一时点的横截面比较中得到类似的结论。这一规律被命名为"配第—克拉克经济法则"。其实,中国古代杰出的思想家司马迁在《史记·货殖列传》中早有类似的记载:"用贫求富,农不如工,工不如商,刺绣文不如倚门市。"也就是说,如果要脱贫致富的话,种地不如做工,做工不如经商,在家里从事刺绣之类的手工业,倒不如从事相关产品的经营。

20世纪60年代以来的世界经济发展,充分印证了"配第—克拉克经济法则"的正确性。世界经济的发展,从劳动力结构、产值结构等方面都表现为三次产业结构由"一、二、三"向"三、二、一"的转变趋势。从三次产业劳动力比重的变化趋势看,随着一国国民经济的发展和人均国民收入水平的提高,劳动力首先由第一产业向第二产业转移;随着人均国民收入水平的进一步提高,劳动力便向第三产业转移。劳动力在产业间的分布状况是:第一产业将减少,第二、三产业将增加。人均国民收入水平越高的国家,第一产业劳动力所占全部劳动力的比重越小,而第二、三产业劳动力所占的比重越大。从三次产业国内生产总值比重的变化趋势看,经济发展水平较低的工业化初期,第一产业国内生产总值的占有份额较大,第二、三产业所占份额较小,国内生产总值的三次产业比重呈"一、二、三"态势。随着经济发展水平的提高,技术进步速度的加快,社会消费需求升迁,第二产业国内生产总值的占有份额迅速上升,国内生产总值的三次产业比重变化为"二、一、三"或"二、三、一"态势。进入工业化后期,以金融、医疗、文化、教育为主导的第三产业迅猛发展,产业结构迅速软化,国内生产总值三次产业比重格局演化为"三、二、一"态势。

目前,20世纪90年代飞速崛起了以计算机技术、通讯技术、卫星技术为核心的信息通讯产业,已经成为第三产业的就业重点和利润中心。这时候,人们想起了20世纪60年代日本

经济学家坂本二郎关于“第四产业”的主张，即将第三产业划分为脑力服务部分和体力服务部分两大块，并把脑力服务部分独立分化为第三产业的下游——第四产业。然而，第四产业还不是产业下游化的终点，20世纪七八十年代，日下公人等经济学家又主张将第三、第四产业中满足心理需要的文化服务和创造活动独立出来，并称之为“第五产业”。丹麦未来学家沃尔夫·伦森认为，人类在经历狩猎社会、农业社会、工业社会和信息社会之后，将进入一个以关注梦想、历险、精神及情感生活为特征的梦幻社会，精神需要成为消费的热点。文化产业作为时代发展的潮流，已为世人所关注，以精神生产方式满足人们精神文化需求的文化产业的勃兴，也将成为社会经济发展的必然。

随着产业结构的不断升级换代，以大众文化内容为主体的文化产品与文化服务创造了巨大的直接经济效益，成为国民经济的重要支柱之一。

近年来，美国大众文化产品的总营业额高达数千亿美元，其中，好莱坞大片、三大电视网的娱乐节目、时代华纳的流行音乐等大众文化产品更是占了营业额的大头。有关统计数字显示，2001年，美国拥有广播电台1.2万座，年广告收入120亿美元；电视台近1.4万家，其中1300余家商业电视台，12500家有线电视台，1996年广告收入首次超过报纸，达到425亿美元；电影业2000年票房收入为77亿美元；除教材外的各类图书年生产5万种，销售额253.8亿美元；期刊1.1万多种，20世纪90年代中期年销售额突破300亿美元；音像制品占全球音乐市场份额的1/3强，海外年销售额达到600亿美元；大型报纸130余家，年广告收入近400亿美元。① 尽管受到经济不景气的影响，2011年美国电影票房较2010年有所下降，但其总票房仍高达102亿美元，加之巨大的后续产业链条，其经济收益仍不可低估。

大众文化产品也为日本创造了巨额财富。目前，日本已成为世界游戏软件第一生产大国，家用游戏软件约占全球的50%以上；电影和音乐创收2000年度列世界第二位；CD销售额近8000亿日元，约占全球的17%；日本是世界上报纸发行量和个人订报最多的国家，每年发行报纸5368万份，平均每2.35人一份报纸，每1.12户一份报纸，全球日报发行量排行榜上，前五名均为日本报纸；手机拥有量和人均拥有量都名列世界前茅，平均不到两个人就有一部，手机已成为传播信息的最新媒介，日本是卡拉OK的诞生国，其市场规模约为6000亿日元；日本约有3768万户接收电视节目，电视市场规模为3万多亿日元。

二、发展大众文化，能够带动相关产业链乃至一国产品的整体发展

大众文化产品不仅能创造大量的直接经济收入，更为重要的是，它能够通过形象直观的方式，带动后续相关产业链的发展。早在20世纪70年代，日本学者日下公人就指出，文化在本身能够产生高额利润的同时，还对重化学工业等其他非文化领域的贸易产生重要的影响，“有无文化亲近感、文化尊敬感”甚至“直接关系到确保资源供应的大问题”。因此，日下公人极力主张日本在推行经济立国的时候，应该同时考虑文化立国战略，因为只有“创造文化、输出文化并使世界文明喜爱它”，“才能轻而易举地得到文化鼻祖的利

① 李怀亮、刘悦迪主编：《文化巨无霸——当代美国文化产业研究》，广东人民出版社2005年版，第15-16页。

益,确保资源供应和祖国安全。"①

美国好莱坞有所谓的"火车头理论":电影作为火车头,它本身可以不赚钱,但它可以带动电影业的发展。在好莱坞电影中,票房收入一般只占一部电影全部收入的三分之一,此外的收入则是电视等版权和电影后续产品的收益。我们认为,电影、电视、通俗出版物等大众文化产品也具有类似的"火车头"作用。进一步说,大众文化产品的"火车头"作用应该包括两个层面:从某一产业领域来说,文化产品本身所带动的是后期相关收入,是整个相关产业价值链的形成;从整个国家的经济和对外贸易战略角度来说,大众文化产品这一"火车头"的作用并不仅仅是对某一产业价值链的带动作用,它甚至可以带动整个国家经济和对外贸易的增长。

对于大众文化产品的制造商来说,直接收入和效益仅仅是其利润来源的一部分,衍生的其他相关产业收入(如旅游、玩具、游戏、主题乐园等)比直接收入要高得多。例如,美国电影产业的总收益20%来自于银幕营销,80%来自于后电影产品开发,即电影相关主题产品的营销。《星球大战前传》在开拍之前就已经开始赚钱,它的玩具版权由世界三家最大的玩具公司竞标,仅此一项净赚4个亿,围绕电影开发的玩具有六大系列,共200余款,据测算其相关产品收入突破50亿美元。影院票房只是电影产值的一小部分,后电影产值可能是票房收入的3—6倍。电影《蜘蛛侠》也是大众文化产品引领后续产业链条的一个良好例证,电影在带动了玩具、视频游戏等直接后续产品外,还与其他非电影领域知名企业进行了合作,包括锐步、沃尔玛、诺基亚以及CKE旗下的食品连锁店Hardee's、Carl's等。据估计,《蜘蛛侠》授权的儿童玩具市场价值可达270亿美元,这占授权儿童产品1320亿美元总量的20%。② 迪斯尼生产的米老鼠、狮子王等为全世界所熟悉的各种大众文化产品形象,也成了带动迪斯尼后续产业链的强大"火车头"。迪斯尼采取的是一种"轮次收入"的盈利模式,其利润来源主要有三个轮次:第一轮,迪斯尼的动画制作,票房加上发行、销售拷贝和录像带收回数亿美元,解决了成本回收的问题;第二轮,世界各地迪斯尼乐园,吸引大量游客游玩消费;第三轮,品牌产品授权和连锁经营。遍布全球的授权专卖商店,加上迪斯尼动画形象专有权的使用与出让、品牌产品的生产和销售以及相关书刊、音乐乃至游戏产品的出版发行等占到迪斯尼40%的盈利。

较之于带动后续产业链的发展而言,大众文化产品对一国所有产品的整体带动作用更为重要。早在1925年,美国《星期六晚邮报》便引人注目地提出了"贸易跟着电影走"的口号。美国的皮带、服装、丝袜等有关产品随着好莱坞明星而风靡各国。20世纪80年代,日本电视剧《阿信》在埃及非常流行。在该剧播放以后,埃及人对日本的任何商品都产生了浓厚的兴趣,人们称之为"崇日"现象。从日本进口的各种消费品——电冰箱、洗碗机、立体声音响等——在埃及各大城市均畅销无阻。埃及电视上的日本广告直率地表明该产品系日本制造。

近年来风靡亚洲的"韩流"大众文化产品在这方面的作用更为明显。

---

① 日下公人:《新文化产业论》,东方出版社1989年版,第19页。

② 珍妮特·瓦斯科:《浮华的盛宴——好莱坞电影产业揭秘》,中信出版社2006年版,第151－152页。

1997 年,韩国遭受亚洲金融危机的袭击,外汇储备降到历史最低,众多大财团解体,三分之一的银行倒闭,失业率大幅增加……然而,不到五年时间,韩国经济再次崛起,1999 年经济增长曾经反弹至 10% 左右。在韩国经济恢复过程中,最为活跃、成长最快的是文化产业。现在,韩国是公认的大众文化产品出口大国。数字游戏被确定为韩国的国家战略产业,自 1998 年以来产值翻了一倍。数字游戏被确定为韩国的战略产业,自 1998 年以来,其产值翻了两番。其中最具代表性的"天堂"游戏,不仅风靡亚洲,且与微软和索尼等巨头游戏产品在国际上形成犄角之势。韩国电影出口从 1995 年的 21 万美元到 2003 年的 3098 多万美元,增长 147 倍;2003 年,韩国向 56 个国家出口了 164 部电影,平均每部出口价格为 19 万美元,比 2002 年平均每部增加了 8 万美元。

2004 年,影视剧、网络游戏等韩国大众文化产品所带动的"韩流"几乎席卷整个亚洲。韩国贸易会在一份关于"韩流"的经济影响的报告中称,对中国大陆、日本、泰国、中国香港和台湾地区的与"韩流"相关的商品出口,使韩国获得了 9.18 亿美元的收入,占对上述五个经济体商品出口总额的 7.2% 。

大众文化产品对韩国其他产业的带动作用也可以通过以下几组数据表现出来:

在旅游方面,韩国观光公社委托韩国学者做的一份《韩流旅游营销效果分析及发展方向调查》表明:2004 年,来自中国内地、台湾地区以及日本的游客中,有 27.1% (约 71 万人次)是直接或间接受到韩国影视剧的影响来韩旅游的,这些游客共为韩国带来了 7.8 亿美元的外汇收入。

在化妆品方面,随着《冬季恋歌》的上映,喜爱女主角崔智友的女性观众,也爱屋及乌,喜欢使用她用过的韩国化妆品,仅 2005 年上半年,韩国化妆品对亚洲出口规模就达到 9394 万美元,同比增加了近 50% 。

在饮食医药方面,《大长今》在海峡两岸播放后,韩国的膳食和医药产品开始热销。在香港,人参和冬虫夏草比以前销量上升了 10%—20% 。最近,一份来自世界卫生组织的统计资料显示,目前世界植物药市场年销售额超过 160 亿美元,其中日本、韩国所占份额达 80%—90% ,我国中药制剂年出口额仅在 1 亿美元左右,占其中的 3%—5% 。应该说,日韩中药的销售与其大众文化产品的流行也有一定的关系。

三、发展大众文化,有利于实现经济的可持续发展

对当今世界来说,可持续发展已经成为一个十分重要的议题。可持续发展(Sustainable Development)是 20 世纪 80 年代提出的一个新概念。1987 年世界环境与发展委员会在《我们共同的未来》报告中第一次阐述了可持续发展的概念,得到了国际社会的广泛共识。可持续发展是指既满足现代人的需求又不损害后代人满足需求的能力。换句话说,就是指经济、社会、资源和环境保护协调发展,它们是一个密不可分的系统,既要达到发展经济的目的,又要保护好人类赖以生存的大气、淡水、海洋、土地和森林等自然资源和环境,使子孙后代能够永续发展和安居乐业。

持续的经济发展需要持续的动力。在人类历史上,人口、资源、资本等都曾是推动经济增长的动力。古典经济学认为,国家财富主要与一个国家的天然资源、劳动人口、数量、利

率、币值有关。然而,可资利用的天然资源是有限的。随着现代社会的发展,环境恶化、生态危机等"工业化病症"不但成为经济进一步发展的严重障碍,甚至已经威胁到人与自然的关系,有人警告说:如果我们再这样肆无忌惮地对自然资源进行大肆掠夺,人类就有被"开除球籍"的危险。因此,能否充分利用文化资源,开发具有广阔市场的大众文化产品,对于国家和地区的可持续发展有着十分重要的作用。

较之于传统产业,大众文化产品的生产依赖的不是海洋、矿产、森林等自然资源,而是文化传统、创意观念等。它在很少甚至不损害自然资源的情况下,带来巨大的经济回报。同时,与物质经济不同,文化产品的生产和消费过程中,通常不存在被利用的那种文化资源的消耗与枯竭问题,反而还有资源的再生和累加问题。人们在挖掘已有文化资源,创造新文化产品的同时,不仅不会带来原有文化资源的消耗和丧失,而且还会增加原有文化资源的含量。

广泛利用各种文化资源,生产平民百姓喜闻乐见的大众文化产品,可以缓解资源、环境与经济增长之间的矛盾,可以改变社会与经济发展相互关系,使社会、经济、环境之间达到协调发展。通过发挥文化资源的作用,可以促进经济增长方式的转变。人与自然相互关系认识的深化,人与自然和谐的社会发展目标的提出,标志着现代经济系统的一系列深刻变化,这从一定的侧面表明以大众文化为主导的文化经济具有更强的可持续性。

四、发展大众文化,能够增加文化亲近感,改善国家整体形象

在全球化时代,信息就是权力,形象就是力量。① 如何通过各种方式提升国家形象,成为摆在世界各国面前的一个极具挑战性的严峻课题。在提升国家形象方面,大众文化以其形象性、情感性、亲近性得到了世界各国的青睐,美、日、韩等发达国家都将眼光瞄准大众文化产品,力图通过电影、动漫、电视剧等大众文化产品的国际传播,在获得经济效益的同时提升出口目标国家对本国的文化亲近感,进而改善国家形象。

文化产品和文化服务具有一般商品和特殊商品的双重属性。文化产品和文化服务对消费者的满足主要是心理的而不是生理的,是精神的而不是物质的,它在具有物质性、形象性的同时,更具有精神性和不可见性。文化产品和文化服务会在消费者心中留下潜移默化的影响,从而对其承载的文化观念产生某种信任感、亲切感乃至依赖感。由于文化亲近感和文化认同感,大众文化产品消费在产生直接经济效益的同时,还会形成巨大的整合效应和辐射效应,从而对改善一国整体形象起到巨大的推动作用。

从内容看,大众文化产品为迎合消费者需求,往往以强烈的情感性和故事性打动人,这种"以情感人"的方式往往优于过去文化交流"以理服人"的说教,也会在一定程度上消弭高雅文化与民间文化对别国接受者的"文化折扣"。从消费者的角度看,人们往往对于"送"到面前的产品难以提起兴趣,甚至会产生逆反心理;对于那些不熟悉或理解难度较高的高雅文化产品或民间文化产品,除专业人士外的普通消费者一般也不愿意花费过多时间。与之相反,大众文化产品在渠道上经过精心的商业策划,在消费前能够吊其观众胃口;在消费过程

① 李希光、周庆安主编:《软力量与全球传播》,清华大学出版社2005年版,第30页。

中也能以情感影响力和故事感召力俘获人心，因而其中蕴含的价值观、文化内容等能够以轻松的、潜移默化的方式为别国大众所接受，从而产生更好的国家形象提升效果。

正是美国电影将美国塑造成一个繁荣、和平、正义的典范，并将之推向世界。在大量的美国电影中，我们都可以看到美国作为正义的化身出现。这种正义化身的形成，既来自于深思熟虑的主题选择，如《拯救大兵瑞恩》、《勇敢的心》，也来自于有意甚至是刻意的镜头运用、人物对话等细节选择，如在《蜘蛛侠3》中美国国旗的特写镜头，《黑鹰坠落》结尾处普通民众对冲出重围的美国大兵夹道欢迎，《独立日》中美国总统的独白："也许是上帝的安排，今天是独立日。……如果今天我们能够胜利，7 月 4 日将不再是美利坚合众国人民的假日，而是整个世界用同一个声音在宣布，我们不会默默地走向，我们不会就这样坐以待毙，我们要生活下去，我们一定要生存。"美国电影同业工会在一份致白宫的备忘录中指出："电影可以成为以极小成本甚至零成本进行国家宣传的最佳方式。"①正是基于这样一种认识，很多美国电影才在获得大量经济回报的同时，将美国塑造成正义、和平等人类普世价值的化身，有力地提升了美国的国家形象。

日本外交部 2007 年也推行"动漫外交"，希望通过向海外推广日本的动漫、音乐和时装等大众文化产品，包括举行一项国际性的动漫大奖赛，来改善日本的国际形象。大量韩剧、电影、网络游戏的出口，为改变韩国落后农耕国的形象起到了极为重要的作用。韩国国政弘报处海外弘报院院长俞载雄通的调查报告显示：韩剧对提升韩国的国家形象起着积极的作用。俞载雄在其报告《收看韩剧对韩国形象的影响》中说，接受问卷调查的中国人和日本人人均收看过的韩剧数量分别为 4.82 部和 4.5 部。其中，女性比男性更喜欢韩剧，访问韩国次数多、收入较高的人群对韩剧的喜爱程度较高。在韩国影视、游戏产品的引领下，全球学韩国语的人数增长得较快。中国已经有 30 多所大学开设韩语系。自 1997 年开始有"韩语托福"（外国人韩国语能力考试）以来，每年参试人数稳步上升，从 1997 年的 2274 人增长到 2005 年的 26569 人。参加考试国家也由 1997 年的 4 个国家增加到 2005 年的 25 个国家。

随着中国综合国力的不断发展，进一步提升中国的国家形象势在必行。国家的形象既包括经济形象、政治形象，也包括文化形象、军事形象等。其中，国家文化形象作为国家形象的重要组成部分，具有独特的价值和意义。良好的国家文化形象是一个国家的经济形象和政治形象的支撑，对国家形象具有巨大的提升作用。在大众文化产品与服务成为当代国际文化热战主流的情况下，国家文化形象的提升已经不能单纯依靠过去的"外宣"模式，而是在加强对外宣传的同时，打造、推出能够代表本国良好形象的、具有市场竞争力的大众文化产品，以文化贸易的方式引领国家形象提升。

在此，需要指出的是，我们在通过大众文化促进经济战略的之时，并不是说无视大众文化的种种弊端，甚至通过迎合受众的低级趣味来实现经济目的。我们需要发展的，是积极健康、能够体现民族特色的大众文化，在获取经济效益的同时，更应发挥其潜移默化的影响力，

① 转引自［加］马修·弗雷泽：《软实力：美国电影、流行乐和快餐的全球统治》，新华出版社 2006 年版，第 31 页。

唯此,才能实现大众文化的综合效益最大化,对此,我们将在下一章进行详细论述。

【关键词】大众文化　文化经济　商业性

【推荐阅读】

● 中宣部文化体制改革和发展办公室、文化部对外文化联络局编:《国际文化发展报告》,商务印书馆2005年版。

● 理查德·弗罗里达,方海萍、魏清江译:《创意经济》,中国人民大学出版社2006年版。

● 珍妮特·瓦斯科,毕香玲、迟志娟译:《浮华的盛宴——好莱坞电影产业揭秘》,中信出版社2006年版。

● 李怀亮:《当代国际文化贸易与文化竞争》,广东人民出版社2005年版。

● 邹广文、徐庆文:《全球化与中国文化产业发展》,中央编译出版社2006年版。

● 花建等:《文化金矿——全球文化产业投资成功之谜》,海天出版社2003年版。

【思考题】

1. 文化经济有何作用?
2. 为什么说商业性是大众文化的固有属性?
3. 大众文化的经济功能有哪些?

CHAPTER 11

第十一章

中国大众文化的发展战略

【本章重点】在全球化背景中,制定和实施文化战略已经成为一国综合竞争力提高过程中的必然选择。中国大众文化要获得健康发展,也必须制定相应的大众文化发展战略。中国大众文化战略的制定,必须明确指导思想和建设目标,针对国内与国际两种不同的对象,制定不同战略。在国内战略方面,我们应根据政治、经济、文化的不同要求,制定大众文化的民族化、产业化和优化战略。在国际战略方面,我们应通过大众文化的国际传播,提升国家软实力,扩大政治影响力;通过推动中国大众文化产品出口,提升其经济力。

第一节 制定文化战略的必要性

文化深深熔铸在民族的生命力、创造力和凝聚力之中,是国家和民族的灵魂,是团结人民、推动发展的精神支撑。21 世纪,文化的力量更为重要,它与政治、经济互相结合,成为提升一国软实力乃至综合竞争力的重要因素之一。法国著名作家马尔罗甚至断言:"21 世纪的发展无非是文化的发展。"因此,无论从对内还是对外的方面而言,我们都必须更加重视文化的作用,制定出适合中国国情,能够促进中国社会发展变迁的文化发展战略。

荷兰哲学家冯·皮尔森在其《文化战略》中指出,文化战略就是人类的生存战略。所谓文化战略,是指一个国家根据自己的社会发展状况,通过对本国及国际社会未来发展的预测所作的文化发展方面的总体规划和设计,是一国整体对外战略的重要组成部分。文化战略建立在一个国家综合国力的基础之上,是综合国力的重要组成部分,并为综合国力进一步提高提供指导和精神支持。

一个国家的社会发展状况与所处的全球宏观语境,是该国文化发展战略制定和实施的基础。任何国家的文化发展战略都必须从本国的实际出发,离开了本国社会发展的实际来考虑文化发展的做法是错误的、主观主义的。如果不考虑自己的社会发展水平,而一味地追求向发达国家看齐,就极有可能从整个发展思路上陷入重复、模仿、追随的陷阱,甚至最终沦为其他国家的文化殖民地。在制定自己文化发展战略的过程中,应特别注意从社会发展的实际出发,充分认识制定和实施中国文化战略的时代背景。

一、制定和实施文化战略是经济全球化、政治多极化和国际社会文化化的要求

随着当代经济与科技的发展,全球化已经成为当代世界发展的一种必然趋势。尽管文化与经济、科技不同,在自身传统的影响下,很难真正实现全球化,但以大众传媒为主要载体,以世俗化、商业化为主要特征的大众文化,却正在全球化的道路上越走越远。随着大众文化重要性的不断增加,制定文化战略必须将其作为一个最为主要的组成部分,因此,文化战略的制定也必然要将全球化语境作为一个重要的宏观语境。

在全球化日益发展的当今世界,不同文化之间的冲突与融合更加明显。文化不仅是民族的,更是世界的,民族文化越来越具有的世界性。这种世界性表现在民族文化离开世界就会故步自封。民族文化的先进性不仅体现在国内,更体现在与世界其他文化的比较中。一方面,经济全球化使中国文化的发展受世界的深刻影响,遍布中国的麦当劳和肯德基就是西方文化影响的最好例证。另一方面,经济全球化要求当代中国文化的发展离不开世界,必须"着眼于世界文化发展的前沿"和"汲取世界各民族的长处"。与此同时,政治多极化客观上造成文化多极化现象,不同文化与文明在竞争比较中取长补短,在求同存异中共同发展,这是世界文化多元化趋势的客观要求。经济全球化与政治多极化造成的直接结果就是国际社会的不断文化化。越来越多的国际政治和国际经济问题被归结为文化问题,国际政治和经济冲突被认为具有深刻的文化根源,从这个意义上说它们也成为文化现象。国际形势的发展要求构建对外文化战略,把文化作为提升我国国际地位的重要手段。

二、制定和实施文化战略是当前对外文化交流现状的要求,也是战略机遇期国家发展的要求

当前,我国对外文化交流空前活跃,取得很大成绩,发挥了不可替代的独特作用。但是,也存在一定程度上的分散性和总体战略不太明确的问题,没有把对外文化作为一个完整和独立的战略来看待,重活动、轻机制,重官方、轻民间的现象还比较突出,这制约了中华文化在世界上的传播。与此相应的是世界各国,尤其是在文化输出方面占据优势地位的美国,对外文化战略所具有的全方位和立体性的特点,一方面与美国自身的实力有关,另一方面也与美国重视文化在外交中的地位,周密地制定对外文化战略,并不遗余力地推进有关面对西方国家尤其是美国的文化渗透。对我国来说,21 世纪前二十年是一个必须紧紧抓住并且可以大有作为的重要战略机遇期。这是一个充满危机与机会的时期,如果不清醒认识我国对外文化交流的现状,如果不清醒认识中华文化在世界上的地位,如果不清醒认识战略机遇期的要求,就会忽视对外文化战略的制定,就会制约中国在本世纪的腾飞。

三、制定和实施文化战略是保障文化安全的要求

由于深受美国大众文化侵扰之害，早在1951年颁布的《皇家科学、艺术、教育委员会报告》中，加拿大政府便提出了"文化安全"的概念："我们的军事防卫能力必须确保国家安全，我们的文化防卫能力也要引起高度重视。文化安全与国防安全同等重要，而这不可分割。"①

近年来，在全球化进程不断推进着国家间、民族间的文化交流的同时，它们之间的文化竞争和文化冲突也更为激烈。在这种情况下，文化安全已经上升为国家安全的一个重要方面，受到越来越多的关注。约翰·考特(John M. Cotter)曾经指出，1995年世界上发生的35起大型武装冲突中，主要是因为文化差异而产生的民族冲突，以往的安全理论"过多地强调了军备、人口和地理方面的因素，忽视了民族冲突中的文化因素，比如各民族为保护民族语言、历史和共同文化身份而进行的斗争"，他还强调："一个民族(或群体)强化文化安全的措施必然会引起对立民族(群体)的警觉，它们转而以更强烈的民族文化保卫措施来对抗这种威胁。"②

与经济安全和政治安全相比，文化安全具有更加易受忽视的特点。这表现在对文化安全的损害具有长期性，需要在一个相当长的时间内才能显露出来。另一方面，文化安全具有难于逆转的特点，一旦受到损害，要逆转这个过程就需要长期的努力，所以具有严重的危害性。对外文化战略的构建可以从体制上保障我国的文化安全。从根本上说，它是一种预防性措施，而非亡羊补牢。

当前，我国文化在从传统到现代的转型中，尚未形成全民族普遍接受的成熟的文化形态，文化发展存在着某种程度的混乱失序。处于弱势文化地位的我国文化抵御西方强势文化的能力脆弱，"文化霸权主义"、"信息殖民主义"、"网络文化殖民"等对中国的文化安全提出了严峻的挑战。因此，为保障我国文化安全，必须制定相关的文化战略。

第二节　中国大众文化发展战略的指导思想与建设目标

制定中国大众文化发展战略，就是要对大众文化发展做出总体规划和部署，分析我国大众文化发展中的各主要因素以及它们的相互关系，确定我国大众文化发展的指导思想、根本目标、发展重点及方法措施，推动我国大众文化的健康合理发展。党的十六大确立了文化建设在我国全面建设小康社会总体目标中的地位和作用，制定了我国的文化发展战略，提出了我国文化发展的基本任务，为我国各项文化事业的发展作出了部署，同时也为中国大众文化的发展指明了方向。当前我们应该适应广大人民群众的文化需求，从中国特色社会主义文化建设总体要求的角度，制定中国大众文化发展战略。

---

① Report of the Royal Commission on National Development in the Arts, *Letters*, *and Science*, 1951, p. 275.

② 转引自张玉国：《国家利益与文化政策》，广东人民出版社2005年版，第94页。

一、制定大众文化发展战略的必要性

制定中国大众文化发展战略,是满足社会大众日益增长的文化需求的需要,是中国特色社会主义文化建设的总体要求,也是我国大众文化合理规范发展的需要。随着我国社会主义现代化事业的不断推进,人民群众对精神文化的需求不断增长,这就要求我们提供更多的精神文化产品来满足人民的需要,这些文化产品不仅包括武装人们头脑的科学理论,陶冶人们情操的精品文化、高雅文化,同时也包括给人们提供娱乐消遣、休闲放松的健康有益的大众文化。而且随着市场经济的日益完善和发达,人们对大众文化的需求将越来越大,这就需要我们能够提供更多更优秀的大众文化作品来适应社会的发展和人民的需求。在当代中国的文化系统中,大众文化是重要的组成部分,要不断丰富和完善中国特色社会主义文化建设的总体要求,规范和繁荣大众文化建设也是刻不容缓的重要任务。为此,我们必须对我国大众文化建设作出总体规划,制定明确的目标,提出明确的任务。

制定中国大众文化发展战略,是适应经济全球化时代大众文化国际化发展的需要,是中国大众文化参与国际文化发展、捍卫我国文化利益、维护我国文化主权的需要。经济全球化的发展推动全球文化的相互交流和冲突,任何一个国家的文化发展都不可能离开世界文化发展的大环境,中国大众文化要顺利健康地发展,也必须和全球化的总趋势相适应,必须追求国际化发展。在国际化发展的过程中,我国大众文化要获得自己的地位,就必须首先健全和丰富自己。同时,我们还必须重视大众文化在捍卫国家文化利益、维护国家文化主权中的作用,要做到这一点,我们必须对中国大众文化的国际发展战略作出总体规划,对其国际化发展的指导思想、战略选择作出明确规定。

简言之,不论从国内文化建设整体任务,还是从世界文化发展的全球化趋势角度而言,我们都必须加快制定中国大众文化发展战略,使我国大众文化的发展有科学的理论指导,有明确的发展思路,有合理的发展目标,有行之有效的方法措施。

二、中国大众文化发展战略指导思想与建设目标

在我国,由于受经济发展水平的限制,大众文化的总体发展水平较低,尚有面大量广的人口处于知识贫困状态,表现为受教育水平低或根本未受过教育,文化产业能力弱,大众文化消费品的供给能力低,大众传媒发展水平有限,文化设施落后,文化活动贫乏,文化消费还没有成为大众生活中经常的、自为的、恒定的消费内容。因此,我们不能照搬西方大众文化的发展策略,也不能听之任之,任由大众文化的各种弊端肆意而为。以大众文化的现实境况为基础,思考和制定中国大众文化发展战略势在必行。

中国大众文化发展战略就是根据我国社会发展状况、基于我国社会大众的文化需求,通过对我国社会主义现代化建设未来发展和世界大众文化发展趋势的科学预测所作出的在我国大众文化发展方面的总体规划和设计,它主要是指我国大众文化发展的指导思想、根本目标、战略重点、基本方法和策略。作为一个总体系统,它内含了我国大众文化发展中相互作用、相互影响、相互制约的各种不同要素以及它们之间的相互关系。

(一)明确指导思想,把握先进文化的发展方向

党的"十七大"报告明确指出,"要巩固马克思主义指导地位,坚持不懈地用马克思主义中国化最新成果武装全党、教育人民,用中国特色社会主义共同理想凝聚力量,用以爱国主义为核心的民族精神和以改革创新为核心的时代精神鼓舞斗志,用社会主义荣辱观引领风尚,巩固全党全国各族人民团结奋斗的共同思想基础。"大众文化是我国文化建设的重要组成部分,自然也必须坚持这个总的指导思想。只有在这些科学思想和科学理论的指导下,中国的大众文化才能够保持正确方向,保持其社会主义性质,始终坚持为人民服务、为社会主义服务的宗旨。

我国的大众文化建设是中国先进文化建设的重要组成部分,而且,从主体上来讲,中国的先进文化建设就是大众文化建设,"在当代中国,发展先进文化,就是发展面向现代化、面向世界、面向未来的,民族的科学的大众的社会主义文化","就是建设社会主义的精神文明"。因此,我们必须以"三个面向"为指导,正确处理好大众文化的意识形态性与消费娱乐性、经济效益与社会效益之间的关系,努力做到经济效益与社会效益的统一,市场需求与大众需求的统一,不断满足人民群众日益增长的精神文化需要,为我国的经济发展和社会进步注入持久的文化支撑力。

同时,在大众文化战略思想上,也应该正确处理好"四对关系",即正确处理大众文化与社会主义核心价值体系的关系,正确处理大众文化与和谐文化建设的关系,正确处理大众文化与弘扬中华文化,建设中华民族共有精神家园,正确处理大众文化与推进文化创新,增强文化发展活力的关系。使大众文化成为社会主义核心价值体系建设的重要组成部分;成为和谐文化建设的重要推动力量,引导人们自觉履行法定义务、社会责任、家庭责任;成为建设中华民族共有精神家园鲜活成分;成为推进文化创新的重要引擎,创造出更多反映人民主体地位和现实生活、群众喜闻乐见的优秀精神文化产品。

(二)明确中国大众文化建设的目标

我国大众文化发展的基本目标,就是不断满足社会大众的文化需要,不断增强中国特色社会主义文化的生命力、凝聚力、感召力。满足社会大众的文化需要,是我国大众文化建设的根本出发点和最终目标,这在任何时候都不能改变,违背了这个宗旨,我国大众文化建设就失去了其存在的合理性。作为中国特色社会主义文化建设的重要组成部分,大众文化建设必须符合中国特色社会主义文化建设的总体要求,必须服务于其总体目标。当前,我们就是要加快中国大众文化建设步伐,尽快建设和完善中国特色社会主义大众文化。中国特色社会主义大众文化,就是要坚持以马克思列宁主义、毛泽东思想、邓小平理论和"三个代表"重要思想为指导,反映中国特色社会主义伟大实践及我国社会大众日常生活,继承中华民族优秀文化传统,汲取世界文化之长,成为面向现代化、面向世界、面向未来的民族的科学的大众的文化。

总之,在发展我国大众文化的过程中,应该坚持马克思主义辩证法和系统论,遵循大众文化发展的基本规律,正确处理大众文化各要素之间的关系,协调好大众文化的生产、流通、

消费等不同环节之间的衔接,理顺大众文化与主导文化、精英文化、民间文化之间的关系,处理好大众文化的通俗性、艺术性、政治性之间的关系,摆正当代中国大众文化建设与民族传统文化及外来大众文化之间的关系,推进中国特色社会主义大众文化的发展。

第三节 中国大众文化的国内发展战略

中国大众文化的国内发展战略,就是在分析我国大众文化发展社会环境的基础上,认真研究中国特色社会主义建设的实践、社会大众的日常生活实践以及历史文化的优秀传统,制定我国大众文化自身发展的基本对策,寻找大众文化发展的新的增长点。具体来说,中国大众文化的国内发展战略主要包括大众文化的民族化战略、产业化战略等。

一、大众文化的民族化战略

大众文化的民族化战略,是从国家战略的高度出发,充分发挥大众文化在增强民族凝聚力、民族文化认同方面的作用,通过大众文化的发展,实现中国大众文化的民族化、本土化发展。

随着经济、科技的发展,全球化在今天已经成为我们必须面对的时代语境。全球化的基础是经济全球化,尤其是现代资本主义推动的市场和信息的全球化。在经济的推动下,资本主义文化也已经成为全球化发展的始作俑者和主要推动者,成为世界市场基本游戏规则的制定者。联合国教科文组织总干事松浦晃一郎曾指出,尽管全球一体化为各国共享文化和创新人才提供了极大的潜能,但并非所有国家都有能力抓住这一机遇。近代资本主义文化以20世纪60年代为分界线,经历了文化殖民主义和文化帝国主义两个阶段。20世纪60年代以前,是文化殖民主义的漫长过程。在这一过程中,宗主国在进行军事征服和经济控制的同时,也极力向殖民地进行强行的文化影响和文化渗透,以文化的方式将殖民地方纳入自己的生活方式、制度模式和价值观念之中,达到同化对方的目的。到了20世纪60年代,随着现代传媒技术的不断发展,西方发达国家开始利用其传媒技术优势,借助现代化的传媒手段在文化领域巩固自己的霸权地位,使文化殖民主义发展到巅峰状态,进入所谓"文化帝国主义"阶段。

20世纪末以来,随着全球化进程的不断加快和信息时代的到来,全球文化竞争更为激烈。不但东西方国家之间因传统文化差异和政治诉求的不同而产生激烈争执,即使在西方发达国家之间,在文化领域的争吵也不断出现,如美国和加拿大的期刊争端,美国与欧洲国家之间在"文化例外"、"文化多样性"等方面的长期争执,等等。导致这种争端出现的主要原因之一,便是美国大众文化的强势崛起。戴维·莫利和凯文·罗宾斯指出,如果说全球化进程激起了人们的不满情绪的话,那么这些情绪绝大部分往往会和人们已经觉察到的来自美国文化和"美国化"的威胁有关联。长久以来,欧洲国家以及与之毗邻的加拿大都将美国大众文化看做是一种腐蚀、瓦解甚至颠覆本国文化传统的势力。好莱坞的大众文化扩张似乎已经危及了欧洲文化产业的根本生存大计,从而使得他们认为欧洲大陆的文化受制于美国的金钱——而从根本上说是受制于美国的价值观念，从这个角度看，好莱坞已经成为欧洲国家的"敌人"。① 在可以预见的将来，世界各国在文化领域内的争夺仍会持续，甚至其激烈程度会不断增加。其中，既有各国、尤其是发达国家改善经济结构、寻求新的经济增长点的需求，也有着通过文化进行价值观输出、提升国家形象的战略需要。

与美国、欧洲乃至日韩相比，中国大众文化发展的时间更短。而且，在我们大众文化发展之初便面临着外来文化的严峻挑战——甚至，大陆大众文化的"启蒙"便是来自西方国家。即使到了大众文化已经繁荣发达的今天，我们的电视节目、电影等的诸多创意理念仍然在很大程度上借鉴西方策略。在这种情况下，如何充分体现大众文化的民族化特征，充分发掘民族文化传统，使中华民族的传统文化理念、价值与今日大众文化相结合，成为摆在今天中国大众文化发展面前的一项重大课题。

中华文化的发展，在今天必须与大众文化相结合，必须借助大众文化的部分创作理念与推广模式；同时，大众文化的发展也必须充分挖掘优秀民族文化传统，二者互为依托、互相促进。在发展战略层面，我国大众文化的发展，必须从中国文化的基本精神出发，继承民族文化的优秀传统，体现民族精神，突出民族文化特性，形成具有民族文化特色的系列大众文化产品。党的十七届六中全会指出，我们要建设社会主义文化强国，必须"坚持以人为本，贴近实际、贴近生活、贴近群众，发挥人民在文化建设中的主体作用，坚持文化发展为了人民、文化发展依靠人民、文化发展成果由人民共享，促进人的全面发展"。要实现这一目标，我国的大众文化建设就不能抛开我国的文化传统而单纯地模仿外来大众文化的形式和内容，如此，既不能得到广大人民群众的认同，更不能提升中华民族凝聚力。这样的大众文化产品不但会失去其应有的积极意义与价值，甚至会适得其反，成为导致民族精神涣散的罪魁祸首。因此，中国大众文化的发展不能脱离民族文化的基本精神和发展的轨道，这是中国大众文化战略中最为基本的前提。

二、大众文化的产业化战略

大众文化的产业化战略，是从经济的角度出发，利用大众文化所固有的商业性、大众性、产业化特点，通过各种手段和措施，发挥其潜在经济功能，使大众文化成为我国经济发展的重要支柱。

党的十七届六中全会提出了"加快发展文化产业，推动文化产业成为国民经济支柱性产业"的重要战略目标。如前文所述，文化产业的主要构成部分便是大众文化产品。要实现十七届六中全会提出的战略目标，推动文化产业成为国民经济的支柱性产业，就必须充分发挥大众文化的经济潜能，积极推进大众文化的产业化战略。

由于大众文化是以市场化和商业化为其生存和发展的支配力量，以大批量复制和拷贝作为其主要的生产方式，以高效、快捷、广泛的传播为其获得活力和产生效益的基本形式的，所以，大众文化的发展必然要刺激和带动文化产业的发展，从而在进行精神抚慰和满足娱乐

① 戴维·莫利、凯文·罗宾斯：《认同的空间——全球媒介、电子世界景观与文化边界》，南京大学出版社2001年版，第24页。

需求的同时,也能带来可观的经济效益。大众文化在生产和流通过程中所遵循的一个铁的定律,就是价值规律、商品逻辑和主体利益最大化,它向来不接受一个无销路、没市场的所谓"好东西",精神的、理念的评价标准对大众文化而言其重要性远远低于高雅文化产品。这就是大众文化在表面多元化的景象下所掩盖着的利益一元化的实质。

自党中央大力提倡文化产业发展以来,我国大众文化产业发展的脚步不断加快,但是,我们与发达国家之间仍然存在着十分明显的差距,美国电影、韩国电视剧等大众文化产品在国内市场已经形成了相当的影响力。在经济全球化和市场经济条件下,尤其是加入 WTO 后,我们会面临更多国外大众文化产品的挑战,因此,不断增强我国大众文化的实力,更好地满足人民群众不断增长的文化需求,以产业化的方式发展大众文化是必然的选择。要顺利实现大众文化的产业化发展,我们必须树立文化产业化的观念,对现行文化管理体制进行全面改革,整合现有文化资源,发展支柱性文化产业,拓展文化资本的多元化渠道,大力开展文化人才的开发过程,形成文化人才的发展机制。

三、大众文化的优化战略

大众文化的优化战略,是从大众文化本身的固有特点出发,对大众文化发展进行必要的指导、规范与扶持,扬长避短,使大众文化真正成为大众喜闻乐见的、有益的文化。

首先,优化大众文化的人文内涵,发挥对大众文化的人文提升作用。大众文化本身良莠并存,一些优良作品可以为整个大众文化的人文提升提供范导和标本。大众文化是我国改革开放和发展社会主义市场经济的产物,所以必然会有社会转型和市场经济的某些特点,如个性化、多样性和普及性等。但不管怎样,大众文化并没有离开我国传统文化的大背景,也没有离开以马克思主义为核心、以社会主义精神文明为内容的主流文化的大背景。因而,无论是大众文化产品还是大众文化的创造者,都包含了一些优秀的东西和积极向上的品格。① 在大众文化的发展过程中,应进一步提升大众文化的人文内涵,避免其不利因素,通过大众文化的传播和接受,提升社会整体的精神风貌和人文素养。唯物辩证法认为,任何事物的变化发展都是内部因素和外部条件交互作用的结果,内因是变化发展的根据,外因是变化发展的条件。我们有理由相信,由于大众文化内部的积极因素,加上我国丰富的文化资源和主流文化的外部引导,实现对大众文化的人文提升,美化我们的文化环境和社会风气是完全可能的。

其次,多元整合,优化大众文化的组成结构。21 世纪是各种类型和内容的文化之间多元汇合、激烈碰撞的时代,也是人类文化相互整合、走向一体化的时代。在这一时代背景条件下,任何一种文化都必须在吸纳、整合其他文化成果的过程中获得自身发展,大众文化的发展也是如此。当前,中国大众文化仍处于发展的初级阶段,能否与其他各种文化进行有效的多方对话、密切沟通与全面整合,更直接关系到其自身的质量水准、价值含量、生命活力和发展潜力。中国大众文化在发展过程中,应整合精英文化以提升其精神内涵和人文价值;应整合主流文化,以拓展其发展空间,扩大社会影响力;整合传统文化,突出民族性特点;整合世

---

① 周毅:《大众文化及其可持续发展》(下),《广西师范学院学报(哲学社会科学版)》2003 年第 4 期。

界优秀文化成果,更好地与国际接轨,为中国大众文化的国际化发展战略奠定基础。

再次,寓教于乐,优化大众文化的道德提升功能。就功能而言,大众文化应当具有宣传教育功能、普及科学知识功能、传递先进文化功能和审美功能,但是,这些功能的实现不能以呆板说教的方式进行。倘若受众不能接受其外在的形式,对内容的接受与熏陶便无从谈起。"寓教于乐"是大众文化的特性,要实现"教"的功能,就必须在内容、体裁、主题选择上贴近平民百姓,在创作视角、表现方式、叙述和创作心态上具有平民意识。因此,上乘的文化产品是那些既能贴近百姓日常生活,又能起到示范、引导和教育作用的产品。在目前大众文化良莠不齐的情况下,提倡寓教于乐,优化大众文化产品的道德提升功能十分重要。只有大量的具有先进文化倾向、群众喜闻乐见的大众文化产品进入群众日常生活,才能使先进文化的建设落到实处。

第四节　中国大众文化的国际发展战略

在今天这样一个全球传播的时代里,文化的交流并非一种平等的双向互动,而是存在强弱差异的单项传输,"文化帝国的皇帝""通过市场支配全球化文化的传播,进而统治全球"①。世界各国都十分重视本国软实力的熔铸,力求以文化的力量增进国际影响力。美国、日本等发达国家早在20世纪初期,便十分重视文化的力量,并通过国际文化发展战略的制定和实施,不断增强"通过控制他人的行为以达到自己目的的能力"②。

改革开放以来,中国经济飞速发展,综合国力不断提升,然而,与在世界舞台上日趋重要的地位相比,与五千年所创造的辉煌灿烂的文化相比,中国文化的国际影响力还没有充分发挥,成为在国际社会中制约我国发挥更大作用的重要因素,因此,全方位构建新世纪对大众文化的国际发展战略十分必要。

一、强化大众文化的"软实力"作用:大众文化发展的政治战略

随着软实力(Soft Power)越来越成为一个国家国际地位的核心成分,把发展软实力置于战略高度成为实现国家总体目标的根本要求,将软实力纳入国家实力的总体评估并对其基本要素进行整合,正在成为中国战略思考的一个着眼点。

文化,在国家软实力中具有十分重要的意义。李光耀曾经指出,只有在其他国家羡慕并期望模仿一国文化之时,其软实力才得以实现。文化所具有的凝聚力、生命力、创新力和传播力,能够对提升一国的感召力和影响力产生重要的积极影响。同时,用文化对人的精神进行控制远比金钱的利诱和枪炮的高压更保险、更经济、更有力量,所谓"不战而屈人之兵,国之上上策也"。

西方国家实施文化扩张和文化霸权策略集中从意识形态、精英文化和大众文化三个途

① 李希光、周庆安主编:《软力量与全球传播》,清华大学出版社2005年版,第3页。

② Joseph S. Nye, *Bound to lead: The Changing Nature of American Power*, New York: Basic Books, 1990, p.267.

径展开,但大众文化的途径却最有效力。大众文化的指向对象是一般社会大众,从总体上说,社会大众的文化素质、知识水平、判断能力相对比较弱,他们对外来的文化观念、价值模式、生活方式、政治理论的辨别不如知识分子或政治上层人士那么明晰,容易受到外来意识形态的感染,因而西方的文化霸权比较容易在这个方面寻找到突破口;大众文化所包含的意识形态和价值观念一般来说是潜在的,因而社会大众在欣赏大众文化作品或参与大众文化活动时,对于西方大众文化的隐含意义缺乏明确的判断和足够的警惕;大众文化的传播途径非常广泛,可以通过各种各样的大众传媒途径渗透到一个国家的社会大众当中,而且大众文化以其数量的巨大性对社会大众构成了包围性力量,当它进入一个国家的文化领域时,社会大众很难摆脱它的影响;大众文化对人的影响力是长远的,它虽然不是直接地影响人们的政治思想和意识形态,但是它潜移默化地改造着人们的政治文化、价值观念,这种潜在的影响与渗透恰恰能够产生强大的力量。①

作为世界经济强国,美国也一直重视大众文化"软实力"的作用,通过大众文化扩张影响和改变他国高层的政策选择。美国大众文化扩张在大多数情况下属于非政府部门所谓和受巨额利润所驱动,但在实际操作中却受到美国政府的支持,尤其在对外宣传方面与美国外交不可解脱地联系在一起。约瑟夫·奈把美国大众文化的吸引力称为美国对外政策"库存"中的"软"资源,他指出,在美国大众文化的吸引下,从未到过美国的日本青年穿着印有美国大学的名字的运动衫,尼加拉瓜政府在与美国支持的游击队作战,而尼加拉瓜电视台却在播放美国的电视节目。② 这种"软"资源的利用使美国的生活方式和价值观念得到广泛传播,产生了巨大的政治功效。正是由于对这种政治功效的深刻认识,美国政府才不遗余力地通过自身的行为促进美国大众文化的扩张。比如,美国在同意中国享受最惠国待遇时把不要干扰"美国之音"作为一个前提条件,美国国会在"1995 年中国政策法"中将开办"自由亚洲电台"列为重点条款之一。在中美知识产权谈判中,美国谈判代表奉政府之命,强硬地要求中国开放国内文化市场,接纳美国各类影音制品。占领中国市场固然是美国方面的主要目的之一,但更重要的是,随着这些美国大众文化的传播,美国的价值观念及政治主张也潜移默化地渗透进了当地人民的思想之中。用古巴总统卡斯特罗的话来说,"这些东西对每个人的灵魂、人们的思想的渗透是难以想象的。"美国学者约翰·耶马在 1996 年发表的一篇题目为《世界的美国化》的文章中指出:"美国的真正'武器'是好莱坞的电影业、麦迪逊大街的形象设计厂和马特尔公司、可口可乐公司的生产线。美国制作和美国风格的影片、服装和'侮辱性广告'成了从布穹布拉一直到符拉迪沃斯托克的全球标准,这是使这个世界比以往任何时候更加美国化的最重要因素。"③

在全球政治、文化的"美国化"冲击,已经引起了欧盟各国、韩国等国家的警觉与抵制。作为不断崛起的全球最大的发展中国家,中国也不可能在这场世界性的文化"软实力"较量中置身事外。唯有大力发展当代大众传媒,推动国际化与本土化相结合的大众文化产品走

---

① 参见金民卿:《全球化·大众文化·文化主权》,《河北学刊》2000 年第 6 期。

② 时事出版社编:《美国人看美国》,时事出版社 1992 年版,第 23 页。

③ Washington Post, 1997-11-03.

出国门，才能进一步改善中国落后农耕国家的形象，使中国社会主义建设的巨大成就更广泛地为人所知。只有这样，中国的政治影响力才能获得更大提升。

二、推动对外文化贸易发展：大众文化发展的经济战略

当今世界，各国(尤其是发达国家)都十分重视文化产业的发展。在全球化时代，文化产业发展必须面向国内外两个市场，充分利用两种资源。从某种程度上说，谁能首先占领国际市场，谁就取得了文化产业发展的主动权。在当今的文化产业竞争中，大众文化产品是其最为重要的组成部分，彰显着强大的经济功能。

较之于传统文化，大众文化产品在走出国门的过程中，也会遭遇更小的文化折扣，更容易被别国人民所接受。在当代国际文化市场上，大众文化产品占据国际文化市场的主导，也是世界各国极力争夺的市场。根据联合国教科文组织的统计数据，2002 年，录音媒介产品的国际贸易额为 190 亿美元，视听媒介为 85 亿美元，二者占据了当年国际文化贸易总量的 45.3%。另外，视觉艺术媒介等文化产品中也有着大量的大众文化产品。文化产品贸易的国际争端也主要是集中在大众文化产品之上。比如，世界各国抵制美国文化产品的焦点集中在好莱坞大片上；以法国为代表的欧盟国家制定了“无国界的电视”以抵制外国文化的入侵；加拿大对“加拿大内容”的限制也主要是在广播电视等大众传媒方面；韩国因为降低电影配额而爆发了大规模的电影人示威游行。

在大众文化产品的国际竞争中，美国占据着主导地位。美国的影视产品、歌舞剧、爵士乐、音乐电视等大众文化产品，以大生产方式大批量制造，大规模复制，辅之以商业化的包装和营销，席卷世界各地。在 1980 年代末期，美国电视节目出口便已经是居世界第二位的英国的 7 倍，而且是唯一拥有全球电影发行网的国家。美国电影产量约占世界的 6%—7%，但占世界电影放映时间的 50%，这种情况目前越来越严重。据联合国 1998 年公布的调查数据，法国、德国、意大利、日本、墨西哥、瑞典、西班牙、波兰、俄罗斯、韩国等国家的进口影片中来自美国的有 55%—72%。美国两大通讯社——美联社和合众国际社每天的发稿量约 700 万字，使用 100 多种文字，向世界的 100 多个国家和地区的 2 万多家用户昼夜发布新闻。美国有线电视新闻(CNN)现已成为最普及的每日新闻来源，拥有数以千万计的观众，“是政治家、政策决定者、新闻从业人员以及任何想看到突发性新闻和有关深入报道的人员必须收看的电视台”。

近年来，韩国政府也极力推动“韩流”大众文化产品走出国门，占领国际市场。早在 2000 年，韩国政府为促进文化产品出口，就特别成立影音分轨公司，对韩文翻译为外语和产品制作的费用几乎给予全额补助，从此开始了开拓国际市场的强力攻势。2006 年 1 月 17 日，韩国国务总理李海瓒主持国务会议，专门讨论“韩流”的世界化问题。由国务总理亲自主持、专门讨论本国文化产品世界化问题的，在世界各国中恐怕还是绝无仅有，由此，我们也足以看出韩国对对外文化贸易的重视程度。

目前，在世界各国纷纷推动本国文化产品“走出去”的同时，中国大众文化产品市场却不容乐观，几乎各项文化产品都处于严重逆差的境地。好莱坞大片、韩国电视剧、网络游戏、日本动漫等大众文化产品在占领了中国大众文化产品市场的半壁江山。在这种情况

下,进一步发掘中国大众文化产品的市场潜力,制定中国大众文化产品“走出去”的国际战略可以说是刻不容缓。

(一)政策战略:积极介入国际文化贸易规则

过去,由于种种条件的限制,国与国之间的文化交往主要是停留在交流层面。在某一段历史时期,这种交流也仅仅局限于意识形态相近的国家之间。今天,一国的文化产品“走出去”更多的是依靠市场手段,采用贸易的方式。在国际文化产品贸易领域,美国一直占据主导地位,极力推动文化产品的“自由贸易”,主张在 WTO 框架内解决有关文化产品贸易的各种纠纷。尽管美国的主张遭到以法国、加拿大为首的一些国家的抵制,但我们仍需看到的是:WTO 才是具有强制作用的“硬规则”,WTO 已经成为规范国际文化产品贸易的主导性文件,许多国家也都主动地接受或被迫适应 WTO 的要求,在 WTO 的框架内来调整自己国内的文化政策。中国在推动大众文化产品走出去的过程中,也应以 WTO 相关政策为依据。同时,目前中国大众文化产品的国际竞争力还远远不足,因此,我们也应充分利用联合国教科文组织等国际机构,积极介入当代国际文化贸易政策的规则重塑。

(二)市场战略:明确中国大众文化产品走向国际的市场定位

区域性合作与竞争并存,是当前国际文化产品贸易的重要特征之一。因为区域性国家和地区之间的文化传统更为相似,在接受其文化产品时一般受众不会产生很大的理解难度与偏差。比如,美国文化产品在加拿大占据极大的市场份额,欧盟各国之间制定了“无国界电视”的合作规则,韩国文化产品的主要市场也在东亚地区。这些现象都表明:文化产品的竞争更多地发生在具有文化亲缘性的地区和国家之间,而不是发生在具有极大文化差异的国家之间。尽管所谓的“全球化”时代早已到来,但文化差异性减少的程度要远远低于纯粹经济、科技方面的合作。在可以预见的将来,文化产业区域性国家之间的竞争与合作程度将会加深,世界各国也都会将文化亲缘性市场作为主要的出口目标市场。失去了文化亲缘性市场,将会严重影响一国的文化产品出口总量。2006 年上半年韩流“退烧”便证明了这一点。韩国映画振兴院 2006 年 8 月 1 日发表的统计资料显示:2006 年上半年韩国出口影片数达 128 部,金额为 1700 万美元,较去年同期减少了 58.3%,韩国电影每部平均出口价格为 27 万美元,较去年同期下降率高达 50.2%。韩流“退烧”的主要原因就在于韩国文化产品在东亚尤其是日本市场的占有份额急剧下降——就出口区域而言,韩国电影在亚洲地区较去年同期减少了 63.5%。在 2006 年的中国(深圳)国际文化产业博览会主论坛上,韩国文化产业振兴院院长徐炳文提出,应建立东亚文化产业合作机制。已经熟谙文化产业运作之道的韩国文化产业界人士提出这一点,或许也能给我们很多启示:东亚地区合作机制乃至东亚文化产业自由贸易区的建立,在不久的将来就有可能会被提上议事日程。

在区域性竞争加剧、中国大众文化产品国际竞争力不足的情况下,我们更应明确市场定位,唯有如此,才能更好地推动中国大众文化产品走出去。从可行性的角度来看,中国大众文化产品参与国际竞争的市场定位应该是首先瞄准国内市场,争取在国内市场上保持市场主体地位,站稳脚跟,营造根据地,打赢家门口的战争。在牢牢控制国内市场的份额之后,利用文化亲和力，辐射港台、东南亚华人文化圈以及韩国、日本等亚洲汉字文化圈，成为区域性市场上的强有力竞争者。第三步才是进军世界主流市场。

（三）产品战略：打造本土化与国际化相结合的名牌产品

过去，我们常常强调的：文化越是民族的就越是世界的，但在大众文化产品的国际竞争中有时并非如此。美国大片牢牢占据着国际电影市场的主导地位，其中我们能发现多少民族化的东西？日本动漫产品是世界动漫市场的领军者，但针对其内容，有学者指出它是一种名副其实的“杂交文化”。在很多日本动漫产品中，有着黄色人种外貌特征的主人公却生活在西方的世界里，他们所拥有的巫术、魔法等也都是人类化的内容。曾六次问鼎奥斯卡、享誉国际影坛的独立电影制片人阿瑟・科恩，对于中国电影如何走向世界发表看法时指出，他所看到的中国导演的作品，都非常优秀。但是中国电影太过于本土化，这不利于世界其他地区的观众理解和交流。他说，一部好的影片要能够表达人类普遍关心的感情，这样可以让世界各地的人都看得懂。

实践也已经证明：凡是在国际市场上取得成功的中国大众文化产品，都是那些在思想观念、主题、类型和方法上与国际接轨的作品。动作片是目前中国最具国际市场竞争力的大众文化产品，李安、吴宇森、成龙、周润发、杨紫琼等动作片导演、演员，已经被世界观众所接受，产生了很大的国际影响。中国动作片在承载本土化内容的同时，本身也受到了国际市场的重塑。国外观众的欣赏习惯和国际市场的运行规则使中国的动作片在进入国际市场时不得不对自己作出某种调整，而中国动作片也就在这种调整中实现着自身的创新，《卧虎藏龙》便是这方面最为典型的例子。《卧虎藏龙》被称为中国动作片的国际版，它在国际市场上的成功，既得益于深得好莱坞“真谛”的电影叙事技巧，也得益于其中深藏的一些西方人认同和熟悉的思想观念。再如，成龙的电影之所以能够成功地开拓美国市场，原因之一在于他20世纪90年代的许多影片都在刻意渲染“跨国特色”，淡化香港的“地域性”。

在这里需要明确的是：我们所说的考虑海外市场接受度，并不是要消除文化产品中的民族特色。民族特色是消除不掉的，任何想消除民族特色的做法，都是鲁迅所说的拔着自己的头发要上天的行为。中国文化产品走出去必须既发掘民族特色，又考虑国际市场接受度，真正做到文化内容本土化与国际化的结合。在中国文化产品走出去的初期，没有国际化的表现形式就不能被国际文化市场接受；而从长远来看，没有民族特色，也就失去了可持续发展的可能。

国际市场的普遍规律是：20%的强势品牌占据着80%的市场。这一规律也同样适用于大众文化产品。好莱坞强大的电影品牌使得好莱坞大片主导国际电影市场；日本的动漫品牌使得世界动漫市场的60%被日本所占据。近年来，韩国大众文化产品的成功也得益于品牌战略的大力实施。《八月照相馆》、《大长今》等名牌影视剧的打造，金喜善、裴勇俊、张东建等韩国明星的强力推出等，对推动“韩流”在中国乃至世界范围内的风行有着极为重要的作用。《韩国经济新闻》在“品牌经营”专题报道中指出，“在想到某个国家和企业时，首先浮上人们脑海的是那个国家和企业的品牌。现在，品牌具有的意义已经超越单纯的商标和标志，它不但是企业,也是一个国家竞争力的源泉。"①对于中国大众文化产品"走出去"而言,大力实施品牌战略,打造"中国创造"的、本土化与国际化相结合的世界知名文化品牌,已经成为摆在我们面前的迫切任务。

【关键词】文化战略　大众文化战略　国内战略　国际战略

【推荐阅读】

● 冯·皮尔森,刘利圭等译:《文化战略》,中国社会科学出版社1992年版。

● 塞缪尔·亨廷顿等主编:《文化的重要作用——价值观如何影响人类进步》,新华出版社2002年版。

● 曹世潮:《文化战略——一项成为世界一流或第一的竞争战略》,上海文化出版社2001年版。

● 王佐书:《中国文化战略与安全研究》,人民出版社2007年版。

● 于炳贵、郝良华:《中国国家文化安全研究》,山东人民出版社2007年版。

● 戴晓东:《加拿大:全球化背景下的文化安全》,上海人民出版社2007年版。

● 花建:《软权力之争:全球化视野中的文化潮流》,上海社会科学院出版社、高等教育出版社2002年版。

【思考题】

1. 当今世界,制定国家文化战略的必要性何在?
2. 中国大众文化发展的国内战略应包括哪几个部分?
3. 中国大众文化发展的国际战略应包括哪几个部分?

① 转引自凌志:《影视剧打头阵·韩货借"韩流"热销中国》,载《环球时报》,2006-03-10。

图书在版编目(CIP)数据

大众文化通论/刘自雄,闫玉刚编著. -- 2版. -- 北京:中国广播影视出版社,2013.3(2017.7重印)
媒体创意专业核心课程系列教材/宫承波主编
ISBN 978-7-5043-6846-1

Ⅰ.①大… Ⅱ.①刘… ②闫… Ⅲ.①群众文化—研究—中国—高等学校—教材 Ⅳ.①G249.2

中国版本图书馆CIP数据核字(2013)第023696号

大众文化通论(第二版)
刘自雄　闫玉刚　编著

责任编辑	贺　明
封面设计	丁　琳
责任校对	张　哲
出版发行	中国广播影视出版社
电　　话	010－86093580　010－86093583
社　　址	北京市西城区真武庙二条9号
邮　　编	100045
网　　址	www.crtp.com.cn
电子信箱	crtp8@sina.com
经　　销	全国各地新华书店
印　　刷	河北鑫兆源印刷有限公司
开　　本	787毫米×1092毫米　1/16
字　　数	313(千)字
印　　张	15.25
版　　次	2013年3月第2版　2017年7月第3次印刷
印　　数	5001－7000册
书　　号	ISBN 978－7－5043－6846－1
定　　价	35.00元